わが七爸周恩来
     お じ

元北京大学副学長 周 爾鎏 著

日中翻訳学院 馬場真由美 松橋夏子 訳

日本僑報社

序に代えて

高秋福

（元新華社副社長、国際対外ニュース報道主管、中東問題専門家、作家、翻訳家）

　諺で「10年で一振りの剣を研ぐ」という。周爾鎏にとっては、これはいさ
さかも誇張ではない。私の知るかぎり、彼のこの『わが七爸 周恩来』の草稿
は、長い時間をかけてじっくり材料を集めて書かれたもので、何度も修正をか
さね、完成までに要した時間は10年どころではなかった。今年の夏に原稿に
最後の手直しをして完成に至った。しかし彼はまだ気を緩めることはない。彼
は上梓の前にも随時修正することをいとわない。そこからも真面目な著作態度
をうかがい知ることができる。

　周爾鎏は、私の大学の先輩である。私はずっと彼を「老周」（周さん）と敬
意をこめて呼んでいた。7、8年前に本書の執筆が始まった時、彼は私に序を
書いてほしいともちかけた。私は光栄な依頼に恐縮し、恐れ多くてなかなか引
き受けることができなかった。後に何度も申し出があって、執筆中の手伝いな
ら何でも喜んでしたいが、序文を書くことだけは力が及ばないと辞退した。周
さんは幅広い人脈をもち、友人知人も数多くいるので、立派な序を書ける人材
は大勢いるはずで、私の出る幕はないと思ったのである。ところが、7月初め
に再び上海から電話があり、原稿がもうすぐ完成するので、「短くても何でも
構わないから巻頭に文を載せてほしい」と請われ、私はとうとう断る余地はな
いものと覚悟した。要望に従うのが一番だと思い直し、とりあえず試してみる
と答えた。

　彼がそこまで私に序を書くよう強く求めるのには、我われの半世紀以上にも
わたる友情によるものだと私は解釈している。1958年8月、私は南開大学外国
語学部で学び、最も早く知り合った高学年の同級生が周爾鎏であった。入学後、
何日も経たないうちに、大学は学生を組織し、労働現場で作業を手伝う活動を
行った。外国語学部の新旧の学生20数名はグループに分かれ、天津新港に派
遣され、海や河川の補修にあたる大隊に炊き出しをした。グループは軍事編成

にならって小隊と呼ばれ、周さんは学生組織の委員長として小隊長兼団支部書記を務めた。半月あまりの間、炊き出しの仕事をする中、私たちはテントで寝食をともにし、食事を作り、次第に打ち解けて互いに親しくなった。彼は小隊の中で唯一の党員で、仕事をしながら勉強する身だった。彼は新中国となる前に革命に参加し、見聞が広く、考えが周到で、人をまとめる力があり、物事を行う際は老練で慎重だった。彼は新入生より年長なので、つねにわれわれを気遣い、面倒をみて、助けてくれた。私たちは彼を尊敬し、兄のように思って慕った。労働が終わった後、彼は外国語学部の責任者として職務に就いたが、後にまた学生の身に戻った。しかし彼の立場がどう変わろうとも、私は彼を「周さん」と呼んで終始変わることなく、よき師、よき友とあがめた。

　とくに忘れがたいのは、新港の渤海の岸辺であろうと、八里台の南開大学のキャンパスであろうと、周さんはいつも私を気遣い、声をかけてくれたことである。私たちは仕事や学習、自身の経歴や家庭環境について話した。私たちは深く知れば知るほど、互いに親しみが増していった。しかし長い時間を一緒にすごしたが、彼は自分から周恩来総理との関係について語ることはなかった。よそで聞いてきた情報を私が確かめようとすると、彼はようやく頷き、それも本当にただ頷くだけで、私にこの秘密を口外しないでほしいと言うのだった。彼のこういうところは謙虚で、人からの尊敬を集める所以である。大学卒業後、私たちは相前後して北京に入り、それぞれ忙しい生活を送っていたが、互いを気遣う思いはもち続けていた。退職後、私たちは密に連絡を取り合い、何でも話し合える間柄となり、ますます親しくなった。

　2004年くらいのことだったか、彼は初めて本書の執筆を計画していることを私に明かした。また執筆の方向性について意見を求められた。彼は周家の同世代の中では最も年長で、周恩来にまつわる貴重な資料や文物を多数保管しており、また長きにわたって周恩来から目をかけられ教えを受け、国内外の各界の人士の周恩来に対する熱烈な賛辞も直接見聞きしてきた。このため、彼は常に一種の使命感を背負い、すべてを書面に残して周恩来研究の参考に供するべきだと考えた。彼のこの思いは多くの先輩の指導者や友人知人、家族親戚の支持を得て、何人かの若者は進んで執筆のアシスタントの役を買って出た。まさに各方面の励ましと援助のもと、彼は高齢と体調不良も顧みず、奮闘し続けること数年で、とうとう本書の執筆を終えた。まことに喜ばしいことである。

実を言うと、多くの人が周恩来を愛し、周恩来を称えるが、家柄や早期の革命での経歴について、大衆の視線の外のプライベートなことについては、まだ知られていないこともある。肉親としてずっと彼の愛情を受け、周爾鎏はこの方面で理解していることが非常に多く、しかもその経験した内容は深い。本書の原稿で、周恩来の家柄、学問、革命、人となり、物事の処理、友人関係、愛民、国への献身、1つ1つの出来事、話のそれぞれが興味深く、誇張や装飾が加えられておらず、親しみがわく。多くの出来事の詳細は、周さんだけが知る内容かもしれず、周さんだけしか書くことのできないものである。これらすべては専門的に周恩来を研究している国内外の研究者がなかなか手にすることのできない資料であり、周恩来の気高い人柄とその豊かな魅力を物語る世界的にも貴重な資料でもある。

　周さんはもちろん知っているが、周恩来は一般的な意味で彼の上の世代であるだけでなく、もっとも偉大な革命家であり、中国の歴史上においても稀に見る人徳のある宰相であり、世界中から称賛される政治家、外交家である。このため、執筆前には彼は長期間材料を集め、綿密に考え、古くからの指導者、同志、友人の意見をたくさん求めた。彼が自分で決めた執筆の原則は、自身が直接見聞きしたことだけを書き、歴史的に確かな文字資料を残すということである。このため、噂話や伝聞は載せず、根拠のない言葉は使用しない。この執筆の基本姿勢が決まった後、彼はあるテーマについて、周恩来の遺品や、関心を持っていた国際的な友人の事跡などのように、試し書きとしてまず執筆した。読者の承認と賞賛を得られた後、彼は全体の構成を考え、1つ1つ検討を加え、推敲し、何度も修正を重ねていった。私たちが現在目にしている原稿は、大変な苦労を経て編み出された珠玉の言葉である。

　周恩来総理が世を去って30年あまり経った。人々は彼に対して思慕の念は尽きない。出版された書籍、刊行物は数千以上になる。しかし私が思うに、周さんの本書は内容や事例、いずれをとっても特色があり、人情味にあふれ、心を動かす。これは周さんが心から愛する「七爸」への追憶であり、また億万人の中国人の心の中にある総理への熱い真心でもある。

　周さんの原稿を読み終えた後に、こうした浅薄な感想を書いてしまったが、周さんへの敬意と、人民の総理への誠を捧げて、ひとまず序に代えさせていただきたい。

はじめに

　我が祖父・周貽康と、周恩来の父・周貽能は、父方の従兄弟同士にあたり、大家族においては、それぞれ同世代の上から2番目と7番目の家族に属していた。祖父は、分家の次男だったが、本家には跡継ぎがいなかったので、養子として本家を託され、周家の惣領になった。

　私が「七爸」*と呼ぶ周恩来は、「周家の一族のうちでお前が本家の最年長の孫なのだ」と私に念をおして話していたことがあったが、私はちっとも気に掛けなかった。祖父と「七爸」の父は従兄弟であるだけでなく、ことのほか仲がよかった。2つの家族は同時期に紹興から淮安に移り住み、同じ屋敷に住み、片時も離れなかった。祖父は清末の文人で、総督と巡撫の役所で文書をつかさどり、官途に就いた後は、直轄州の知事もつとめた。民国期は江蘇省の軍事長官の顧問兼秘書となった。当時、祖父には比較的安定した収入があったから、「七爸」の父上と仕事で協力して、「七爸」の留学資金も祖父が援助した。革命時代、私の祖父母と両親は、北京、天津、南京、上海に住んだので、そこが「七爸」にとっては隠れ家となり、彼は何度も危険な目に遭うたびに我が家に避難した。周恩来の父君はずっと我が家に身を寄せていたため、結局彼の秘密連絡員の役目を果たしていたことになる。私の父・周恩霆は「七爸」の同じ世代の中では最年少で、「七爸」より10歳年下である。「七爸」はよく家に来ていたので、父に対しても親身になって何でも教え、可愛がってくれた。後に、父は「七爸」の影響を受けて、革命に身を投じることになった。

　私がまだ幼かった頃、「七爸」夫妻から慈しんでもらった。私を産んでほどなくして母が世を去り、その当時我が家は上海の北四川路永安里44号にあり（現在の周恩来早期革命遺跡）、「七爸」夫妻が我が家に潜伏していた時に私はまだ1歳にも満たなかったが、2人にはずいぶん愛情を注いでもらった。言葉を発し始めた時から、すぐに「七爸」「七媽」とはっきり呼んだ。この後、私は一生において、2人からの愛情と真心を受け続けた。1939年から1942年まで、父と継母はそれぞれ重慶と江蘇省北部に移り、私は1人で上海に残されて勉強

していた。「七爸」は私をからかって「離れ小島に取り残された孤児」と言ったが、1946年までには、人づてに私を探し出して引き取り、直接育ててくれた。新中国成立前の3年は、経済的には彼らの全面的な支援を受けた。1954年から1964年は、われわれ夫婦が祖母と妻の母の世話をすることになり、生活が苦しくなると、「七爸」夫妻が自身の収入から補助してくれた。私の娘の生活費まで彼らから毎月30元ずつ与えてもらっていた時期もある。私は、彼らからこの上ないほどのあたたかい配慮を受け、仕事や思想での大事なことを教わり、それが生きる上での道しるべとなった。歴史のめぐり合わせと職務上の関係から、ある国を周総理が訪問した後、私が文化代表団に随行して同国を訪れることがよくあった。中国国内では、私も外国の賓客と一緒に、前に総理が視察した場所を見学に行くこともあった。このため、かつて「七爸」は私のことを「いつも後からついて来る影法師のよう」と面白がって話していた。わたしは中国共産党中央対外聯絡部副局長、対外文化連絡委員会（文化部）局長、北京大学副学長兼社会学所所長、中国社会発展研究センター主任などの職をつとめていた。さらに駐英大使館文化参事官を担当してイギリスに赴任していたこともある。対外交流の仕事に長年たずさわり、イギリス、エチオピア、インド、ネパール、アメリカ、ウガンダ、イエメンなどの国家元首や政府首脳と関わりをもつことにもなった。こうした著名な政治家と交流する中で、私は「七爸」の教えを守り、中国と外国の友好を促進するために謹んで職務に励み、一定の成果をあげてきた。このほか、内外の著名人からの周総理への好評価も実際に耳にしてきた。

　この本を書いたのは、私の知る「七爸」の生涯の思想と実践について真の材料を伝えたいという思いからである。多くの資料は未発表のもので、私が生きているうちにこの貴重な資料を世に出す責任があると強く感じた。その内容の多くは「七爸」が私にだけ語ってくれた話である。また本書に登場する内外の人物は、生前「七爸」が懇意にし、重要な交流があった人物ばかりである。さらに言えば、本書で述べる内容が、国内外の周恩来総理に対する理解をさらに深める助けとなり、周恩来研究の促進に役立つよう願っている。

＊「爸」は「お父さん」の意味。周恩来は周一族のうち、筆者の父親と同世代の上から7番目。筆者は特別な親
　しみをこめて、周恩来を「七爸」と呼ぶ。なお、周恩来夫人の鄧穎超は、「七媽」（チーマー、7番目のお母さ
　ん）と呼ばれて慕われた。

目次

序に代えて ……………………………………………………… 3

はじめに ………………………………………………………… 6

第一章 周氏の家柄

プロローグ 周恩来は退職後に長編小説『房』を書くつもりだった ……… 11

一 周氏淵源考 ………………………………………………… 12

二 5代の系譜 ………………………………………………… 13

三 始祖の周敦頤から同族の魯迅まで …………………… 16

四 家風祖訓 …………………………………………………… 21

五 周元棠『海巣書屋詩稿』 ………………………………… 23

六 「七爸」の2番目の伯父 調之公 …………………… 25

七 代々の職業「紹興師爺」 ……………………………… 28

八 迫られて梁山泊へ ……………………………………… 29

　 家族の思い出の品々と「七爸」「七媽」の手紙（一） ……… 31

第二章 愛宝と「七爸」「七媽」

プロローグ 愛宝出生の謎 ……………………………………… 39

一 秘密の隠れ家 虹口「周公館」 ……………………… 40

二 七爺爺とともに過ごした日々 ……………………… 43

三 「孤児は孤島に留まる」 ………………………………… 45

四 高郵での境遇 …………………………………………… 46

五 上海に戻って「七爸」を探す ………………………… 47

六 3度「周公館」に赴く ………………………………… 49

七 背中に銃剣を突きつけられて ……………………… 53

八 「二野」にしたがって大西南へ進軍する …………… 55

九 劉、鄧将校の2度の講演 ……………………………… 57

十	食糧局局長代理 ………………………………………	61
十一	南開大学に入学して、「関係」が明るみに ………………	63
十二	周爾鎏名前の由来	65
	家族ゆかりの品々と「七爸」「七媽」の手紙（二）…………	66

第三章 建国風雲

プロローグ	「小異を残して大同に就く」 …………………………	72
一	社会問題を語る ………………………………………	74
二	解放初期の思考 ………………………………………	84
三	「大躍進」前後 ………………………………………	90
四	「知識分子のために脱帽し戴冠する」…………………	109
	家族ゆかりの品々と「七爸」「七媽」の手紙（三）…………	122

第四章 「文革」の日々

プロローグ	文革初期は「七爸」もついていけないと感じた …………	136
一	困惑と遭遇 ……………………………………………	138
二	「七爸」と指導者たちのつきあい ………………………	139
三	ニクソン大統領訪中 …………………………………	145
四	「七爸」と四人組 ……………………………………	154
五	最後の日々 ……………………………………………	163
六	「七爸」の逝去 ………………………………………	170

第五章 永遠の思い出

プロローグ	思い出の中の「七爸」とその横顔 ………………………	178
一	新中国建国の功労者たちの心の中の周恩来 ……………	180
二	「七爸」の中国と海外の友人 …………………………	193
三	総理を偲ぶ数々の書画 ………………………………	203

第六章 史実の整理と補足

プロローグ	今、なぜ「補足」が必要なのか	210
一	1921年に周恩来がロンドンから送った手紙のあて先は祖父、周貽康である	210
二	周恩来の当初の留学先はフランスではなかった	211
三	少年時代の周恩来が故郷の紹興を訪ねたのは事実である	211
四	周恩寿が1927年に革命から離脱した理由	212
五	程儀貞は生涯、何度も周恩来夫妻をかくまった	215
六	周恩霔は上海祥生汽車公司の副経理を務めた	217
七	進歩的な元官僚、馬士傑が晩年に遭遇した真実	219
八	身内の重用を避けるという原則	224
九	親族を平等に扱う	228
十	周貽良ら遺臣の親族に対しては「けじめをつけつつ配慮を示す」	231
十一	沈鈞儒と周恩来が知り合ったのは抗日戦争期ではない	233
十二	ディック・ウィルソンによるねつ造の顛末	234
十三	李知凡の妻とエドガー・スノーの逸話	237
十四	『父と呼ぶには重すぎる』という本の荒唐無稽な顛末	239

第七章 受け継がれる遺訓

プロローグ	私たちの心を温め続ける「七爸」「七媽」の言葉	242
一	英語版『鄧小平文集』出版の舞台裏	250
二	3代にわたるインド首相と平和五原則	256
三	費孝通との共同研究	260

結 び		270
付 録	周恩来精神を伝承し発揚するため、著者が近年行った活動	272
付 録	周氏歴代の系譜	274

第一章 周氏の家柄

プロローグ

周恩来は退職後に長編小説『房』を書くつもりだった

　私が1946年に上海の周将軍公館で「七爸」と面会してから、1966年に「文化大革命」が始まるまで、「七爸」は十数回にわたって私たちの家の系譜について語った。どの時代の話も半日近くに及び、夜を徹して語り合うことさえあった。政務に追われていた「七爸」が、なぜこの話題をそこまで大事にしたのだろうか？

　私たちは紹興の百歳堂周氏の系譜に連なり、傍流も多く、何度か転居している。「七爸」の代くらいになると、一族はさらに各地へ移り住み、職業も異なり、政治的な立場もさまざまだった。

　複雑に入りくんだ家族関係の中で、「七爸」は家族の情に対して基本的にはどんな考えをもっていたのか？　長い歴史のある系において、どのような家訓が今に伝わっているのだろうか？

　「七爸」は生前、高祖元棠公の遺した『海巣書屋詩稿』を愛蔵していた。先祖の刊行したこの詩稿は、10年に及ぶ「文革」の苛烈な歳月において心のよりどころとなった。彼はなぜこの詩稿を大切にしたのか？　高祖の詩作はどのように「七爸」の心を慰めたのか？　そこには一族のどんな伝統的な文化が現れているのか？

　私が西花庁で「七爸」の口から直接聞いた話によると、「七爸」は退職後に『房』（「家」の意味。大家族制度の中で、子が結婚して家庭をもった場合を指す。長男が結婚したら「長房」、次男は「二房」となる。周恩来は「七房」に属すので、筆者から「七爸」と呼ばれる）というタイトルの長編小説を執筆するつもりだったようだ。その内容は大家族の家がたどるさまざまな歴史の変遷に基づき、中国社会の縮図を描き出す構想だった。彼の宿願でもある家族の小説と、自身の一族はどんな関わりをもっていたのだろうか？

　この問題に答えるためにも、周家に連綿と息づく文化的な遺伝子を手がかりにして探ってみたい。

一　周氏淵源考

　　1955年、「七爸」は中南海の西花庁で、上海から来た私の父である周恩霔をもてなした。わざわざ私に南開大学から馳せ参じるように連絡してくれたおかげで、私は彼らの会話を直接聞く機会に恵まれた。その話題の中でも特に印象深かったのは、周氏の家系にまつわる話である。

　　「周」という姓は、中国では多い姓である。その根源に関する資料は豊富で、それぞれ異なるが、我が家の一族の系譜は『周氏淵源考』に基づいている。その記載内容からは、われわれの先祖の周文灝が昔から伝わる系図を書き写したことがわかる。1955年の西花庁で、「七爸」と父が私に『周氏淵源考』の記載について語ったところによると、記録された年代からだいぶ時が経ち、歴史的な変遷もあり、先人の記載が正確かどうかの検証は難しいとのことだった。「七爸」は父に向かって笑いかけた。「この分野は、2人とも専門家ではないから、深追いするのはしばらくやめておき、研究者にゆだねよう。しかしこれらの一族のデータは子孫の精神面に少なからぬ影響を与えている。私たちは幼い頃から炎帝・黄帝（中国の古代伝説上の帝王。中華民族の祖先と言われる）の正統な子孫であるとの自負があった。だから若くして辛い目に遭った時にも、ある種の落魄の王孫のような心持ちで、人後に落ちなかった」。ここまで話すと、兄弟2人は互いに顔を見合わせて微笑んだ（「七爸」と父は親族の同じ代として兄弟のような間柄だった）。

　　「七爸」は続けた。「習慣から言えば、中国人はみなそれぞれ自分と同じ姓をもつ歴史上の人物を祖先とあがめたがるものだ。これは封建的な文化の伝統であるが、良い方向にとらえれば、同じ炎帝・黄帝の子孫であるというアイデンティティーを強めることになり、家族の一員として〝天下の興亡は、一人ひとりに責任がある〟という信念に結びつきやすい」。父はかたわらで肯いていた。

　　後に私は職務上、多くの外国人の知遇を得たが、その中には周恩来関連の専門書を書いた作者も何人か含まれている。彼らは周恩来の家系に強く関心をもち、好奇心から私にこうたずねた。「周恩来は黄帝の直系の子孫に連なりますか？」私は上述のように「七爸」が語った精神に基づいて彼らに答えた。

　　ここ数年、世界各地で周氏の系譜に連なる人々や関係する専門家が積極的にこの研究に取り組んでいる。彼らが各地に伝わる数多くの系譜を総合的に研究し、さしあたって得られた結論は、周恩来は黄帝から数えて127代目の子孫であるというものだった。

少年期の周恩来

周恩来の曽祖父、樵水公の肖像

二　5代の系譜

　1939年、抗日戦争後の国共合作期間、「七爸」は故郷である浙江の紹興を訪れたことがあった。以下は重要な家系のデータ——周一族5代の家系図で、「七爸」が紹興で入手して重慶へ持ち帰った後、私の父の周恩霍に渡し、樵水公以降の5代をまとめて整理された。解放後（1949年10月1日の中華人民共和国の成立以降）、「七爸」の3番目の弟の周恩寿が修正を加えた。

1　5代のつながり

　1代目の樵水公は清・嘉慶年間の人で、5人の男子をもうけた。2代目は名前の1文字目に「駿」の字がつく代で、兄弟5人は仲がよく情が深かったため、分家しないで一緒に過ごした。駿昂は、次男の貽康を長兄である駿侯の跡継ぎに立てるのと同時に、「師爺」（地方長官が顧問として招聘する補佐的な人員）となり、兄として4番目の弟である駿龍の少年時代の学業の援助をした。後に霞軒公駿昂と、4番目の雲門公駿龍は、漕運総督（船などで食糧を運送する役目）とともに江蘇の淮安へ赴き、淮安城区西北隅駙馬巷7号門内の東西に連なる旧式の邸宅2棟に住んだ。両家族は同じ敷地で暮らし、実質的には一家を成していた。5人の兄弟は、紹興と淮安に別々になってしまったが、肉親の情は断ちがたく、時間の経過とともにその思いはいよいよ強くなった。

第一章　周氏の家柄　13

3代目は、名前が「貽」の字から始まる代で、1番年長の貽豫、2番目の貽康(官名は龢鼐)、6番目の貽良は駿昂の子である。4番目の貽賡、7番目の貽能、8番目の貽奎、11番目の貽淦は駿龍の子である。貽康は私の祖父にあたる。「七爸」は貽能の長男であるが、貽淦に跡継ぎがなかったため、貽能は長子恩来を貽淦の養子にして後を継がせた。このため周恩来は養父を父と呼び、実父が「乾爹」(父親同然の信頼できる存在)となった。また貽賡にも子がなく、貽能の三男である恩寿が跡を継いだ。一族全体の繁栄のために、二男の貽能が相前後して2人の息子を兄弟の養子にしたことからも、4兄弟の絆の強さをうかがい知ることができる。

樵水公夫妻の肖像

　私は貽康の初孫であり、貽豫の初孫でもあり(なぜなら曽祖父の駿昂は自分の二男である貽康を長兄駿侯の養子にして跡継ぎとしたからである)、幼い頃からしきたりに従って「七爸」の実父を「七爺爺」(一族の祖父世代では7番目。「爺爺」は「おじいちゃん」の意味)と呼んだ。「七爺爺」は長期にわたり周恩来とともに各地を転々とし、なかなか孫世代と顔を合わす機会はなかったが、「爾」の字がつく代の中で私だけが、上海、鎮江、揚州などに住んで生活を共にしたことがあった。

周恩来の二祖父周駿昂と二祖母の肖像

　4代目は名前の最初に「恩」がつき、子どもが多く、全国各地に散らばっている。正式な「排行」(同族の世代間における長幼の順序)で数えるのはすでに難しく、祖父世代の順序を基準にして考えて、私たちの代はみな周恩来総理を「七伯」「七叔」、その妻の鄧穎超を「七媽」と呼ぶ。しかし私自身は、もの心ついてからずっと祖母や「七爺爺」、周恩来夫妻の言うことに従って、周恩来を「七爸」と呼んできた。これは一生変わることはない。そして彼は私のことを幼名の「愛宝」で呼び通した。鄧穎超のことは私も「七媽」と呼ぶ。「七媽」はもともと私を「愛宝」と呼んでいたが、私が革命に身を投じるようになってから自然に「爾鎏」と改めるようになった。

　周家は大家族で、込み入った事情でさまざまな出来事が起きているが、周氏の排行に従えば、名前の1文字目に「駿」「貽」「恩」「爾」のつく順に系図は続く。5代目は諸事情が重なり、貽豫、貽康、貽奎の子孫の名前に「爾」の字がついているのみで、それ以外は全員が「爾」の字で始まる名前というわけではない。周爾鎏、周爾圻、周爾均、周爾萃などがいるだけである。

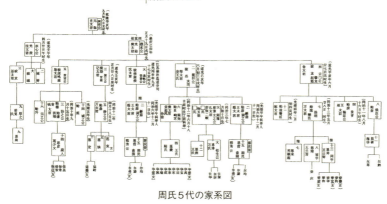

周氏5代の家系図

2　家族の情

　広い意味でいえば、周氏の家族が代々大切にしてきたのは、同族意識であろう。この特別に強い結びつきを築き上げた根底には、長い歴史の中で脈々と受け継がれてきた家族の伝統文化の存在が大きく、ただ単純に血縁関係に頼っただけのものではない。例えば、大家族の中で誰もが始祖とあがめるのは北宋の周敦頤であり、どの家庭でも文化教育の面を重視し、子孫の育成に力を注いでいる。

　また、もう1つの特徴として、流転と散居を繰り返しながらも周家の系譜を連綿とつないでいることである。これは、家族の転居の歴史と「師爺」（地方長官が招聘する顧問）という職業が関係している。時勢の変化により、私たちの一族は元末明初に浙江の紹興に移り住んだ。以後、淮安、揚州、上海などの地に分かれて住むことになる。どこに離れて住もうと、家族のメンバーは、沂国公周茂を「始遷祖」としてアイデンティティーを保った。この点について、「七爸」と魯迅の2つの系統に別れた家系図を見ると、どちらにも同様の記載があった。現在、一族の子孫の生活拠点は各地に分布し、国内外に広がりを見せるが、それでもなお肉親の情は途切れずに続いている。これは容易なことではない。

　中国の伝統的な習慣でいう周家5代以内の親族は、家が没落して他所へ散り散りになっても、親族同士で支えあう大家族の思いは代々受け継がれ、さらに新しい特徴を形成した。

　1つ目は、一家で淮安に移って同居したことである。私の曽祖父の「駿」の字が名前につく代から始まって、5人兄弟のうち4人が紹興から淮安に移住している。2番目と4番目はとりわけ気が合い、淮安城中の駙馬巷に邸宅を構えて一緒に住んだ。両家の家族関係は良好で、分け隔てなく強い絆で結ばれていた。

第一章　周氏の家柄　15

2つ目は、遠く離れていても、思いが原籍地につながっていたということである。「駿」「貽」「恩」「爾」の各代の子孫も数多く増え、全国各地で生計を立てているが、それぞれ期せずして自らのルーツを紹興としている。こうした望郷の念は脈々と続いている。

　3つ目は、教育を重んじ、互いに連携を強めたことである。曽祖父は当時まだ幼かった4番目の弟に学問を授け、それぞれ高官の顧問役として任地へ赴いた。私の祖父の周貽康は、「七爸」の2番目の伯父であるが、本家に跡継ぎがなかったため養子となった。「貽」の字のつく代の中でもとりわけ温厚で、科挙の郷試に合格すると、幕僚となり仕官し、生前は周恩来の実父である周貽能を引き立て、その子である周恩来が非凡で博識だったことから、学業、留学、また避難にいたるまで面倒をみた。

　4つ目は、危機や困難から家族を救済しようとしたことである。大家族が次第に没落し、中には生活に困窮し、病を得て、弔いの費用にも事欠くような状況もあった。そういう場合は、一族の中でも成功をおさめている者が、なんとか手立てを考えて支援した。祖父の周貽康は早くに淮安を離れていたので、家族の状況を知ることは少なかったが、周貽能、周恩来親子からもたらされた情報で、幼い周恩碩（しゅうおんせき）が父親の病死により孤立無援で路頭に迷っていると知ると、すぐに援助の手を差し伸べ、葬儀を取り仕切り、恩碩を手元に引き取った。

　5つ目は、親戚同士の婚姻によって血縁の結びつきをさらに強め、互いに助け合ったことである。「七爸」の生母の万氏の一家はわれわれの親戚筋にあたり、兄弟は私の祖父の妹を妻として迎え、今日に至っている。その子孫とも付き合いがあり、この特別な結びつきのことを忘れてはいない。

三　始祖の周敦頤から同族の魯迅まで

　新中国成立後、「七爸」は中南海の西花庁に居住し、執務した。そこはかつて清末の摂政王府の所在地であり、敷地内には「不染亭」があった。周氏の家族の歴史について少し知っている友人が「この不染亭は周恩来と関係があるのだろうか？　周恩来が名付けたのだろうか？」とかつて私に聞いたことがある。この趣深い問題に答えるには、「淤泥（おでい）より出でて染まらず」の名句を生んだ作者から説き起こさなければならない。

　紹興宝祐橋周氏が代々住んでいた家の百歳堂内には「蓮

周敦頤

渓綿世澤，沂国振家声」（周蓮渓は連綿と続く先祖の恩恵を受け継ぎ、沂国公は家名を高めた）という対聯（家の入口に掲げた対句）がある。「七爸」の出生地である淮安の親族の家にも似たような対聯があり、「世宗濂渓愛蓮説，家伝甪里採芝歌」（祖先の蓮渓先生の愛蓮説、秦の政治を避けて山中に入った甪里先生の採芝の歌は今に伝わっている）とある。

　ここで言う「蓮渓」あるいは「濂渓」は、周家の「祥符始祖」（周氏の親族会での呼称）である周敦頤である。

　周敦頤（1017〜1073年）、字は茂叔、原名は惇実であったが、宋の英宗の忌み名を避けて敦頤と改めた。出生地である湖南道にある濂渓県に住んだことに因んで濂渓と号し、世に濂渓先生と称せられた。周敦頤は平素から蓮の花を愛し、人品ゆかしい胸中は清らかだった。彼の書いた『愛蓮説』（周敦頤が蓮をもって君子の徳にたとえた文）はわずか119文字の短い作品だが、珠玉の言葉は古来多くの文人に親しまれた。「濂渓」「蓮渓」は周敦頤の代名詞となった。

　周敦頤は15歳で父を亡くし、24歳から洪州、郴州、合州、虔州などで任官した。至るところで苦難を恐れず、清廉潔白を貫き、貧困にあえぐ者を助け、民に寄り添った。自らの俸禄は民の救済にあてて、生前はわずかな蓄えさえない時もあった。周敦頤はまさに彼自身が愛してやまない蓮の花のように高潔で、「淤泥より出で、清漣に濯われて妖ならず」（俗世のしがらみに汚されず、清らかで邪心をもたない）という生涯だった。

　周敦頤は宋代の理学の祖とされ、それまでの儒学を受け継ぎ、後に発展させた重要人物で、中国思想史における功績は非常に大きい。周敦頤は各思想家の真髄を汲み取り、中国の伝統的な文化に昇華させた典型であり、「七爸」が私に教育してくれた中でもこの話題についてふれることが多かった。

　「七爸」は周敦頤から数えて33代目にあたる。周氏始祖の子孫として、また一族の中でも傑出した人物の代表として、「七爸」は周敦頤を誇りにし、早くからその思想にふれて深く感化され、生き方の手本にした。濂渓先生の思想哲学、人品骨柄、官吏としての態度など、「七爸」に与えた影響は計り知れない。

　1946年9月、上海の周公館において「七爸」は単独で私と面会してくれる約束をした。これが私の3度目の周公館訪問で、当時私はまだ15歳だった。話が終わる前、「七爸」は私に周敦頤の『愛蓮説』を学んだことがあるかと聞いた。私は「小学校で習いました」と答えた。すると「七爸」は非常に喜んで、「周家の祖先である周敦頤は有名な『愛蓮説』の作者で、われわれは彼の子孫だ。今上海は複雑な状況にあるが、君には蓮の花のように、泥から出ても決して汚れに染まることなく勝利の花を咲かせてほしい」と語った。

1954年、私は南開大学の学生で、冬休み中に「七爸」から連絡を受けた。西花庁に彼を訪ねると、「七爸」は中華人民共和国の総理として多忙をきわめ、昼間は政務に追われ、夜は西花庁に戻ってからも遅くまで働き、東の空が白みかけるまでかかることもたびたびあるほどだった。その晩、「七爸」は私と「徹夜の長談義」をした。これは珍しいことだった。それでも彼はまだ話し足りないようで、冬休みが終わるまで西花庁の東棟に泊まるように言った。今から思うと、親族の中でもこんな幸せな機会に恵まれたのは私くらいだろう。

　その後の幾晩かは、「七爸」は仕事の合間を見計らって私に語りかけてくれた。たびたび周敦頤に話が及び、次第に深い内容になった。彼はおそらくもう大学生ともなれば私の理解力も相当高まっていると考えたのだろう。「七爸」は言った。「われわれの祖先の周敦頤は陰陽学の学説を使って宇宙の本体を解釈し、この哲学の根本的なテーマを豊かに発展させた。これは素晴らしい貢献だ。彼は人の本性の特長を強調し、人が生まれながらにもつ知能とすぐれた性質を重視し、さらに人間性の理論を深めた。先人の各種の理論を理解し、独自の見解を形成した。彼の太極学説は次第に世界各国の人々に受容された。彼は、儒学の大家、理学の開祖というだけではなく、国際的に影響力のある中国の伝統文化の代表でもある」。現在、周敦頤はユネスコでも「世界的に著名な文化人」に指定され、「七爸」の優れた眼力を証明することとなった。

　このほか、周敦頤の代表作の『愛蓮説』は「七爸」が私と話した中で何度も取り上げられた。「周敦頤は、北宋の時代においてすでに封建社会の全盛と凋落の兆しを目にしていた。彼は芸術的なイメージをもつ言葉で蓮の花になぞらえて、高い志と清廉さを追い求める表現をした。"淤泥より出でて染まらず"という警句は、理論が現実と結びつき、その時代の弊害とぴったり一致していると言えよう。彼は、封建社会の盛衰が避けられないことを予見し、自ら修養に努める道を世の人々に提唱したので、この名言はすでに理想的な人格の象徴となっている」。

　何年か経って、私は国学大師の南懐瑾先生とこのことについて話した。彼は濂渓先生を高く評価し、「七爸」の卓見を称えた。

　しかし、惜しいことに当時私は年若く、西花庁にいると窮屈にも感じた。何度も「七爸」に早く学校に戻りたいと訴えた。過ぎ去った時間はもう逆戻りさせることはできない。今思うと残念でならない。なぜもっと「七爸」から直接教えを受けられる時間を大事にしなかったのだろうか。

　西花庁の庭には「不染亭」がある。周恩来が住むようになってから名付けられたわけではないが、この趣深い偶然によって、はるか遠い昔に思いをはせることになる。

　魯迅（1881 〜 1936年）、すなわち周樹人は、紹興覆盆橋周氏である。周敦頤から数えて32代目となる。魯迅先生は没落した士大夫の家庭の出身であるが、彼は個人

の豊富な人生経験を全中華民族の運命と結びつけることによって、ついに偉大な文学家、思想家、革命家となった。魯迅の精神は中華民族の魂と呼ばれ、それ以降も多くの中国人に大きな影響を与えた。

魯迅

　魯迅先生は「五四運動」の前後に雑誌『新青年』に参加し、新文化運動のリーダーになった。そのとき「七爸」は南開学校で学んでいる大切な時期であり、天津の学生運動を指導する立場でもあった。彼は魯迅先生を招いて天津で講演会を開こうとした。活動当日に事情があって魯迅先生は到着することができなかったものの、この件は弟の周作人に託されて講演の運びとなった。

　「七爸」は魯迅先生と面識はなかったが、2人は懇意の間柄だった。魯迅先生は故郷特産のハムを「七爸」に贈り、「七爸」は上海にいる共産党の同志を通して、魯迅をはじめとする左翼作家聯盟の作家が抗日救国に対して力を尽くしていることを高く評価した。彼が魯迅先生を尊敬していることは周知の事実で、魯迅先生が逝去した際の度重なる追悼行事においても、「七爸」が重要なスピーチをしたり、文章を発表したりした。

　私が上海で勉強している間、「七爸」が私との会話の中で特に言っていたのは、魯迅先生も周氏一族の傑出した人物であるから、先哲を見習って私も自分を磨き、立派な人になってほしいということだった。

　成長してから、「七爸」が魯迅先生に対していかに礼を尽くして敬っていたかがわかった。たしか「七爸」「七媽」と王章麗（私の妻）と魯迅のことを話題にしていた時だったと思うが、それは偶然のことだった。

　そのとき私は南開大学の学生で、王章麗と野外の映画上映を見ていた。合間に時事的な映像が流れたとき、その1コマに映し出された女性の後ろ姿がなんとなく「七媽」鄧穎超に似ていた。私たちは、彼女が何かの社会活動に参加したときだろうと推察していたのだが、次第に振り返ってこちらを向いた姿は、なんと魯迅夫人の許広平だった。

　後に西花庁でこのことを「七爸」「七媽」に話すと、彼らは声をたてて笑った。「七媽」は言った。「あなたの七爸は当時許広平に何気なく"私たちは同じ一族です。あなたは一族の目上の代にあたります"と言ったら、許広平はすぐに系図を出して調べて確かに証明されたということがありました」。

　このとき「七爸」が急に私にたずねた。「魯迅の作品の中で、人々に親しまれた名言警句はたくさんあるが、最も好きなのは何かな？」私はすぐに答えた。「私もみん

第一章　周氏の家柄　19

なと同じで、いちばん気に入っているのは"眉を横たえて　冷やかに対す　千夫の指さし、首を俯して甘んじて為る孺子の牛"です」。（毛沢東の「文芸講話」でも引用されて広く知られる。たとえ千人の敵から指弾されようと断じて立ち向かうが、幼子のためには頭をたれて牛となって背中に乗せて遊ばせる、という意味。）

　「七爸」自身もこの詩の中の句が好きで、題辞を書いたことがあると言った。彼はさらに解釈を進めた。「魯迅先生はよく練られた詩人の言葉を用いて、厳選した語数で中華民族に共通した心の叫びを表現した。それと同時に時代の呼びかけを発し、人々に使命感をもたらした。本当に偉大な文学家による非凡な筆である。しかし、ことはそれほど簡単ではない。「千夫」（多くの人）が意味しているのは反動派のことで、歴史の発展から見たら、彼らは外見は強そうだが見掛け倒しで、中身はもろくて弱い。最終的には滅びる。しかし一時的に猛威をふるう恐れがある。しかも恥知らずな追随者は、力の対比の上で不利な時、残酷にも人々を圧迫する。これに対して、革命者（共産党自身とその味方）と人民は魯迅を見習って、まず冷静に怒り、死ぬまで戦う気構えで臨み、その次にも未来に対して夢と自信をもって、実際の闘争を粘り強く続けなければならない」。

　「七爸」は「孺子の牛」という句についても言った。「魯迅の句の意味は、人民のために牛のように働いて尽くしたいということである。われわれが現在の言葉で言うなら、心から、全身全霊を傾けて人民のために働くということになろう」。

　今振り返ってみると、私の脳裏には「七爸」が晩年いつも胸につけていた「人民のために奉仕する」という徽章のことが浮かぶ。長年の激務から、彼の面差しには疲労の色が濃かったが、目には力強い輝きが保たれていた。魯迅の詩句には、周恩来と魯迅の２人の心の声が宿り、彼らの一生の真実が反映されている。

　魯迅が逝去して２周年の1938年10月19日の題詞から、1946年10月26日の魯迅逝去10周年の祭壇の演説まで、「七爸」は熱意をこめて、魯迅の高尚な人柄と長期にわたって忍耐強く戦う闘志を褒め称えた。前後の８年間で、題詞と講演は８回ほどに及んだ。1938年10月の講演で、彼はこう述べた。「血統の上では私の家は魯迅先生の家の本家にあたるかもしれない。なぜならどちらも浙江省紹興の周家で生まれたからである」。また「わが一族の樹人先生」と強調するのをはばかり、ただ古詩の句にある「疾風に勁草を知り、板蕩に忠臣を識る」（吹きすさぶ風で草の強さがはっきりし、不安定な時こそ真の忠臣がわかる）のように、魯迅先生をしのんだ。「七爸」は魯迅先生を勁草や忠臣になぞらえて賞賛した。私が思うに、彼らは年齢も、境遇も、性格も、活躍した分野なども異なるが、「七爸」の魯迅に対する褒め言葉は、彼ら２人の間に通底する姿を映し出している。

　1982年、私は紹興の魯迅記念館の館長を訪ねた。当時の周恩来と周樹人の両家の

20

家系図は完全には残っておらず、両家の血縁関係をはっきり証明するのは難しいとのことだったが、後に学会の多くの方々のさまざまな努力によって、各地に散らばった周敦頤の子孫が提供してくれた系譜の記載に基づき、魯迅と周恩来は、それぞれ周敦頤の32代目と33代目にあたり、ともに浙江に移住した始祖をもつことが証明された。現在でも特に強調したいのだが、先祖の周敦頤に代表される遥かな源流や中国の悠久の歴史から見れば、古くから続くこの一族が現代に至るまで周樹人と周恩来のような強い心の結びつきをもち、意気相通ずる偉人を輩出していることに、歴史の必然を感じる。これは決して単なる偶然の一致ではない。

この歴史ある一族の新しい世代の歩みが、現代中国社会の変遷の縮図となり、そこから国家民族全体の復興を予見できるものであってほしいと願う。

四 家風祖訓

「七爸」は自分の経験と体験を結び付け、近代人の性格と素養の形成には、主に3つの面が関連していると何度も私に言った。1つ目は家庭教育、2つ目は学校教育、3つ目は社会教育である。彼は自らについて没落した封建社会の大家族の出身であると言及したが、疎かにできないのは、この大家族の中で歴史ある伝統文化の重みが代々子孫に教育されたことが、彼自身にも大きな影響を与えたということである。

この1000年近く続く家風は以下のようなはっきりした特徴をもっており、ずっと継承されている。

1、名節を重んじ、誠実さを拠り所とすること。始祖の周敦頤は一生官吏としてすごし、高潔な人柄で、真心をもって励み、「淤泥より出でて染まらず」の名言は人口に膾炙した。「七爸」は周敦頤の子孫として、祖先の提唱した「誠をもって本とする」姿勢を一生信奉した。彼は世界一の人口を誇る大国の総理を26年間の長きにわたって務め、終始清廉潔白を通し、少しも汚れることはなかった。これは当時、中国はおろか全世界の人々までが見届け、直接耳にした歴史的事実であり、幅広い層から敬意と賞賛を集めた。その子孫として、周恩来記念館を見学して私はこんな言葉を残した。「翔宇丹心昭日月，恩来遺愛遍人間」（翔宇（周恩来の字）の真心は日々明るく輝き、周恩来の残した愛は世の中にあふれている）

2、中華の振興をはかり、志は世界に広がっていること。周氏の家族には長い歴史があり、古代文明の大家族にまで源流をたどることができる。それは国号が姓となる前の「姫」という姓で、人々は普遍的に黄帝の直系の子孫であると考える。炎帝黄帝の子孫として、周家の人は強い歴史的な使命感と責任感をもっていた。この家族は中

国西北部である陝西、河南から次第に全国各地に広がった。「七爸」たち50世帯の家族は湖南、江西、浙江などの地に移り、その子孫は高官の顧問として招聘されるという職業面の特徴から、さらに江蘇、河南、湖広、河北省などへ転じ、続けて天津、北京、上海といった大都市へと移った。「七爸」の頃になると、学問を求め、革命を志し、仕事をした後は全国各地へと行動範囲を広げた。「七爸」は10代のとき、非常に強い歴史的な使命感をもち、「中華の興隆のために学ぶ」という力強い心の声を発した。東北の小学校を卒業する時は、同級生に「共に努力して、万里の道も日を期して登る」としたためた。1917年、日本留学の前、彼は友人に「志は四方にあり」と題して、書き残した。1939年、抗日戦争中、「七爸」は紹興への旅において曹天風先生への題詞に、沈復先生の抗日の詩句を引用し、自らの心情と宿願を表した。その中の「成敗区区君莫問，中華終竟属炎黄」（目先の勝ち負けは取るに足らないことだから聞かないでくれ、中国がどうなるかは炎帝黄帝の子孫であるわれわれが決する）の語には勢いがある。

　3、学問を実際に活用し、真実を探求して実務に励むこと。「七爸」は若いときにこの言葉を題辞に書いた。「字句なき処より書を読み、肝胆ある者と共に事とす」（文字に書かれた本からではなく社会の現実から学び、肝胆相照らす仲の勇気ある人とともに働く）。彼はこの2句をことのほか愛し、これを彼の一生における立身、行動、治国の指針にした。彼は成長して革命に身を捧げた後、晩年に国家の総理という職務をやり遂げるまで、終始提唱し、体力の許す範囲で「命ある限り学ぶ」という原則を貫いた。書物を読んで学ぶ以外に、実践で学び、多くの人々と向き合っていつでも直接学び取るように気を配っていた。外国の貴賓や友人からも学ぼうとする姿勢があり、機会を見つけては学習しようとしていた。彼は生前、広く民衆がよく使う言葉から引用したが、それは「良心に従って物事を行う」というものだった。周氏の家族の多くが「師爺」（高官に招聘される顧問）に従事したことから、彼自身も含めて一族の多数は、ただ本に書いてある知識を重んじるだけではなく、先人から継承している行政管理の経験も非常に重視していた。

　4、家庭教育を厳格に行い、英才を育てること。「七爸」が属していた家族は、権勢を誇る宦官の家ではなく、また裕福な商家というわけでもなく、「紹興師爺」と呼ばれる伝統のある大家族だった。この家族において、多くの理想的なモデルは、儒教教育——応試——科挙合格——師爺——任官というものである。「七爸」の父親世代のうち、付き合いのあった3名が科挙に合格したが、それもこの伝統に沿って発展したモデルによるものである。一族のその他の人々の職業はさまざまであるが、学問を教え、役所の書記をするなど、受けた教育を活かして生計を立てる者が多かった。学問がよくできる年長者は子孫にも英才教育を施し、その中でも優秀な子弟は厚遇を受け、援

助を得られる。「七爸」は、一族の中で最も優れた青年の典型的な例である。彼は成長過程において絶えず家族の年配世代から手厚く支援されて学業に励むことができた。

　5、文筆活動を絶やさず、詩文を世に伝えること。「七爸」の高祖にあたる周元棠を例にとると、彼は試験では志を得なかったが、地域で著名な詩人でもあったので、後世の人のために素晴らしい詩篇を残した。後に「七爸」の父親世代の3人の挙人（目下ある人が調査中で、郷試では4人の合格者がいたはずだという説を唱えているが、「七爸」と私が聞き及んだのは3人だけである）がおり、それぞれの著作や詩稿も伝わっている。彼らの詩作の中では『咏懐（えいかい）』『自箴（じしん）』などの詩文が多く、作品で表現されているのは、厳しく自分を律することや、社会と人生に対する思いなどであり、代々この家に息づいてきた気風が伝わる。

　これはいわば先祖の薫陶を受けて、後世の子孫が一族の家風を受け継ぐことであろう。私が思うに、時代を遡って考えるなら、われわれ周氏の一族の中で、後世に数多く文章を伝え、「七爸」への影響力が大きかったのは、始祖の周敦頤を除くと、高祖周元棠、伯父の周鯀鼎である。

五　周元棠『海巣書屋詩稿』

1　「まさに奇男子となるべし」

　周元棠は「七爸」の曽祖父の父であり、彼が「七爸」に与えた影響は今までそれほど知られていなかった。

　周元棠は、字を笑岩といい、清の乾隆56年（1791年）に生まれ、咸豊（かんぽう）元年（1851年）に世を去った。生前残した著作は多かったが、戦乱のため失われ、現存するのは『海巣書屋詩稿』のみである。ここに残されたのは周元棠が22歳より前に作った詩文を孫（すなわち私の曽祖父）昂駿（原名は駿昂）が抄録し、曾孫鯀鼎（すなわち私の祖父）、炳豫（へいよ）、嵩堯（すうぎょう）が刊行して伝えたものである。

『海巣書屋詩稿』

　ここには135首の詩が収録され、「七爸」は肌身離さず愛蔵し、「文革」の激動の10年間も歳月を共にし、亡くなるまでずっとそばにおいていたものだった。

　「七爸」は幼い頃は淮安で過ごし、その後は遼寧、天津で学び、さらに各地を転々としたが、先祖の地――歴史と文化の町である紹興に対する思いは終生変わらなかった。かの地の風景、文化習俗への知識は豊富で、これは「七爸」が博学であることや紹興をわざわざ訪れたことがある点以外にも、高祖周元棠の詩作に精通することで得

られた独特の感覚と深く関係していた。

　元棠公の頃は家業が傾いたが、一生清貧に甘んじ、高潔さを失わなかった。「まさに奇男子となるべし」という強い思いのこもった言葉は、作者の人柄がしのばれ、今に至るまで周氏の子孫にも親しまれた詩句である。

　　人情薄如紙，世態澹如水。
　　為人不由人，当作奇男子。
　（人心は紙のように情が薄く、世の中は水のように揺らめいている。人に頼り従うことなく、ぬきんでて優れた人物にならなければならない）『自述』（2首）其二より

南開学校時代の周恩来

　これを読むと私は「七爸」が1917年9月に天津から日本へ留学に向かうときに詠んだ詩を思い出す。留学生活を始める際、出発の前に作った『大江歌罷掉頭東』である。

『自序』二首、其二　　『留侯』

　　大江歌罷掉頭東，邃密群科済世窮。
　　面壁十年図破壁，難酬蹈海亦英雄。
　（大江の歌が終わり、振り返って東を向く。さまざまな学問を深く学んで世の中の苦しみを救いたい。壁に向かって学問して十年経ち、今度は壁を打ち破ろうとしている。たとえ報われなくても、危険を冒して海を渡るのもまた英雄である。）

周恩来『大江歌罷掉頭東』

　青年時代の周恩来の中華民族を救いたいという強い気概が感じられ、元棠公の「まさに奇男子となるべし」という気骨となんと似通っていることだろう。

2 『留侯』の詩情

　私が元棠公の残した『海巣書屋詩稿』を読んでもっとも感嘆したのは、『留侯』の詩篇である。

　留侯張良は、容貌がすぐれ、学問をよくおさめ、才能が傑出していた。劉邦を助け漢王室の事業を支えた。功績が認められた後に引退し、静かに余生を送った。これは中国の封建社会の知識人の理想的な身の処し方といえよう。

　しかし私が驚いたのは、意図せずして彼が尋常ならざる預言者となったことである。「七爸」の波乱に満ちた辛い人生は、100年以上前からの元棠公の予言を全面的に実証するもので、それと同時に中華民族の伝統文化の強靭な生命力を示すものでもあった。

　没落した封建的大家庭の出身である周恩来は、最終的には知勇を兼ね備え、文武にすぐれ、硬軟あわせもち、誰もが知る偉大な政治家となったが、それは家族の伝承と無関係ではなかった。「七爸」が生前この詩集を愛蔵していたことに不思議はなく、つねにこれらの詩篇を読み込んでそこから励ましと癒しを得たのは理解できる。

　「七爸」はかつて留侯祠を見学した際、しばらくの間、深く感慨にひたり、その場を去りがたい様子だった。

六　「七爸」の2番目の伯父　調之公

　周氏の一族の中で、「七爸」に対して影響を与えた父親世代は、彼の「二伯父」（周家で名前の最初に「貽」の字がつく代のうち、2番目の年長者）にあたる周龢鼐、すなわち私の祖父である。

　周龢鼐の字は調之であり、一族の者は紹興の習慣によって彼を敬って調之公と呼ぶ。調之公の原名は周貽鼎、後に改名して周貽康となった。最終的には官名から周龢鼐とした。周恩来の祖父世代の2番目の周駿昂（霞軒）の二男である。「鼐」というのは大きな鼎のことである。大伯父に子はなく、彼が跡継ぎとなったため、周一族の同世代の兄弟たちの中で長男一家の跡継ぎの立場になった。彼本人は本家の長男となったが、一族のすべての人たちの思いを汲み取って、周家という大家族の中で各方面の調整をとりしきるという意味で――「調之」という字にした。

周龢鼐

　青年時代よく学問に励んだ調之公は、国学生（国中の秀才を集めて教育する国子監の学生）として学位を得て指導者の肩書を得る候補ともなった。しかし、大家族の

中での責任ある立場から、多くの兄弟たちの面倒を見なければならず、科挙受験の機会を再三彼らに譲り、自分のことは後回しにした。最終的には多くの家族の強い勧めによって試験に臨んだ。光緒20年（1894年）、調之公は甲午科の第107名の挙人となり、その世代の周家の中での合格者第1号となった。

調之公の人となりは温厚で、時節に迎合することは不得手で、官吏になることを望まず、何度か仕事を変えながら幕僚を務めた。江蘇巡撫の陳夔龍(じゅんぷ)(ちんきょうりゅう)のもとで文案を作る役目を担い、河南開封と湖北武漢などの地で職務に当たり、宣統元年（1909年）には、河北定州の知州（知事）となった。遺品の服装から判断すると、彼は塩法道台（清朝で塩の製造・販売の税に関する事務を司る役人）も務めていたと思われる。辛亥革命の後、失職して一度商売に手を出した。1917年に南京督軍の李純のもとで顧問兼秘書となり、1921年に上海で世を去った。彼は故郷を離れ、早くに亡くなったため、一族の子孫が彼について多くを知ることはない。

周龢鏘

調之公は文学と芸術を愛した。彼が南昆（江蘇省南部の昆山一帯で発生した歌劇とその節回し）に秀でて郷里で有名になったことを「七爸」は回顧し、「文学や芸術を愛するのは、わが一族の特徴かもしれない」と笑い、そしてさらに誇らしげに私に言った。「君のお爺様はこの方面でも成功者だ！」

調之公の現存する詩稿は100首余りある。周家の家風が「七爸」に与えた影響を調べるには、調之公の作品は見逃せない研究対象である。

莫以愛憎従俗尚，需知窮達総天成。
謀無習巧惟安命，名不求高但近情。
(好き嫌いで世俗の好みに従ってはならず、困窮と栄達は自然のめぐり合わせに因るものだ。うまくやろうとするのではなく運命に安んじ、名声を求めず情愛を大事にするだけだ。)『自箴詩』

調之公詩稿

この自箴詩は調之公の遺作である。「七爸」は青年時代に非常に好んだ。私の記憶でも、「七爸」は『自箴』詩をはなはだ重視し、かつて私に1文字ずつ正確に覚えておくように言い、「名は高きを求めず但だ情に近し」という句が素晴らしいと語った。

「七爸」は、「調之公は幕僚を長く務めたが、世俗に従うことなく、名誉や利益のために物事を処理することもなく、ただ情と理を重んじていたところがこの詩句と符合する」と考えていた。「七爸」はたびたび私にこの詩句について語り、子孫としてよくこの詩句の意味を理解し、行いを厳しく慎み、詩句の教えに従うよう求めた。

調之公は、度量が広く、思いやりは篤く、人の苦境を見ると進んで助けたため、本家の長男の風格を十分示して家族の尊敬を集めていた。

「七爸」は天津で学んでいる折に北京へ行って現代劇に出演し、私の祖父の調之公の北京と天津の住まいにたびたび滞在し、絶えず援助も得ていた。祖父は甥の周恩来の秀才ぶりを見込んで将来大物になって一族のために栄誉をもたらすであろうと信じ、周恩来への支援を惜しまずに精一杯続け、自らのことはまったく顧みずに甥の身を第一に案じて支えた。

「七媽」鄧穎超もかつて私に語ったことがあるが、「七爸」は北京や天津で学生運動に参加し、学生を組織的してデモを行ったり、進歩的な現代劇に出演したりしていた。こうした振る舞いは非常に危険であり、封建的な大家族の中では多くの人の反対にも遭った。しかし私の祖父母は周恩来の安否を心配しつつも、彼の活動を支持していた。当時「七爸」は『一元銭』という現代劇で女役として出演し、保護者を招待して観てもらう際には、私の祖父母が出掛けた。祖母は生前よく私に笑いかけながら言っていた。「恩来は女装して文明劇を演じ、とても素晴らしかった」。こうした出来事を思い出すたびに、「七爸」が私の祖父母に対して深い愛情を抱いていたことがしのばれる。

「七爸」は1918年、旅先での日記に家族の出来事を記している。それは「二伯父」である調之公に関する内容だった。

1月16日（丁巳12月初4日癸亥）（水曜日）
一昨日、高先生から手紙が来た。私の手紙を受け取り、私の暮らし向きが十分とは言えないため、ご自身で教育界での兼職を模索し、毎月いくらか私に援助してくださろうとしているようだった。また先生に詳しく窮状を話さなかったことを咎められもした。私はこうした言葉を聞いて、心の中では感激と驚きが入り混じっていた。手紙を書いた当時、私は先生に心配をかけまいとして、その時の状況を正直に話しはしたが、そんなにひどく困窮しているとは言わなかった。しかし、費用が足りない時もあると言ってしまった。先生がそんな心積もりをするとは思わなかった。やはり「乾爹」から「二伯父」へ伝えてもらうよう言ったらしい。このことは、どうしたらよいのだろう。

「七爸」の手紙の中の「乾爹」（父親同然の信頼できる人）というのは実父の周貽能のことである。周恩来は、幼いときに叔父の周貽淦の養子となったため、実の親のことを「乾爹」「乾媽」（一般的には血縁関係のない間柄で、互いに意気投合して義を結び、親族同様の付き合いをすること。義理の父、義理の母を指す）と呼ばざるをえなかったからである。彼は日本留学期間の生活が苦しくても、自分で乗り切ろうと努力し、助けを求めようとしなかったが、「七爸」の「二伯父」（2番目の伯父）であり、私の祖父である調之公は、甥の状況を知り、極力支援した。

高先生というのは「七爸」が瀋陽で勉強していたときの恩師、高亦吾先生である。彼は周恩来を見込んで目をかけ、少年周恩来の学業の師であるばかりでなく、青年周恩来が革命の道を歩み始めた頃の啓蒙の師でもあった。「翔宇」というのは周恩来の字であるが、1913年に東関模範学校を卒業したときに恩師である高亦吾先生が命名したものである。後に高先生は、東北を離れて北京に移り、京兆尹公署（都の役所）で仕事をし、周恩来は高先生とずっと連絡を取り合っていた。

1930年代、私の生まれた後で私と祖母は上海で一緒に暮らした。私たちの家は「七爸」の隠れ家のような場所だったが、これはまた後の話である。

七　代々の職業「紹興師爺」

調之公は科挙に合格して身を立てたが、清末民初は大変革の時代であったため、紹興の「師爺」（高官に招聘された顧問）としての最後のめぐり合わせもたくさんあった。

調之公のように自分の知識によって生計を立てた人にとって、わずかな俸禄を得ることも容易ではなかったが、どんなに清貧を貫こうと、終始愛国心を持ち続け、忠義と報国の気持ちでなすべきことをする理念をもっていた。当時の政局は、各地で戦いが起き、国難を取り除くのが難しく、朝廷では多くの高官が依然として享楽的で、国に報いることなど念頭になかった。これに対して調之公は憤慨して言った。「われわれのように師爺を生業にしている者は憂国の情をもっているが、奴らのような者は国家と人民を裏切っている！」

「師爺」は紹興の伝統的な社会的職業であり、明朝中期頃から始まり、清代に入って隆盛し、清末民初には没落し、衰退した。中国の封建統治機構において300年以上にわたり続いた。一般的に言うと、紹興の「師爺」には職務の内容によって、「折奏師爺」（上奏書を司る幕僚）、「刑名師爺」（刑事訴訟を管轄する幕僚）、「銭穀師爺」（貨幣や穀物など財政を司る幕僚）などがあった。

「七爸」は諧謔的に話題にするのだが、一般人がイメージする「師爺」は劇の中に登場する人物の影響で、酒を好み、真っ赤な鼻をした文人を思い浮かべることが多く、官僚のために悪知恵を出し、良いことはしない。彼は同時に、こうも言う。実際には「師爺」という社会的な役割の誕生と科挙制度の形成にはそれぞれ歴史的な原因がある。それらは西欧の近代の文官制度にも影響を与えた歴史的要素でもある。私は後に西欧で政治家や社会学者とこのことについて意見交換したことがあるが、近代の文官制度の形成は中国の官僚制度の影響と密接な関係がある、と彼らは考えていた。

「七爸」周恩来から見て、交流のあった父親世代には3人の科挙合格者がいたが、それは当時の周氏一族にとって栄達の足がかりとなる誇らしい出来事であった。「二伯父」周龢鼐以外にも、「六伯父」周嵩尭（周貽良）と遠縁にあたる叔父の周嘉琛がいる。彼らも多くの紹興の士大夫の子弟同様、幕僚となり「師爺」の道を歩んだ。

辛亥革命以後、封建制度は共和制度に取って代わられ、多くの「師爺」は民国政府の各部門の秘書グループに変わり、「紹興師爺」という特殊な歴史の条件のもとで生まれた団体は次第に歴史の表舞台から消え去った。周家の3名の科挙合格者もおおむね同じ末路をたどった。「七爸」が私に話してくれた解釈によれば、私の祖父の周龢鼐は民国期に江蘇督軍の顧問兼秘書となった。「六伯父」周嵩尭は袁世凱の秘書となり、学生リーダーや共産党員を道徳に背く愚か者とみなしていたが、状況の変化に応じて次第に態度を改め、晩年にはすべてを受け入れた。

社会が急激に変わるにつれて、「紹興師爺」としてのモデルは存在できなくなった。周家の青年は家が零落する中、やむを得ず他に活路を模索し、新たに現代の学校で学び続け、外国へ留学するというモデルを引き継いだ。これは決して簡単にできることではない。このため一族の子弟は前途の見通しが立たないと感じ、去就に迷い、無為無策のうちに零落したことも、周氏の大家族が没落の一途をたどった主な原因である。しかし「師爺」は当時の知識人であり、詩文を世に伝えるだけでなく、国家統治を助ける専門知識ももっていた。その中には優秀な人材が少なくなく、この集団全体を諸悪の根源と見なして敵視することは史実と合わない。

八　迫られて梁山泊へ

「七爸」の青年時代、周氏一族はすでに没落していた。彼の実父はよその土地で生計を立て、暮らし向きは苦しく、彼自身は少年期に実母と継母を立て続けに亡くすという不運に見舞われていた。頻繁に質屋通いをし、家財道具を質入れして食いつないでいた。幸いなことに、一族の中で数は少ないが何人かが彼を支援した。総じて、大

家族中の父親世代の多くは故郷を離れて奮闘しており、生活は苦しく、誰かを助ける余裕はなかった。「七爸」はこうした家庭環境のもと、自ら力を出して高い志をもち、紆余曲折を経ながらも、豊かで実り多い学究と革命の道を歩んだ。

「七爸」は私に言った。革命に参加したのも「やむにやまれず梁山泊に上るようなものだった」。(『水滸伝』の英雄も始めから盗賊になるつもりではなかったが、諸事情が重なり、仕方なく梁山泊にこもった。)私が思うに、家の没落と社会的な動揺のことを指しているのだろう。つまり彼が言うところの「簡単にひと言でまとめると、国難と家庭の生活苦から」革命に参加したことになる。

封建的な大家族の没落は、それぞれ異なる結果をもたらした。マイナス面について言えばさらにさまざまで、社会への強烈な痕跡を残している。ある時「七爸」は西花庁で話していた中で、われわれ一族の中の負の部分について、詳細に掘り下げて語った。彼は自分の一族の社会的な関係を客観的に評価し、望ましくないものを指摘したところ約14種類余りにのぼった。今日に至るまで、私は彼の分析した内容がはっきりと頭に残っている。それは以下のようになる。

大軍閥のトップの秘書、封建的な官僚、素行のよくない師爺、歴史的な反革命、金持ちのどら息子、放浪生活者、アヘン中毒死した者、海外の反共活動家、ギャンブル依存者、経済的な過ちを犯した者、革命から脱落した者、反動軍人、売国奴、定職に就かず労働しない者などである。

淮安の親族の中で、父の父方の従兄にあたる人が清朝の科挙合格者であったが、封建意識が強く、性格も横暴で、周恩来の反封建思想に対して非常に反発し、「不孝不忠」「儒教への反逆」と罵った。また年長者の威勢で彼に圧力をかけ、さらに故郷の一族の長老に向かって周恩来のことを「不肖の息子」と言い放った。

こうした出来事は、「七爸」が退職後に自分の家柄を題材にした長編小説を創作したいと語っていたことを想起させる。私たちの家族の中では、官となった後で詩文を世に伝えるという伝統的な家風がずっと受け継がれている。「七爸」の独創的な構想は、それぞれの家族の変遷をテーマにした長編小説の形式で表現するもので、家族の中では初の試みである。「七爸」のこの願いが叶わなかったのはわれわれ親族にとって非常に残念なことである。

「七爸」は自分自身が徹底的な唯物論者にならなければならないと考えていた。つまり人々の言うところの「物事の真理を求め、身をもって模範を示す」ことである。このため彼は自らについては没落した大家族の出身と定義づけ、革命的な家庭の出身であるという憶測を否定している。

30

家族の思い出の品々と「七爸」「七媽」の手紙 (一)

1940年代初めのある時期、私の親族は相次いで上海から離れた。残された私はまだ12歳の子どもで、一人ぼっちで上海で勉強を続けていた。私はもともと拉都路（現在の襄陽南路）順徳里5号に住み、家族は離れる前に家主と話をつけ、家の中の書籍と祖先が残した家財道具はすべて物置き部屋にあり、私が管理を任されていた。

当時私は上海南洋模範中学で学び、学校は姚主教路（現在の天平路）200号にあった。私は数少ない寄宿生の1人で、週末や休暇中に同室の友人は自宅に帰り、私だけ1人で宿舎に残っている時もあった。

私は拉都路のもとの家に戻り、家族が残した品々を整理したり、陰干ししたりして、文物を点検した。

家族が残した品を整理しているとき、私は収蔵室の中には書籍以外にも、「七爸」が私の祖父や父と交わした手紙、祖父の詩文の原稿、家族の写真、「七爸」がフランス留学中に送ってきた記念品などが保管されているのを見つけた。私は自分にとって大切な品々を肌身離さず保管し、その後何十年もの間、辛い経験をしても、ずっとそれらを自分の命同様に大事なものとして守った。新中国成立前夜に敵の刃が私の背中に押し当てられても、それらの品々のいくつかは懐にしっかりと抱いて片時も離さなかったので、文字通り「文物と私は共にある」状態だった。70年ほど経った今、私はようやく先人に安心してもらえると感じられるようになった。私が思うに、これらの記念の品々はどれも特別なエピソードや鮮やかな歴史の1コマを伴っている。本書ではあえて別に図版のページを作り、これらの品々やその背景を示している。

本書に収録したのは、「七爸」が書いた手紙や「七媽」の名前で書かれた家族宛の手紙であり、いずれも今まで全文を公開したり、解読されたりしたことのない歴史的な真実の記録である。このためこれらの書簡は周恩来研究にとって特別な意義がある。

時間的なことについて言えば、これらの家族宛の手紙は1920年代から1966年の「文革」の初期までのものだ。異国で学ぶ高揚感のあふれたものであったり、国民党支配地区からの秘密の手紙であったり、早くから思想の確立の軌跡を示すものがあったり、総理の職に就いた後で甥っ子世代に学習のアドバイスをするものであったり、年長者や子どもたちへの慈しみと情愛に満ちたものだったり、さまざまな歴史的時期における社会の時局の変化を映し出すものだったり、その内容は幅広い。こうした家族の手紙は毎回前後で話題が関連しており、周恩来を中心とした3代にわたる一族が半世紀の間に経験した出来事を時空を越えた壮大なスケールで描き、大変貴重である。それらは世紀を跨ぎ、私の一生の友人のように存在するだけでなく、私に限りない力

を授けてくれる模範であり、世界各国の人々に貴重な歴史の証しを示すことにもつながると信じる。

家族の手紙をつき合わせて解読するにあたって、基本的には背景、人物、内容、意義に応じて示しており、全文と写真も公開しているので、読者の参考に供したい。

2008年の周恩来生誕110周年の際、一部の書簡は上海の中国共産党第1回全国代表大会会址記念館内で展示し、多くの人々が参観した。その中の少なからぬ人々が書簡の内容に加え、周恩来の当時の端整な楷書、流麗な行書や草書をも賞賛していた。

1 先祖の墓碑

景商公の墓碑

「七爸」は歴史的な文物を非常に大事にしていた。もしも彼自身が「文革」期に速やかに保護と救済に取り組んでいなかったとしたら、「文革」の混乱は中国人民にさらに大きな災難をもたらしたはずだ。彼は幼い頃から私の祖父母と交流があり、家にしばらく滞在もしたので、私たちの家にある家族の記念になるような文物に対して詳しく知っていた。1946年からの数10年間、彼は私に1つひとつの文物のその後の行方をたずね、失われていた場合は無念さと不快感をにじませていた。

先祖の墓について、「七爸」は平らにならして耕地に戻すよう強く主張していた。紹興の祖先の墓所が平らに整地され、先人の遺体が地下深くに埋葬された後、私はわざわざその場所を訪れ、景商公、その子である元棠公、元棠公の子である樵水公などの祭文のある墓碑をなんとか買い戻そうとした。しかし現地の幹部が言うには、残念ながら墓碑などの文化遺産は建築の材料としてすでに多くの民家に使用されてしまっているということで、いつまでも後悔の念を拭い去ることはできなかった。後に多くの人々の尽力によって、景商公の墓碑を探し当てることができ、現在は紹興の周恩来祖居（先祖代々からの住居）に置かれている。

1939年3月、「七爸」は紹興の太高祖周文潆（字は景商）の墓地に墓参りに行った。景商公は貧しい環境において、長子である元棠公に希望を託したが、元棠公は科挙で秀才（明・清の科挙制度で最初の試験に合格し、府・州・県の学校で学ぶ書生。この資格を得ると郷試受験が許される）に合格した後、挙人（郷試に合格した人）になることはできなかった。元棠公の息子である樵水公は、秀才に合格した後に父の事業を受け継ぎ、私塾での教育を担った。元棠公の孫である周昂駿は、秀才に合格し、祖父元棠公と父樵水公が相ついで世を去ったため、学問を続ける機会を失い、母親の兄弟の手配によって他所で生活を始め、周家何代かの「師爺」の魁となった。周龢鼐（周

恩来の二伯父、私の祖父）は挙人に合格し、彼は周家歴代の科挙合格者の中でも抜群の成績で、これは周家の大家族にとって間違いなく誉れとなる出来事だった。景商公の墓碑の碑文からは、この碑が1921年春に長房（長子の家の系統）の周飫鼎によって周家の先祖のために立てられたことがわかる。

景商公碑文の拓本　　　　　樵水公墓碑

2 「七爸」ヨーロッパ留学にまつわる品々

パリ風景写真の小箱

1920年、「七爸」は上海からヨーロッパに出発し、私の祖父母の配慮と支援に感謝するために、「七爸」は途中の各寄港地でその土地ならではの特色あふれる土産物を送った。金属製の精緻な風景柄の小箱もその中の代表的な1つである。

2つの風景の小箱は細工が美しく、長さ4センチ、幅2.5センチの長方形の小箱は表面に浮き彫りになったリボン状のデザインの間にフランス語で「旅のアルバム」という意味の文字がちりばめられ、いずれの小箱の中にもエッフェル塔、ノートルダム大聖堂、凱旋門、オペラ座など典型的な名所の写真が収められていた。

1920年代、周恩来がパリから送った風景写真と小箱

プレゼントとして、この風景の小箱は文化的かつ歴史的な意義もあり、保存と携帯に便利で、郵送するのにも好都合だった。当時22歳の周恩来が初めて西洋の文化大国に足を踏み入れ、気のきいた贈り物を見繕うことができたことは、彼の家族に対する心配りを示すものだ。

私にとって、これは一般的な外国の贈り物ではなく、後の世に伝えるべき永遠の記念である。このため、そのうちの1つは父を通じて中国歴史博物館に寄贈した。

超小型からくり望遠鏡

　風景の小箱をプレゼントしたのと同時に、「七爸」がその当時送ってきた象牙のような形状のからくり望遠鏡は、大きさの点では風景の小箱と同様に可愛らしい。レンズは小さな真珠のようであるが、中にはパリの風景デザインが映し出されていることがはっきり見て取れ、この品が典型的な超小型の美術品であることがわかる。この贈り物も、青年周恩来の審美眼を証明するものである。

　これも中国歴史博物館に収蔵されている。

1920年代、周恩来がフランスから送った小型望遠鏡

ドイツの画鋲入れ

　1922年3月初め、「七爸」はドイツのほうが生活費が比較的安く済むことから、パリからベルリン郊外のヴィルマースドルフ（Wilmersdorf）のカイセレーレ（Kaiserallee）54号に転居した。このとき彼はさまざまな比較を通して共産主義への信奉を確立し、現地で積極的に活動を展開させていた。同年10月、張申府と一緒に朱徳の入党の口利きをした。当時24歳だった「七爸」が人を介して届けてくれたのは、いかにも

1922年、周恩来がドイツから送った画鋲入れ

ドイツ製らしい雰囲気の画鋲(びょう)で、まだ14歳だった父の周恩霪にドイツ土産として贈られた。私が小学1年生の時、祖母がこの画鋲の箱を私にとっておくように渡してくれた。父の周恩霪によると、これは記念の意味があり、ユーモラスな贈り物である。その商標は幸運という意味で、高品質のセルロイド製の画鋲だということだった。旅先での使用にも便利で、堅くて丈夫にできているので使っていて針が折れる心配はなかった。「七爸」は当時中国国内にいる家族の安全を気に掛け、自分がヨーロッパに渡ってから確立された政治的な信仰と、そのために一生をかける決意であることを、この寓意に満ちた方法で年若い弟に知らせている。

3　「七爸」のロンドンからの手紙（1921年）

　「五四運動」以後、周恩来は学生運動の経験と教訓についてさらにもう一歩進めて総括する必要を痛感した。以前彼が覚悟社（1919年9月、周恩来たちが天津で組織した進歩的な団体）にいたときには、各種の流派の思想に対する理解はいずれも理論や知識だけに留まり、実情に即した考察と調査は欠けていた。特に日本留学期間に彼は

「日本の今日の姿は決して中国の明日ではない」ことを悟っていた。中国の発展と改革は、日本と同じ道を歩むことはそぐわない。こうした理由に鑑みて、周恩来は英国などのヨーロッパの国に行くべきだと考えた。彼は、ヨーロッパへ赴きフランスで苦学生となり、やがてイギリスのロンドンに行く機会をうかがっていた。

　1920年12月、「七爸」は「フランスのパリにしばらく居住し、花の都の華やかさを目にした」後で、病のため少し遅れたが、1921年1月5日にロンドンに到着した。エディンバラ大学に入学手続きを取り、手紙を出して国内の父親世代にすべての事情を報告した。

　この手紙の宛先は「七爸」の「二伯父」である周貽康であり、30年あまりにわたって間違って伝えられていた「五伯父」の周貽鼎ではない。同時に彼が回覧してほしいと求めたのは「六伯父」周貽良であった。努力の甲斐あって、誤って伝わった情報は、2008年頃に完全に正すことができた。

　この手紙は独特の風格ある行書や草書で書かれ、書体には美しさとともに冴えがあり、剛毅でありながら柔軟で、内容は伸びやかで、一気呵成の勢いがあった。充実した1000語あまりの文章は、彼の思想が緻密で周到で、衆に抜きん出た気概を示すのに十分であり、私が平素見る父親世代の手紙の中では最も長かった。今までのところ、すでに出版された周恩来書簡集にまだこの手紙は収録されていないので、今回多くの読者と研究者に読んでいただき、ご高配を賜りたいと願っている。

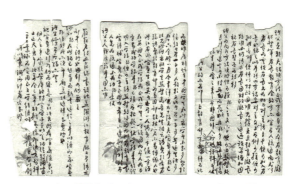

1921年、周恩来がイギリスのロンドンから出した手紙

　1920年10月18日、「七爸」は天津を後にして上海へと向かった。フランス行きの船の出港を待つためだった。上海へ南下する途中、わざわざ南京に逗留した。「二伯父」周貽康の南京繡花巷1号の家に泊まったのだが、その援助と厚遇を得て、上海へ旅立った。「二伯父」の周貽康は江蘇省督軍李純の顧問兼秘書であり、「六伯父」の周貽良は「七爸」と当時まだそれほど交流はなかった。彼はかつて李純の秘書長であったと伝え聞いてはいるものの、手紙の書かれた当時は周貽良は家で閑居しており、旧知の王士珍のところへ赴き「入幕」（幕僚となる）したかどうか、今のところまだはっきりしていない。

第一章　周氏の家柄　35

王士珍の字は聘卿であり、北洋軍閥の元老クラスの人物である。かつて国務総理代理を務め、陸軍総長を兼任した。王士珍は1920年12月から1月までに、蘇（江蘇省）、皖（安徽省）、贛（江西省）3省の巡閲使を勤め、「六伯父」周貽良とは旧知の間柄だった。「七爸」は手紙の中で、周貽良を通じて王士珍に斡旋を頼み、援助を請い、江浙地区の官費留学の定員の中に名を連ねられるように申請した。

　「二伯父」周貽康は手紙を受け取った後、「七爸」に送金したが、1921年に病没した。「七爸」が官費留学生の資格を得られるよう願っていた件については、結局「六伯父」周貽良の取り成しが不首尾に終わり、「七爸」はイギリスからドイツとフランスへ移ることを余儀なくされた。

　「七爸」は手紙の中でイギリスに来たばかりの頃のことを「慣れない土地で言葉もわからず、非常に困っている」と書き記している。またロンドンの生活費は高く、暮らしは楽ではなかった。このため彼は「この煩わしい土地を捨て、よりよい場所を求める」とスコットランドの首都のエディンバラ大学で学ぶことについて、「かの地での生活はロンドンより生活費が抑えられ、空気も気候もよいので、学業に打ち込む場所として適している」と手紙で述べている。

　彼のロンドンに関する言説をご覧頂きたい。

　　ロンドンは世界に冠たる大都市である。面積は北京の5〜6倍、人口は8倍、交通網は複雑に発達し、人種は多く集まり、さながら世界の縮図のようである。ないものはなく、世界の政治、商業の中心であり、それがこの地の強みである。ロンドンに住む者だからといって、ロンドンのすべてを知り尽くしているわけではない。ロンドンを知りたければひたすら研究し、実際に経験しなければうまくいかない。ロンドンは世界の縮図であり、ロンドンで学ぶことは、授業を聞くだけにとどまらない。市中のすべての現象がみな研究科目なのである。

　ヨーロッパはマルクス主義の発祥地である。イギリスは世界の縮図であり、当時の典型的な資本主義国家でもあった。周恩来は20歳ばかりの青年であったが、ここで社会を考察し、その後、ロシアとイギリスの歴史の過程を比較した。これは、中国が救国のためにはどの道を選択したらよいか、解決の糸口を探るのに有利にはたらいた。青年周恩来はここで時宜にかなって果断に政治的な選択をした。その重要な意義は例えようもない。

　彼は社会の実践を高度に重視した。当時ロンドンが世界の縮図であると考え、市井のすべての現象が研究と実験の対象であると認識した。彼は早くから小さな事象を手がかりにして全体を見通すことができ、「研究と実際の経験」を相互に結びつける原

則を実践し続けることができ、最終的には国民に愛される偉大な政治家となった。彼の早期の足跡と思想の発展の軌跡からは十分な兆しを読み取ることができる。

　周恩来がこの手紙の中で「父世代諸氏による取り成し」を重ねて願っているのは、簡単に言えば、なんとか官費留学生の定員枠に入り、現地での生活が成り立つようにして、その後の発展を図るためであった。このため、彼は各方面で斡旋してもらえるよう手紙の中でもたびたび懇願せざるをえなかった。ここからも彼が年若くしてすでに旧中国の悪しき因習の害が根深い状況を察し、社会を治めることの難しさを痛感していることが見て取れる。総理となってからも、さらに全身全霊をかたむけて公明正大な治国に邁進し、不屈の精神で国民の模範となるよう率先して働いたことがわかる。彼は父親世代に対して「個人は立身につとめ、一族の栄光は学問によるものでないかぎり功績を定めるのに十分ではない」と述べ、彼の「小異を残して大同に就く」思想がこの頃からすでに形成され、実践を伴っていたことを示している。2人の年配の封建的な知識分子と向き合い、学業の目的は「中華民族の決起」のためであると強調する必要はないかのように、輝かしい先達の優れた意見を多く語ることのほうに重きをおいた。

筆者夫妻は、周恩来がフランスで短期滞在したパリのgodefroyゴドフロイ通り17番で撮影。建物の小部屋には1人用の寝台を置くのがやっとで、古い四角いテーブルと木製の椅子2脚がある

　手紙の中で「いたずらに跳嘯（ちょうしょう）を頼むはただ匹夫の勇のみ、万全の策にあらず」（むやみに騒ぎ立てるのは血気にはやる向こう見ずな勇気にすぎず、完全な方策ではない）と述べている語句は、読者を目覚めさせるに十分である。覚悟社を設立したのち「五四運動」に身を投じ、逮捕と投獄に至り、学校を除名処分になるといった憂き身に遭うことなど、これらすべてはこの成熟しつつあった青年学生リーダーに学生運動の限界について熟考させ、当時多くのイデオロギーや思想が並び立つ中で、早くから政治的に正しい選択を行えるように駆り立てた。

　特筆すべきことは、周恩来がすでに日本での「学業の途上」で帰国したことだ。つまり、政治的に言えば、軍国主義の日本は無視できない強敵であるが、中国が見習うべき理想の姿ではないことに彼は気付いていたことになる。彼は多くの留学経験のある精鋭たちと進歩的な思想の源流や発展した地区に赴く機会に恵まれていたが、困難

があるからといって立ち止まることは許されなかった。最も重要なのは、深く比較検討した後に機を逸せずに選択し、自己の政治信条を確立することである。しかも一度決断したら決して揺るがないことだ。つまり、周恩来が後に言うところの「私は主義主張が一度決まったら、絶対に変わらない」ということである。

　つまり、この手紙は読者のために貴重で得がたい数少ない資料を提供している。それは周恩来の早期の政治生活における歴史的な足跡や思想の変遷を記録しているだけでなく、彼の政治的な信条がまもなく確立するであろうことを示し、彼が人生の節目の中でも最も重要な転機にさしかかったことを反映している。すなわち、早くから先進的な思想をもって民衆運動に身を投じる知識青年が、知勇を兼ね備え、決して変節しない職業的な革命家に成長し、やがて国民から愛され、押しも押されもせぬ大政治家、歴史上の偉人となり、中国共産党と新中国を作り上げるという卓越した貢献を示すものである。

4　「七爸」のパリからの葉書（1922年）

　この葉書は「七爸」が1922年9月12日にパリから上海の家に送ったものである。

　葉書の片面には漫画のかわいらしい子ども——女の子が男の子をあやしている絵があり、フランス語が印刷されている。「七爸」は英文で「幸多かれ」と書き添えていた。

　葉書のもう一面には「七爸」が書いた「潤弟へ」（葉書の受取人は私の父周恩霔であり、その字は潤民）という言葉があり、差出人は「来兄」（周恩来本人）とあった。本文は「新年おめでとう」および「1922年9月12日、パリにて」とあった。

　「七爸」の「二伯父」周貽康すなわち私の祖父は1921年に上海で病気で亡くなり、その妻である程儀貞（すなわち私の祖母）は年わずか13歳の幼な子（すなわち私の父である周恩霔）をかかえて悲しみに暮れ、どうしてよいかわからなくなっていた。「七爸」によると、当時子どもが喜びそうな絵柄の葉書やその他の小さなプレゼントを選び、かけがえのない人を失った母子2人に送り、肉親としての気持ちと慰めの思いを表したのだという。これも「二伯父」周貽康への追慕の情と感謝の気持ちの表れである。

1922年、上海の周恩霔に周恩来がパリから出した年賀状

第二章　愛宝と「七爸」「七媽」

プロローグ　愛宝出生の謎

　私の生母である蔡慶栄は、原籍が安徽省、1908年生まれ（正確な没年は不詳）で、勤め人の家庭に育ち、1927年から1929年くらいまで上海の大同大学に在学していた。この期間に周恩霔と知り合って結婚し、子どもを1人もうけた。幼名は愛宝、長じてから周爾鎏と称する。それが私である。

　しかし「七媽」鄧穎超と継母の馬順宜の話によると、私は1929年末に誕生したことになっているが、実際には1930年末か1931年の初めの生まれであるようだ。馬順宜の説明によると、父の周恩霔は、すでに跡継ぎがいる男の家に後添えとして入るのでは相手が快く思わないと懸念し、先妻との間の一子の存在を結婚時には伏せたのではないかということだった。「七媽」は1931年夏に私の家で身を隠していたときに、まだハイハイも上手にできない私の様子から1929年生まれとは思えないと感じた。私はあまり父と接触がなく、このことについて話を聞いた際にはただ

筆者の生母、蔡慶栄

「私はお前の父だ。それ以上詮索するべきではない」と言われただけだった。母の遺した写真や手紙から判断するに、母は美しく淑やかな女性で、ピアノが弾けて、流暢な英語を話し、「Helen」というイングリッシュネームも使っていた。馬順宜によれば、母方の祖父は牧師だったそうだが、残念ながら蔡家の人との交流は数十年来途絶えており、彼らの消息は不明で、私のほうから訪ねたいと思ってもかなわないのは、痛恨の極みである。

　「七爸」周恩来は生後半年に満たないときに重病の叔父周貽淦の跡継ぎとして養子に出され、程なくして養父を失った。10歳になる前に、実母と養母が相ついで世を去り、実父の周貽能は長年外地で生計の道をはかっていたため、子の面倒を見ることはできなかった。幸い、大家族の中の年長者の援助と協力のもと、「七爸」は淮安、

遼寧、天津の各地で苦労しながらも幼年期を過ごした。幼い頃、質屋通いして家財道具を質草に入れなければならないような憂き目に遭っていた。「七爸」と私は似たもの同士で、私も同じように不幸な境遇だった。

　私は上海で生まれ、生後まもなく実母は他界した。父はずっと病弱で、家を離れて久しく、結局私とは一緒に過ごした時間のほうが短い。生死の情報もわからないことすらあった。継母は、私が成長するにつれて次第に邪険にするようになり、14、5歳のときに私は家から追い出された。互いに頼りにし合っていた祖母と別れ、私はただ1人上海で流浪し、頼るべき人もなく孤独に耐え、衣食住にも事欠くありさまだった。ありがたいことに、「七爸」が私を探し出し、支援の手を差し伸べてくれたおかげで、その後の上海での生活と学業が成り立った。

筆者幼少期

　幼少期に辛酸をなめた境遇が驚くほど酷似していたため、「七爸」は私に対して限りない同情の念を抱き、かつての自身の姿を重ね合わせてすべてを理解した。彼は私のことを「孤児ではないながらも寄るべのない身の上」「離れ小島の孤児」「赤子の心をもった孤児」などと言って、慈しみ深く接してくれた。

　数十年の時間の中で、「七爸」は途絶えることなく私を指導し、教育してくれた。世界で最も忙しい人であると世の人々が認める周恩来が、唯一多くの時間を割いて直接育てた親族が私である。彼の精神的な支えによって私の人生の方向は導かれ、それは私の一生で計り知れないほど豊かな宝になった。「七爸」は私の生きる上での教師であり、手本でもある。このため私の苦しみに満ちた成長の道のりも、尽きることのない感動とぬくもりに満ちている。

一　秘密の隠れ家 虹口「周公館」

　1927年から1931年までの間、大革命の失敗により、喧騒に浮かれた上海の街には血生臭い雰囲気があふれていた。「七爸」は当時上海の党中央機関で仕事をしており、党中央の実務における主な責任者の1人だった。彼らの生活と任務は高度に秘密が保たれていたため、すべては地下工作の通例に従って厳しく統制がとられていた。特に彼らの行き先と住まいはたびたび変更されて、つかみどころがなかった。少しでも油断すると敵に察知されて何もかも台無しになってしまい、党の事業とメンバーに救いがたいほど大きな損害を与えかねないからである。

このような環境の中で、上海の北四川路（現在の四川北路）永安里44号にあった私の住まいは人に知られる恐れもなく、緊急時には格好の隠れ家となった。
　当時この住宅に相前後して住んだのは、私の祖父母の周齲齪と程儀貞、「七爺爺」周貽能（周恩来の実父）、「七爸」周恩来と「七媽」鄧穎超、程少琴（私の祖母程儀貞の実弟）、父の周恩霆と母の蔡慶栄、私だった。「七媽」の実母の楊振徳女士も時々客人として訪れた。
　上海北四川路永安里44号は、3階建ての石庫門（上海の中洋折衷の伝統建築の様式）の住居で、当時上海の虹口は比較的閑静な地区であった。長春街に近く、後の時代に「名人街」と称される多倫路と連なり、この場所には日中の著名な文化人である魯迅、郭沫若や内山完造などが住んでいた。
　「七爸」「七媽」はここに泊まる以外に、昼間やって来て親戚を訪ねることもあった。私の両親が結婚したときも、彼らは駆けつけて祝福してくれた。当時、上海法学院の責任者だった沈鈞儒が周家の婚礼主催者で、ここで周恩来夫婦と知り合いになった。私の祖母程儀貞の弟の程少琴もその場にいた。
　「七爸」は小さい頃には彼を「叔父さん」と呼んでいたのだが、会うのが久しぶりだったので違和感を覚えた。「七爸」は当時、国民党政府が懸賞をかけて指名手配しているおたずね者だったため、こうした馴染みのない顔を見ると、どうしても緊張を強いられるのだった。私の祖母が笑いながら「七爸」に言った。「この人は小さい頃から一緒に遊んでくれた叔父さんですよ。大きくなって互いに少し見慣れない感じがしたのだろうけれど、安心しなさい」。叔父と甥の間はこの言葉のおかげで緊張がほぐれ、この後の数十年間、手紙を出し合う仲となった。

1927年から1931年の間、周恩来の実父である周貽能は、上海北四川路永安里44号の家にたびたび身を寄せ、密かに連絡活動に携わっていた。上海を離れる前、1931年には周恩来、鄧穎超も何度かここに滞在した

　家人の共通した記憶によれば、1931年5月、「七爺爺」からの事前の連絡を通さずに「七爸」と「七媽」は深夜にやってきた。家の門の外で密かに何度も「潤民、早く門を開けて」と切迫した声で言っているのが聞こえた。私の父が慌てて門を開けると、長袍（あわせの長い中国服）をまとい、礼装用帽子をかぶり、商人に変装した周恩来と、裕福な家の女性に扮した鄧穎超を見つけ、すぐに2人を中に入れて、門をしっかり閉じた。落ち着いてから彼らは詳しい状況を伝えた。党内で保安工作をしていた顧順章は恥知らずにも離反したため、「七爸」「七媽」はすぐに文書を処分し、党中央の各指導者とメンバーの拠点を移動させたということだった。彼ら自身は上海で一時的

第二章　愛宝と「七爸」「七媽」　41

に身を隠し、情勢の変化を見極めてから方針を決めることになった。このときわれわれ一家は平静を装い、異変を周囲に気取られないようにしなければならなかった。「七爸」「七媽」は外出を控え、逗留中は京劇のレコードなどを流して年長者と鑑賞し、誕生間もない周家の赤ん坊をあやし、隣家の人々の目を欺いた。「七爸」本人は泰然自若とし、エプロンをつけて自ら台所に立ち、淮揚料理（淮安・揚州の料理）をふるまってくれた。

　私が成長してから「七爸」「七媽」から何度も聞いた話では、彼らは子どもを亡くす不幸に見舞われた後で、周家で最初に会った赤ん坊が私だった。1931年に家に滞在していた折には私を非常に可愛がり、時には切迫した状況下においても私をあやしてくれた。彼らの記憶では、頑張ってハイハイしようとする私の様子を見て思わず大声で笑ってしまったり、また私を高く抱き上げてから一瞬だけ手を離した直後に抱きしめてあやしたりすることがあった。私は怖がって泣くのではなく、満面の笑みで彼らを歓迎しているかのようだったという。

　私の一生において、「七爸」「七媽」は当時の家族の団欒（だんらん）のさまざまな情景を生き生きと語ってくれている。危機に瀕した時でも、彼らがあれほど落ち着いて楽観的に困難に対処していたことに私はただ敬服する。時折彼らと一緒に往事を思い出しては、危険な状況の中で確かめた絆を懐かしむ。

　「七爸」はこうした昔話をする時、当時の情景を「苦楽を共にし、生死を共にし、心の中は緊張していても外見は悠然と構える。その喜びは、和み楽しむこと」と振り返る。「七媽」は、「当時家には文字をあまり知らない年配の二媽がいて、若い弟や弟の妻も生活経験が足りないし、あなたのようなまだ歩けない赤ん坊もいたので、私たちはもちろん心中穏やかではなく、それでも顔には出さず、危険な状況にも平静を保ちながら対処しました。さもなければいらざる混乱を招いて大勢に影響を及ぼしかねなかったのです」と言った。

上海北四川路永安里44号で。筆者夫妻

上海四川北路「周公館」の記念式典

　誰もが知る上海思南路の周公館は、実際には国民党に迫られたためにやむを得ず周

恩来将軍の名義で借りた洋館で、当時の中国共産党の上海事務所だった。この建築は早くから「革命記念館」として上海の革命遺跡の1つに数えられていた。しかし四川北路のこの特別な隠れ家には存在すべき歴史的な必然性もあった。ここは、革命早期に周恩来夫妻が非常事態に陥った時に使用し始め、まさに名実ともに「万一の時の備え」であり、信頼の置ける親戚からなる「周公館」だった。

しかし、事情を知る者が少ないため、この貴重な歴史的資料もほとんど消え去ってしまった。後世の人々にこの革命遺跡の担った重要な政治的な意義と歴史的な意義を十分認識してもらうために、「四人組」が失脚した後で北京と上海の両方で各界の有力者に意見を聞いたところ賛同と支持を得られたが、残念なことに人事異動やその他の要因が重なって、四川北路の「周公館」が革命遺跡に認定される件は延期になってしまった。

2008年の周恩来生誕110周年記念の際、私は居ても立ってもいられず、多方面にはたらきかけた結果、中国共産党第1回全国代表大会会址記念館と虹口区の関係諸氏の理解と支援のおかげで、また当時の地下工作者である老幹部の祝華同志のお墨付きも得て、ついにこの件は円満に解決することができた。周恩来の革命活動初期において最重要かつ極秘だった隠れ家はようやく重要な早期革命遺跡の1つとして認定され、2009年3月5日に正式に開館した。現在、「上海市文物保護単位」となっている。私はこの上ない喜びと安堵で胸がいっぱいになる。革命に身を捧げた周恩来の生涯と人となりについて、多くの方々がさらにもう一歩理解を進めて認識を深めてくださると信じている。

二　七爺爺とともに過ごした日々

私が生まれる前、実の祖父はすでに世を去っていたので、上海で家族とともに過ごした時間が最も長かった「七爺爺」が、祖父と孫としての交流を通して情が通い、忘れがたい存在であると言えよう。「七爺爺」とは、「七爸」の実父の周貽能で、排行（一族の同世代間における長幼の順序）は7番目である。

1932年前後、幼い私は祖母ら家族と上海を離れ、鎮江、揚州などの地に移って短期間過ごした。私たちと上海でしばらく別れた後、「七爺爺」も両方の家で私たちと一時的に一緒に住んだ。

周恩来実父、筆者の「七爺爺」である周貽能

鎮江に居たとき、突然隣家から出火し、激しい炎と煙に包まれたが、「七爺爺」は高齢を顧みず、私たちと隣家の荷物を運び出して避難を手伝った。また、私は幼くてよく分からなかったのだが、川辺の金山に上って遊んでいるうちに、鉄の欄干からはみ出して崖っぷちに立ってしまった時には、高齢の祖母の度肝を抜いた。大好きな「七爺爺」が危険を顧みず欄干の外に出て私をおぶって無事に安全な場所に戻り、ようやく祖母はほっとして人心地がついたようだった。

1934年ごろのことだったか、「七爺爺」は祖母の実弟の程少琴と相ついで、私たちの揚州十三湾の家を訪ねてきた。昔、彼ら2人は仕事上、私の祖父周穌齋に世話になったので、ずっと感謝の念を抱いていた。今回揚州に来たのは、彼らが私の祖母を気遣って祖父の法事の手伝いをしてくれるためであった。

その時の場面をわたしは鮮明に覚えている。家の中には高々と八仙卓（大きな正方形のテーブル）がいくつも積み上げられ、上には布の覆いがかけられ、当時の私の背丈ほどの高さがある錫製の燭台が出された。線香と蠟燭に火が灯り、部屋中うす紫色の煙が細くたなびき、白檀の馥郁たる香気が満ちた。数人の僧侶が法衣を身にまとい、ゆっくりと室内をめぐり、読経の声が絶え間なく響いた。私はまだ小学一年生くらいの年齢で、乳母の付き添いが必要だったが、厳かな宗教儀式が私の残したのは、亡くなった祖父に対する家族全員の敬虔な祈りの気持ちであった。彼らは私を連れて郊外にある祖父の墓に行き、どのように酒をそそぎ、どうやってひざまずいて敬意を表すか、といった作法を細かく教えてくれた。これらすべては、亡き祖父をしのぶ彼らの思いが今でもずっと強く残っていることを如実に物語っていた。

1938年前後、私たち家族全員は上海の金神父路の花園坊（現在の瑞金二路花園坊）に移っていた。「七爺爺」は他の土地から来て私たちと同居し、よく私を連れて散歩に出た。私ははっきりと彼の様子を覚えている。長衫（ひとえの長い中国服）を着て、布靴を履き、髪型は角刈りで、誠実で温厚な年長者の姿だった。「七爺爺」は質素倹約につとめ、散歩中に山東高庄の饅頭を私と一緒に分け合って食べることがあった。また、彼は誰が配ったかわからない赤や緑の抗日ビラが足元に落ちているのを私に拾わせて、近所の裏口の台所の窓枠に押し込み、人目をひかないうちに急いで

1939年、小学生になったばかりの筆者と妹の周爾美

その場から逃げるように言い含めた。彼は私の見張り役だった。フランス租界の白人の巡査やベトナム人の見張りを見つけると、彼はジェスチャーで私に警戒を促し、中国人の警察官にぶつかると気楽に四方山話をしてはぐらかすところなどはかなり経験を積んでいるものと思われた。私の家は当時租界にあったので、日本の爆撃機から投

下された爆弾が爆発すると、彼は私を連れて3階のベランダへ上り、空中から租界の外に爆弾が落ちる様子をながめては憤り、涙を流し、時には大声で罵ることもあった。これら全ては彼の愛国の情がいかに熱いかを示している。

「大歓」は私の父周恩霪の幼名で、「七爸」の幼名は「大鸞」である。少年時代に彼らは互いに北京と天津でそう呼び合っていた。青年になって以降、私の父は習慣にならい「恩」の字がつく排行の世代であるこの10歳年上の兄貴分を「七哥」と呼び、「七爸」は私の父の字から「潤民」と呼んだ。

1938年、「七爺爺」は「七爸」の事前の計画によって、合流するために武漢に行った。彼ら親子は西南大後方（重慶）へ赴き、「七爺爺」は貴陽の青岩鎮を経由して重慶に到着した。「七爺爺」は亡くなるまで重慶に住んだ。

「七爺爺」が重慶に到着した後、1938年の年末から1939年はじめに、「七爸」から父あてに数回手紙が届き、父にすぐに「七爺爺」のあとを継いで西南大後方で仕事を手伝うよう伝えていた。1939年1月、父は上海から香港、ベトナムを経て重慶に戻り、葉剣英の計らいによって18集団軍事務局と国防部3庁の郭沫若のもとでの仕事に配属された。彼の仕事は法曹界、文芸界、帰国した華僑などと関わり、幅広い範囲に及び、主に文化宣伝活動と統一戦線の活動だった。

この後、私の祖母と継母、弟、妹も最終的には上海を離れて、蘇北の高郵の外祖父の家に住み、私だけが南洋模範中学初等部の寮で勉強を続けることになった。後に「七爸」から「孤児ではないみなしご」「孤島に残された孤児」などと言われる辛い時期が始まった。

三　「孤児は孤島に留まる」

1940年初め、身近な家族がみな上海を離れてしまった後、12歳の私は1人で上海の南洋模範中学で学び続けていた。この期間、私は拉都路の元の住まいに戻り、家の中を整理していたときに、「七爸」と父、祖父母の手紙や家族にまつわる大切な宝物を見つけ、今も大事にしている。

学校の敷地内には宿舎はなく、外にある3階建ての建物を借りて学生寮としていた。ここには教師はおらず、上海人ではない管理人がいるだけだった。私は数少ない寮生の1人で、週末や休暇中は同室の友人は実家に帰るが、私だけが寮に残っていた。

春節になると、かえってこうした節句ほどすごしにくく、学校全体で残っているのは2人しかいなかった。1人は管理人、そしてもう1人が私だった。管理人は寂しさに耐えられないのか、時折鍵を閉めて外へ酒を飲みに出掛けてしまい、締め出しにあ

った私は1人で寒い町をあてどなくさまようのだった。寮に戻りたくても施錠されていて中に入れず、寒風吹きすさぶ中、近くでしゃがみ込んで彼の帰りを待つよりほかなく、真っ暗な街で一晩中ぶらつく羽目になることもあった。

この時期、まさに抗日戦争の複雑な戦況は予断を許さず、大事な局面を迎えていた。「七爸」「七媽」もきっと仕事が山積していたことだろう。それでも彼らがずっと私のことを気に掛けてくれていたとは思いもよらなかった。

具体的にいつだったかは思い出せないが、私の従兄弟だと名乗る見知らぬ男が私を訪ねてきたことがあった。彼は私にビスケット1包みを手渡した。私は彼に名前を聞いたが、彼は警戒してか名乗らなかった。ただ「七爸」「七媽」から頼まれて様子を見に来たとだけ言った。彼は突然やって来て、すぐに去って行った。私はずっと彼の名前を知らずにいた。後に本当に私の親類の従兄弟だと伝え聞いたが、戦争中に犠牲になったのか、行方が分からなくなってしまった。

この2年あまりの間、私はあらゆる困難を克服し、たった1人で上海で勉強していた。安全のために、私は他人に家庭の状況について話すことはなかった。先生と友達の多くは私のことを本当の孤児だと思っていた。この辛い経験によって、幼い私は生きていくことの大変さを身をもって知った。後に「七爸」と再会できてから、彼は2人の幼年時代の境遇に共通点が多いと感じていたのだが、大家族が解体してしまったため、私のほうがなおさら肉親の情に飢えていただろうと慮って、よりいっそう目をかけて慈しみ、恩愛の絆を結んでくれた。

四　高郵での境遇

1944年秋、私は上海の南洋模範中学校を卒業し、高郵の継母の実家に戻った。数年前にそこに到着していた祖母、継母、弟、妹と再会し、次の年に高郵は解放された。

1945年、日本が投降した後、国民党は南京に戻り、国共合作は破れ、全面的な内戦が勃発した。これより前、国民党は特に南京に近い蘇北解放区に間断なく爆撃を行い、蘇北解放区の人民の生命と財産は多大な損失を蒙った。人民の国民党反動派に対する憎悪の念が深く刻まれた。

高郵解放区は蘇北解放区の主要な町である揚州に隣接し、首都の南京とも近く、国民党の爆撃の主な目標の1つとなったのは当然である。

高郵解放後、新四軍（第2次国共合作以後、中国共産党の指揮下にあった抗日革命軍の1つ）の一部は県城（県人民政府が置かれている町）に駐在し、その中の少数の幹部はわれわれの家にしばらく住んだ。そのとき、抗日戦争はすでに終わっていたが、

私たちは依然として「抗属」（抗日戦争時、抗日根拠地で戦った軍人の家族）と呼ばれ、政治上は現地政府と駐屯軍から配慮されていた。私の外祖父である馬士傑（継母馬順宜の父）は開明的な紳士で、「七爸」の感化を受け、他の人のように高郵を去ることはせず、解放区に留まり続けた。解放区の幹部からの彼に対する評価は高く、土地改革の際には政府の差し向けた人力車に乗って速やかに土地の証書を引き渡し、手続きをおこなった。長年大事にためた運河の水利データを彼が自発的に提出し、地方幹部の手厚い接遇と賞賛を受けるところを私は家で目の当たりにした。

　継母の馬順宜は、私を無視するだけでなく、いじめもひどくなり、毎日賭博三昧だった。彼女は遠方に離れている父との離婚を検討中だったが、私はこの事情をまったく知らなかった。冬のある日、膝くらいの高さまで大雪が積もる中、私はただ1枚の単衣のズボンを履き、上着は祖母が身につけていた綿入れを私のために繕ってくれたものだった。手足はあちこち凍傷になり、春になると皮膚がただれ、膿が出て、痛みに苦しめられ、いまだに痕が残っている。空腹の辛さも私を苦み、胃は常に過度の胃酸が分泌され、嘔吐も止まらなかった。

　あるとき、弟の爾均が傷寒を得た。母である馬順宜は感染を恐れて近寄らず、私に終日弟に付き添って看病させた。幸い弟は快方に向かったが、今度は私が病に倒れた。すると継母は私1人を小さな部屋に押し込め、医者にも診せず、治療もさせなかった。なんとか病状はもちなおしたが、体は極度に弱っていた。当時家に駐留していた部隊の金という炊事員が見るに見かねて、自分の食料から食べ物を分けてくれて、私は非常に心を打たれた。ある日、金さんは私を背負って風呂に入れてくれたが、衰弱していた私は浴槽で気を失ってしまった。もしもこの金さんがすぐに私を救ってくれていなかったら、今頃私はどうなっていたかわからない。

　後に、新四軍が戦略のために移動をすることとなり、一夜のうちに何も告げずに突然高郵を出立し、私の家に駐留していた軍隊の幹部や兵士たちも退去した。翌日私は文化館に仕事の手伝いに行くと、館長はちょうど門を出たところで、背中に荷物を背負っていた。彼は慌しく私に挨拶をし、国民党がもうすぐここを占領するので、早く安全なところを探すようにと告げた。

五　上海に戻って「七爸」を探す

1946年4、5月の間に、継母は父との仲が決定的にこじれ、その怒りを私にぶつけ、私は家から追い出された。祖母は、上海の「七爸」を訪ねるしか手はないと私に言った。考えがまとまると、祖母は自分の着る物を質に入れ、私の旅費を捻出した。外祖

母はかつて私の奨学金を流用したことがあったので、埋め合わせに小さな金の指輪を2つくれた。私は4、5歳年上の親戚の男と高郵を出発した。解放区と国民党統治地区とでは通貨が異なるため、私は高郵湖で手元に残った解放区の紙幣を使って2羽の鶏を買って持っていた。国民党統治地区に入ったら法定紙幣（1935年の通貨改革で定められた4銀行の発行する紙幣通貨）に換えるつもりだった。親戚の男は南京に行くので、鎮江までしか同行できず、別れ際に私は指輪を2つともこの親戚に渡し、自分の手にはただ2羽の鶏だけ提げて上海の「七爸」を探すこととなった。

　鎮江の街角に立って、私は途方にくれた。夕闇迫り、私は野宿の準備を始めた。誰も助けてくれる人はいない。と思ったそのとき、突然肩をたたかれ、振り返ってみると、なんと高郵中学同級生の楊汝諧だった。彼は状況を理解して、陳という友人の親戚の家へ私を連れて行き、私はその家に一晩泊めてもらった。家の主人に今後の行く先をたずねられ、私は上海へ行くと答えた。誰か当てでもあるかと聞くので、周恩来を訪ねるつもりだと言うと、彼は慌てて私の口を手で押さえ、道中十分安全に気をつけ、不用意にしゃべって事情を明かしてはいけないと釘を刺した。このとき私はようやく自分の無防備な幼さを思い知らされ、外の世界の情勢はこんなにも厳しいことに気付いた。

　この家の主人は私の境遇に非常に同情を寄せ、鶏2羽を受け取ると、金を工面して上海までの切符を手配してくれた。翌日私は1人で上海へ出発した。

　再び訪れた上海の地は、慣れ親しんだ場所であったはずなのに、広々として迷ってしまい心細くなった。自分はどこに身を寄せればよいのかわからず、「七爸」の居場所も見当がつかなくて、連絡のしようがなかった。仕方なくしばらく友人の王定武（後の中央黒色冶金設計院院長）の家に間借りした。この期間、ある友人の両親は寄る辺ない私の苦境を見て、薬ビンの洗浄工場の仕事を世話してくれようとしたが、工場側は私の体が虚弱なので難色を示し、採用されなかった。

　幸い、ほどなくして『文匯報』主宰の張振邦氏が「七爸」の意を汲み、面識はなかったものの、何度もつてをたどって私を探し当ててくれた。張氏の甥である賈大勤（後の農業部事務庁主任）は私の同級生でもあり、張氏の長男は中国共産党の地下党員だった。進歩的な思想をもつ民主的な人物として張氏本人は革命に共感していた。当時「七爸」がどういう人脈をたどってこれ以上ないほど適切な人選をして私に連絡してくれたのかは、今日に至っても依然として謎のままである。これも周恩来の指導のもとで党の地下工作がいかに厳密に行われていたかを物語っている。張振邦氏は「七爸」が南京で私あてに書いた手紙を渡してくれた。その主な内容は、馬斯南路107号の陳家康氏（当時の中国共産党事務局のスポークスマンの1人）を訪ねるようにとのことだった。

六　3度「周公館」に赴く

　静かな思南路にはプラタナスの並木が続き、沿道の東側の73号（元の馬斯南路107号）には、1920年代にできたスペイン建築様式の3階建ての別荘がある。そこが当時の中国共産党代表団の上海駐在事務所の所在地だった。

　1945年8月、抗日戦の勝利の後、国民党はたちまち約束を破棄し、統治地区における専制統治を絶えず強化し、解放区に対する全面的な進攻を準備した。内戦の戦火が全国的に広がり、激しさを増す中で、南京の国民党政府との交渉を継続するために、並行してその支配地区内部での平和民主運動が繰り広げられた。1946年5月、周恩来をトップとする中国共産党代表団は、重慶から南京の梅園新村に移った。その一方で、中国共産党代表団の上海駐在事務所の開設を準備した。国民党当局は、敵から接収した建物を中国共産党の上海駐在事務所に割り当てることを拒否し、中国共産党代表団は周恩来将軍の名義で馬斯南路107号（現在の思南路73号）を借りて事務所にし、「周公館」と呼んだ。門札には英語で「GEN. CHOW EN-LAI'S RESIDENCE」すなわち「周恩来将軍公館」と表記された。

　1946年5月から1947年3月までの間、「七爸」「七媽」は何度も上海に来て、周公館に泊まった。数ヵ月の短い期間であったが、私は3回「七爸」を周公館に訪ね、「七爸」は時間を作って私に会ってくれた。

　1946年5月、私は「七爸」が南京で書いた手紙を受け取った。そこで「七爸」の指示に従い、周公館へ行った。これが私が周公館に陳家康を訪ねた最初だった。到着して私はすぐに「古巣に戻ってきた燕」のような親近感をもった。周りを見回すと、その近所の邸宅の1つは梅蘭芳の家だった。そこは、私が幼いとき父に連れられて訪れ、上海人から「花園洋房」（豪華な西洋建築）と呼ばれる地域でもあった。思い出してみると、この閑静な高級住宅地の周囲にはたくさんの特務（スパイ）がいた。しかし周恩来、董必武などをトップとする一部の卓越した共産党員は、終始この場所に留まり、恐れを知らない並外れた精神で戦い抜いた。

　同年7月、めったにない機会だと思い、陳家康の計らいで、私は叔父馬叔昂の家に間借りした弟の周爾均を連れて、南京から一時的に上海に来た「七爸」「七媽」を訪ねた。これが2度目の周公館訪問であり、幼いときに別れた「七爸」にようやく会える最初の機会だった。当時の生活は苦しく、私と弟は体調も悪かった。「七爸」

馬斯南路（現、思南路）の周将軍公館

「七媽」に会ったとき、弟は頭に疥癬（かいせん）ができ、私は目に炎症を起こしていた。そこで「七媽」は私たちに薬をくれて、多くを語らないうちにこの短い面会は終わった。それでも私は「七爸」のことが深く印象に残った。彼は本の中ではたくましい体格の男として描かれることがあるが、実際は中肉中背で、穏やかで優雅な外交官のような様子をしていた。それと同時に全身からは革命軍人ならではの才気と気概がみなぎっていた。その風貌は、太くて凛々しい2本の眉に、力強く輝く瞳は大きく、人中（花と上唇の間にある溝）はやや長く、きりっと結んだ唇からは自然に威厳がただよい、まっすぐで意志の強いイメージを人に与える。

同年9月、事前の連絡があり、「七爸」は単独で私に会ってくれることになった。そこで私は1人で周公館に3度目の訪問をした。これは私が上海に戻ってから2度目の「七爸」「七媽」との面会でもあった。「七爸」は1人で私と話し、このときの面会ではまるまる午前中いっぱい話が続き、早朝から正午までかかった。昔の話も出て、私は成長してからようやく当時の厳しい状況を知った。「七爸」は多忙な中、何よりも貴重な時間を割いて私のような少年のために長い時間個別に話をして、優しい肉親の情を示してくれた。

「七爸」はまず私の祖母すなわち彼の「二伯母」の近況をたずねた。祖母は高郵にある私の継母の家に住んでおり、彼女の近況も彼に話した。そのときには私の父と継母との関係は完全に破綻していたので、「七爸」は重ねて私にこのことを質問し、誰が正しくて誰に非があると思うか、私の考えを聞きたいと言った。継母が辛くあたり、とうとう家から追い出されてしまったせいで、私はほとんど誰にも頼らず生活する羽目になったが、個人的な境遇を理由にして「七爸」の前で彼女を勝手に非難することはしなかった。逆に、彼女と父との間で実際にあった話を「七爸」に伝え、彼らと生活を共にしていたわけではないので私にもわからないことがあると答えた。「七爸」は私のこうした「知ったかぶりをしない」態度を誠実だと褒めてくれた。

継母の話に及んで、「七爸」は外祖父の馬士傑のことをたずねた。私は自分の知っていること、土地改革のときに私自身が馬老人と一緒に高郵県中学校の講堂に行って実際に目にした土地改革の手続き、土地証書の引渡し、長年保存していた運河の水利のデータの寄贈などの状況、さらに政府の幹部が彼に対して礼をもって接していた様子を「七爸」に語った。「七爸」は解放区の状況にも非常に関心を示し、私に自分の見聞きした状況を全部話すように言った。私は解放区で経験したことをすべて彼に話した。

「七爸」は更に詳しく私の状況をたずね、私の不幸な境遇を知り、深く同情し、一緒に延安に行くことを提案した。このとき「七媽」は私たちの話を聞いて、「七爸」を脇に引っ張って相談し、しばらくしてから戻ってきた。「七爸」は言った。「今は国

共和平交渉が決裂し、これから全面的な内戦が更に激しくなるだろう。君はまだ年も若く体も弱い。しかし勉強はよくできるのだから、上海で高校を卒業することはできるだろうか。われわれは君を支援する。すべては時間が解決する。勝利を迎えられるように、勉強できる間は一生懸命自分を充実させて、心の準備をするのだ」。

当時の私は生活が困窮しており、上着はひどく破れ、ダブダブの長ズボンの腰を布で縛り、大きな穴があいて指が出てしまう布靴を裸足に履いていた。「君を見て、解放区の人々の生活がいかに苦しいかがよくわかった」。「七爸」は言う。「彼らが懸命に頑張って前線を支援するのは容易なことではない。しかし、君にはわかってほしい。われわれ共産党員も決して豊富な資金に恵まれているわけではないのだ。われわれは人民のために働くのであり、私が革靴を履きスーツを着て体裁を整えているのは、外交上の必要性からそうしているだけにすぎないということを理解してほしい。私たちが手助けできることには限りがある。組織の資金は烈士の子女やその他の必要なところに回さなければならない。親戚のことを特別扱いして嫌疑をかけられるのも避けなければならない。また延安には高校はないので、われわれは君に勉強する機会を失ってほしくない。しかも君は虚弱で、軍に随行できる体ではない」。

当時まだ若くて気概あふれる私は、彼らにこう気持ちを表した。「私が会いに来たのは祖母の言いつけだからです。成功した年長者に頼るつもりで来たのではありません。もしかしたら外祖父の家ではそういう考えをもつ人もいるかもしれませんが、それは私の考えではありませんし、祖母の考えでもありません」。

私の話を聞き終わり、「七爸」は私に高校卒業までにかかるおよその学費をたずねた。私は共産党の資金難を知っていたので受け取るつもりはなかったが、厚意をはねつけるわけにもいかず、長いこと考えあぐねていた。昼食後、「七爸」は学習生活の計画をたずねたので、私はようやく自分の考えを告げた。「教育の質のよい普通高校はあきらめ、国立農業高校（国立高級農業職業中学。略称は「国立高農」）へ進学したいと思います。国立学校の学費は全額免除になるからです」と言った。「七爸」は私の決定を尊重し、前もって私に渡そうと準備していた財布から少なからぬ金を抜き出し、残りは私に生活費として渡してくれた。彼は私の決定に感動し、何度も「いい子だ。君の決意は素晴らしい」と言った。

「七爸」「七媽」の寝室と執務室はつながっており、間はカーテン状の布で仕切られていた。執務室の壁には手描きらしい全国軍事形勢図が掛かっていた。「七爸」は私に言った。父は南京の梅園新村の中国共産党中央事務局に一時期いたことがあり、後で李一氓たちと一緒に蘇北解放区に向かった。「七爸」は壁の形勢図を指差して私に言った。「父上は淮陰、塩城一帯で活動していたが、生死はわからず、あるいは犠牲になったかもしれない」。その形勢図のことは、今でもはっきり覚えている。図上に

は赤い旗の印が随所につけられており、それが解放区の所在を示していた。またそう遠くない将来に革命が勝利を収めることを予告するもので、「七爸」がかつて「人民の世紀の到来だ」といっていた言葉の通りだった。

　面会の終盤にさしかかり、「七爸」は私に周敦頤の『愛蓮説』について語った。ハスの花が泥に染まらず美しく咲くのと同じように、私にも勝利の到来を迎えてほしい、と話した。さらに孟子の警句「貧賤でも志を変えることはできず、富貴をもってしても惑わすことはできず、威武をもってしても屈服させることはできない」を引用し、いつもこの言葉を忘れずに自分の研鑽を積み、立派な大人になるために励むよう言った。私は孟子のこの警句が「富貴も淫する能わず、貧賤も移す能わず、威武も屈する能わず」（財貨をもってしても惑わされず、窮乏に動ずることなく、権威や武力をもってしても屈服させることはできない）という語順だったことを後で知るが、おそらく「七爸」は当時の私の状況に即して「貧賤でも動ずることはない」の句に比重をおき、私に進むべき方向を見据えさせ、難関を越えられるように促したのかもしれない。

　帰り際に「七爸」は、進歩的な内容の書籍を読み、うまく自分の身分を隠し、安全に気をつけるように、また体力、学習、団結、仕事の各分野で充実を図るように言い含めた。

　「七爸」と私の話が終わる頃にはもう正午近くになっていた。このとき若いアメリカ軍人が来訪し、「七爸」は私に一緒に昼食をとるように勧めた。初めて近くで会ったアメリカの軍人は、身に軍服をまとい、船型軍帽をかぶり、体格がよかった。「七爸」たちは昼食の席では重要な内容の話はせず、その男はただ上官の指示を伝えに来ただけのようだったが、2人は通訳を介さず英語で会話していた。私は少し英語を学んだことはあったが、彼らの話は聞き取れなかった。ただ私は「七爸」の私への信頼が嬉しかった。回想してみると、これは私の一生の中での最初の「外事活動」であった。私はこうしてボロボロの靴を素足に履いて外交会談に参加したのだ！

　「七爸」「七媽」との2度目の面会はこのようにして愉快に昼食をともにして終了した。帰りには「七爸」は彼ら夫婦自身の使っていた2枚の布団を私にくれた。たしか1つは赤、1つは緑色の掛け布団で、目の粗い布でできた白い裏地と柄の表地を使っていた。今思うと、こうした細かなところにも「七爸」の政局に対する先見の明が表れている。彼は冷静に考え、国共合作が決裂した後、上海事務所をすぐに撤収できるように準備し、もうここに戻って長期滞在するつもりはないため、自らも使うはずの生活必需品なのに私に与えてくれたのだろう。

　しかも私の記憶の及ぶかぎりでは、「七爸」は1度ならず周囲に言っていたのが、もしも全面的な内戦が勃発したら、半年か1年くらいの間に必ず勝敗は決するはずだった。これは後の事態の進展から見ると非常に正確な分析だった。当時国共双方の力

の差は大きく、革命楽観主義者の中には革命の前途に明るい見通しを持っている人もいたが、「七爸」のように正確に形勢を分析している人は少なかった。ここでも当時の「七爸」の英明さが示されている。

　去り際に、「七爸」は彼の護衛長に私を安全な場所まで送るように命じた。私は幼くて力がないので、「七爸」からもらった布団2枚を運べず、また特務の尾行に対応する経験も乏しいため、見送りがてら護衛長が荷物を持ってくれた。門を出ると彼は、決してそばから離れないように、また振り返らないように言った。私たちは黄浦江の河畔までずっと歩いてようやく一息ついた。このときようやく護衛長は、先ほどまで特務の尾行がはりついていたが、今はもういないので安全になったと告げ、手に持っていた布団を私に渡して去って行った。

　今思い返してみると、周公館は常に特務に監視されていた。私の出入りもその中で追跡対象となるのは必至だった。しかし私は幼くて身なりも粗末だったので、特務も周恩来の貧しい親類の子どもが援助を求めに来た思い、最終的には尾行をやめたのかもしれない。私にとって「七爸」「七媽」との今回の面会は、一生の政治的な方向を決定付け、いつでも犠牲になる覚悟を固めるきっかけになったといえよう。

　周公館は霧けぶる海に灯る明かりのようなもので、周恩来と当時ここで活動していた共産党員は危険が迫る状況で全国の解放を進める道を模索していた。それは解放直前の中国に深く立ちこめた霧をすっきり晴らして照らすまばゆい光であった。私個人にとっては、周公館という明かりは進むべき政治的な方向性をはっきり示し、「七爸」周恩来はさらに人としてのあるべき姿の見本となった。

――自分を厳しく律し、人には寛大で優しく、革命と人民に対して真心を尽くし、慎み深く、公平に物事に対処する。彼が肉親の情をどんなに大事にしていたかは言葉で言い表すことはできない。また物質的な尺度で量ることもできない。彼の崇高な思想、偉大な人格、素朴な人柄、これらすべては私が一生かかっても学び尽くせるものではない。多くの青少年の中において、私は早くに母を亡くし、苦しい境遇だったが、このような歴史的な偉人に直接教えを請うことができたのはこの上ない幸運である。

1947年頃、中学生の筆者

七　背中に銃剣を突きつけられて

　抗日戦争期間中、国民党は重慶に職業学校を何校か作り、国立高級農業職業中学

（国立高農）もその中の1校だった。抗日戦争の勝利の後、国立高農は重慶から江蘇南通に移転した。

　当時、国立高農は上海で学生を募集し、中学を卒業していれば志願することができた。国立高農の学費は低く、学校は毎月学生に2斗3升の米を補助として支給し、校内に寮もあって、住むところを心配する必要はないので、私はこの学校に決めた。

　1948年、革命の進展に伴い、南通はまもなく解放されようとしていた。学校の責任者は国民党の役人の意を受けて、学校を上海に移転させようと準備した。私たち学生は3派にわかれていた。1派は学校移転に反対し、解放を受け入れる進歩的な学生。別の1派は国民党の政治背景をもち、学校の号令に従い上海移転を支持する学生。もう1派は学業継続は断念し、戦争を避けるために休学して家に戻る学生であった。

　学校移転に反対する学生の大部分は、こっそり新華社の放送を聞いて、学校には大量の機材があることを知っており、しかもそれらの設備は解放区の建設に大いに役立つので、国民党に壊されてはならず、利用すべきだとわかっていた。放送はわれわれ学生に適切な行動をとるよう呼びかけていた。そこで私たちは団結し、自ら学校を守る闘争を繰り広げた。

　解放軍は順調に長江を渡って進軍するとともに、急速に上海市街地に迫っていた。戦役はまず高橋一帯の近海の戦略地区から始め、予断を許さない状況だった。砲声は日夜とどろき、辺りには硝煙が立ちこめていた。国民党の軍隊と警察は、慌てふためき狂気を帯びて襲いかかり、残留するわれわれ学生の状況は極めて危険だった。若い私たちには分からなかったが、高橋は地理的な位置が特殊で軍事上必ず奪い合いとなる場所だった。私たちはただひたむきな熱意をもって学校を守り抜こうと闘争に力を尽くした。

　当時、国民党の軍隊と警察は、私たちを「疑わしい学生」と見なして数十名拘束し、トイレで用を足すのにも銃を持った監視をつけていた。交戦中の国民党軍隊の被害が大きく、損傷の激しい遺体をあちこちで目にするようになると、彼らは私たち学生に目をつけ、負傷兵を搬送したり、壁に反動標語を貼ったりさせた。私たちはもちろん断固反対した。現地の警察はわれわれの後ろから銃剣を背中に押し付けて、国民党の兵士は警察の背後から銃剣を突きつけて、まるで串刺しの魚のような状態で縄を解かれ、われわれは前に進んだ。

　私は学校の同級生の王永怡、王永情の兄弟と一緒にいるところを、軍や警察に追いかけられた。王永怡は私たちに小声で言った。「君たち2人は先に行け。俺がしんがりだ」。言い終わるや彼はわざと軍警の視線を後ろに引きつけ、私と王永情は身を翻して塀に突進して乗り越えた。塀を飛び越えるとき、私の脳裏には「たとえ死んでも、七爸の名を汚すようなことだけはするものか」という思いがよぎった。今思うと恐ろ

しくなる。私たちは丸腰で、敵は銃剣や歩兵銃などの武器を携えていた。命を落とすような状況はいつでも起こりうることだった。幸い、その時に兵馬は入り乱れ、敵はすぐには気付かず、私たちは難を逃れることができた。

暗くなって静かになってから、学校のあった場所に私と王永情は戻ると、国民党の軍人がつぶやいた。「学生をここに留めてどうなる？　無意味な犠牲が増えるだけだ」。そして私たち残留学生はまた刀と銃を押し付けられ、船で河を渡って上海市街地へ戻った。

八　「二野」にしたがって大西南へ進軍する

1949年5月、上海が解放された後、私は国立高農を卒業した。進路の選択肢は2つあった。1つは、北京に行き「七爸」「七媽」と会って大学を受験して学業を続け、卒業後はソ連に留学すること。もう1つは、学生聯合会の呼びかけに応じて従軍することだった。

私は当時幼くて、革命と建設を分けて考えていた。もしも全国が解放されれば革命の機会はなくなるので、最後の革命の機会に学び、鍛錬と貢献を積まねばならず、この貴重な機会を失ってはいけないと思っていた。また弟の爾均はまだ16歳で、父は解放区から戻ったばかりで、上海での生活はまだ安定していなかった。母方の叔父は地主の出身で、故郷は蘇北区にあり、解放後は経済的に収入源が減っていた。父は継母と離婚しており、父と叔父が私をたずねてきた。弟は学業を続けるのが難しく、彼らは私に弟の進路を模索し、面倒をみるよう促した。そこで私は弟と一緒に従軍することに決めた。

当時の「二野」（第二野戦軍）の任務とスローガンは「西南を打ち破り、全中国を解放する！」というものだった。目標は、四川、雲南、貴州、西康、西蔵である。私は率先して申し込み、南京の第二野戦軍軍事政治大学に入った。部隊が私に与えたのは小隊クラスだった。私は班長となり、仲間の大部分は中学生の知識青年で、中には国民党の小隊長クラスの軍人もいた。

1949年6月、私は弟を連れて第二野戦軍の軍政大学で学び、国慶節を過ぎた後、われわれの部隊は西南に向けて進軍した。大部隊は南京から出発し、一路鄭州、孝感、漢口、長沙を経て、湘西川東（湖南の西、四川の東）から重慶まで進んだ。私は大西南の革命闘争において自らの鍛錬につとめ、軍事管制委員会（軍部が特定の部門や一部の地域などを接収管理するための組織）を経て地方での任務に入る、それは1954年初めまで続いた。

思い出すと、そのときの「7000里の遠征軍」の勢いは人々の心を大きく動かした。部隊は鄭州に到着すると、現地の政府は群衆とともにわれわれに饅頭や布靴を与えて労ってくれた。部隊は漢口に入って第四野戦軍と合流した後、長沙に赴き、一部の道のりは列車で移動した。しかし国民党が逃亡する際に激しく破壊していたので、列車には網棚はなく、車両の形も損なわれ、板で仕切ってあるだけだった。もし少しでも気を抜いたら落下してしまう。われわれは露天で雨にぬれながら飢えと寒さを我慢して17時間移動し、体は著しく衰弱した。長沙郊外では、特務によって鉄道線路が破壊されていた。幸い発見が早かったため大事には至らなかったが、そうでなければ全員不測の事態に陥って危ないところだった。この後、われわれは歩いて行軍した。

　私たちが湘西を通って川東に着いた時、私は臨時で大きな任務を引き受けた。大部隊の後方に遅れてしまった見習い兵士たちを管理するというものだった。ここには主に体力のない者、傷病兵、面倒をみる必要のある女子兵、少数の不穏な思想の持ち主などが所属し、人数はおよそ小隊相当の規模だった。それでも管理の難度は高く、さらに大変だったのはこの一帯が湘西吉首ミャオ族の居住地、および川東の酉、秀、黔、彭などの地区を含んでいたことだ。山賊とスパイが横行し、多くは現地の少数民族と紛れて見分けがつかず、任務完遂のためには予測不能な状況が多かった。

　われわれは大部隊の後方に遅れ、孤立無援だった。ひとたび敵に察知されたらひとたまりもなく壊滅させられるだろう。私は精神的に追い詰められ、どうしたら「生きている戦闘力」を保全できるか悩み、指定された目的地へ全員を安全に到着させ、大部隊と合流するために必死に努力しようとしていた。するととっさに妙案が浮かび、隊を少人数のグループに編成し、宿営地点に到着後、「われわれは大部隊の先遣隊で、この辺りで大部隊の幹部戦士を宿泊させる家の手配を事前に行っているのだ」と現地の人々に説明した。私はチョークで多くの家々に印をつけ、1軒1軒に番号をふった。このやり方は功を奏し、相手を錯覚させることができ、この地区に紛れている敵はわれわれの後から本当に大部隊が来ると思い込んだのだった！　こうしてわれわれは宿営での休息と整備の期間を無事にやりすごし、大部隊に追い着いてから私はやっと安堵することができた。

　当時、第二野戦軍軍校のメンバーの装備は整っておらず、生活は質素であったが、全員作戦部隊と同じように堅い信念と革命楽観主義精神をもって最後の勝利を勝ち取った。われわれ見習い兵士の軍服は破れて古く、銃器は旧式だった。行軍を重ね、風雨にさらされ、そもそも衛生面を云々するどころではなかった。ほとんどの人の体にシラミがわいていたので、部隊の将校は全員に髪を剃るように指示し、シラミの被害を減らし、負傷した場合に手当てしやすいようにした。重慶解放後にわれわれの部隊が国民党の残した国防大学に駐留するとは、思いも寄らないことだった。われわれは

反乱を起こした国民党の軍人をよく目にした。彼らは高級なラシャの軍服を身につけ、革靴を履いていたが、顔には精彩がなかった。私たちは思ったものだ。人民の軍隊は、たとえ物質的な条件が劣っていたとしても、必ず勝利を収めるはずだ。

九　劉、鄧将校の２度の講演

　私は1949年に南京で入営した後、第二野戦軍軍政大学で学び、多くの将校の「授業」を直接聞く機会に恵まれた。中でも最も印象深く、忘れがたかったのは、野戦軍指令官の劉伯承（りゅうはくしょう）による講演である。彼は、「ここに座っている君たちのような青年学生にとって（当時われわれの多くは小ざっぱりとした軍服を着ており、整列して地面に座り、桐油をひいた小さな防水布を携帯して急な雨に備えていた）、革命とは何なのだろうか？　簡単なひと言でこの問いに答えるなら、"はじめは白い銃剣も人を刺した後は赤く血に染まる"（死んでもやる）ということだ」と話した。この有名な警句が話題にのぼるたびに「七爸」はいつも思わず笑い出した。

　「七爸」は私と第二野戦軍の話をするときは、この部隊が戦闘に長けていたことにふれ、戦いの１つひとつがしばしば決戦の意味合いを帯びていたと語る。彼は「上党戦役」（1945年、山西省上党地区で発生した国共両党間の軍事衝突。第２次国共内戦の端緒となった軍事行動。）を話題にした。これは、戦略的に重要な戦役で、全国的な攻防を繰り広げる際、情勢に極めて大きな影響を与えた。この戦役で、第二野戦軍部隊は多大な犠牲を出したが、わが軍の反撃の幕開けとなり、部隊の兵士全員が歴史的な貢献をし、輝かしい戦績を残した。そこには劉伯承、鄧小平（とうしょうへい）２名の将校の指揮が大きく功を奏していた。

　「七爸」が紅軍（第２次国共合作以前の中国共産党指揮下の軍隊）の総政治委員だったとき、劉伯承は参謀長だった。劉伯承は長征（紅軍が1934年から1936年に敢行した、南方各根拠地から陝西北部までの戦略的移動）が最終的に勝利を決するのに素晴らしい貢献をした。この老将軍は、早くから同盟会（1905年に孫文らが設立した中国革命同盟会）に入り、孫文にしたがって民主革命に参加し、その後は共産党に加わり、数え切れないほどの大小の戦いを潜り抜け、中国有数の軍事理論家であった。彼は厳格に軍律を守り、己も厳しく律し、酒を飲むことはなかった。高級軍事指導者の中でも人柄正しく、組織の規律を重んじ、人となりは修養を積んだ聖人君子のようだった。劉伯承の上述の警句にふれて、「七爸」は笑顔を見せた。「君たちの司令官は、ポイントをまとめ、生き生きと、また兵士たちに最も理解しやすい言い方で、革命に参加する意義とねらいをはっきり説明するのが上手かった。簡単な言葉の中にも、彼

第二章　愛宝と「七爸」「七媽」　57

が長年軍人として積み上げてきた経験と本人の努力による実績が込められていた」。

しかし、「七爸」は同時に別の指摘もしている。全国の革命の勢いが増すにつれて、多くの知識青年が部隊に参加し、一般兵士が日頃使うような平易な言葉を用いて重要な内容を伝えることで、こうした知識青年は新鮮味を覚えて、親しみがわくだろうが、それ以上の詳細には踏み込めず、新しい任務の要求は満足させられない恐れがあった。彼はユーモラスに語った。部隊に参加した知識青年が短期研修を経た後、新区（第2次国共内戦が始まった後で解放された地区）に赴き第一線で任務に就くと、襲撃を受けて怪我がつきものとなる。すぐに適切な治療を受けるには、長髪を剃って「丸坊主」の戦士になる必要がある。これは些細なことであるが、知識青年は自分で一度考えて納得してからでないと受け入れられない。実際、劉司令官は授業の中で、青年戦士が行軍や戦闘において長髪のままだと不利なことがあると指摘し、髪を剃ることの必要性を説いた。

「七爸」がこの話をした頃からもう半世紀が過ぎた。ただ彼が語ったときの心のこもった様子やすべてを見通した表情は今でも私の脳裏をよぎり、昨日のことのようにありありと目に浮かぶ。私はまるで青年戦士時代に戻ったような気持ちになり、彼の戦友に寄せる深い思慕の情によって、1人の戦士として自分の厳しい父親とも言えるくらいの軍指導者への限りない懐かしさが何度もかきたてられるのだった。

私たちのような知識分子出身の新米戦士は、休みの日には孝陵衛（学校の所在地）から市街地へ買出しに行った。時間の節約のために馬車に乗ったが、劉司令官は気付いた後に、講演のときにこの状況について鋭く言及した。「新人兵士は、ベテランの先輩兵士を見習って、革命軍人として心身ともに全面的に鍛錬する必要がある。暑さ寒さ、空腹を我慢できなければならない」。そして、われわれのような入隊して間もない新人兵士の中に歩かずに馬車に乗って街に出掛ける状況が少なからず存在することに対して厳しく批判した。彼は言った。「君たちは毎日『抗大校歌』（抗日戦争中に延安にあった抗日軍政大学の校歌）を歌っているが、最後の一句の校訓―――"私たちは労働者の先鋒である"を忘れている。口では承知しておきながら、自らは実践しないという良くないやり方が横行している」。

私がここまで話したとき、「七爸」の表情が険しくなり、私に言った。「このことから考えると、君たちへの厳しい教育は、司令官が一貫して厳格に軍を統制する指導力の高さを示すだけでなく、老革命家が若い世代に配慮し重視していることも表している」。「七爸」はさらにこう指摘した。「これはわれわれの党と政府の指導者に極めて重要な新しい課題を与えている。つまりわれわれが政権を担う立場になった後、どうやって全国的に青年への高度な教育を強化するかという課題である。平和な時期でも自分自身で鍛錬し続けることで、困難をいとわず勇敢に戦う伝統をさらに盛んにさせ

る。これを些細なこととして疎かにすると、限りない災いを残してしまう」。

　もう1つ感慨深い出来事があった。1949年10月初め、南京では軍民あげて新中国になって初めての国慶節を熱烈に祝っていた。土砂降りの雨にもかかわらず、50歳を過ぎた劉司令官は相変わらず堂々とした姿勢をとって、私も含めて多くの人々が参加するパレードを新街口で観閲した。彼は大雨をものともせず、パリッとした簡素な軍服を身につけ、傘もささず、レインコートや油布の雨よけもまとわず、自分の弟子である兵たちが民衆とともにパレードする様子を長時間にわたって観閲し、終始いきいきとした表情で見守り、退屈するような素振りはなかった。中には彼が風邪をひくのではないかと心配したり、彼の力強い革命精神に感化されて深く心を動かされたりする者がいた。「七爸」は話を聞いてから私に言った。「諺に"良い手本のもつ力は計り知れない"と言う。政権を担うことになった党と軍の指導者については、自分が模範となり率先して物事を行うことを軽視してはならないと戒めている。劉司令官は、君たちが見習うべき見本だ。私は総理としてこの点に関してことのほか注意しなければならない。一国の総理として、常に幹部と民衆の手本となるよう行動することを肝に銘じたい」。

　鄧小平と「七爸」はともに1920年代初頭にフランスに留学した。鄧小平と「七媽」は同じ年齢で、「七爸」より6歳年下である。このため「七爸」にとって彼は「七媽」鄧穎超を除くもう1人の「鄧さん」であった。中国人民は2人の関係をこう総括する。同窓のよしみだけでなく、兄弟の情もある。鄧小平は最終的には「七爸」の後継者として国を治めた。世の人々の目には、彼らは中国革命の建設に不可欠な、大局を担う実務派の指導者だったと映っている。

　「七爸」が私と個別に話していて、何度も話題に上ったのは鄧小平である。彼は鄧小平について、解放戦争期において劉・鄧大軍が軍事戦略的な大勝利をおさめた政治活動の大事な創建者ととらえるだけでなく、歴史の分岐点ともなりうる重大局面で鄧小平が発揮した大きな指導力をたびたび賞賛していた。このほか、「七爸」は鄧小平が全国解放後、四川、西康、雲南、貴州、チベット自治区を含めた西南地区の政務遂行の責任者だった際に大きな成果をあげ

1924年、中国社会主義青年団のパリでの記念撮影。前列左から4番目が周恩来。後列右から3番目が鄧小平

第二章　愛宝と「七爸」「七媽」　59

た点を特に重視していた。そして西南地区で起きた問題に適切に対処して解決した実例を報告するよう直接私に指示した。

「文革」中、「四人組」も同席して外国の賓客をもてなす宴が催された折には、「四人組」は鄧小平のことを資本主義の道を進む最大の実権派であるとして、徹底的に打倒する必要があると表明した。このとき、「七爸」は何度となく人々の前で、「鄧小平は間違いを犯したが、職務に復帰することはできる」と述べた。彼がこのように立場をはっきりさせたことで、当時会場にいた内外の人士は驚き、またその態度の表明は至極当然な不変の啓示であるはずだと考えずにはいられなかった。

もう1つ、私が非常に意義深く感じただけでなく、心をうつ歴史の「典故」であると思い起こさせることがあるので、記録に残して読者の研究に供したい。それは第二野戦軍部隊が南京から西南諸省へ赴き全国の解放を達成する遠征に出発する直前のことだった。鄧小平は第二野戦軍大隊の見習い兵士に党の教義を教えたことがあり、講演において、彼は「3つの難関」を越えるように呼びかけた。

その中で1番目に述べられた「軍事的な難関」の意味は、目下西南に進軍する軍事行動は規模の上では淮海戦役などの大きな戦いには及ばないが、消滅に追い込み解体させる必要のあった100万単位の国民党の残存勢力が、台湾や国外に逃れて戦いを継続する事態に至るのを食い止めた。同時に大小さまざまな軍事行動は勝利をおさめ、若干の地方勢力の部隊の蜂起を引き起こし、われわれはその大部分のメンバーに対して思想的な教育を施す必要が生じた。鄧小平は、西南の辺境地区の安定を通して全国の形勢が順調に進展することにつながると分析した。

西南地区は地形が複雑で、社会人文的な発展状況は一様ではなく、数え切れないほどの小規模な戦闘が各地で発生し、第二野戦軍にある程度の損失をもたらしていた。しかし、これより前に鄧小平政治委員が報告したのは、各地の見習い兵士に、この複雑な闘争の形勢へ対処し、犠牲を恐れず果敢に攻めるための心の準備を十分させて、複雑で巨大な戦闘を戦い抜くだけの気構えを強化するというものだった。数年にわたり各地で散見した小規模な武装闘争において、最小限の犠牲を経て最終的には完全な勝利を手に入れた。

2番目は「土地改革の難関」である。軍事学校の見習い兵士の中には中学かあるいは専門学校程度の学歴のある知識青年がたくさんいた。これは第二野戦部隊に大いに新鮮な活力を与えることとなり、軍人からの転業を経て多くの幹部を地方に派遣し、地方の新政権建設の人的な戦力を増強することにつながった。万単位の知識青年の中には地主や裕福な農民出身の者が多かったが、土地改革は貧しい農民たちをまとめて新政権をつくり、地方経済を発展させるための極めて重要な社会改革であるため、これがまさに多くの青年幹部を重大な政治問題へ向き合わせ、中央の呼びかけに応じて

貧しい農民（長期、短期、日雇いの作男・貧農・半自作農など）をまもる立場にたって土地改革の実施を積極的に支持しなければならない状況をもたらした。もし誤った立場にたてば間違いを犯しかねず、幹部の列から退かねばならない場合もある。鄧小平政治委員の報告は、時宜にかなった警告を発することで、当時の西南地区で職務にあたる知識青年の自覚を高め、立場をしっかりさせ、現地の人々とともに土地改革を推し進め、新政権建設のためにしっかりと社会基盤を固めさせることになった。

　3番目は「社会主義の難関」である。鄧小平は当時ただ単純に、社会改革が長期的に発展し深化するのにしたがって、革命幹部や軍人として予測困難な問題に数多く直面することになるので、事前に善処して心構えをしておく必要があると説いた。私がここまで「七爸」に報告したとき、「七爸」は興味深そうに私に聞いた。「君たちの政治委員（鄧小平）はこのことに対して詳細な説明を加えたのだろうか？」私は当時の記憶を何度も呼び起こして正直に答えた。「小平同志はどのようにしてこの難関を突破するか、詳しく説明したわけではありません」。「七爸」は、何か思うところがある様子で何度か肯いた。

　人々は未来の状況を完全に予測することはできない。しかし原則と信念を堅持して必要な準備をすることは大切である。この問題は引き続き検討する余地がある。彼らの後輩として、私はこの2人の偉大な指導者、歴史的人物を理解し、そしてとりわけ彼らが「文革」中に受けたさまざまな理不尽な仕打ちに対して、同情の念を強く感じる。しかし幸運なことに、すべての中国人はやはり彼らに信頼をよせ、強く慕っている。彼ら2人の卓越した指導によって、全国の人民は大変な難関を越え、正しい方向に進み、勝利に向かって引き続き前進することができる。私たちはずっとこの2人の老政治家が国家と人民に捧げた歴史的な貢献のことを決して忘れず、永遠に感謝し続けるだろう。

十　食糧局局長代理

　新区（新たに解放された地区）で、私は現場に行って、困難な場所で自分を鍛えたいという要望を出した。申請が通り、私は四川の楽山専区（当時、省や自治区の必要に応じて設けられた行政地域）の管轄する五通橋鎮の軍事管制委員会（略称は軍管会。軍部が特定の部門や一部の地域などを接収管理するための組織）に配属され、銀行の接収、現金の護送、食塩の運搬、職場の人事管理、老紅軍の秘書などの業務に携わった。その後、専員公署（略称は専署。省や自治区の派出機関）の所在地である楽山に移動となり、前後して専区レベルの貿易会社や食糧局で仕事をした。私は末端の現場

で職員とともに1952年まで働いたが、専署の食糧局局長の体調不良と長患いのため、また副局長は文盲だったため、専署の代表者から16県600万人あまりの人々の食糧問題を司る食糧局の局長代理を務めるよう仰せつかった。当時22歳の私は、後に「七爸」が言った言葉の通りの怖いもの知らずで、「生まれたての子牛は虎をも恐れない」といったところだった。

1952年、四川楽山市で食糧局局長代理をつとめた頃の筆者

この期間、仕事上の移動が激しく、住所が定まらなかった。「七爸」は心配して、重慶の木綿製品関連会社の社長である祝華（七爸が1920年代に上海で地下工作に従事していたときの運転手）などを通して、「七爸」「七媽」に便りを寄こして近況を知らせるように、また家族と連絡をとるように、と手紙で伝えてきた。「七爸」は総理の身で忙しく、大事な職務に追われているのだから、彼を煩わせてはいけないと思い、私は自分の気持ちを押し殺して一切手紙を書かなかった。

はじめに私が接収管理の仕事をしていたのは五通橋鎮である。ここは昔から製塩業の盛んな土地で、工業地域に属していたので、銀行があった。当時まだ20歳にも満たない若造だった私は、ついこの間まで学校にいたということもあり、幼さが抜けきらなかった。この当時、四川地区は比較的開発が遅れていたが、銀行員は西洋風のスーツに革靴を履き、金縁眼鏡をかけて、自意識が高かった。私は痩せていて子どもっぽさが抜けず、長い行軍の後には、ひもじい思いで何でも食べるしかなかったこともあって食事の量が多く、さらに色あせた古い軍服を着ていたため、彼らが想像していた接収の大役人のイメージとは程遠かった。このため彼らはよく私の背後で口をすぼめて笑っているのだった。

折衝が始まると、彼らは意気揚々と鼻息も荒かったが、それも次第に収斂された。しかしそれでも言葉の端々に人を見下すような調子が見て取れたが、遠巻きに様子を見る態度に転じ、成り行きを見守っているようだった。やがて彼らは、私にある程度の学歴があり、上海の名門南洋模範学校に在籍したこともあり、中国語はもちろん英語の文章も理解し、大卒の行員に引けを取らないことに気付き、ようやく態度を改めた。

食糧関連の仕事は、当時の新解放区において最も重要で、現地の複雑な状況に即して方法を考えたので、効果をあげることができた。四川省の各地でたびたび食糧不足の現象が発生したときも、楽山専区の食糧買い付けと供給は問題なく、このため私は模範工作者として評価され、省都成都で報告するよう指示された。「七爸」は当時の私の考え方に興味をもち、私にレポートを書いて見せるように言った。

十一　南開大学に入学して、「関係」が明るみに

　1954年、成都で南開大学の試験に合格して入学が決まった。その頃、幹部が大学受験することは認められていたが、1専区に2名しか枠がなかった。当時私はすでに専署の食糧局局長の代行をしており、専署の財政経済の党組織会議に列席していた。屏山県の食糧局長が私に電話をしてきて、大学で学ぶのは割に合わないと言った。しかし私は勉強が好きだった。重慶の木綿製品関連会社の祝華社長を通じて「七爸」の賛成も得て、大学受験を決めた。

1950年代中期、南開大学の頃の筆者

　私は南開大学には出願していなかったのだが、南開大学は重点大学であり、私の英語の成績が80点以上で、西南地区では優秀な成績だったことや、私の職歴なども鑑みて入学を認めることにした。私は働きながら経済学部で学ぶこととなった。

　事件が起きたのは、私が南開大学に入った1954年の年末である。学校のそばの小さな川は、もともと大学の安全上の防壁の役目をしていたのだが、厳冬になると氷が張って、侵入者を防ぐのは難しい。ある日、私と同級生の何人かがガラスが割れるような音を耳にして、慌てて駆けつけてみると講堂のガラス窓が壊されていた。みんなで後を追いかけたが、不審者は氷が張った川から逃げ去り、捕まえることはできなかった。同時に、物理学部の校舎のトイレから反動的な標語が発見された。私は経済学部の学生だったので、直接目にしたわけではなかったが、聞くところによると学校の保安部門のほうで教師や学生の動揺を恐れてトイレの反動的な標語を擦り落としたとのことだった。

　冬休みに、私は「七爸」に学校の状況を報告させられた。私がこのことを話すと、「七爸」は言った。「われわれは政権に就いてまだ日も浅く、旧社会の悪癖から抜け出せない者が破壊活動を行うことは十分想定できるが、どうやって対処するべきかは検討する必要がある」。

　彼は私に、反動的な標語についての考えをたずねた。私はしばらく考えてから言った。「あのように消し去るのは適当ではなかったと思います。みんなに真実を告げて、この破壊活動のあらましを伝えるべきでした。多くの教師や学生たちに学校というところが決して単純な浄土なのではないことを認識させる機会を与えるべきでした。敵の潜在的な破壊活動に対して、われわれは常に注意を怠ってはいけません。保安部門

は、専門的な少数の幹部だけに頼るのではなく、多くの人々の参加を促さなければなりません」。「七爸」は嬉しそうに言った。「その考えはなかなか素晴らしい」。

ほどなくして、全国的な公安の高等教育会議の席で、「七爸」は講演し、その中でこうふれた。「私の甥が南開大学に在学しておりますが、この青年学生は愚かにも、学校が反動的な標語を発見したのにもかかわらず、他の人々にすぐ知らせようとはしなかったのです。人々の目を開かせ、警戒心を高め、犯人検挙に役立て、こうした破壊活動が起きないように協力して、職務上の遺漏をなくして今後に備えていくべきでしたが、みんなの間に波紋が広がることを恐れて、すぐに標語を擦って取り除いたのです。今後、全国で安全保安部門に携わる責任者、幹部（専業人員）、大衆は、互いに結びつかなければなりません。この"3者の結合"の原則による職務上の精神は、全国の関連部門で注目を集めるべきです」。こうした状況を私が知った後、「七媽」に大事な親類関係を暴露してほしくないと訴えたことがある。「七媽」は私に言った。「七爸はまたあなたを困らせてしまいましたね。あなたの報告を聞いて嬉しくなって、うっかり関係を暴露してしまいました。彼は物事を処理するのに時折こんなやり方をするのです。直接天津市や母校の関係者を批判したくないものだから、あなたにちょっと我慢して手助けしてもらいました。あなたならわかってくれると思っているのです」。

1954年冬、南開大学にて

このことがあってからというもの、私は出張で各地に出向くとよくこうたずねられた。「南開大学には本当に総理の甥っ子が在籍しているのですか？」私はよく知らないととぼけて関係を明かすことはなかった。

学校に戻ると、学長の劉披雲（りゅうひうん）（劉披雲は着任する前、四川で川南行政公署の副主任で、かつての私の上司にあたる）は慌てて私を呼び、「批判」した。「君は私の下で働いていた期間も長く、現在は私の学生でもある。それなのに長年にわたり私に総理との関係を隠していたとは！」校長は笑いながら言った。「どんな罪になるだろうか⁉」こうして私は「捕まって」しまった。当時の歴史的な背景の下で、天津市指導者と公安局は私に身の安全に注意し、いつでも立ち回り先を報告するように指示した。

私と交流があった公安部門の職員の多くは、何年も経ってから私とこのことについて話した際に、総理のこの安全保安にまつわる指示が今だに重要な指導原則の1つであると考えているが、私がその当事者であるとは誰も思っていなかった。

十二　周爾鎏という名前の由来

　私の名前は周爾鎏で、これまでに変えたことはなく、また自分で決めたものでもない。父の名前は周恩霑で、祖父は周龢鼐である。どうやら鼐、霑、鎏は、まれにしか使われない字である。もしかすると祖父は清末の文人であったから、珍しい字を使うことで際立った個性を示そうとしたのかもしれないが、私の一生に不必要な煩わしさをもたらした。例えば、青年期に奨学金や公費を受け取ることは私にとって生きるすべであったが、申請が通ったかどうかを確認するための掲示には、いつもきまって「鎏」が「流」、「鑾」、「鏧」などと書き間違えられ、申請が通らず生活に困窮するのではないかという焦りに苛まれた。

　1946年、「七爸」は、長年音信不通の父の消息が途絶えていること、戦乱の中で命を落としている恐れがあることを私に告げていた。このため私は、長期にわたって直接父から育てられたわけではなく、反対に、その時から1964年まで、「七爸」「七媽」の援助が唯一の収入源だったが、解放前の情勢により、両親を亡くして経済的には学友の支援に全面的に頼っていると嘘をついていた。職に就いてからは、当時の規定により出身家庭を書類に記入しなければならず、解放前3年間の経済的な収入源によって出身家庭は決まった。しかし私は「七爸」との関係を公にすることを望まなかったので、これまで南開大学でもずっと総理とのつながりをことさら明らかにすることはせず、書類には1つも書かず、家庭欄には適当に「都市貧民」と記入しておいた。これには恩師や同窓の学兄たちもからかって「筋金入りの愚か者」と言った。

　解放後、「七媽」は私が書類に記入した内容を知ることとなり、冗談を言った。「党内には早くから李一氓がいて、中国共産党の中央聯絡部副部長でした。そして我が家に今、周二流がいるとは！　都市貧民とは固定収入のない人のことですよ。あなたという子は、まるで北方人の言う二流子（ならずもの）です」。「七爸」はそばで聞いていて厳しく言った。「どうして子どもにそんなことを言うのだろう？　この子なりに自尊心があって、私たちの力に頼ったり迷惑をかけたりしないように頑張っているのだから、それはよいことだ」。「七爸」はさらにたずねた。「鎏という字の意味を知っているかな？」「七媽」が考えてまだ答えないうちに続けて彼は言った。「辞書を引けばわかるが、素晴らしい金という意味だ」。

　「七媽」はそれを聞いてすぐに私に笑いながら言った。「いいですか、これからはどんな挫折に遭ったとしても、自分の名前の意味を忘れないで」。それを受けて「七爸」が言ったことを私ははっきり覚えている。「愛宝、どんなに辛いこと苦しいことがあっても、自分の名前を誇りにして励みなさい。素晴らしい金はいつか輝くはずだ」。

今に至るまで、私はこのとき「七爸」がちょうどよく助け舟を出して、私の名前に積極的な意義を見出した解釈をしてくれたことを忘れない。

　「七爸」「七媽」の教えは非常に厳格で、彼らの優れた品格は私に影響を与えた。例えば、自分を最優先するのではなく、大局を見据え、指導者の親族だという特権意識をもたず、謙虚にふるまわなければならないということであった。このため私は常に控えめにして、書類でもこうした親族関係には言及しなかった。しかしわれわれの家族の古い世代や革命に関わった老人は、このあたりの事情をみんな知っている。新中国成立後、私は兵になり、入党し、中隊に入り、大変な仕事も進んでこなした。昇給や昇進の面でも人に譲った。

　私は「七爸」「七媽」のそばで多くのことを経験し、たくさんの教えを直接聞くことができた。「文革」中に江青一派が「七爸」を陥れようとしてあらゆる機会を狙っていた折、「七媽」は私が剛直な性格であると知っているのでわざわざ私を呼んで言った。「愛宝、今が七爸のいちばん大変な時期で、最も危険な時期でもあります。私たちとの関係からあなたの身に危険が及ぶことがあるかもしれません。親族の中で真っ先に矢面に立つでしょうから、よく情勢を推し量って、あなたも他の人と同じように七爸の悪いところを批判していいのですよ」。

　もちろん私は絶対にそんなことはしないと決めていたが、当時彼らのおかれた厳しい状況から、こうした特殊な方法でしか私を守れないと案じてくれたことを思うと、胸が締め付けられ、さまざまな思いが心にあふれ、「七爸」「七媽」への懐かしさが一気にこみあげてくる。

家族の思い出の品々と「七爸」「七媽」の手紙（二）

1　「七爸」の重慶からの手紙（1939年）

　手紙の全文は以下の通りである。

　潤弟：

　　別れて2年になりますが、いつも思い出しています。今春は手紙を嬉しく読みました。私は昨年から重慶に来ています。父は貴陽からこちらに移って一緒にいます。町の建物はすでに破壊されています。今日は父の誕生日で、君のことが話題になりました。二媽は元気ですか？

　　それではまた。

　　お元気で！

　　　　　　　　　　　　　　　　　　　　　　　　　　　兄鸞より

　　　　　　　　　　　　　　　　　　　　　　　　　　　6月22日

二伯母様どうぞお元気で。七嫂　筆を附す。
　みんな元気でいてください。

　抗日戦の開始後、国共合作のため、周恩来は多くの時間を「副都」（戦時中、首都の危急に備えて設けられた第2の首都）重慶で過ごした。この手紙は1939年に「七爸」が重慶から上海へ出したもので、受取人は潤弟、つまり私の父周恩霔である。
　表面上は、ただの簡単な家族への手紙の文面である。署名の「兄鸞（けいらん）」という者によって、父の周貽能がすでに貴陽から重慶に移動していることが「潤弟」と「二媽」に伝えられている。この手紙は一家の平安と団欒が主な内容で、少ない言葉で家族の情を表した普通の手紙で、特に注意を引くものではない。手紙の中で言われている「二媽」と「二伯母」は同一人物で、父周恩霔の生母の程儀貞である。「七爸」は習慣で「二媽」と呼んでいる。「兄鸞」は周恩来の幼名の「大鸞」の略称である。「七嫂」は鄧穎超のことで、「筆を附す」というのは、当時の手紙の結び言葉で、付記という意味である。
　しかし、これはじっくり読むに値する手紙である。手紙の鍵は、「七爸」の父の周貽能すなわち私の「七爺爺」が「七爸」と一緒に重慶で70歳の誕生日を祝ったということである。この手紙の受け取り人である私の父と祖母にとって、これは喜ばしいことで、これよりずっと前から一家団欒の願いがあった。

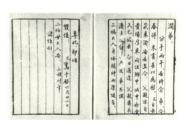
1939年、周恩来が重慶から上海の家族に宛てた手紙

　当時、私たち一家は上海のフランス租界の霞飛路霞飛坊（現在の淮海中路淮海坊）に引っ越していた。私の記憶では、1931年から一家は上海で立て続けに10回以上引越をしている。家庭の経済状況の悪化のほか、主な理由としては日本や国民党、租界の外国人の軍警スパイなどの迫害を避けるためである。父は早朝から出掛け、夜遅くに帰宅し、戻りの予定時間を少しでも超えると、年をとって気が弱い祖母は不安から焦燥にかられて密かに涙にくれるのだった。
　手紙の中の「父」は「七爸」の実父である周貽能であり、私の「七爺爺」である。1938年、私の家族は上海のフランス租界の神父路花園坊（現在の瑞金2号、坊名は同じ）に住んでいた。「七爺爺」はここに住んでから私たち一家に見送られ、武漢の周恩来と合流し、西南大後方へ向かって旅立った。
　「七爺爺」は優しくて穏やかな年長者で、私の祖父の周貽康と従兄弟だった。幼少

期は紹興、淮南でともに過ごした。周貽康は1921年に上海で早くに亡くなったが、1938年まで「七爺爺」はずっと上海、揚州、鎮江などの我が家に住んでいた。特に1927年から1931年までは上海の四川北路永安里44号の私たちの家にずっと滞在し、「七爸」のために安全な隠れ家を提供し、地下の連絡通信を担った。

彼の髪型は角刈りで、ひとえの服を身にまとい、布靴を履き、中肉中背で、普通の老人の様子で街中を行き来していたから人目をひくことはなかった。普段は言葉少ないものの、危機に直面しても冷静さを保ち、十分な勇気を示した。1938年、連れ合いをなくして久しい彼はすでに60歳を過ぎていたが、1人で上海に留まって敵に迫害を受けたり人質になったりしてはいけないので、「七爸」は彼にすぐ出立するよう手配した。

「二媽」の程儀貞は周恩来の二伯母で、私の祖母である。本籍は江蘇江都の人で、美貌で知られていた。外地で長年幕僚として仕えた祖父に従って、高官の家族とも交際が多かったので、堂々とした大家の風格を体現していた。「七爸」は7歳頃に初めて祖母に出会い、終生可愛がられた。「七爸」「七媽」も祖母のことを非常によく世話し、一緒に誕生祝いをし、60年あまりにわたって、祖母が90歳で世を去るまで交流が続いた。

父の周恩霪は同世代の親族の中で最も年少であった。幼名は大歓、「七爸」より10歳年下で、6歳から北京、天津、南京、上海など各地で周恩来の隠れ場所として自宅を提供し、大鸞大兄（周恩来）からいろいろ面倒をみてもらった。周恩来は彼の顔を洗い、玩具や連環画（子供向けの絵物語）を贈り、『三国演義』の読み聞かせをし、英語の手ほどきをしたり、体操を教えたり、兄弟仲はとてもよかった。しかし彼は生来体が弱く、左耳は難聴で、成長して上海大同大学で学び、上海法学院の早期の卒業生だったが、法律の仕事に長く携わることはなかった。京劇を愛好し、上海の梅派のアマチュアで、解放区で芸術分野の仕事に従事した。沈鈞儒、史良、梅蘭芳などと親交もあり、親しく行き来していた。このため「七爸」は重慶で現地の国防部三庁の郭沫若のもとで働くように取り計らい、法曹界、文芸界の関係者の橋渡しを担い、抗日民主統一戦線に彼らを引き入れた。重慶に移ってからは葉剣英の世話になり、最初の仕事として何香凝らの香港からの帰還を応援した。しかし肺病を患い、こうした仕事に長く携わることはできなかった。

この手紙は周恩来が端整な楷書でつづったもので、いつもの行書や草書の流麗な筆とはまったく別である。年長者への敬意と恭順を示したのであろう。彼はいわゆる「共産党員は親類も他人と見なす」といった流言飛語に一貫して異を唱えた。逆に、非常に老人を敬い、子どもを可愛がり、伝統的な美徳を身をもって表した。この手紙は、一見しても、また仔細に読み込んでも、その筆跡は後に天安門広場で人民英雄記

念碑に残される題字と少しも変わらない。

また、家族に宛てた手紙ではあるが、周恩来はいつも「来兄」「鸞兄」「七兄」などと署名を変え、手紙の受け渡し方法も、郵便局は通さず党外の人脈を使って人づてに頼むことが多かった。彼の多方面の才能と、敵の支配地区で習慣となった地下活動の方法が、これらすべてに現れている。

2　七爸が重慶から南京に戻る直前の手紙（1946年）

1946年、私の父周恩霔は長患いが治りかけたが、妻の馬順宜との不和は決定的となり、双方で離婚に向けて準備を進めていた。父の気持ちとしては重慶にすぐ戻り、周恩来に現地の仕事を紹介してほしいようだったが、周恩来は日本が正式に投降したことを考慮して、国民党が間をおかず首都南京に戻り、彼と「七媽」鄧穎超は中国共産党側の談判代表として同行する可能性が大きいと予測した。また国共協議が決裂した場合、全面的な内戦勃発という不幸を避けられないことも考慮して、手紙に自分の考えを書いて弟の周恩霔に伝えた。

手紙の中で言及される「潤民」とは、私の父である周恩霔の字で、「態度がひどくて、苦境に陥っている」「懸念がますます強まっている」というのは、父の後妻である高郵の馬順宜のことを指す。長年2人は夫婦仲が悪かった。馬氏は気性が激しく、なにかというと悪態をついて攻撃したので、父は耐えられなくなり家を出た。家の身代はとっくに馬氏が蕩尽し、残った金も彼女が独り占めしたので、生活は苦しく、やむを得ず兄と兄嫁に救いを求めるしかなかった。当時「七爸」は長期間国民党勢力が支配する地区で任務に就いていた習慣にしたがって、「七媽」名義で「切迫した事態に対応するために、友人に託して法幣（1935年以降に国民党政府の発行した紙幣）5万元を送る」と書いた。

「七爸」は同時に手紙の中で「まだしばらく上海に留まり、重慶には来るべきでなく、政局が安定してからまた考えることにする。もし上海で仕事を見つけられるなら頑張ってほしい」と言った。これは、彼の思いやりの深さと、肉親の情を大事にしていることと、弱者を助けたいという思いを表している。また彼は共産党員としても清廉潔白で、むやみに私情を優先することはしないので、本当にそれが精一杯の額での援助だった。このほか、「七爸」は時局の複雑な情勢についても考慮している。1つには、国共と各党派の間で相互に協力して政治協商会議を成立させようとしているところで、中国共産党の事務所も重慶か

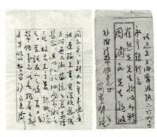
1946年、重慶から南京に戻る直前に周恩来が出した手紙

第二章　愛宝と「七爸」「七媽」　69

ら南京に移転して、今後は近くにいて弟と身の振り方を相談するほうがよいということである。もう1つは、国共協議が早期に決裂し、全面的な内戦が勃発した場合にそなえ、弟を直接解放区に派遣して任務に就かせたほうがよいということを考えていたのだった。

手紙では、程少琴からの手紙で私の祖母の元気な様子を知り得て嬉しかったことと、潤民によろしく伝えてほしいことが述べられている。1921年に私の祖父が世を去ってから、祖母が1962年に上海で亡くなるまで、「七爸」はいろいろと彼女のことを気遣い続けた。

この後、時局は大きく動きを見せ、「七爸」の予測した通りとなり、全面的な内戦が勃発する前夜、彼は周恩霑を南京から蘇皖解放区に派遣し、李一氓のそばで仕事をさせた。これより前に、周恩霑は上海から南京に来て梅園新村の中国共産党事務所で秘書として短い間任務に就いていた。

3 南京から届いた七爸の手紙 (1946年)

抗日戦争の勝利後、国民党の背信で和平協議は決裂し、解放区に対する全面的な攻撃が始まった。南京に戻った国民党政府と引き続き交渉しながら闘争し、それと同時に平和で民主的な運動を繰り広げるために、1946年5月、周恩来は中国共産党代表団を率いて重慶から南京の梅園新村に移り、積極的に中国共産党代表団の上海駐在事務所の設立を準備した。

当時私は祖母の指示に従い、1人で江蘇高郵から上海へと戻ったばかりで、「七爸」を探していた。このとき「七爸」はちょうど南京にいて、国共交渉の処理に追われていた。私はまだ幼く、細かい事情はわかっておらず、ましてや「七爸」がどこにいるのか、どうやって連絡をとったらいいのかなど、まるで見当もつかなかった。私が上海で当てもなく彷徨っていた数日後、党外の民主的な人物で、『文匯報』社長の張振邦氏が、彼の甥で私の同級生である賈大勤を通して私を探し出し、張氏の家で「七爸」が南京から寄こした手紙を渡してくれた。

手紙は次のような内容である。

親愛なる愛宝：

私たちはみんな君のことを心配している。今、大丈夫だろうか？

七爸と七媽は南京にいてここのところ仕事が忙しい。もう少ししたら上海で会おう。手紙を読んだら馬斯南路107号の陳家康氏のところに行きなさい。彼が私たちの面会の段取りをしてくれるはずだから、よく話してみなさい。

七爸　七媽

1946年5月

私は手紙を持ってすぐに周公館へ急いだ。陳家康氏の親切な応接を受け、彼と「七爸」「七媽」に会う具体的な時間を相談した。

　手紙の伝達方法と内容は、「七爸」が多忙を極める中、時間を作って安全で行き届いた手はずを整えてくれたことを示していた。幼さの抜けきらない私にとって、ちょうどふさわしい時に限りない慈しみの情を受けたようなものだった。この手紙は、これから私が新しく進むことになる政治の道の第一歩を暗示するものでもあった。

第二章　愛宝と「七爸」「七媽」　71

第三章　建国風雲

プロローグ　「小異を残して大同に就く」

　「七爸」の哲学のもっとも重要な特徴は、「求同存異」（共通点を見出して親近感を増し、相違点はそのままにして互いに尊重すること）であり、この思想のもとで終始一貫して豊富な実践を重ねてきた。

　「七爸」自身の回想によると、彼は没落した封建的大家族の中で成長し、私塾で学んだこともあるので、「求同存異」の思想とは、昔から伝わり、先人が実践的に導き出した「君子は和して同せず、小人は同して和せず」という知恵であるということがわかっていた。この「求同存異」の思想は、彼の世界観と深く結びついている。これこそ先祖の周敦頤の「無極にして太極」（究極のきわまりが宇宙の根源であること）——すべての世界は渾然一体となり、発展変化は極まりない——という中国の伝統的な哲学思想である。

　後に彼は南開中学と南開大学で学び、日本、フランス、ドイツ、イギリスの諸外国へ赴き留学や視察を重ね、これらの外国と中国との違いを比較し、自らの「求同存異」思想を次第に形成し、実践経験を通して確立していった。

　多くの人の言葉に従えば、「求同存異」は「一体多元」の世界観に基づく。われわれの地球は宇宙の大家族の一員であるが、同じ地球に暮らす人類は異なる多元的な文化を営んでいる。

　政治の実践において、「七爸」は「求同存異」の思想のもとで、共産党と国民党の関係を正しく処理することに関わったと言えよう。1924年、孫文は中国共産党とコミンテルンの提言を受け入れ、国共合作に同意し、共産党員と社会主義青年団員が個人の身分で国民党に参加するのを歓迎し、「ソ連との連合、共産党との連合、労働者・農民の援助」の三大政策を制定し、国民党に対する組織改革を行った。同年8月、「七爸」はヨーロッパから広州に戻り、黄埔軍校政治部主任を担当し、国民革命軍第一軍政治部主任となり、自身の「求同存異」思想を闘争の実践で熟成させていった。

　第1次国共合作と分裂の時期、彼は統一戦線においてこう痛感した。国共の合作と

分裂に正しく向き合うには、「求同存異」思想による指導と実践が切り離せない。こ
れは国家の命運に関わる一大事である。中国共産党が北伐戦争に参加するのは、もと
もと歴史的状況に即して「大同に就く」ことにしたのであるが、国民党の分裂工作は
「求同存異」の原則を破るものであり、国家と人民に甚だしい苦痛と不幸をもたらし
た。このため彼は「八一」武装蜂起（1927年8月1日、中国共産党が江西省南昌で行
った武装蜂起。指導者は周恩来のほか、賀竜、葉挺、朱徳など）の先頭に立った。

　1936年に「西安事変」が発生すると、周恩来たちは抗日戦線の大局を有利にする
ために第二次国共合作を進め、「求同存異」の原則は再び功を奏した。

　しかし、1945年に抗日戦に勝利してほどなく、国民党は全国人民の平和希求の声
を顧みず、全面的に内戦をしかけ、第二次国共合作は破られ、最終的には台湾へ逃れ
ることとなった。新中国成立時は、中国共産党は民主的な会派や各界の実力者と人民
政府を設立した。これは、互いに「求同存異」の立場をとることで成功した実例と言
えるであろう。

　往事を振り返ると、長期にわたる武装闘争において、「七爸」は「求同存異」思想
によって異なる立場の国民党の軍人と接し、彼らに対して「革命不分先後」（革命に
は前後の区別はない）の原則を貫き、彼らの内部蜂起や武装放棄を促した。彼は、そ
の中の一部の人が抗日戦争の勝利に貢献したことを高く評価したので、彼らのさらな
る心服を得ていた。例えば、国民党の優れた将校のうち、多くは黄埔軍官学校の卒業
生で、「七爸」の昔の教え子でもあったので、彼らは恩師に対して面目なさを感じて
いた。「七爸」は至極当然に言った。「私の育て方がよくなかったせいでこうなったが、
私には君たちが正しい道に戻れるよう導く責任がある」。このように、彼は己を厳し
く律した態度で人に接し、広く賞賛と支持を集めた。

　経済活動において、「七爸」は生前何度も私に語っていた。長らく「七爸」に付き
従っていた専門家の許滌新も私に言ったことであるが、かつて周総理は、新民主主義
の期間を相応に引き延ばすべきであり、慌てて社会主義に向かおうとする必要はない
と考えていた。これは主に当時の中国の工業が未発達で、農業国家としては小規模な
生産者が多く、科学技術のレベルも高くないことなど、さまざまな原因によって、多
元的な経済方式が長期にわたって存在する必要があると考えたためであろう。経済対
策は、国家全体の社会的な局面や、それぞれの立場によって異なる基本的利益も含め、
すべてが発展するように配慮して、需要と可能性に基づき合理的に生産を計画し、消
費を導く必要がある。

　文化的には、「七爸」は「百花斉放、百家争鳴」の方針に賛同していた。とりわけ
自主性と寛容さを重んじ、学術的な自由を尊重していたので、見解の相違と政治問題
とをややもすると一緒に論じようとする風潮には異を唱えていた。彼自身、多くの科

第三章　建国風雲　　73

学者や芸術家と交流があり、分野をこえて互いに刺激しあう仲間だった。

　外交面では、「七爸」が最初に唱え、インドのネルー首相とビルマのウー・ヌ首相の3人が共同で提唱した「平和五原則」は20世紀における世界が認める歴史的な貢献である。その指導思想の根底には「求同存異」の考えがあることに間違いはない。

一　社会問題を語る

1　出自と政治的な信条

　私の大学時代、「七爸」は現場の職務状況を知るために、よく私に短い文章を書かせた。それを読んで口頭で批評してから、すぐ処分するという習慣があった。今でも記憶に残っているのは、『中農化』と題した短文で、彼は斬新さを認めてほめてくれた。別の1編では学生の出身階級と高等教育の質の関係を論じ、ひどく叱られた。

　当時の私の考えはまだ幼かった。新中国成立初期、大学の学生の多くは上流・中流階級の出身であり、社会の変革に対して心配しすぎたり安心して勉強できなかったりする者もいた。このため私は、農民や労働者の家庭の出身者が増えたら高等学校の教育の質がおのずと高まると誤解していた。

　「七爸」は報告を読み終わるや、私の観点が間違っていると厳しく指摘した。新中国成立前に中学・高校を卒業して順調に進学できる者の中には農民や労働者階級の出身者はきわめて少なく、国家や社会が必要とする数を確保することは難しい。また出自は、学生本人が自分で選びとることができるものではなく、客観的な事実として存在する。出身家庭の状況に関わらず、自分自身の追い求める政治的な方向や学習の成果に目を向けることこそが肝心なのである。

　出自に関して、「七爸」はかつて私に話したことがあった。1つ目は、出身階級論であり、単なる客観的な事実としてとらえる考えである。2つ目は、出身階級は無関係だとする考え方である。出身家庭は自ら選択することができないからである。3つ目は、その人の態度に表れているものを重視する考えで、それでこそ多くの人々の積極性を活かし、中国人民の大団結に利することができる。

　新中国成立初期、多くの学生の出身家庭は、決して「よくはなかった」。若気の至りで、前に三民主義青年団（略称は三青団）の類の国民党の青年組織に参加してしまった者でも、実際には犯罪行為をしたわけではない場合もある。ある学生は三青団のメンバーとつきあいがあっただけで、疑われたこともある。こうした例に対して「七爸」は私に言った。「問題によっては、いろいろな状況を具体的に分析して、個別に判断しなければならない。当時国民党は中央で政権をつかさどっており、そちらを正

統であると思う人がいたのも無理はない。国民党が支配している地域の大都市の学生が、解放区の実情を知らないまま、国民党の歪んだ宣伝に惑わされ、共産党の政策への正確な理解が足りず、抗日戦争の勝利を国民党の力に負うところが大きかったと誤解し、そこに希望や幻想が入り混じり、中上流家庭のしがらみなどが加わったのかもしれない。多くの複雑な原因が重なって、国民党支配地域でわれわれに対する理解と信頼が確立するまでに時間がかかったとしても、まだ世間を知らない青年にとっては無理からぬことである。彼らの中の大多数は愛国的で、真理を信じており、遅かれ早かれいずれ仲間になるはずである。善意をもって慎重に彼らに接しなければならず、軽々しく断罪してはいけない」。

　歴史的に見れば、陳毅元帥など党内の多くの上級指導者と周恩来の考えが正しく、それが有効であったことが証明されている。そうでなければ、相反する間違った観点や主張によって、多くの人の積極性が損なわれてしまうことになる。

　幸い私は「七爸」の教えを間近で聞く機会に恵まれ、自身の職務においても極力実践するように心掛けてきた。数十年の時間を経て、多くの旧友の出身階級があれこれ問題になることは無理もないが、私は彼らに対して一律に平等に接し、必要な時に手助けすることで、心の通った付き合いを重ねてきた。彼らの中の多くは、今や国家と社会を担う立派な人材である。今でも互いに集うと、往事を思い出して語り合うのは、「七爸」の当時の指導と予見への感謝の思いである。

　西花庁の執務室では、一般書の本棚以外に、雑誌の書架もあり、各種の定期刊行物がうず高く積まれていた。特に『中国青年』の類の青年問題の特集は、いつも手に届くところに置いてあった。このことからも、政務に多忙を極める総理が、中国の青年世代の成長を見守っていた様子がうかがい知れる。

　私は、働きながら学んでいた学生だったため、校団委の委員、経済学部や外国語学部の補助指導員、共産主義青年団（略称は共青団）総支部書記、学生会主席（学生組織の委員長）などの社会団体の仕事もつとめていた。「七爸」は忙しい中、時間をつくって私の仕事ぶりをたずね、アドバイスをしてくれた。

　はじめに彼は、青年団員が団組織の先進性を保つ問題に関心を寄せて、こう言っていた。青年は考えが活発で、敏感で目覚ましい。多くの歴史上の先駆者は往々にして青年期から先進的な思想を広く吸収し、その中から栄養を吸収し、創造的な思想や見解をうち立てるものもいた。青年団組織はその先進性を保つためにも、先進的な思想をもつことが重要で、多くの青年たちを啓発し、協力し、指導し、団結するように、彼らの創造性を守り、努力して時代の先頭に立つよう励ますことが必要になる。

　次に、青年期は人の一生の中でも最も貴重な発育成長の時期である。このため団組織、とりわけ大学の共青団組織の重要な任務の1つは、若い大学生を導き、自らあら

ゆる面における総合的な発達を目指すことである。なぜなら彼らは祖国や民族の未来
だからである。このため「七爸」は、大学生を封建時代の無力で弱々しい書生のように
してはならないと考え、鍛錬を通して、心身ともに壮健に成長させるべきだと特に
強く述べていた。中国の封建社会の伝統は、数多くの学生の間に肉体労働を軽視する
という悪しき習慣を蔓延させてきたが、北米では知識青年の行動力が比較的期待され
ており、それを青年自身も重んじている。われわれも中国の青年大学生の行動力に期
待し、その育成に励まなければならない。

　さらに「七爸」は、学生時代には青年たちの集団への帰属意識を培うべきで、何事
もみんなで協力することは、仲間から離れて一人よがりな行動をとるよりは好ましい
と考えた。伝統的な文人が相手を軽視し合う傾向があったように、知識人同士が互い
に相容れない事態に陥り、孤立するのは避けなければならない。もし労働者や農民た
ちとも力を合わせられなかったら、目標達成がさらに困難になってしまう時もある。
要するに「七爸」は、知識分子の革命化、労働化と、労働者の知識化を推進すれば、
最終的には頭脳労働者と肉体労働者の対立がなくなると主張していた。これは崇高な
理想である。実際に問題に対処する際に、このことを軽視して疎かに処理するべきで
はない。しかし、当時の状況としては、義務労働が多すぎて学業に支障をきたし、大
学の教師も学生も不満を抱いていた。専門的な学問の修得に悪影響を及ぼしていると
も考えられ、学習時間の極端な不足から、学業が身につかないまま卒業しても使い物
にならないのではないかと心配し、明るい未来を信じることなどできなかった。

　思い返してみれば、「七爸」と陳毅元帥は早くからこうした問題を互いに察して、
大学の教員と学生が訴える合理的な言い分には一定の理解と同情を示していた。ただ
当時の社会の条件の限界によって、この種の問題を適切な形で処理することは容易で
はなかった。

　私はかつて長期にわたって大学の教育活動と共青団の仕事に携わり、「七爸」から
の教えを身近に感じることで限りない恩恵を受けてきた。当時、大学教師や学生の多
くを私は極力保護したので、彼らはさまざまな衝突による被害を免れ、数十年経った
今日でも私と連絡をとっている。彼らを庇ったことで非難や抑圧を受けた私に対して、
敬意と感謝を示し、私の行いが当時の「七爸」の信頼と教えに背くものではないと賞
賛してくれている。

2　少数民族の自治制度

　「七爸」は生前、中国の少数民族に対して並々ならぬ思いをもっていた。ウイグル
族のある青年が、かつてこう言っていた。彼らにとって、周恩来は慈しみ深き父のよ
うな存在であり、彼らの不遇な歴史的境遇に同情し、差別に反対し、経済や文化にお

ける立ち遅れの問題解決に対して援助を厭わなかった。

　「七爸」は、中国は多民族国家であるので、民族問題を正しく処理することは、国家の命運や各民族の根本的な利益に関わる大問題であると考えていた。中国の基本的な国情としては、漢族が人口の多数を占め、経済も文化も比較的発達しているが、分布面積は狭い。いっぽう少数民族は人口が少なく、文化的には発達が不十分であるが、広範囲に居住し、資源も豊富である。広大な国土にある豊富な資源を利用する上で、漢族と少数民族の協力は不可欠である。歴史的な経緯によって民族の居住地域の混在はいたるところに及んでいる。総じて、漢族と少数民族の関係は、共同で取り組めば双方に利があり、分断されれば共に害となる。唯一の正しい方法としては、中国の国情に合わせ、民族地域の自治制度を打ち立て、異なる民族同士が同一地域内に居住できるようにする必要がある。ただし自治権は保護されねばならず、異なる民族を切り離すのではなく、連邦制をとるか、あるいは他の国家のように民族自治共和国の制度をとる必要がある。「七爸」が民族問題の根本的な解決に対して独自の貢献をしたことは、歴史によって幾度も証明されている。

　私は「七爸」の教えの影響を強く受けたこともあり、少数民族への熱い思いをもっている。各地の少数民族居住地域を何度もくまなく回り、外国の賓客を伴って現地を視察し、その地域の影響力を拡大させ、外部との相互理解を進め、さらに多くの発展の機会を求めてきた。これらの地域には、湘西（湖南省西部）、川東（四川省東部）、貴州のミャオ族と漢族の雑居地域、雲南のタイ族に代表される国境地域、川滇辺境のイ族に代表される地域、内モンゴルのモンゴル族に代表されるシリンゴル地域、新疆のウイグル族やカザフ族に代表されるトルファンからウルムチまでの地域、チベットのチベット族が主に生活するラサのダムシュンからネパール国境の広大なチベット地域、青海のチベット族・回族が比較的多く居住する地域、海南島のリー族が居住する山岳地帯、台湾の高山族が居住する地域が含まれる。視察のうち3回については、「七爸」に直接、自身の見聞を報告した。

　はじめは1954年で、湘西、川東、貴州辺境のミャオ族と、雷波、馬辺、峨辺など川西南と雲南省との境界の小涼山地区及びイ族が話にのぼった。2回目は1965年で、ラサ、シガツェから、ネパール国境のニャラム地域のチベット族と比較的人数の少ないメンパ族が取り上げられた。3回目は、1975年に内モンゴルのシリンゴル地区に行き、草原のモンゴル族の遊牧民をたずね、かの地に派遣されて労働していた従妹の周秉建に会えたことだった。

　最初の報告は時間に余裕があり、しかも2回に分けて行った。主な報告内容は、1949年に劉伯承・鄧小平の大軍が西南に進軍する際、私が隊に加わり、武漢から四川・西康地域の解放戦争に参加したことに関するものだった。私が通過してきた湘西、

第三章　建国風雲　77

川東、貴州辺境などの俗に言う「三不管」(どこの管轄でもない土地) 地域で見聞したことを報告した。

この地区はミャオ族が代表的で、「吉首」が首府であり、漢族の人口は少なく、さらにトゥチャ族などもいた。湘西地域の自然の景観が美しく、湿度は高く、現地の農民は稲作が多く、丘陵地にトウモロコシ("玉米"ではなく、現地では"苞谷"と言う)を植えているが、川東と貴州境界は荒涼とした大地でトウモロコシを育てていた。この「三不管」地域のほとんどは、起伏のさまざまな丘陵地で、切り立った崖のある高い山もあった。歴代王朝においては、複雑な地形の山岳地帯であるので当時の政府の行政管理は及びにくかった。匪賊(ひぞく)、雑軍や現地で力をふるう悪党が山を占領して専横をきわめていた。ならず者がそこかしこにあふれ、外部からの力によって「掃討」作戦を繰り広げるのは困難だった。新中国成立後、この地域の各級政権はまず「盗賊征伐」、租税減免、土地改革運動を通して人々の

周秉建が筆者に宛てた手紙

力を結集させ、新しい政権はようやく足固めすることができた。当時、ミャオ族と漢族の貧しい人々は至るところで見られ、満足に食べることもできず、着る服もなかった。赤貧の女性が裸同然で子どもを抱いて道端に立ち、通過する解放軍が衣類を恵んでくれるのを期待して待っていた。われわれ戦士は、身に付けた軍服以外、重い銃器と自分の食い扶持を背負っているだけで、他には何も持っていなかった。多くの解放軍兵士は木綿の上着一枚しか持たず、行軍中は裏返しに着て、町に近づくとまたもとに戻して着用し、服の見た目が清潔感のあるようにして、人々に爽やかな印象を残すようにしていた。このような状況において、兵士たちは貧しいミャオ族の様子を見るにしのびず、何とかしたくても他に与えるべき衣類もなく、居たたまれない思いをしていたので、上司に問題を訴えて解決を図るしかなかった。現地のミャオ族の一部と漢族の人々は、何代も一緒に住んでいたため、言葉や外見での区別はつきにくかった。

党と解放軍が全国的に高い声望を集めているため、現地の人々は、一部の悪意あるデマや流言を無意識に伝えてしまうこともあったが、広く話題にのぼっていたのは、やはり解放軍兵士の気高い振る舞いや、党のさまざまな政策方針、とりわけ民心に深く入った土地改革政策についてだった。この地域の地形は複雑で、多くの匪賊や非正規軍、少数民族の不良武装集団が闊歩していた。人々はわれわれの軍隊に接近することに不安をかかえており、殺される危険を冒している場合さえあった。夜が更けると、崇山の嶺の間に点々と光る鬼火のような灯りがともり、無法者が銃を携えて動き回っ

ているのが見える時もあった。山間部の多くの地域には、よく雷がとどろき、鞭のうなるような音が辺りに響き渡り、耳をつんざくほどだった。深夜に聞く狼の遠吠えは、幾千もの不幸な女性たちの悲痛な泣き声のように聞こえ、身の毛もよだつほど恐ろしかった。

　私はまた任務を受け、一隊の軍人を率い、5つの県の700人ほどの労働改造犯（刑罰としての矯正労働をさせられる受刑者）を「護送」して、馬辺、峨辺など原生林に行き、交通が不便なために運び出せないでいた収穫済みのトウモロコシなどの雑穀を運搬し、軍隊と都市部への供給を保証した。

　銃を奪われたり、山中で紛失したりして悪用される恐れがあったため、われわれは銃を置いて出掛けていた。だが、この数百人もの労働改造犯をどうやって管理するのだろうか？　当時私はまだ20歳そこそこの若造で、怖いもの知らずだったから、すぐ承知して任務に就いた。ただ私もこの囚人たちを管理する方法を考えてはいた。班・小隊の編成にして、罪が比較的軽くて態度もよく、教育を受けた者を班長・小隊長として、自分たちで管理する方法である。私は彼らに訓話をし、よいところは褒め、悪いところは叱った。始めのうちは、私はひとたび口を開くと「同志たちよ！」と呼びかけていたのだが、後でそれでは間違っていると思い直し、「向上心ある諸君！」と言うことに改めた。後に、報告の中で私がこの場面を語ると、総理も笑っていた。

　馬辺、峨辺などの地域は、古代から悪性マラリヤが猛威をふるい、文化・経済が遅れた地域として知られてきた。山奥にはイ族の長とその奴隷たちが数多く住んでいた。湿度が高く、外部から来た者は原始林の奥で道に迷いやすかった。手榴弾を投げると、その震動で落ちる水滴が雨粒のように降り注いでくるほどだった。深い谷の中では、周囲を見渡しても人家はない。照り付ける太陽のもと、足元の地面は乾ききってひび割れていた。急に山つなみが襲いかかることもあり、猛烈な勢いで水があふれると激流が渦を巻き、ひとたび巻き込まれたら生きては出られないのだった。あるとき、突然洪水が発生し、近くにいた担ぎ屋の天秤棒が私の右肩に不意に当たってきた。おかげで私はすぐに気付き、彼の差し出す天秤棒をつかんで引っ張り、激しい渦から男を救い出すことができた。果てしなく坂道が続くかと思えば、高くそびえる山の間に湖が現れ、勢いよくほとばしる馬辺河の上流が見えた。なかなか見られない光景を前にして、桃源郷にきた心持がした。

　馬辺には約3000人の住民がおり、人口は少ないがさまざまな階層の人が生活していた。銃とアヘンの物々交換で生計を立てる者もいて、周囲には火薬の臭いが立ち込めていた。いくつもの苦難を経て、われわれは遂にここからトウモロコシを運搬し、無事に任務を完了することができた。

　この地域は地下資源の宝庫とされ、「万石平を切り開いたら誰でも金持ちになれる」

（万石平は峡谷名。ここの下には宝が埋まっているという古くからの言い伝え）とさえ言われていた。土地改革の後に民主改革が推進され、さらに交通網の整備などの経済項目の開発や、新政権による党の各種の政策が強力に実行されたことにより、この土地に根付いていた悪い勢力は取り除かれ、漢族とイ族、漢族とミャオ族、他の少数民族との友好関係も育まれ、大きな変化がもたらされた。「七爸」が生前言っていた夢と抱負の1つは、この地域にそれぞれの民族が共同して発展し、興隆していく理想郷を建設することだった。

　この地域の歴史と現状を、「七爸」はよく知っていた。特に、歴史上、少数民族が受けた不幸な境遇に対して深い同情を感じており、われわれ多数の漢族は、少数民族の発展を早く成し遂げるために力を尽くす必要があり、それが「償い」や「罪滅ぼし」になると考えていた。そうすることが民族の団結につながり、真理にかなう。仲たがいさせようと敵が画策しても惑わされず、少数民族の多くの人々の思いを信じなければならない。仲を引き裂こうとする敵の陰謀を過剰に恐れる必要はない。もちろん警戒心をもち、教育を強化し、民族の団結を確かなものにしなければならない。これは、やるべきことの根本である。漢族は、模範となるようつとめるが、大漢族主義（漢族は中国国内で他の民族より優れているとする考え）は克服しなければならない。少数民族は、民族の感情を社会主義の感情と結びつけ、狭い民族主義の誤りに陥ってはいけない。民族の感情には敬意を払って尊重するべきだが、他の民族に対して排他的な感情を抱いてはいけない。組織の問題では、少数民族の幹部の養成につとめ、人民代表（議員にあたる）として適正な割合で選出し、人口比率も考慮し、団結することと制約を受けることとを結び付けてしっかり納得させなければならない。その目的は、漢族の幹部と少数民族が団結し、遠隔地域の建設と発展のために長期的に力を尽くすことである。彼らの苦労、これまで捧げてきた犠牲、歴史における貢献は認められるべきである。

　外国の少数民族で組織された代表団が、中国国内のふさわしい少数民族自治区を訪問し、参観や視察を通して交流を深める活動は、1970年代には極めて稀な試みだったが、そこには特別な意義があった。「七爸」は、ニュージーランドのマオリ族の代表団が内モンゴル自治区を訪問することに、深い関心を寄せていた。

　1975年、私は対外友好協会理事として、来訪したマオリ族代表団に全日程で随行することとなった。代表団が北京を訪れた後の日程で、内モンゴル自治区とその他の少数民族自治区に行くことを想定していたのだが、伯母の士琴がちょうどよいきっかけを教えてくれていた。当時は「文革」期間で、伯父の周同宇（恩寿）は逮捕・投獄されたが、どんな罪に問われているのかがはっきりせず、子どもたちのほとんどは全国に散り散りになっていた。伯母は一人で北京におり、耐え難い苦しみの中で暮らし

ていた。とりわけ気掛かりなのは、離れての生活する子どもの中でも、いちばん年若い周秉建（みんなは「小六子」と呼んでいた）だった。彼女は内モンゴルの草原で現地のモンゴル族の青年と一緒に遊牧生活を送り、伯母は非常に心配していた。伯母は、今度の日程でマオリ族の代表団を内モンゴルに案内することはできないかと私にたずねた。私は、その提案が理にかなっているので、許可を得て同族の代表団が北京の次に内モンゴル自治区を訪問するように手配した。内モンゴル自治区の政府の同意を経て、フフホト以外に「小六子」のいるシリンゴル盟（内モンゴルの行政単位）のあるシリンホトにも行くことができるようになった。「七爸」は一貫して中国国内のモンゴル族が完全に平等な待遇や自治権を獲得するよう長きにわたって力を尽くし、自治権問題の解決を注意深く見守ってきた。1947年4月23日、「七爸」は自ら『中共中央の内モンゴル自治問題に関する指示』を起草し、内モンゴル自治区と解放区の関係および党の役員、政権建設、軍事闘争など一連の問題への明確な規定を成立させた。同年5月1日、内モンゴル自治区は成立を宣言した。この後、党の民族地域の自治政策は先行して貴重な実践経験を積み、全国の少数民族の中で広く積極的な反応を引き起こした。

　代表団の一行が最初に立ち寄ったのは内モンゴル自治区の首府フフホトだった。そこでわれわれは工場を見学し、急速に成長している光景を目にした。また伝統的な廟も訪問し、貴重な歴史的文物を鑑賞できた。フフホトを出てから、王昭君（前漢の元帝の宮女。匈奴との親和政策のために、元帝の命で匈奴に嫁がされた）の墓を詣で、内モンゴル自治区の指導者は特に外国の賓客とわれわれ随行員にシリンゴル草原に行って重点的に参観するように勧めた。彼らの熱意を受けて、われわれ一行は美しいシリンゴルの大草原にたどり着いた。シリンゴルは、モンゴル語で「丘陵地帯の河」という意味である。シリンゴルの地形は比較的平坦で、豊かで良質な天然の牧草地帯である。美しく広がる大草原もシリンゴルに豊かな草原観光という資源をもたらした。しかし、われわれが訪れた時期は、「文革」期間にあたり、交通は不便で人々の生活レベルも決して高くはなかった。シリンゴルに到着すると、現地政府の指導者の案内で、はるか草原の中ほどにいる「小六子」——周秉建が私たちに会いにきてくれた。考えてみてほしい。一人で草原の真ん中で生活している少女と、遠路はるばる北京から来た親類が、草原で再会し語り合うのがどんなに大変なことだったか！　確か当時私は非常に感動して自分の感情を抑えることができず、思わず身を躍らせて前に進み出て大声で「小六子！」と叫んでしまうところだった。「小六子」も私を見て感極まった様子だった。彼女はおそらく共産主義青年団支部書記だったのだろう。青年民兵組織の騎兵隊を率い、白くもやがかかった彼方からはせ参じ、外国の賓客であるマオリ族の代表団と現地の指導者がいる「演壇」に向かって走り寄ってきた時には、その

場がどっと沸いた。「演壇」の観衆（中国側の指導者や外国の賓客も含む）と参加者全員の気持ちが異常なほどの盛り上がりを見せ、先頭をきっていた「小六子」も気分が高揚したためだろうか、突然うっかり馬から落ちてしまい、一同すっかり肝を冷やした。この時「小六子」は身を翻し、再びひらりと馬の背にまたがると、隊を率いて「演壇」まで駆けつけて、さらに熱烈な人々の歓声を引き起こした。外国の客人も含めて、われわれは彼女とその素晴らしい騎兵隊に最大級の敬意を表し、また熱烈な歓迎の思いを伝えた。

マオリ族、内モンゴルの遊牧民とともに、筆者（前列左から2番目）、周秉建（前列左から3番目）の記念写真

　その後、彼女は草原での毎日の暮らしをわれわれに語ってくれた。首都から来た漢族の少女は、この広くて限りない草原で大自然の気高さと力強い志を受け、また遊牧生活の苦労も味わっていた。幸い、彼女は「七爸」の言いつけと期待に背かず、短い期間で若い苗から成長し、まごうことなき草原の女性戦士になった。少しの間に彼女は、モンゴル族の地域を去りがたくなるほど現地にとけこみ、まるでモンゴル族の娘のようになっていた。若々しく赤らんだ頬には血がにじんだ傷跡があり、われわれ年長者の心には深い慈しみの念が湧き起こった。私は彼女の親戚の兄として、外国からの客人と現地の幹部、遊牧民を前にして、この上なく誇らしい気持ちになった。北京に戻ってから「七爸」と「七媽」、伯母の士琴に対して、実り多く生き生きした報告ができると感じた。

　北京に帰って報告を終えてからほどなくして、「七媽」は私とこの出来事について語り、「小六子」の活躍ぶりを褒め称え、「七爸」に代わって次のように話した。「党と国家は一貫して内モンゴル自治区のモンゴル族と漢族、他の民族の間の団結と進歩に非常に関心をもっています。「小六子」の態度は、年長者の要求と期待を裏切りませんでした。あの子の親戚の兄として、こうした日程を組んで手配してくれたことは、大きな収穫となりました。外国の少数民族の代表団がわが国の少数民族自治区を視察し、訪問することも多くはありません。この方面の経験を積み重ね、外国の賓客と相互に学習を進めることには、双方に一定の利点があり、わが党の民族政策の理解に対してさらなる前進の一歩となりました。国家の幹部として、またあの娘の兄貴分として、たいへん大きな収穫です。今回の行程は無駄になりません。総理は、満州八旗の子孫の腐敗や堕落という歴史的教訓を忘れないようにずっと注意を喚起してきました。その教えは「小六子」の身にもしみついていることでしょう。総理は非常に喜んでいます。彼は、更に多くのこうした生の事例を見聞きすることを望んでいます。漢族と

モンゴル族の団結は非常に重要で、わが国の北方の国境の安定を確かなものにするためにも疎かにできない問題です」。

ここで私は口を挟んだ。「今回行ってみて、こんな情報を耳にしました。内モンゴル自治区では、モンゴル族の大学生の人数の占める割合は、現地の漢族の大学生の割合よりも高いのです」。「七媽」は笑いながら言った。「モンゴル族と漢族が団結して協力する仕事にまた新しい内容が増えました。みんな心を1つにして次の世代の人材の育成につとめ、民族の団結と協力を代々伝え、それぞれの民族自身の教養を高めていくことも大切です。こうしてこそ総理の気持ちと期待に沿うことになるのです」。

3　文化交流は心を通じさせること

私と妻の王章麗は、大学を卒業した後、馴れ合いを回避して組織の人事決定に従うという原則に基づき、外交部では仕事をしてはいなかったが、長年にわたって対外文化交流の仕事に携わることとなった。「七爸」はその前後に私たちを何度も呼び出し、少なからぬ貴重な時間を割き、仕事上で大切な教訓を直接心をこめて授けてくれた。それは終生感謝の思いとともにあり、かけがえのない財産となった。

「七爸」の私個人に対して直接教えてくれた内容からすると、対外文化交流は政治や経済、その他の社会的な交流とは異なる。ただそれらは対外関係と同じ歴史の過程において構成された部分であり、それぞれの部分に自然と違った特徴が現れる。例えば政治の面から言えば、政治関係においてまず重視するのは、違う国の政府間での協調・交流関係であり、「求同存異」は重要な指導原則である。経済交流の特徴の1つは、互いに平等で双方に利益をもたらすようにつとめることである。またある意味において、文化交流の根本的な特徴の1つは、人類相互の柔軟で多様な心の交流を行うことであろう。

文化交流の形式については、おのずと柔軟かつ多様なものになる。内容は豊富で、教育、科学技術、文化の多方面にわたる。総じて対外文化交流は、政治的訪問の前の地ならしとなるが、またそれと同時に並行して、あるいは後からでも、補足しながら継続していくことができる。対外文化交流は、政府間の友好協力交流であるとともに、異なる民族間で長い期間、多くの人々が携わることのできる様々な形式の交流でもある。半官半民であったり、民間であったり、商業的であったり、形は1つだけではない。各種の民族間の相互交流は、文化、思想、ひいては心の交流を形成し、その積極的な効果によって次第に人類共有の文化的な財産が作り上げられる。「対外文化交流とは、断続的であったり、政府の意志によって移り変わったりするものではなく、遠大で、行うこと自体に意義のある民衆的な活動である」と「七爸」は指摘する。この種の交流は、人々の心に重きをおいて、異なる価値観を認め合って寛容である必要が

第三章　建国風雲　83

ある。脈々と続く歴史の大河を通して、人類共有の貴重な文化財が作り出される。私のような青年が、対外文化交流の仕事をしていることは、人生における幸せである。彼は私に対して、他の人のように政治や経済の交流ばかり気に掛けてしまい、この仕事の重要性について認識不足になることのないように望んでいた。交流の規模については、もちろん需要と可能性に基づき、細く長く続けていくべきものであるが、それと同時に、条件が整った折には対外文化交流も一定の規模で行ってこそ効果がある。これは望ましいことで、必要なことでもある。

　以上のように、「七爸」が当時私に教えたことは次のいくつかの点にまとめられる。1、対外文化交流の仕事は方式とチャンネルについて言えば、対象国の基本的な国情や民族習慣に十分注意した上で、柔軟に選択・運用を行うべきである。2、交流の内容・項目には、ユニセフがかかげる教育、科学技術、文化も含まれる。このため、その多様性はわれわれの職務にさらに多くの発展の空間をもたらす。3、なるべく双方の活動の輪を広げるように考慮する。つまり広範囲で参加者を増やし、多くの人々の参加を促す必要がある。4、文化交流のもう1つの側面は、長く影響を及ぼす点にある。つまり、中国人民が当時の対外文委（対外文化連絡委員会）は第2の外交部であると称する時もあった。それは決して科学的に根拠のある言葉というわけではないが、もしこの方面で仕事がうまくいけば、たしかに政府の外交に対しても相互補完的な役目を担い、利益をもたらすことになるだろう。

　周恩来の「求同存異」思想は、多元的な文化を受け入れて、複雑な状況を処理しなければいけない際に、国、民族、党派、イデオロギーの違いを超えられる。彼が世界中の人々から広く敬愛されるのも、至極当然で、不思議というほどではないのである。

二　解放初期の思考

1　土地改革の行き過ぎ行為への反対

　1946年、「七爸」が上海の周将軍公館で引見した時、私はわずか15歳の中学生だった。彼は私に向かって蘇北解放区（長江北の蘇北地区において、日本軍の封鎖を破って形成していた解放区）の土地改革と大衆運動の状況をたずねた。会話の中で、彼は重大な社会改革は大衆を動員しなければならないが、動員だけではまだ不十分で、一歩ずつ人々の思想と覚悟を高めていく必要があると話していた。この面について言えば、党の指導の役割を放棄してはならず、全面的に党の土地改革を敢行し、政策に違反して誤った方向に進むことのないように注意する必要があった。さもなければやがて革命事業に損失をもたらすと懸念していた。解放区については、各階層の民衆を団

結させ、政権を強固にし、生産と文化事業を発展させなければならず、協力して国民党の軍隊の進入を防ぐ必要があった。国統区（国民党の支配地域）では、上海も含め、戦争などさまざまな理由が重なって、当時解放区から流入してくる難民の数が膨れ上がり、国統区の人々の疑念と誤解を招いていた。一部の難民が、解放区の土地改革運動の中での行き過ぎた行為、傷害事件や政策違反の現象について言及していたのである。このため誤解を払拭するためにも不法行為の発生を防ぐ必要があった。

　「七爸」はずっと「実事求是」（事実に基づいて真実を求めること）を貫いてきた。実際に党の政策が正しく執行できるかどうかに注目し、誤った傾向が出てきた時にそれが正されるかどうかも見守ってきた。

　話の中で知ったのは、彼が上海近郊の江南地域と他の「純農業地域」とでは状況が異なると考えていることだった。江南の都市部に住む人々の中には、多かれ少なかれ先祖伝来の土地を農村に所有している者が大勢いる。土地改革は彼らの経済的な利益に影響を与えるはずだ。しかし、彼らは長期にわたって都会で仕事をして生活していた。その生活費は主に農業から得たものではなく、それ以外の収入で生計を立てている。民主革命以来、孫文の提唱する「耕す者に田畑を与えよ！」という社会政策のスローガンは人々の心に深く入り込んでいた。共産党の指導する解放区の土地運動については、国統区のこの種の都市住人に対して忍耐強く説得して理解を求めれば、それぞれの活動を速やかに行うことができるのだった。

　しかし、土地改革を行う地区で、相手の人格を侮辱したり、危害を加えたりする行き過ぎ行為に及ぶことは、到底人々から受け入れられるものではない。私の外祖父である馬士傑が田畑の所有証書を引き渡す時には、私も付き添い、すべてを目の当たりにしたが、行き過ぎた行為は発生しなかった。その時の状況について私が報告すると、「七爸」は非常に喜んだ。さらに、この事例は全面的に正しく政策を敢行することの重要性を説明するのに役に立つと思っていた。この前後、「七爸」は党中央に対して、解放区の土地改革で発生した行き過ぎ行為の傾向について意見を述べていた。

　1946年5月、彼は中国共産党に打電した。「最近は、上海、南京、重慶などの地域で、蘇北清算闘争に関する書簡が多数届いている。人々は口々に行き過ぎた行為について訴えている」。「手紙を出す者は、もともとは我々に好感をもっている。したがって、闘争初期には避けられない判断だと一律に回答することはできない」。「蘇北の闘争方式では穏当な方法を採用して、上層の中産者階級を取り込むことはできないだろうか」という提案もした。7月19日、中央は周恩来、董必武に電報を送った。「耕す者に田畑を与えよ、という主張を実行してこそ、国家の民主化と工業化の基礎を堅固にすることができる。日本軍とその傀儡政権、漢奸（売国奴）の土地以外で、没収するという選択肢は普通ならありえない。そもそも、評価に応じて買い入れるという孫

第三章　建国風雲　85

文の精神に基づき、ふさわしい方法で解決している。行き過ぎた行為は個別の現象であり、やむをえない。中国民主同盟に共産党の土地政策を説明してほしい」。

1950年2月17日、周恩来が起草し、毛沢東と連名で劉少奇に打電されたのは、次のような内容だった。「昨年11月の政治局会議において、かねて話題にした江南の土地改革について、裕福な農民の問題は慎重に対処することとした。これは単に富農に関わるだけでなく、民族の資産階級に関わる問題なので、江南の土地改革の法令は北方の土地改革の内容とはいささか異なる。1933年の文書及び1947年の土地法などは、修正する必要がある」。

2　極左の「勇敢分子」への警戒

何年も経ってから、当時大学生だった私は「七爸」と西南地域の新解放区での土地改革運動について話した時、さらに踏み込んで考えを述べることがあった。

彼はこう語った。大衆運動がまだ改革の初期である場合、一定の自発性をもつことは避けられない。いわゆる「勇敢分子」（思い切った行動をとれる者）がひいては破壊者ともなり、行き過ぎ行為は「極左」的な行動につながり、党の政策を破壊するが、幹部や人々にその区別はつきにくい。反対に、大衆の中における慎重派は、思慮深さがたたって決断力に欠けるため、幹部は忍耐強くさまざまな啓発につとめなければならない。彼がしてくれた話は、私の生涯におけるあらゆる大衆運動の中で、身にしみて深く感じられるものだった。

指導者としては、「極左」の仮面をかぶった「勇敢分子」はしっかり見極めなければならない。すぐに過激な行いをやめさせる以外にも、彼らが大衆を誤った方向に導き、政策の正しい執行を台無しにしないように用心する必要がある。さらに彼らが「積極分子」（向上心がある者）だと誤解されて仲間入りし、ひいては幹部として大事な持ち場で重責を担い、長期的に巣食って内部崩壊を引き起こすことを防がなければならない。

私の知るかぎり、1948年7月20日、周恩来は中国共産党中央を代表して華東局への指示を起草した。「土地改革と党組織の整備を進めることにおいて、優れた事例を手本とする際、訓練を経て、土地改革と党組織の整備に対して手ごたえを感じている幹部を集めて、1ヶ所あるいは数ヶ所の地方政府委員会の管轄する県で同時に進め、経験を積んでからそれを広めていく必要がある。分散させたり孤立させたりして実行してはならない。破壊分子がこの機に乗じて扇動した、いわゆる自発的な運動が起こるのを防ぐ必要がある」。こうした記録は、興味深い歴史的証拠であると同時に、周恩来が一貫して真理を求めて実務に励んでいた姿勢を反映している。彼は他人の批判をおそれず、「正義のために公平に発言する」ことを貫き、実際の状況に基づいて自

分の意見を述べた。

3　新生の自給自足農家の利益を守る

　土地改革の後、農村には大量の「中農」（自給自足農家）が出現した。自給自足農家の問題については、当時の習慣により、「七爸」は私に短い文章を書かせて参考にしていた。私の文章では、これが正常な好ましい現象で、自給自足農家は多くの人々を団結させるためにも頼むべき対象である、とたびたび述べていた。

　自給自足農家の問題は、土地改革完成後に現れた最重要の社会変化であり、貧しい農家が自分の土地を持ち、積極的に生産に取り組み、農業副産物、とりわけ穀物の増産をもたらし、結果として多くの「個体農民」（1世帯単位で生産する農家）と、家庭だけでは消費しきれないほどの余剰な穀物を生み出した。現金収入を得るのと食糧需給の釣り合いを保つために、彼らは市場の需給の動向を見ながら、余った穀物を売りに出すかどうかを決めており、多くの農民は値上がりを待ってから売るので、一部の地域では備蓄倉庫への補充不足のため随時食糧を供給することが難しくなっていた。

　しかし、余剰穀物を売るかどうかを市場の動向を見てから決めるのは、ごく普通のことである。政府は強制的な行政手段を用いて彼らが当然得るべき権利を奪ってはいけない。われわれは科学的な計算によって価格の調整に取り組み、生産、運搬、消費の各方面での人々の利益を考えなければならない。「七爸」は嬉しそうに笑って私に言った。「当時のソ連は"自給自足農家数の増加"を、富裕な農民が引き起こす資本主義の兆しとしてとらえていた。君のこうした"考えと行い"は、いささか怖いもの知らずだろう！」

　しかし私たちは決してやみくもに外国のやり方をまねしようとしたわけではなかった。多くの農民がさまざまな方法で穀物を売る行為について、単に市場の相場に影響し、予測困難で、自然発生的な性質のものであると見なしたため、多くの地方政府は乱暴に農民と市場を分断してしまい、生産者や消費者の意識に影響を及ぼしていた。特に注意すべきは、市場において供給不足の緊張を作り出してはならず、また食糧の売り出しが困難なせいで、農民が食糧の生産、供給、販売に対する積極性を失ってしまい、部分的に社会の安定に影をおとすのは避けねばならないことである。

4　市場のきまりを守り、需給の変化に順応する

　新政権が食糧の供給を管理することは、多くの世帯の基本的な生活保障にまで及ぶため、この問題の処理に対して油断は禁物である。さもないと社会の安定を脅かしてしまい、新政権への人々の信頼を裏切ることになりかねない。これらの問題について、「七爸」は十分重視していた。当時の彼は自ら労をとり食糧問題をたびたび取り上げ、

正確な数値の算出にも関わっていた。

　私は1949年の第二野戦軍の西南地域（四川・雲南・貴州・チベットなど）への進軍から1954年の大学入学までの5年近くの間に、西南地域の第一線でさまざまな仕事を行った。「七爸」は、私が理想をもった青年になったと感じたであろう。個人の利益を求めず、政府機関の役人の立場に甘んじることなく自発的に現場に行くことを志願し、仕事を通して新しい解放区の建設と現場の状況を知ることができた。それこそがまさに「七爸」の知りたいことだった。1954年、南開大学で最初の冬休みに、「七爸」は私に西花庁ですごすよう招き、いつでも私を呼んで語り合うことができるようにした。これまでの経緯を「1つももらさず全部話すように」と求められた。私の報告を通して具体的な事例を知りたいのだろうということはわかっていた。これも彼のいつもの仕事のやり方である。

　1952年、私は四川の楽山専区（当時の行政区）の食糧局局長代理になった。新しい解放区において、初期の段階では、食糧問題を解決するには武装して農村で食糧を徴集することになり、もともと国民党政府が残した保長（保甲制度の「保」のかしら）や郷長（行政区分の「郷」の長）のしくみを利用した。国民党の地下武装残存勢力や、現地の匪賊による襲撃を避けなければならず、都市部の住民、軍隊、政府機関の役人への食糧供給を保障することだけでも大問題だった。後に、土地改革の進行にともない、状況は一変した。四川省全体として、省内だけではなく、全国の食糧供給も支えなければならなくなった。全国的に見れば、四川省は食糧の一大生産地であり、全体の局面に影響を与えるほど重要な位置にある食糧基地のひとつである。大量の食糧の生産、供給、販売、保管、加工など、一連の問題と多くのポイントはいずれも疎かに扱うことはできず、間違いのないように私はずっと注意していた。

　当時の私は、ある「工作組」（作業グループ）のリーダーとして土地改革後の農村で長期間仕事をしながら、調査研究を行った。私は次のような状況を目にした。もともと貧しかった農家が自分の土地をもつと生産意欲が高まり、食糧生産量も明らかに増加した。農民は余剰な食糧を手に入れて、経済的に言えばすでに彼らは「中農化」していた。農業税を払い、自分で食べる分を除いたら、手元に残った余剰穀物を市場で売ることができるのだ。

　その時はまだ国家による統一買い付けと統一販売が行われておらず、数多くの自給自足農家の穀物の買い付け・販売の問題は、ごく一部の地域の経済問題にとどまらなかった。戦争や飢餓に対する備蓄の必要性とも関連して、これらの問題は正しく対処しないと、社会の安定、特に新政権の基盤に影響を与えかねない状況だった。多くの中産農家の余剰穀物が分散し、市場の変化を見て高値で売ろうとする動きもあるので、私はこれらの状況が新しい経済問題を引き起こす恐れがあると予測していた。調査を

88

終えるとすぐに倉庫の備蓄を増やした。都市の住民の末端組織を通して宣伝活動を行った。すなわち食糧生産量が大幅に増加したことや、国家が備蓄する食糧は基本的な供給を保証するもので、市場の調節によっても供給を補い、品種を調整することができ、民間レベルで互いに有無を融通し合うことができる点などを広く伝えた。こうした対応によって、恐慌や買い占めの心理を起こすこともなく、社会秩序は保たれた。

このほか、私は買いだめに対して一連の措置をとった。例えば、穀物加工工場と販売人を集め、いかなる投機的な行為も許さないことを表明した。彼らには社会的な責任があることを明言した。他の各地域で食糧増産にもかかわらず一時的な供給不足が起きた時にも、楽山区の食糧供給は安定しており、社会秩序も良好だった。このことで私は省都の成都に呼ばれて報告をした。自給自足農家に対して単に行政の強制的手段で対処するだけではいけないことと、その他の措置として、食糧の適正価格を算出して決定し、市場をコントロールする必要があることなどを訴えた。

5　人々の手で市場を主導する

新中国が成立した当初は、膨大な数の国民の食糧需給を「全民供給」とすることは至難の業であった。「七爸」は私に語った。「食糧問題で、国家による統一買い入れ、統一販売とするのは、歴史のある段階に合わせてとった必要な措置にすぎず、これによって食糧の供給量不足を防ぎ、国家の社会的安定への影響を回避する。市場のコントロールについてはさらに研究を強化する必要がある。価格の調節手段も運用しなければならない。長い目で見たら、食糧生産量がひとたび増えれば、充分な余剰食糧で市場の需要にこたえることができる。この場合、統一購入統一販売政策を取りやめて、新しい状況にふさわしい政策や措置をとるように手直しする必要もある」。

私は「七爸」の経済思想を理解した。彼は、単一の統制経済は長期的な政策にはなりえないという考えを示していた。国家の進歩、国民の生活改善と豊かな食糧供給は切り離せない問題である。しかし残念なことに、中国社会はたびたび動乱が起きて、彼の当時の構想は実現が難しかった。これは彼の初志に反するものであり、心身に痛手を与えた。多くの幹部や一般の人々、私のような親類の若者でも、彼に対して深い同情を禁じえず、信頼と理解と支持の気持ちが高まっていた。

市場経済に関して、彼はかつて私が大学で経済の専門を学んだとき勉強した基礎知識について、啓発の意味で質問した。例えば、「七爸」はこう聞いてきた。「西洋では普遍的な理論で、市場経済は神の見えざる手がはたらくと言う。ある程度オーソドックスな理論だが、君はどう思う？」私は、彼がきっと深い意図をもって聞いているのだろうと思い、探りを入れるように答えた。「見えざる手ではなく、多すぎる手が市場に関わるので、問題がわかりにくくなります。しかも一部の大きな手は、これらの

第三章　建国風雲　89

問題をあえて見えにくいようにさせています」。「七爸」はこれを聞いて非常に喜んで、彼も同じ考えだと言った。「将来いつの日か人々が自分の手でこの市場を主導することができれば、それこそわれわれが真に喜ぶべき時だ」。

今日に至るまで、私はこの話に感銘を受けている。昔の人がどれだけ理論を残そうと、外国の学説がどれだけ引用されようと、われわれは国家の実際の状況に結び付け、事実に即して正しい方法を見出すようにして経済理論を探求しなければならない。ただ言われるままに従ったり、一面的な理解だったりしてはいけない。

中国の著名な経済学者である許滌新先生は、生前は長年私とも親交があり、直接周総理のもとで働いていた優秀な学者である。彼は私に言ったことがある。建国初期、周恩来は重要な経済思想をもっていた。新民主主義社会（植民地・半植民地的な中国社会を改革するためには、労働者階級の指導による新しい型の民主主義革命を行わなければならないとする中国共産党の指導原理に基づく社会）の段階が比較的長いことが望ましいと考えていたようだ。私自身も許滌新先生と似たような思いをもっていたのだが、その理由としては、当時「七爸」もたびたび私にたずね、新解放区地域、辺境地域、山間部、少数民族が居住する地域など各地の異なる状況を把握しようとした点が挙げられる。彼は、多種多様な経済的要素が長期にわたって存在するべきだと考えた。私の実務経験と結びつけながら、次のような指摘がなされた。すなわちさまざまな経済的手法によって、地域間、卸と小売、季節の違いなどによる価格の差を調整し、国と社会全体でバランスのとれた発展を目指していく。こうして遂げた発展の成果は理にかなっており、人々の生活改善と社会の長期的な均衡のとれた発展に有益だと考えた。

三　「大躍進」前後

1　ピンポンを一緒に

1956年、私と「七爸」は、特別な意味のある卓球をすることがあった。それと言うのも、私は天津の南開大学で突然知らせを受け取り、西花庁の「七爸」と一緒に卓球をするように促されたからだ。後に知ったのだが、これは特殊な背景のもとで起きた出来事だった。

「七爸」は一国の首相となり多忙を極める中、暇を見つけては気ままに卓球をするようになったのだが、そのきっかけは偶然ではなく、秘書の許明の勧めによるものだった。体を動かす機会を作って健康増進を図る目的である。

当時の私の気持ちは、嬉しくもあったが、緊張もしていた。こうした機会は稀で、

高位に就いた年長者が、忙しい仕事の合間に卓球に励むというのは滅多にないことで、若輩ながら「七爸」の優しさや人懐っこさに身近に接することができるのは望外の喜びだった。ただその一方で、気持ちが張り詰めていたのは、延安にいた頃の落馬事故によって彼が右肩をひどく負傷したのを知っていたからである。ソ連での治療を余儀なくされるほど怪我が重かった上に、治療までに時間がかかってしまったせいで、治った後も腕が少し曲がったままとなり、自由に動かすことができなかったのである。若かった私は生活経験も乏しく、50歳を過ぎた国家の総理ともなると

卓球をする周恩来

「老体」の政治家だと思い込んでおり、もしも転倒でもさせてしまったら、許しがたい過ちを犯したことになると恐れた。このため私はもともとの「攻撃型」の快速打法をやめ、スピードの遅い「守備型」の打法に変更せざるをえなかった。

「七爸」は私を鋭く観察した後で、すぐにいつもの柔和な表情に戻って言った。「卓球の試合をするのは、勝つのが目的で、安らぎを求めているわけではない！　しかし仕事に置き換えて言えば、普通の青年なら血気にはやりがちだが、穏やかな心持ちで勝利を勝ち取ることができれば、それは大きな進歩だ。私は君の助けのおかげで体を鍛えられ、私は君の心の鍛錬の手助けをする。互いに相手を助け合うのはどちらにとってもよいことだ」。

腕が少し動かしづらかったせいかもしれないが、彼の技はごく普通に見えた。しかし、彼は終始卓球に集中し、気持ちが満たされ、意欲が高く、別の考え事をしたりぼんやりしたりする様子は微塵もなかった。反対に、この友好試合によって、普通の大学生であり甥といえる年齢の若造との卓球を愉快に楽しんでいるように思えた。卓球の最中はリラックスして談笑するほどで、すぐに私も気持ちが軽くなり、二人のこの友好的な試合は無事に終了することができた。

卓球室はそれほど広くなくて、装飾もなく、ごく普通の卓球台が1つあるだけで他には目ぼしい物も置かれておらず、簡素でがらんとした感じがしているので、一般的な大学の施設のほうがよほどちゃんとしていた。「七爸」は私と卓球する時もいつもの中山服を着ていて、スポーツウェアに着替えることはなかった。このささやかなことからも、政府首脳となった身である周恩来が、日常生活を送る上での基準として質素と堅実を長い間守ってきたことが証明できる。

後で知ったことだが、今回の卓球については、他に極めて深刻な政治的理由があった。「七爸」は、国家経済発展においてはやみくもな「高速度」の発展には断固反対していた。いわゆる「反冒険路線」（実態を無視して経済の高速度での発展を求める

ことへの反対）である。これは本来なら正しい態度であるのだが、極めて不合理な厳しい批判を受け、「右派と50メートルしか離れていない」とまで言われることもあった。当時彼はすでに責任をとって辞任する覚悟でいた。秘書の許明は、政務に多忙な総理を心配していた。いつも寛大で、自分の損得は勘定に入れず、高速で走る超特急のような仕事ぶりから、突然職を失ってしまったら、急停車して転覆を起こすようなもので、心身ともに深く傷つくのではないだろうか。この心優しい秘書が、彼にしばらく体を休めることを勧め、ピンポンをすることになったのである。

2 「私は良心から言っているのです」

　胡喬木の回想によると、1956年、各分野および各省市は、毛沢東が1955年の冬に書いた『中国農村の社会主義の高まり』の序言に基づいた精神を推し進め、予定した計画の規模を拡大し、予算を増加させた。4月下旬、毛沢東は頤年堂における政治局会議の席で1956年のインフラ建設の追加予算を提出し、会議参加者の反対を受けた。会議での発言は、周恩来が最も多かった。追加予算は物資の供給の逼迫をもたらし、都市人口を増加させる。それに伴って一連の困難な状況が生じることを見越していた。毛沢東は最後まで自説を曲げず、散会を宣言した。会議の後、周恩来は自ら毛沢東に話しかけた。「私は良心に従って言っているのです」。この言葉は毛沢東を激怒させた。

　「七爸」は私と経済の管理体制改革の問題について語った。新中国が成立して最初の数年のうちは、高度に集中した経済管理体制は、国民経済の回復と大規模経済建設に対して重要な役割を果たす。しかし、その弊害も明るみに出る。1956年3月、4月から、「七爸」はこの問題を精力的に研究した。5月から8月まで、彼は国務院会議を召集した。この報告の草稿について詳しく調べている時、彼が提起したのは、集中しすぎの弊害についてはやはり述べなければならないというものだった。報告の中で「七爸」は、このように提起した。「地方の積極性を発揮することはわれわれが社会主義建設事業を完成させる上での重要な条件である。現在、わが国の社会主義化の進展はすでに決定的な勝利をおさめ、人民民主制度はさらに堅固となる。こうすることでわれわれは、統一のとれた指導、等級を分けた管理、その土地に適した対応を行うといった方針によって、さらにもう一歩踏み込んで中央と地方の行政管理の職権を区別し、国家の行政体制を改め、積極性を十分発揮できるようにする必要があるのかもしれない」。

　「七爸」は報告の中で、「価値の法則をよりよく運用する」という課題について述べている。彼はこう言う。「国家統一市場の指導のもと、一部で計画的に市場経済を実施する。一定の範囲内で、製品の生産、販売を自ら決めるという政策を実行する。一部の日用品の購入について入札制を導入する。すべての商品に対して品質に応じた等

級付けをする。これらの措置をとれば、国家の統一市場が破壊されるはずはなく、反対に国家の統一市場に対して有益な補完的役割を果たす」。

3 「左」か「右」、どちらがいいのか？

「七爸」は、マルクスの「人間が立ち向かうのは、いつも自分が解決できる課題だけである」のくだりの出典箇所を範若愚に調べさせた。範若愚は彼に、それは『経済学批判』序文の次の一節に由来すると告げた「人類は終始自ら解決可能な問題を提起している。詳しく考察すれば、課題自体は、その解決のための物質的な諸条件がすでに存在するか、あるいは少なくとも形成過程にある場合にかぎって発生するということがわかる」。

この論述の主旨に基づき、第8回中国共産党全国大会が規定する施策方針は、「わが国を発達の遅れた農業国から先進的な社会主義工業国に変えるため、われわれは3次にわたる5カ年計画の間かあるいはさらにもう少し長い時間をかけて、基本的に整った工業体系を建設しなければならない。この任務が実現するかどうかは、物の有無によって決まるのであり、生産量の多さによって決まるのではない。中国のような大国では、数量の増加がやや遅くても、われわれの工業化実現と基本的に整った工業体系の建設を妨げるものではない」というものだった。

「七爸」はこの問題に対して、次のように解釈していた。いかなる国家も、社会主義の建設には独立した力が必要である。われわれほどの大国ともなると、なおさらである。そうでなければ、わずかな異変があった場合に、いかなる国家もわれわれを支えてはくれないはずである。大国は、各分野で適切な協力を求められるので、1つの領域だけで達成することはできない。このため速度は少し遅くなる。鋼鉄を例にすると、われわれは第3の5カ年計画の指標は2千万から2千5百万トンを想定し、将来もし順調に実行できればこの指標を超える可能性もある。しかし、現時点で3千万トンと決めることはできない。ひとたび3千万トンに設定してしまったら、他の領域でも追いつくようにする必要がでるからである。われわれがよく「両脚が宙に浮くと足元は乱れる」と言うように、バランスが崩れると、経済の全体的な発展速度は落ち、農業、工業にも影響を与え、結局は後退してしまう。

4 党内の闘争にいかに対応するか、特権化をどうやって防止するか

1956年、党の第8回代表会議の後、「七媽」は疲労を感じ、一度しっかり静養することにしたので、「七爸」は私を単独で呼び出し、まず聞いた。「党の各項の決議はもう伝わっているだろうか？　学習しているか？」私は答えた。「私のようなランクの幹部まではまだ伝わっていません」。彼は、それまでと変わらずに、会議の主旨につ

第三章　建国風雲　93

いて私と討論することはもうなかった。同時に「七爸」は私に、何か報告する問題があったり、彼に助けてほしい難題があったりしないかをたずねたので、私は自分の個人的な事情と関連する1件について話した。

　私は以前の職場に対して思うところがあった。一部のやり方が党の規約にふさわしくないものだと感じていた。私の見聞きしたかぎり、この種の問題は現場でよくあることだった。このため私は単純に手紙を通して党の代表大会に伝えれば、中央の関心をひき付けられ、問題解決に向かうと期待した。そして党の各種の仕事の進展に有利にはたらき、党内外の多くの人々の支持を集めることができると考えた。ところが思いがけないことに、この手紙はそのまま職場に送り返されてきてしまったため、関係者は私の告発に不満を抱いた。彼らの反応によって私は圧力を受け、苦衷を訴えたくても相手がいない状況に陥り、今までうまくいっていた活動が継続できなくなった。「七爸」はこれを聞いた後、眉をひそめ、軽くため息をついてから、党内闘争の原則問題について優しく私に話してくれた。

　政務に多忙を極める「七爸」が、時間を作って私のような普通の大学生が意見を述べた状況を重視して気遣い、救ってくれたことを終生忘れない。彼の厳しい要求の中に優しい思いやりが宿っていたことを今でもこうして思い出すと、懐かしくてたまらなくなる。

　話の要点はいくつかある。1、党と社会は切っても切り離せない。2、党内闘争は重視しつつ穏当に処理しなければならない。3、自分自身の健全な成長を重視し、欠点は速やかに克服し、間違いを未然に防がなければならない。4、党員と一般の人々との関係を重視しなければならない。5、党の指導者層が日を追って特権化することを防がなければならない。詳しく述べると次のようになる。

　第1条、党と社会は密接不可分である。

　彼は、私のように単純で、熱くなりやすく、世間知らずな知識青年に対してこの内容を述べた。自分の甥ほどの若い世代に向けて、世間話をするように、ある程度自由に語っている。

　一般的に知識青年には情熱があふれているが、経験は少ない。問題を認識する時、政治的な熱情のほうが客観的な事実よりもまさってしまう。読書の知識だけで複雑な社会現象を観察しても、党への要求を過度に理想化することにつながる。ひとたび不合理な現実に出くわすと、挫折感にさいなまれ、原則を堅持することができず、気力が衰えて意欲を失い、次第に世俗化する。

　事実上、党と社会は密接な関係にあり、党はまさに社会という大家族中の重要な組織であり、構成要素である。党の先進性は、社会から先進的な人物を党内に引き入れることを表すだけでなく、「不良分子」（心掛けの良くない者）や「異分子」（イデオ

ロギーが対立する者）が紛れ込むのを防いで、組織の純粋性を保つ必要がある。同じように重要なのは、思想路線や精神道徳の分野において、自己の先進性を持つことである。このような党であってこそはじめて多くの人々の先頭に立つ道案内になりうる。常に自身の長所をのばし、短所を克服し、絶えまぬ努力を重ねて健全な成長を遂げてこそ、揺るぎない境地に到達できる。

党は、社会から有益な栄養成分を吸収し、浸透してきた悪影響を排除し続ける必要がある。こうした状況は、すぐに途絶えさせてはならず、また人の意志によって転換させてよいものでもない。党内闘争は客観的な存在の反映であるとともに、党組織自体はさらに広い社会的基盤に根ざしている。中央の内部であっても、超然と対処するのが難しい場合もある。

第2条、党内闘争は、重視しつつ適切に処理しなければならない。

上述のように、党組織は社会の重要な構成要素であり、党内の闘争には客観的な社会の基礎が存在する。党内闘争は社会での各種の異なる思想の利益闘争と不可分である。党内闘争には社会的かつ歴史的な根源がある。その発生と発展には適切な対処が必要で、それでこそ党の先進性が保たれる。党は、自然に前進するというわけではなく、重要問題に直面して妥当な解決を得られないと、自身の発展と社会の発展に対して、無益で破壊的な影響をもたらす恐れがある。党員として、個人と党組織、他の党員同士も、この精神に基づいて適切に正しく対処しなければならない。

第3条、自分自身の健全な成長を重視し、欠点は速やかに克服し、間違いを未然に防がなければならない。

われわれの党は、全国的な範囲で新政権をうち立てた後に絶対的指導者の地位を手にし、自ら掌握した権力を利用して人々のためになるよう力を尽くし、民衆を率いて歴史を動かすことができる。しかし少しでも油断すると人々の利益と社会の発展に大きな害をもたらすため、政権与党として間違いは軽微なうちに手をうって拡大を防ぐ必要がある。軽挙妄動や勝手な判断は許されない。厳格に方法を考えて特権化を阻止するべきである。

第4条、党員と一般の人々との関係を重視しなければならない。

革命期、特に戦争中は、党組織と党員の先進性は自身が手本となり犠牲を恐れないことで表現されていた。平和な時期に、長期的に政権を執っている状況では、党員の先進性と模範を率先して示す役割が更に重要になる。常に謙虚で慎重であらねばならず、おごりや焦りを戒める必要がある。

たしか「七爸」は長年つとめていた秘書を厳しくたしなめたことがあった。それはその秘書が「七爸」の健康を気遣って住まいの床を張り替えたからだった。このような些細な問題でも、「七爸」は党の指導者が手本を示す必要性に思い至っている。一

第三章　建国風雲　95

国の指導者は先頭に立って模範とならなければならない。自宅を改修した点をまねして、各部長もこぞって自分の執務室や家の体裁を整えてしまったら、当時の国情から言えば、すでに膨らんだ国家財政にさらなる支出を増やして支障をきたす恐れがある。彼はここまで突き詰めて考えたといえよう。逆に、特権化は党と人々の関係を破壊し、長い年月をかけて甚だしく悪化してしまった関係は、党の執政機能と地位に影響を与え、国家社会の進歩発展に害を及ぼしかねず、ひいては不穏な局面をまねくことになる。

第5条、党の指導者層が次第に特権化するのを防止しなければならない。

与党の指導者層は職務と生活で必要なものが異なるため、国家は比較的手厚い待遇をしていることになり、人々の理解と承認と支持を得られている。しかし下から上への効果的な監督が欠け、指導者層の一部が私利私欲に駆られて権力を乱用したら、問題の性質は甚だしく変わってしまう。もしこのような者が増えれば、多くの人々は自身の基本的な利益を侵害する特権化階層に立ち向かわなければならなくなり、収拾がつかないほどの展開になるはずだ。

私の記憶では、「七爸」はかつてソ連に行って目にした多くの似たような状況について話してくれた。ソ連の指導者層が直面する大きな危険は、長い間党員と人々の気持ちをおろそかにしてきただけでなく、根本的な問題として次第に特権階級と化した指導者層が民衆と激しく対立する局面になろうとしており、憂慮せざるを得ず、未来の展開も予測がつかなくなっていた。後にソ連は世の盛衰を経て、結局は解体に至った。「七爸」の英明さに感じ入るほかない。今でも人々からその深謀遠慮を感嘆されている。

「路線闘争」（異なる方針・考えの対立による闘争）は、党と国家の発展の行方に影響する問題であり、原則的な是非に関わる闘争問題である。解放戦争の時期には、全面的な軍事勝利を勝ち取り、政権を奪取し、新政権を樹立できるかどうかという党自身の死活問題に関わっていた。革命が勝利をおさめた後は、党の指導権をしっかり固め、長期的安定が得られるかどうかが問題となる。このため路線闘争は、肝心な時に、一人ひとりの党員が行える重大な政治的選択となる。このような闘争では、各党員は厳正に対処し、軽々しく考えることのないように求められる。党の本来の健全な発展を求める以外、党はどのようにして全国民が正しい選択ができるように導くか、つまり数多くの人々の根本的な利益の問題にまで関係するのである。

しかし、党の厳正な歴史的教訓から見ると、路線闘争は複雑な問題であり、2つのことが肝要となる。1つ目は、意見の不一致をそれぞれ切り離して考えることである。異なる意見をもち、間違いを犯した同志にも温かく接し、彼らを許し、過ちを改めさせる必要がある。その時に正しかった者が永遠に間違いを犯さないという保証などな

いのだから、有頂天になって新たな誤りを生み出してはならない。2つ目は、科学的、歴史的、全面的に問題を考察し、是非を分けるということである。間違った意見が大勢を占めていた場合も、党は誤りを正さなければならない。そうでなければ罪もない善意の人を貶め、職務の達成と人民の生活に多大な損失をもたらすことになる。活力のある党は、誤りを改めることがたやすいものだ。党内外の異なる意見の人を団結させ、どの考えが正しいのかを判断する唯一の基準は実践である。是非を見極めることと意見の対立を区別することにつとめ、自らに痛手を与えることは避けるべきである。

　問題を見据えるには、主観的な努力が必要であるのと同時に、虚心坦懐に対処し、先入観を捨てなければならない。主観的な努力には、冷静で客観的で科学的な分析も含まれ、問題発生時には、国内外の状況とおかれている具体的な環境をこうした態度で分析することによって、合理的な結論を下すことができる。1つの政党が正しく路線闘争を処理するには、目先のことだけを見ていてはいけない。後ろを振り返り、前を見据え、全体の得失を考慮する必要がある。つまり、この方面で私の知る限りにおいて、党の最高指導者間の中で、「七爸」は長期的に何度も「路線闘争」を経験し、あってはならない不当な扱いも受けたが、彼は常に公明正大で、信念を持ち続け、虚心に学習し、党のために耐え忍んだ。彼自身がここまで己を律してきたので、自分の親族の若い世代や青年党員にも同様の期待と希望をもっていた。

5　硫酸工場では「硫酸」の波が天までとどいたか？

　「大躍進」（1958年に毛沢東が発動した、工業・農業などの飛躍的な発展を目指す社会主義建設総路線の運動）期間、全国各地に猛烈な勢いで「衛星の打ち上げ」（人々が驚嘆するほどの生産上の新記録を打ち立てること）のような大衆運動が展開された。今日、党中央が提唱する「科学発展観」とは正反対で、その残念な結果の1つとして、人と物との大いなる浪費を引き起こした。こうした状況において、最高学府とて例外ではなく、南開大学の中で人数が最も少ない外国語学部も運動の外に身を置くことが許されなかった。

　一部の人が言い出した「衛星打ち上げ」プロジェクトの1つに、科学的根拠のない方法で硫酸工場を作って運営するものがあった。このプロジェクトの良好な結果を当てもなく校内で吹聴する者もいた。「硫酸の大波が天までとどく」といった馬鹿馬鹿しいスローガンでアピールし、実際には存在しない高い生産量の硫酸を製造したと宣伝した。こんな民間の在来工法で作った「設備」が基準を満たしているはずはなく、若い男女の学生は昼夜を問わず仕事に追われたが、化学工業企業の特徴としての、必要な設備や基準に合った操作技術も欠如していたため、製品を生産することができないばかりか、もととなる硫酸を加熱しすぎて蒸発させてしまい、耐えがたい臭気を工

場周辺に撒き散らし、通行人は足を止め、労働者である学生たちの健康に悪影響を及ぼした。

このとき、当該学科の共産党総支部書記兼行政助手の劉祖才同志は、私に硫酸工場の指導に加わり、速やかにこの難局を打開するよう促した。私は何日か仕事に加わったが、硫酸がはねて飛び散り、私の綿入れの衣服には無数の穴が開き、もう着られなくなってしまった。

ある日、この在来工法の工場で作業をしていたとき、突然まつげのあたりに激痛が走った。幸い傍らにいた医師がすぐ水で洗ってくれて事なきを得たが、後で聞いたところ、もう少し時間が経ってしまっていたら、手遅れになるところだったそうだ。

このとき私は、硫酸工場の熟練労働者の手を借りるしかないと思った。「七爸」は私の話を聞くと同意し、こう話した。「近代化した大工場では、専門知識をもつ技術者でも経験豊富な熟練の労働者と協力して取り組んでいるのだから、若者や工業生産経験の乏しい文科系学生が手出しするべきことではない。このような無謀な行いが続くのは許されない。安全な生産は決して小事ではなく、大学生の健康に関わることである。党と国家が若者の順調な成長に関心を寄せるのはもちろんのこと、彼らの親もただ黙って放っておくことはできないだろう」。

私は彼の厳しい指摘の意味を理解し、大工場からベテラン労働者を何人か派遣してもらえるよう依頼した。まず陶製の大甕の内部に小さいリング状の磁器製部品と他の付属品を取り付けて、民間在来の設備を基に西洋式を加えて改修した。ベテラン労働者に現場で指導してもらいながら安全に操業し、ようやく一定量の新しい硫酸を作ることができた。劉祖才同志はようやく大きく一息いれて、この件をきっかけにして親しい間柄の学兄となった。

「七爸」は個別に話していたとき私に言っていた。大学側はもう一度このプロジェクトについて審査するべきである。こうした工場の生産量は少なく、製品の質は保証しがたい。安全係数は低く、環境を汚染する。現実を直視しなければならない。大学側の責任者はなるべく早く撤退の決断を下したほうがよい。部外者が口出しをしないほうがよい。後のことは事実が証明する。予想通り、大学側は最終的にはこの無謀なプロジェクトを取りやめた。

振り返ってみると、当時も「七爸」は文章や談話を通して、いわゆる自発的な大衆運動のやみくもな自発性について異を唱えたのだが、「右派からわずか50メートル」とまで批判されることとなった。しかし、その後の事実は「雄弁」より勝る。他の多くの指導者の支持のもと、「調整し、強固にし、充実させ、高める」という方針で対処し、最終的には数年の努力を経て、中国経済は正常な機能を復活させた。

6　短命だった創造的実験

　1958年、私は南開大学外国語学部で学んでいた。はじめは共産主義青年団総支部書記を兼任し、外国語学部学生組織の委員長に選ばれた。1958年から1960年まで、まずは「大躍進」、続いて「双革四化」（技術革新と技術革命、機械化、半機械化、自動化、半自動化）運動が起きた。この2年間、南開大学外国語学部ではいくつかの出来事が起きていた。1つは電子教材の試作とその応用である。

　当時は授業をやめて革命活動に明け暮れており、主に肉体労働に従事した。私はある任務を命じられ、党と国家のために科学技術性のある事業に取り組むことになった。文系の学生で語学を専攻する学生にとって、最も有益で実際に即しているものを計画したいと模索し、電子教材を思い付いた。国内外にすでに存在するかどうか知らなかったが、みんなで一緒にこの新しい開発を試すことにした。

　私の考えは次のようなものである。1、「電動設備」を試作し、教師と学生が自ら操作して使用する。科学技術の基礎訓練を受けていない学生でも簡単に操作できるようにする。2、当時の状況においては、学生の力で自主制作しなければならないが、将来は教師と学生が自発的にこの手段を用いて授業以外の時間でも勉強できるようにし、学習効率を高め、この電子教材を学習の一助とする。それは、決して教師や学生の共学の機会に取って代わるものではなく、よりよい形で学習を進め、相互協力を促すものである。3、国内の外国語学習は、国外での言語環境とは異なる。新しい設備の開発を通して、国内での外国語教育の環境が改善する一因となり、学生の自主的な視聴覚の訓練によって、「聞く」「話す」「読む」「書く」「訳す」といった外国語運用能力が総合的に向上するよう目指す。

　この報告を聞いて、「七爸」は非常に喜び、母校の若い学生の努力を褒め称えた。彼は私にこう言った。「このグループは、早く学校側の支持を取り付けたほうが良い。もしも本校と他校の理工系の教師と学生、さらに社会人も協力できたら、きっと大きな成果を得られる」。

　不運なことに、私はこの後、病のためしばらく休職した。さらに「大いに鋼鉄を精錬する」といった無鉄砲な工業プロジェクトが加わり、農業分野の「衛星打ち上げ」のように、後から考えると可笑しな試験的プロジェクトが立て続けに失敗したため、今度は何でも「取り消す」風潮となり、私の電子教材プロジェクトも打ち切りを告げられた。「七爸」はとても残念がり、何度も「もったいないことだ」と言っていた。

　しかし実際には、主観的で無謀なプロジェクトの指針に対しては、科学研究であろうと生産分野であろうと、「七爸」は現実を直視して真剣に異を唱えたが、ひとたび組織で批准され、中央が許可すると、民衆はまた動き始めた。彼はただ正しく指導し、なるべく実績を上げて不要な損失と浪費を減らすように主張することしかできなかっ

た。彼はかつて私にこう話した。「風が吹くほどの速さで性急に運動を起こし、科学研究、工業、農業に臨むことは慎むべきだ。すべて真面目に取り組まなければならない。軽挙妄動(けいきょもうどう)は禁物だ。しかしひとたびスイッチが入ったら、無から有へ、いくばくかの実績は出る。そこに携わる指導者と民衆の積極性は守り、支持し、導くべきである。もしまた一瞬の風でこれらを完全に吹き消してしまったら、党と国民の利益に対して2度の損失を与えることになる。我々はみんなで総括し、そこから教訓を引き出すようにして考えなければならない」。

7　たびたび母校の南開大学に戻る

南開大学の校庭に入ると、一面にハスの花が咲く馬蹄湖の湖畔に記念碑がある。上部には周恩来の肩から上のレリーフ、下の石面には彼が青年時代に日本に留学中の南開大学生の友人に宛てた手紙の一節が刻まれている。「私は南開を愛している」。この言葉は、周恩来の一生を織り成す人となりや特徴を生き生きと映し出し

南開大学キャンパスにある記念碑

ている。彼は豊かな情感をもち、肉親の情にあふれていた。総理が示す感情は、スケールが大きく、真摯であった。その対象には血縁の親族ばかりでなく、革命軍人、老幹部、文化・文芸界の友人、労働者、農民、少数民族と当時の学友、故郷の親類知人、多くの外国人の友達、もちろん彼の母校も含まれている。

私の記憶では、「七爸」は1950年代に3回ほど母校に戻ったことがある。彼は、休日を利用して、忙しい合間を縫って第二の故郷である天津の南開大学を訪れていた。1959年5月、周総理が母校を訪問した期間、私はちょうど南開大学で学んでいた。ここでは私の見聞きしたことを読者に簡単に紹介しておきたい。

「七爸」は何をするにも原則を重んじた。母校に戻るのも、甥である私に先に知らせるわけではなかった。そのため私は全校の教員や学生と同じように、たとえ知らせが早く届かなくてもこの上なく興奮した心持で彼の到来を待った。このときは「七媽」も同行していたが、彼女は後ろに下がっていたので、総理のそば近くで働く者以外は、彼女も来校していたことを知らなかった。

短い訪問期間で、彼は図書館、化学学部、外国語学部、教室、実験室、寮、食堂などを訪れた。彼が立ち

1959年、母校の南開大学を訪れた周恩来。随行するのは学校側書記の高仰雲

100

寄ったところでは、誰もが興奮して熱烈に歓迎し、去り際には名残惜しそうにしていた。

訪問の行程で、随行する記者に語ったのは、次のような内容である。「君たちが何を書こうと私のあずかり知るところではないが、ただどう報道するかは私の考えを汲み取ってほしい。一部の言葉を、枝葉をつけて報道してはいけない。そうすれば不要な波風が立つのを防ぐことができる」。彼はこのように記者を尊重し、また言行を慎んだ。

理科実験室では、ある実験は国際水準に達し、またある研究成果は世界一となったと聞き及び、彼はこう言った。「世界一と言うが、世界中の状況を完全に把握しているわけではないのだから、誇張した表現は控えたほうがよい。本当に世界一になった時点で、政府が協力して君たちを宣伝する」。

学生寮では、各部屋に8名ずつの学生がいるのに、大机が1つあるだけだった。自ら机の長さを測ってみると、同時に4人しか勉強できないことがわかった。残りの人はどうしているのかをすぐに関係者にたずね、図書館に行けば勉強できると聞き、ようやく安心してこう言った。「われわれは少しずつ条件を改善し、各部屋の収容人数を6名か4名まで減らす」。こうして私たちは、着実に仕事をする彼のやり方と学生たちへの慈しみ深い思いやりを目の当たりにした。

1959年、南開大学視察において、教職員食堂で昼食をとる周恩来

食堂では、調理師に食料状況についてたずね、自分でお金と糧票(食糧配給切符)を出し、2個の窩頭(ウオトウ)(トウモロコシやコーリャンなどの粉をこねて円錐状に丸めて作った食品)をおいしそうに頬張った。

事務棟の東側には小さな広場があり、周総理は多くの教師や学生に対して少し話をした。彼はユーモアをまじえながらも、まじめな態度で「大乗除法」について語った。「われわれは世界でも人口の多い大国である。1人ひとりが少し消費を増やすと、とてつもなく大量の物資が費やされる。生産においては、各人が少しでも多くの力を出せば、膨大な人数分で掛け算するので、生産量は飛躍的に増加する。反対に、天然資源や物資の供給は、この大人数で割り算すると、1人当たりの割当は少なくなる」。彼は難しい問題をわかりやすくして伝え、中国が直視しなければならない基本的な国情について説明した。

トイレに行った時には、タンクの上の蓋がなくなっていることを発見した。「大いに鋼鉄を精錬する」プロジェクトで持ち去られたものと推察し、こう言った。「闇雲

第三章　建国風雲　101

に無茶をしてはいけない。有用な資源がくず鉄となり、もったいない」。当時はまさに「大躍進」の時代で、発展速度の問題で彼は実状に即した発言をしたことにより、公正でない批判を受け、自己批判まで迫られた。しかし、彼は母校で「実事求是」（実際に基づいて正しく行動する）の原則を堅持し、視察で知った現実が改善に向かうように、飾り気のない言葉で訴えた。このことは彼が偉大な政治家として、目先の利害で節操なく動くのではなく、崇高な人格をもっていることを如実に反映している。

外国語学部では、周総理はある女子学生にテキストを朗読するよう言った。彼女は大勢の前で恥ずかしそうだったが、周総理に励まされて読んだ。周総理は、自ら手本を示しながら発音を直した。学生たちの午前の授業が5コマだったと聞くと、4コマに減らすほうが望ましいと話した。授業時間が長すぎると学生たちが疲れて学習効率が落ちてしまうからだった。食堂では、彼は学生たちに、食事の時間は少なくとも45分はとるべきだと提案した。彼らの健康を思いやってのことだ。

周総理は行く先々で教員と学生を気遣った。母校に帰ると、青年時代に馴染んだ大家族に戻ったかのようだった。

訪問が終わり、彼が招待所に戻ると、学校の保健衛生部門がようやく私に知らせ、私は招待所に面会に行った。食事のとき、私は総理の護衛長の成元功など警護の人たちと一緒だった。成元功は言った。「総理の普段の食事はこれより質素です」。実際には、招待所の食事もごく普通だった。私はいつも西花庁に行って「七爸」や「七媽」と一緒に食事をしていたから、彼らの食事が一般庶民と変わらないことを知っていた。

長期休暇で彼らのもとに帰ったとき、「七爸」は私に母校訪問時の教員と学生の反応についてたずねた。私は直接あるいは間接的に知りえた情報を簡単に報告した。彼は聞いた後、じろりと私を見てから微笑んで言った。「はっきり言おう。あることについての報告がはっきりされていない」。私は訳が分からず、何か報告しそびれた問題があったかと考えていると、「七爸」は笑顔で言った。「学校の食堂で窩頭を食べたのは、一国の総理としてたまに大勢の前でポーズをとっているだけだ、と言う人がいたはずだ」。そんなことだったのか、と私は思わず心が軽くなった。校内では確かにそうした声も聞かれたが、大したことではないと思い、報告しなかった。彼は非常に民衆のことがわかっており、身をもって模範を示し自分が手本となるだけではなく、普通の庶民の感覚で考え、付き合うように気をつけていることがわかる。指導者に迎合したり礼賛したりするだけで事実とはかけ離れた「無駄話」など聞きたいと思っていない。

8 疑いをいだいても、本当のことを言う勇気は誰にもない

1958年、全国は「大躍進」の時期にあった。ある人は頭に血が上り、各分野にお

いて、特に農業増産で「衛星打ち上げ」（衛星を打ち上げるような驚異的な食糧生産量をあげることを目指した）のスローガンのもと、信じられないほどの天文学的な数字で記録破りの生産量を打ち立てたと喧伝していた。天津の新立村公社はその中の1つの典型的な例で、1ムー（1ヘクタールの15分の1）当たり5万キログラム以上の生産量を上げた模範田を作った。この種の荒唐無稽で非科学的な宣伝についても、驚くべきことに中央の指導者の一部に真に受ける者がいた。例えば当時、林彪は北京の将軍たちに向かって、新立村の模範田に行き学習と見学をして、思想を解放するよう通知した。そのときある人が言った。「人は大胆になればなるほど、大地はますます生産量が増す」。

　このような状況において、われわれ南開大学の教員と学生は「聞風而動」（気配を感じて迅速に行動）し、勢いをつけて見学しに行った。果たして水田には稲が密集しており、送風機で絶えず風を吹かせて酸素を送らないといけないほどだった。ある人は、密集した稲のてっぺん部分に子どもを置いても下に落ちることはない、と言った。聞くところによると、この公社の責任者は、アシの穂にも稲が実を結ぶようにさせようとしているそうだ。彼は毛主席に報告した。「小さな運河を作って、3千トン以上の船が行き来できるようにし、運河の両岸にはぶどう棚を作り、たくさんの葡萄がなるように植えて、たわわに実った葡萄が垂れ下がり、人々は食べたくてよだれをたらすほどです。そこで船の甲板の上に横になり、首をもたげればすぐに両岸の葡萄を口にすることができます」。

　西花庁に戻って、私はこの不可思議なことを「七爸」に報告したとき、彼は眉をひそめて深く息を吸い込み、ため息をついて言った。「こういう話を耳にすると、私はつらい」。彼はきっぱり言った。「こんな記録づくめの生産量を信じるか？」私は「もちろん疑わしく思います。でも誰も本当のことを言えないのです。しかしある村人がこっそり教えてくれました。模範田の稲はそのまま地面に根付かせて植えられているのではなく、多くはよその田んぼから運んできたそうです。密集しすぎているため、もしも空気を送らないとすぐに腐ってしまうようです」。「七爸」は私の話を聞いた後で言った。「人々の言うことは本当の話だ。君のような大都市で育った青年が、この状況を信じがたく、我慢できないと感じているなら、農業の生産者や農村の人々にどうやって党の正しい指導を納得させることができるのか？」

　「七爸」は生前言っていた。「人は良心にしたがって行動しなければならない」。当時の熱狂的な非科学的行動の招く数々の悲惨な結果に対して、彼は早くから懸念していた。果たして、全国各地で「食糧の生産高が好調なので、食事をしても金を支払わなくてよい」といった絵空事を宣伝する風潮が盛んになった。やがて歴史上まれにみる過ち――大きな影響を及ぼした3年の困難な時期に突入する。

第三章　建国風雲　　103

9 「中国の奇跡」を考察する

　南開大学を卒業してから、私は外交関係の対外文化委員会、中国共産党中央対外聯絡部（略称は中聯部）などの職場ではたらいた。その際に周総理と外国の賓客をもてなしたこともあったので、ひき続き外国の賓客に随行して北京以外の各地の重要な企業や名所を案内した。鞍山鉄鋼コンビナート、大慶油田、大寨など典型的な開放ポイントに行ったのだが、そこは往々にして直前に周総理が訪れたところだった。

　行く先々で彼は、現地の民衆、幹部、訪れた外国の賓客の生の声を喜んで聞き取った。その内容の一部には今でも現実的な意義と戒めとしての価値がある。

鞍山鉄鋼コンビナートの発展モデル

　私が鞍山鉄鋼コンビナートに対して特別な思いを抱いているのは、直接「七爸」の影響を受けたからであろう。何度もかの地を訪れた彼の歴史的な足跡に寄り添い、幸運にも外国の賓客を伴って訪問を重ねるうちに思い入れが強くなったからでもある。私は鞍山とイギリスの鉄鋼都市シェフィールド市の友好都市締結に協力したことがあり、鞍山側の2名の技術者が奨学金

鞍山鋼鉄公司の労働者と親しく言葉をかわす周恩来

を得て、イギリスのシェフィールドへ派遣されて環境管理の経験と技術を学べるよう取り計らい、また双方の市長ひきいる代表団による相互訪問を成功させた。

　新中国成立以来、鞍山鉄鋼コンビナートは全国随一の鉄鋼工業基地である。1950年2月から3月の間、中国とソ連はそれぞれ『中国への借款に関する協議』及び『ソ連から中国鞍山鋼鉄公司再建への技術援助に関する議定書』を結んだ。1952年、党中央は全国の力を結集させ、まず鞍山鋼鉄公司の再建に着手し、職務における「最優先事項」と位置づけた。1953年12月21日、周恩来は初めて鞍山鉄鋼コンビナートを訪れた際、「大型圧延工場、シームレス鋼管工場、7号錬鉄炉の操業開始は、わが国の社会主義工業建設中の重大な勝利であり、従業員同志諸君の偉大な成果を祝福する。毛主席の指導のもと、社会主義工業化の実現に向けて更なる貢献を望む」と言葉を残した。

　実際に、われわれ労働者階級の手によって、3大工程の建設から生産開始に至るまで1年あまりしかかからなかった。これ以降の歳月は、1955年、1956年、1962年に、周総理は多忙を極める中で疲れを顧みずに鞍山鉄鋼コンビナートを視察して指導を行っている。第1期、第2期の工期をサポートし、実際の設備供給から操業のスピード

に至るまで、1つひとつに関与し、問題解決に力を尽くした。彼は灰色の古い服を着て、年季の入った布靴を履き、春風のような暖かい思いやりの心で労働者たちを優しく包んだ。高炉の前で作業に当たる労働者は、両手についた煤と油をぬぐう暇もないうちに、周総理から力強く握手され、感無量となった。彼は国家の指導者というよりも、チームの中で仲間を見守るベテランか身内であるかのような表情を浮かべていた。

　周総理の励ましもあって、鞍山鉄鋼コンビナートの労働者は1956年には30万トンの鋼材を増産し、鋼鉄生産の供給が需要に追い着かない問題を解決することに成功した。周総理は自ら直接取り組み、大勢の大学生を派遣し、労働者と技術系幹部の新技術の研鑽を支え、世界の先進レベルに追い着き追い越すよう、さらなる改善を促した。1960年から1962年までの間、国内は「大躍進」の誤りと自然災害によって深刻な被害が出ていた。さらに当時のソ連の技術協力と提携の打ち切り、支援の停止、専門技術者の引き上げなど「国際封鎖」の状況が起きて困難を極めた。鞍山鉄鋼コンビナートが危機に陥った時期に、周総理は自ら現場を訪れて幹部や労働者を激励することで、封鎖と圧力に立ち向かい、ついに困難を克服して、自力で迅速な発展を勝ち得たのである。

　たしか当時私が外国の賓客を伴って鞍山を訪問したとき、幹部や労働者たちが終始変わらない「七爸」の心遣いと支援について、例を挙げてしきりに述べているのを聞いた。これは中国側の随行員を鼓舞して教育することにもなり、また外国の賓客にも感銘を与え、中国人民の気骨ある精神への理解が進み、今後の双方の協力関係の発展に弾みをつけることになった。

10　台湾問題を語る

　イギリスの著名な記者F.グリーン氏は周恩来のインタビューについて生前何度も私と話した。弁舌爽やかな総理の話は忘れがたい印象を残したが、中でも大陸と台湾の話題は印象深かった。

　台湾問題は中国の内政問題であり、どのような方法でこの問題を解決するかは、本来中国人民が自ら決めることである。しかし、一部の国の「国際関与」のため、問題は複雑になっている。中国政府と人民の原則的な立場を十分理解すること以外で、当時グリーン氏が関心をもっていたのは、台湾問題がいつ解決するのかということである。周恩来はユーモアをまじえつつも厳粛さを失わずにいたが、意表をつく回答をした。「あなたは私より若いのに、なぜわれわれより慌てているのか？　この問題の最終的な解決までわれわれは忍耐強く努力する。大陸と台湾の双方の人々の根本的な利益に見合った方法で平和的に統一問題を解決する。いかなる外来勢力のいわれない干渉も最後には完全に失敗するだろう」。

グリーン氏はこれを聞いた後、中国の指導者の固い決意と楽観的な度量の大きさにいたく心を打たれた。彼は、もし国際間で他国の指導者にもこのように胸襟を開いて話をすることができたら、多くの重大な「国際紛争」も人々の利益に合う方法で無事に解決することができると確信した。

　グリーン氏のこの話は、記憶の糸を手繰り寄せるように、私と「七爸」で台湾問題について何度も語ったときのことを想起させた。

　1940年、私は国立の農業高校で学び、台湾に行く機会があった。大学入学後、「七爸」は以前私が実習で台湾に行ったことがあると知り、その間の出来事をつぶさに私にたずねて現地の情報を集めた。

　きっかけは学校の広東籍の青年教師だった。彼の親戚が台湾で農場を営んでおり、1度台湾に来てみるよう学生たちは熱心な誘いを受けていた。得がたい経験ができる機会なので、1948年の夏休みに台湾の淡水、台南の農場と研究所の実習に行くこととなった。当時、ごく普通の高校生にとってこうした経験は滅多になかったので、われわれはこの機会をことのほか貴重に思った。彼らは、台湾と上海の貨物船がわれわれのような貧乏学生を乗せて無料で往復できるように取り計らってくれて、この話は確実なものとなった。

　われわれが乗ったのは荷重の軽い貨物船で、設備は簡単で、甲板にしかわれわれの身の置きどころがなかった。暑さの厳しい頃で、機関室から出る余熱がじりじりと体を焦がすほど熱くてたまらなかった。煙突から吐き出される煙はそのままわれわれを覆うように降りかかり、みんな顔中真っ黒になり、互いに顔を見合わせては思わず笑ってしまった。私は自然と謝氷心女史の作品『繁星』の中の描写で、甲板に横になって星を見るという素晴らしい場面を思い出していた。なんと趣があり、想像力を刺激する詩的な境地だろう！　もちろん、詩人とわれわれ学生とでは境遇が異なるが、人生に備わっている楽観主義の精神は共通している。今になって考えてみると、60歳を過ぎて人生の終盤にさしかかっているが、こうした境地を本当にわかるのは実際に体験したことのある人間だけだと思う。

　この台湾行きは、自分自身の見聞を広め、経験を豊かにし、現地の人々の日常生活や生産状況に対して理解を深めるための第一歩となった。台湾はかつて世界中の人から「美しい島」と称され、島の林には木々の緑の息吹があふれ、湧き出る泉の水は清く、見事な大自然の風景が至るところで見られた。現地の人々はそのときまだ主として農業を営んでおり、生活レベルはそれなりだったが、日本の統治による長期的な制限を受け、島内の工業は未発達だった。

　その実習にはさらにエピソードがある。われわれ学生の中では、私は両親を亡くした孤児だと誤解されていた。いつもひどい身なりをしているので、私が参加するのを

106

快く思わない者もいた。しかし今回の費用は、2年前から「七爸」が渡してくれた生活費の中から節約して貯金した中から支払っている。私はこのささやかな秘密を「七爸」に話した。率直で子どもじみた話を聞いて、彼は思わず吹き出していた。

　大学在学中、私は「七爸」に台湾で見聞きしたことの印象と感想を簡単に報告する機会があった。

　私はこう考えた。台湾は長年日本の植民地であった。道路や初等教育などの基本的な仕組みは普及していると言えよう。しかし高等教育とりわけ政治法律などの分野の課程の設置は厳しい規制を受けていた。総合的に見れば、日本が侵略戦争を行うための農産物や人員の供給基地であったにすぎない。祖国と不可分の領土として再び取り戻し、いつの日か統一しなければならない。さもなければ、国家全体の整備、安全、発展に影響を与えてしまう。

　ここまで語ると、「七爸」は言った。「近海の島嶼部はわれわれの真珠のネックレスやブローチのようなもので、他人が勝手に傷つけたり奪ったりするのを見過ごしてはならない。台湾と海南島はわれわれの眼鏡のようなものだ。人の体の一部に相当するほど不可欠な存在だ。片時も離すことはできず、他人に手出しされて壊されるのを黙って許すわけにはいかない」。

　この話は今でも私の記憶の中で深くはっきりと印象が残っている。腹立たしいのは、今日の国際情勢から他に企みをもって「台湾は決して沈まぬ航空母艦である」といまだに言っている人がいて、祖国を侵略する機会をうかがうためのアンテナと足がかりにしようと目論んでいることだ。

　歴史的には、スペイン、オランダ、日本が立て続けに台湾を侵略した。それは、台湾が大陸沿海と太平洋地域において戦略的にも重要な位置にあったからであるが、侵略者は虎視眈々と狙いを定めていた。しかし、最も重要な原因は、われわれは国内の英気を養う力が足りず、国力が強大とは言えなかったことである。この他、大陸と台湾の人々の交流と連携も引き続き強めていかなければならない。最終的に台湾問題を解決するには国際的な要素を軽んじることはできず、しっかり重視して適切に解決しなければならない。

　「七爸」は台湾の経済発展について語るとき、こう言った。「台湾の天然の農業資源は大陸と相互補完性がある。しかし残念なことに、台湾は各分野でアメリカに追随し、特に経済的にはアメリカに依存している。アメリカは現地の労働力を利用し、市場を開拓し、台湾が大陸を軽くあしらうための経済力を高めようとしており、そのやり方は基本的には現地の工業化を促進し、加速させ、同時に台湾にアメリカへ市場開放させ、アメリカの農産物を輸入するように迫るものだ。アメリカの農業は大規模生産で集約的経営であるため、これでは台湾に勝ち目はない。農業用地の減少は、台湾の農

産物の生産量の拡大を難しくしており、次第に下降線をたどっている。台湾の農業の発展は制限を受けて後退しており、種類別に見ても苦戦を強いられ、不振にあえぐ恐れがある。こうしたやり方は台湾側の経済発展を不均衡にし、都市部では社会問題が多発し、アメリカに対する依存がますます強まり、自主性が乏しくなっている。台湾と大陸が早く統一され、双方の経済にとって相互補完的になることは、台湾の均衡ある発展に有利であり、台湾と大陸の人々の根本的な利益にも合致している。

「七爸」は台湾の「平和的な土地改革問題」にも言及した。大陸で失敗した後、国民党は歴史的な教訓を真摯に受け止め、アメリカの進める「平和的な土地改革」を台湾で実現した。農村の労働力を解放し、分散した社会資金を工業の投資に振り向けた。こうした方法は、ある面では用いるべき所がある。

「七爸」と私がこのように話したのは1950年代のことで、あれから50年あまり経っているが、彼の先見の明は実際に今日の実態に証明されている。

回想してみると、もう1つ忘れがたい思い出がある。

「七爸」は台湾の豊かな農業資源について話していて、「ABCRST」という言葉を知っているかどうか、私を試したことがある。彼とのやりとりの中で、こういった問答方式でたずねられることに私は慣れていて、感謝もしている。私の問題のとらえ方を啓発し、新しい知識を取り入れる手助けとなるからである。しばらく考えて、私は答えた。BはBananaバナナ、CはCamphor樟脳、RはRice米、SはSugar砂糖、TはTea茶、しかしどうしてもAが思い浮かばない。

「七爸」は私の回答にすでに満足していた。私が考えあぐねている様子を見て、笑いながら言った。「AはAnanasパイナップルだ。英語ではPineappleをよく使うからわからなかったのだろう。台湾人もパイナップルを"菠羅"ではなくて"鳳梨"と言う」。

私はすぐ補足した。私が台湾にいたのはわずかな期間だけで、台湾人もパイナップルを「鳳梨」と言っていた。ただ彼らの発音は閩南語で「onglai」だ。私は実際にこう発音して「七爸」に答えると、「七爸」は高らかに笑って言った。「どうやら試験官と学生はそれぞれ一理あるようだ。この勝負は引き分けだ！」

大学を卒業して就職してからも、「七爸」とは何度も台湾問題について語った。

「七爸」は病の床に臥してからも羅清長を引見して台湾の友を忘れてはならないと言い含めた。血は水より濃い同胞のことを彼がここまで気に掛けて深い思いを表したことに、涙が流れた。

1976年1月15日、「七爸」の追悼式が終わった後、「七媽」はわざわざ人民大会堂の台湾庁にわれわれ親族、身近で働いてくれた人々、医務官を呼んで話をした。

「四人組」が打倒された後、中央は「七媽」を台湾問題の責任者とした。

これらすべては偶然ではない。「七爸」が生前あれほど台湾問題に心をくだき、大陸と台湾の人々の幸福のために力を注いだことは、中国の平和統一の大業と密接に結びつき、決して切り離して考えることはできない。

四　「知識分子のために脱帽し戴冠する」

1　陳元帥が私の思想問題を解決する

陳毅元帥

　新中国成立初期、人々は、知識人とは頭脳労働者のことだと思っていた。これは当時の社会の共通認識である。しかし、反右派闘争といった一連の政治運動を社会全体で繰り広げた後、人々は知識人のことを「ブルジョア階級の」知識分子であると誤解し、肉体労働と思想改造が強調されるようになった。多くの大学生、特に学習のため職場から派遣された幹部の大学生は、政治的に、また精神的に追い詰められ、悩んでいた。しかも職場から派遣されてきた大学生の大多数は共産党員、共産主義青年団の団員であり、大学に入る前は革命幹部でなければ革命軍人だったのが、今になって急に「ブルジョア階級の知識分子」と呼ばれ、政治運動が頻発してたびたび休講となって革命活動に打ち込むことになるなど、ややもするとまともな教育に影響を及ぼしかねない状況になっていた。ある者は途中で退学を余儀なくされて就職し、私ももう勉学を続けることが嫌になっていた。

　私がこの考えを「七爸」に話すと、「七爸」「七媽」は非常に重く見て、なんとか私の状況を解決しようと手を尽くしてくれた。

　1959年年末から1960年初の冬休みまでの期間、私は北京に配置換えになって間もない弟の周爾均とその妻である鄧在軍をたずねた。1960年のはじめ、旧暦で言うと大晦日に、私は彼らと話している最中だった。突然国務院の西花庁から電話があり、私に一人で釣魚台国賓館18号楼に行き重要な宴席に出席するよう知らせがあった。「七爸」の運転手の楊さんが車で迎えに来るとのことで、私はすぐ出掛けた。

　着いた後で気付いたことだが、18号楼は朝鮮風の様式が際立ち、内部の装飾は典雅な建物だった。大きな円卓を囲んで、いつも「七爸」のそばで働いている人たちがたくさん座っていた。私はようやくこれは恒例の家族の春節の会食だと知った。メニューは決して特別なものではなかったが、雰囲気はずいぶん和気藹々として温かく、出席者の心に残る時間だった。

主催者はもちろん「七爸」「七媽」の2人で、この家庭的な春節晩餐会はいつもより数名ゲストが増えていた。そのうちの2人は従弟の周爾輝と無錫（むしゃく）から来たガールフレンドだった。「七爸」の紹介によると、彼女は労働者階級出身の女子大学生だった。もう1人珍しい客人がちょうど私の近くに座っていた。ひどい四川訛りでぶつぶつ何か言っていた。「どんな重要な会合かと思った。大晦日の夜に呼び出されてきてみたら、家族的な集まりではないか。来たからには料理をいただこう」。声のする方を見ると、誰もが知る陳毅——陳元帥だった。

後で私ははじめて知った。今回「七爸」「七媽」が開いた「家族の晩餐」には、いくつか意味があった。1つ目は、周囲のスタッフに1年間の仕事の労をねぎらうための恒例の行事である。2つ目は、周爾輝と遠路はるばる初めて来てくれたガールフレンドへの歓迎会である。3つ目は、陳元帥に私の思想的な悩みの相談にのってもらうことである。

宴が終わって、私は「七爸」に挨拶をしようとした。このときしばらく休憩する場所には彼と陳元帥の2人しかいなかった。私が入っていくと、陳元帥は少し興味深そうに自ら私の方に歩み寄って背比べをした。彼は中くらいの背丈で、「七爸」や私とそう違わないが、目を向けて見てみると、独特の風格からすぐ堂々たる立派な風貌を印象付けるだけの非凡な気概がただよっていた。私の胸に南開大学の校章を見つけると、「七爸」の方を向いて聞いた。「この青年とはどういうご関係ですか？」「七爸」は笑いながら言った。「名前は周爾鎏といいます。字は少し古めかしいのですが、昔の人の考えた名前ですから、本人とは関係ありません。幼名は愛宝です。生まれたときから知っています。今、南開大学で学んでいるのですが、思想的に悩んでいることがあります。今回あなたに来ていただいたのも、少し話して問題解決を手伝ってほしかったからです」。陳元帥は爽やかに私の手をとって、あの聞きなれた四川訛りでこう言った。「どんな問題か話してごらん。私で力になれるかな？」

彼らのような年配の人たちにとって、時間は何より貴重だとわかっている。私は慌てて答えた。「南開大学で働きながら勉強しています。経済を学びました、今は英文学を専攻しています。目下、3つの思想問題をかかえています。第1に、私は大学に入る前は、未熟ながら革命軍人、革命幹部と自負していました。大学に入って深く研究したいと希望したのですが、思いがけなくブルジョア階級の知識分子にされてしまいました。仲間はすでに退学を迫られました。私は自身の勉学のためにこの問題を報告しているのではなく、重視すべき普遍的な社会問題だと思って提起しているのです」。

私は若く血気盛んで、まっすぐな性格だった。心につかえていた考えを思う存分吐き出した。陳元帥は私の言葉を遮り、直接言った。「ことが大きくなって騒ぎが起きると、些細な問題では済まない。これは政治問題、路線問題だ！　建設を進めるにあ

たって、誰を頼りにするのか、問題を解決する必要がある！」

　私は続けて言った。「第2に、私は働きながら学ぶ苦学生で、学生組織の責任者でもあります。労働と社会活動に追われながらも専門分野で好成績を保ち、なんとか天津市の模範学生の1人となっています。しかし実際には勉強時間は少なすぎ、"専攻ばかりで政治的自覚に乏しい"とそしられるのが嫌で苦しくて仕方ありません。こんなことでは"政治的思想は進んでいるが学問はしない"ということになりかねません。無駄に高等学府に在籍しながら、最終的には学んでも達成できない結果になってしまいます。第3に、私は「七爸」「七媽」の言いつけに従って、毎年休みを利用して上海に戻ります。私を可愛がり、命の危険を犯して「七爸」「七媽」をかくまった祖母の様子を見に行くためです。往復の旅費がかさみ、収入が追いつかず、「七爸」「七媽」に援助してもらっていますが、負担が増すと心苦しいので、早く仕事に就いて自分の力で生活できるようになりたいと思っています」。

　私の考えを聞いた後、陳元帥は率直に説明してくれた。「まず私と総理はこう思う。わが国の大多数の知識人は、仕事に従事する人々の中の必要不可欠な構成要素である。これは古い中国社会の性質によって決まったのだが、半ば封建的で植民地化されそうだった旧中国では、大多数の愛国心あふれる知識人が、反帝国主義、反封建の旗を掲げた。

　新中国では、社会の進歩と改変により、新たに若い知識人を育てた。彼らは旧社会の影響が比較的少なく、新中国の安全と建設のために力を尽くしている。また、われわれの中国社会は、新中国成立前後の変化という歴史的な過程において、新旧の知識人が全国の働く人々と同じく、党の指導の下で素晴らしい未来の建設のために手を携えて前進することも証明した」。

　陳元帥はまた「七爸」の方を向いて言った。「この甥子さんは、いろいろなことをよく考えている。将来成長したら、きっと成り行きにまかせるだけの人間にはならないだろう。彼の気質と経歴から考えて、外交関係の分野かその他の政府部門で仕事をするのがふさわしい。外交部でも歓迎するよ」。

　「七爸」は答えた。「組織の手配と本人の努力次第です。しかし彼は係累として、私たちの巻き添えになるかもしれません」。

　「七爸」はまた私に言った。「君たちのような青年の例を見ても、広い知識を持つ知識人、その中には大部分の新旧知識人も含めて、自分の頭にブルジョアの帽子をあてがわれて苦しみ、重い負担に感じている。彼らのためにこのブルジョア階級の帽子を取り去るのは、喫緊の課題になっているようだ。知識人との関係を適切に解決するには、思想上、知識人の階級属性に対する間違った判断を党に徹底的に転換させる必要がある。君は幸せなことに陳元帥からじきじきに教えを受けたのだから、今後もわれ

第三章　建国風雲　111

われの期待を裏切らないでほしい。努力して学び、言行を慎み、自覚的に取り組んでほしい」。

2人の偉大な長老の言葉は、私の心に深く刻まれた。以来、身の引き締まる思いで言行を正しくし、今でも教えをしっかり守っている。

2 「今日、私は君たちに脱帽の礼をとる」

1962年の広州会議の後、私はようやく事実を知った。中国の多くの知識人のブルジョア階級という帽子を取り去るために、周恩来と陳毅の親しい戦友同士で、さらに大きな努力をしたのであった。この会議で、周恩来は『知識分子問題を論じる』と題して報告を行い、高度な理論からさらに一歩進んで中国の知識人の歴史的地位と作用を述べ、新中国成立以来、中国の知識人世界が根本的に転換したことと大きな進歩とをしっかり肯定した。

仕事が忙しいため、周恩来は会議が終わる前に早めに北京に戻った。彼は陳毅に後のことを託し、はっきりと知識人のために「帽子をとって冠を被せる」と言った。陳毅の演説は高らかで力がこもっていた。「君たちは人民の科学者で、社会主義の科学者で、プロレタリアの科学者で、革命の知識人である。ブルジョア階級の知識人という帽子ははずさなければならない。今日は君たちに脱帽の礼を行う！」

周恩来と陳毅と当時の講演は、全国の多くの知識人やその他の人々の心からの支持を集めた。

1962年3月、周恩来は『政府活動報告』の中で、中国の知識人をブルジョア階級の知識分子と見なしてはいけない、と指摘した

3 『十五貫』を手本に

1956年5月18日、『人民日報』は『1つの戯曲から1つの伝統劇の種類が救われる』と題する社説を掲載した。昆曲(こんきょく)(明末から清にかけて盛んに行われた旧劇の一種。江蘇省南部の昆山一帯で発生した歌劇)の『十五貫』は「百花斉放、推陳出新」(あらゆる芸術が自由に発達し、古いもののよさを新しいものに活かす)を徹底していることが賞賛され、戯曲改革方針の良い見本とされた。同年、この劇はカラーの芸術映画として撮影され、『十五貫』旋風が全国各地に巻き起こった。

「七爸」はこの年、私に自腹で切符を買ってこの劇を見に行くように言った。「君はたぶん知らないだろうが、君のお祖父様も生前は南昆(北京・河北省の昆曲に対する江蘇省南部の昆曲の呼称)が上手で、趣味の域を超えていた。当時の中国知識人は一

112

般的に伝統芸術の素養があったので、お祖父様もとても優れていた。父上は梅蘭芳に師事して京劇を習い、次第に上海で有名な玄人はだしの演者となり、解放区では舞台の演出もし、現地の軍人や民衆からの評判もよかったそうで、「劇マニア」と言われた。私も現代劇を演じたことがあるものの、当時はやはり男性が女装して演じており、お祖父様とお祖母様にも劇場までお越しいただいた。どうやらわれわれの一家は代々文化芸術を好むようだ」。彼はさらに言った。「大学生としては劇を見ることで視野が広がり、知識が増え、芸術鑑賞の目を養える」。

『十五貫』劇団の天津公演で、私は切符を買って観た。幼い頃から上海方言がわかるので、昆曲を鑑賞するには好都合だった。紆余曲折の物語に引きつけられ、すっかりのめり込んでいた。肉屋の主の尤葫芦（ゆうころ）の酒好きと守銭奴ぶり、博打が病みつきになった婁阿鼠（ろうあそ）、知県の過於執の蒙昧（もうまい）な裁判、民衆のために立ち上がる太守の況鐘など、強い印象を残した。況鐘、過於執、江南都督の3人がそれぞれ異なる判断をくだす態度を通して、生き生きとしたキャラクターを作り上げ、封建時代の官吏がいかに腐敗していたかを徹底的に暴いた。主観主義と暗昧な判断が人を陥れる様を痛烈に風刺し、事実に基づき真理を求め、正義を貫く況鐘を褒め称え、人々を啓発している。

「七爸」は、上海方言と紹興方言は太湖方言系統に属しているから、私がこの劇を見ると特別な趣があるはずだと言う。私がその場で婁阿鼠の登場場面の調子をまねして披露すると、「七爸」は大笑いし、少し似ていると言ってくれた。

当時、浙江省の文化事業を管轄する責任者だった黄源の回想によると、田漢、沙文漢（さぶん）、林黙涵（りんもくかん）などの指導のもと、1956年に伝統的な昆曲『双熊夢』を改編した『十五貫』を北京で公演して大評判となり、公安部長の羅瑞卿（らずいけい）がこの劇を「公安の戯曲」の裁判劇と称して毛沢東に推薦した。1956年4月5日、毛沢東は中南海で浙江国風昆劇団による『十五貫』の公演を観た。幕が下りてから、はるか遠い浙江省（せっこう）にいる文化局局長の黄源は劇団から電話で「大成功」の報を聞いて喜んだ。「毛主席が劇をご覧になり、お褒めになり、拍手された。両手を頭の上に掲げて手をたたいてくださった！」

1956年は大事な一年だった。この前の年には、大きな出来事がたくさん発生し、農業合作化運動が実施され、対資本主義商工業の改造が完了していた。1955年7月から、隠れ潜む反革命分子の粛清を柱とする「粛反」運動が大量の案件を抱えるようになり、これらの精査、調査、審判に追われ、各クラスの政治法律の幹部の政治的レベルと調査処理能力が洗い直されていた。ちょうどこの時期に、事実に即して真実を求め、間違いがあれば正すように毛沢東が指示し、総力をあげて調査研究することが提唱され、主観主義に反対する動きが起きた。『十五貫』はこの政治的、社会的な雰囲気に合っており、優秀な芸術作品を用いて現実に介入したのである。

第三章　建国風雲　113

この劇を見た1カ月後、5月2日に毛沢東は有名な「百花斉放、百家争鳴」（芸術が自由に発展し、思想科学が進歩する。あわせて双百方針という）の講話をし、中央宣伝部部長の陸定一は「双百方針」を伝えた際、古いものを現代に活かした例として『十五貫』を挙げた。

　5月17日、周恩来は中南海の懐仁堂で、文化部と中国戯劇家協会の主催による昆劇『十五貫』に関するシンポジウムを開いた。席上、周恩来総理は1時間半の講演をした。5月18日の『人民日報』は『1つの戯曲から1つの伝統劇の種類が救われる』と題する社説を掲載し、『十五貫』ブームにふれた。「一篇の戯曲から伝統劇の種が救われる」というのは周恩来総理が『十五貫』を観劇した後に述べた言葉である。

　「七爸」は昆曲『十五貫』についてこう評した。「この劇には庶民的な色彩が豊かに備わりながら、高い思想性と芸術性もあり、風前のともし火だった古い劇を救うだけでなく、古典的な昆曲の芸術に新しい光を当てた。この劇は、歴史劇も現実的な教育の役割を果たすことができると証明した。『十五貫』の脚本は、さらにもう一歩進んで、「百花斉放、推陳出新」（文化が自由に発達し、古いものを新しいものに活かす）の方針を徹底的に行い、素晴らしい手本となった。古典劇を整理して改編した典型的な成功例であり、これは昆曲だけに限らず、その他の劇でも採用することができる。

　彼はさらに言った。「中華民族の優秀な文化の伝統を失ってはいけない。社会主義文化は優秀な文化的伝統を継承して発展すると同時に、外国の優れた先進文化も自らのために取り入れる努力をするべきである」。人々は自ら創造したものを尊重しなければならず、この点を疎かにしてはならない。

　私は大学卒業後、対外文化交流事業に長年従事してきた。仕事の上で直接伝統文化芸術にふれるたび、「七爸」が私に語ってくれた言葉を思い出す。彼の伝統文化に対する見識の高さは、私が仕事をする上で前向きに進んでいくための指針であり、『十五貫』の劇も決して主観主義の誤りに陥ってはならないという戒めになっている。

4　真実に基づく歴史の記録

　私は「七爸」「七媽」と長く親密に交流する中で、歴史研究と関連資料に対して、彼らが一貫して真剣かつ厳密で、少しも疎かにしない態度だということを深く知った。

　新中国が成立した初期だったかと思うが、天津市党委員会は歴史のデータ（写真と文字データ）を「七爸」「七媽」に渡して2人に確認してもらおうとした。（南開大学の劉焱教授は天津市の地下党員で、当該校の周恩来研究センターの主任であり、選んだ資料を周総理に提供してチェックするよう取り計らった人で、本人も著作の中でそのことについて言及している。）彼らは、これは私のような青年幹部を教育し、養成するためのよい機会であると考えた。そこで私も交えて西花庁で資料を確認すること

になった。その中から若干選んだ資料をいかにふるいにかけて扱うか、私に向かって
モデルを示して説明し、私の認識と鑑別能力を高める手助けにした。

　たしか資料の中に、彼ら夫婦が2人で写った日常風景の写真があったが、背景は何
もなかった。彼らはこの写真を通して取り扱いの仕方の原則を私に伝えた。つまり、
およそ歴史の出来事とは無関係で完全に私的な生活の品々は、歴史の証拠として選び
出してはいけないし、展示するべきではないということだ。

　またそれとは別に、フランスのある建築物の入口で留学中の「七爸」が1人だけで
撮影された写真に関して他にとりたてて説明すべき内容はないが、この写真の背景に
写っている建築物は、当時の共青団組織の事務所が置かれたことがある場所だった。
実際の歴史と関わりがあるために、この写真も歴史資料に含めることになったが、こ
の建て物について、もともとのキャプションでは「当時の党組織の事務所」と説明し
てあった。そこで2人は指摘した。「歴史館ではこの説明を改めなければ、歴史の実
際の状況と合わなくなってしまう」。

　この日、「七爸」は私に自ら言った。「南開大学の学長だった張伯苓氏は立派な教育
家で、長期的に私と良好な師弟関係にあった。しかし当時彼は進歩的な学生を除名し、
『五四』運動の期間には、私は反動派によって進歩学生の代表とされて逮捕されてし
まい、私の名前は同窓会名簿から削除された。当時の状況においては、大学と彼自身
の安全のために、学長先生はそうするしかなかったのだ、と理解することはできる。
これこそ歴史の真実である。こうした状況に言及することは、学長の人物像を損なう
ことにはならず、未来の読者に当時の環境と状況を深く理解してもらうために必要な
ことである」。

　彼は続けて言った。「われわれ中国人は歴史の記載と研究に対して間違った方法を
とってしまうことがある。身分の高い人、親しい人、すでに亡くなった人へのタブー
から故意に"悪いことは隠し、よいことを褒め称える"こととなり、死者の悪口を言
わないように主張するなど、こうした行いはすべて適当ではない。歴史研究は事実を
尊重し、原則を堅持し、歴史に対して責任を持ち、本当の状況を公にし、先人と今を
生きる者、そして未来の人にとって真摯な態度をとる必要がある。現在の人々の利害
関係、憶測や推論で想像して、都合よく歴史を歪めて改編してはならない。われわれ
は幹部と民衆を教育し、歴史に対して真摯に向き合って責任をとるべきである」。ま
たこうも言った。「わが国の古代の歴史家は自身の立場が危うくなるのも顧みず、勇
気をもって筆でありのままの歴史を書き連ねた。われわれ現代人は科学的な態度で歴
史の真相を記録して研究し、いかなる場合も私心から出た思想とやり方は避けなけれ
ばならない。

第三章　建国風雲　　115

5 英語学習の基本技について語る

1954年に南開大学に入って学んでいた頃は、まさに「ロシアを師と仰ぐ」時代で、南開大学ではロシア語の学習を推し進め、いったん英語教育を停止した。私は上海で幼少期から英語を勉強する機会があったが、英語専攻に出願することはできなかった。

1956年、「七爸」とその他の関係者の推進のもと、全国の大学と専門学校は広く英語教育を重視するようになり、南開大学はこのときから英語専攻を復活させた。私は働きながらの学生幹部の中では英語のレベルが少し上だったので、学校では外国語学部に配属して働きながら学ぶことを継続させた。

当初「七爸」と「七媽」は、私が南開大学を受験することを事前には知らなかった。大学側の責任者、教職員と学生たちも私が総理の甥にあたることを知らなかった。2人は、私が「七爸」の母校の南開大学に合格したと知って、とりわけ喜んだ。わざわざ私をたずねて話をして、「内輪の宴」を開いて祝ってくれた。1950年、中国の大学生は少なく、周一族の中でも私と従弟の爾輝だけが大学に受かった。爾輝は体が丈夫ではなく、血圧が高く、学業には困難が伴った。それに比べて私は気楽なものであったため、「七爸」は私の学習状況に対して非常に関心をもっていた。特に外国語学科に転入してからは、英語の重要性について何度も語った。私も彼が流暢な英語を話すのを聞く機会もあり、また一緒に映画を見た折は、字幕なしでも彼は英語が聞き取れており、英語以外の外国語の時だけ字幕が必要だった。

1959年、「七爸」は南開大学へ視察に行ったとき、外国語学部の学生と交流し、彼らの発音を直した。彼がいつも私に言っていたのは、外国語学習に最も有効なのは、よく「童子功」（幼児から習う少林武術。時間をかけて練習すること）に励むことである。彼は幼い頃に東北から天津の南開中学校に入った時に英語学習が難題となった。ロンドンに初めて行った際は英語の会話が困難だった。それでも多年にわたる学習と実践を経て、自在に操ることができるようになった。最終的に達したレベルは英語を専攻した者と遜色なく、他の追随を許さないものだった。このため彼は自分の昔の苦労を冗談めかして話すこともあった。「努力は人を裏切らない。懸命に励むことこそが最上の方法だ」。

「七爸」は、私が予定より早く卒業し、学校に留まり教育研究室の主任を担当することになったと知り、気がかりになって私に英語の教育法について語ってくれた。さらに私たちはいくつかの語彙の使い方に関して詳しく語り合った。例えば、中国人がよく使う「常常」という語彙は、明確な基準を意識して使うわけではないが、英語では、occasionally, used to, usually, often, frequently, constantly, alwaysなどを使い分け、異なる頻度を表している。私は授業で先生から教わっただけだが、「七爸」は自分で会得したコツについて語ってくれるのだった。これはよい教師の指導を受けたこ

と以外に、彼が個人的に勉強熱心で、また学習内容を総括することに長けていたことと無関係ではない。

あるとき、私は彼に伴われて外国の賓客と接見した。通訳を担当したのは、外交部主席通訳の冀朝鋳、中央対外連絡部の上級通訳の労遠回で、彼らは非常に優れた通訳だった。図らずも、総理と外国の賓客が会談中、双方ともにas well asのフレーズを使っていた。会談終了後、「君たちはas well asの正しい意味と適切な用法を知っているかな？」と総理は急にたずねた。2人の通訳の大家は返答につまった。彼らは考えなくても自然に言葉が出るから、突き詰めて研究することはしないので、なんと言っていいのか理屈が出てこない。私は大学で働いたことがあるので、語彙の用法には注意を払っていた。そこで私は「それは in addition toつまり、〜以外にも、という意味です」と答えた。「七爸」は私の答えに満足した。

6　通訳の人材の知己

「文革」前は規定により、外国の要人が来訪した際、記念撮影の時には通訳は自発的に遠慮して写真に写らなかった。「文革」以後、外国の要人の通訳も接待側のメンバーとして名簿に記載され、記念撮影に加わるようになった。そうとは言え、人によって違うので、さまざまな場合、身分、賓客の格によって異なる対応をとる必要があった。この種の改変には少なくとも周恩来は同意していた。歴史的には過度に「左」だった時期も、周恩来の通訳要員への配慮が反映されている。なぜなら彼らの活動は、外交には不可欠であり、彼らの働きと貢献は政府、社会、人々から重視され認められるべきものだからである。

優秀な通訳として合格と認めるのに、通訳本人に対して周恩来が求めたことには少なくとも3つの条件がある。第1、明確で正しい政治的立場をもつこと。とりわけ外交での通訳はこの点が不可欠であり、世界各国でも認められている。第2、高いレベルの外国語能力をもち、双方の思想、意見を正確に交流させること。もしミスを犯せば、挽回できないほどの影響を及ぼしかねない。第3、広い知識をもち、さまざまな話題に対応できること。意見交換の際は、本題だけが話題になるのではない。会談や協議以外に、歴史、時事問題、天文、地理、世間話、見学者や訪問者にまつわる名前や地名など数え上げたらきりがない。これらは事前に予測できる範囲におさまる話題ではない。このため、第3の条件が非常に重要になることを、総理も私に特に言っていた。

中国側、外国側ともに相手に関連する状況を知っておかねばならない場合もあった。特に周恩来が中国を紹介する時はわれわれの現実の生活に対して長所を誇張したり、欠点を隠したりすることはなかった。現実に基づいて真理を求める姿勢を貫き、誠実

であることに重きをおき、一般的なイメージとしての外交の社交辞令はなかった。周恩来は他の指導者よりも、相手の国や社会、人々の強みと長所について知ろうとつとめていた。

　例えば新中国が成立して間もない頃には、まだ養老年金制度が整っていなかったので、いくつかの国の年金制度とその実施状況について知ろうとした。自己紹介のとき、随行員たちにもわれわれ中国の欠点や足りないところを包み隠さず相手に伝えるように促し、われわれ接待要員が意図した範囲を超えて、はじめに予期していたより実りの多い話ができたことがあった。

　通訳について言えば、周恩来も彼らのよき理解者だった。彼らの仕事の大変さを思いやり、事前に必要な準備をさせた。「七爸」は私に言った。「ある人は、通訳は万能だからどんな専門分野でも訳せると思っているが、それは間違っている。何人かの指導者と接待担当の外交官は、前もって通訳と意思疎通しようとしないので、いざその場に臨んでから通訳の訳すレベルを低下させ、ミスを誘発してしまうことにもつながる。わからないことが全くない通訳などほとんど存在しないはずなのに、高い要求ばかりしては酷だ。もしも早めに通訳に知らせてしっかり準備しておけば、訳の質が高まり、間違いも防げる」。

　「七爸」はこのように述べただけでなく、実際にこの通りに行動した。これは、通訳に対する非常に大きな心配りと支えである。当時、彼は冀朝鑄、労遠回の上級通訳の2人を非常に尊重し、評価していた。彼らは進んで職責を果たしたので、「七爸」は心に負担をかかえたまま大事な場に臨むということにはならなかった。

　もしもその必要がないのなら、通訳の訳し間違いが見つかったときも、「七爸」はその場で正したり批評したりせず、後で関連部署や通訳本人に知らせ、適切な処理をして埋め合わせをするようにした。

　あるとき、中国の重要な指導者が外国の賓客と接見した際、歴史的な出来事について話が及んだ。ある新米通訳が国際知識に乏しく、過去の話題に疎かったため誤訳したことがあった。その場にいたほかの幹部も発見できなかったが、博識の「七爸」だけはすぐに気付き、後で指摘すれば済む話だと判断し、その場で間違いを正すことはせず、冷静に対処し、それ以上不用な苦況と誤解が起こるのを防いだ。後で、彼は関係部署と通訳本人に知らせ、それ以降の職務において適当な機会を見つけて歴史的な真実の姿を外国の賓客に知らせて、適切に訂正することができた。

　「七爸」の博識は、通訳にとっての手助け、補足、レベルアップにつながり、また彼らの目標にもなった。「七爸」から見れば、通訳の仕事は、異なる民族同士の交流に関わるもので、通訳の質には正確さが必要なだけでなく、時に芸術的とも言える技量が問われることもある。経験に乏しい外交官に対しては、通訳は助手であり、現場

で必要不可欠な補足と調整を行う役を果たす者である。冀朝鑄、労遠回という立派な通訳2人は、外国語に変換して考えを伝える際、あえてロジックや文法の面で必要な調整を行い、中国側の指導者の細かなニュアンスを完全に伝えきる方法をとった。周恩来はこの手法を高く評価していた。

「七爸」が生前住んでいた場所は、「中南海西花庁」と呼ばれていたが、実際の西花庁はかなり規模の大きなホールで、正式な場面で外国の貴賓をもてなすところだった。「七爸」「七媽」の住まいはその後方に位置し、内部には寝室、周総理の執務室、身辺で働く人の仕事部屋、食事を準備する部屋、小さな客間があった。その客間の壁側の一面には映像装置が備えられ、映画を放映して「七爸」「七媽」が休憩中に鑑賞することができた。そのときそば近くで働く者、知人、小さい子どもたちも一緒に見て、私も観客の1人になることがあった。

映画『小さなベル』は新中国成立後に中国とフランスの合作で撮影されたカラー文芸映画である。その主な内容はぼんやり覚えているが、中国の神話伝説の孫悟空とフランスの子どもが交流する物語である。映画の中の人物はフランス語で会話するので、フランス語が堪能な中国人通訳が傍らで同時通訳をする必要があった。

1973年、周恩来とともにニュージーランドの賓客を囲む筆者（2列目右から2番目）。2列目2番目と3番目が労遠回、冀朝鑄

驚いたことに、この映画は中国語とフランス語というそれぞれ異なる言語の幅広い領域に内容が及び、専門的な語彙が飛び交う。例えばさまざまな草花や樹木の名前などは、明らかに通訳の難易度が高まる。幼い頃から中国とフランス両国で現地の人と長期間交流したことがあり、多くの種類の植物に親しみ、しかも1つひとつを識別できるのでなければ、合格点に達するほどの通訳の人材を求めることは難しい。

見終わった後で、「七爸」は喜び、すぐさま私に自分の個人的な考えを語るように求めた。私はしばらく考えてから上述のような感想を言った。

「七爸」は聞いてから笑って言った。「食後に君と通訳は残って話しなさい」。

外交部の同志がいつも言っているのも無理はない。総理の指導は厳格ながらも心がこもっている。批判ですら歓迎される。高い基準での要求は、道理を説いて人を納得させ、さらに問題解決の具体的な手順を示している。総じて言えば、人の心服を得て、批判されることをも光栄に思わせるのは、相手は彼からの指摘を受ければ受けるほど自分を向上させることができるからである。

第三章　建国風雲

周恩来が見るところ、通訳者の養成とは、中断が許されない準備を早くから長期的に行う工程であり、間に合わせで作った速成版ではない。「文革」中は労働改造が強調されたため、外国語学院の多くの教師と学生も農村に赴き労働に参加しなければならなかった。周恩来は彼らに労働に参加することを要求するのと同時に、英語の学習を捨ててはいけないと言った。しかるべき学習時間を保証することで、「文革」終了後、国家と社会の需要を満たすだけの十分な人材を確保するためだった。

児童労働者の出身で、女性通訳として活躍し、若くして世を去った鄭令玉への「七爸」の配慮は、私自身も忘れられないほどだ。鄭令玉は浙江省湖州の出身で、もともとは王という姓の家に生まれた。彼女の父親は湖州の絹織物の労働者で、母親は主婦だった。日本軍の侵攻により、父親は日本の軍人に迫害され、一家で上海に移らざるを得なかった。その子どもは女子が6人で、貧しくて養うことができず、まだ赤ん坊だった王令玉は蘇州の鄭という家に預けられた。鄭家の夫婦2人はいずれも労働者で、彼女をわが子同然に可愛がり、彼女はついに姓を改め鄭令玉となった。しかし不幸なことに彼女が幼いうちに父母は相ついで病気で亡くなった。このとき幸い彼女は紡績工場の児童労働者の仕事を探し当て、自力で生活を維持した。蘇州が解放された後、彼女は労働組合の勧めによって現地の労働者と農民のための短期養成校に入れられ、非常に優秀な成績で卒業した。彼女は仕事も学習も出色だったので、中国共産党党員となった。1950年代末期、彼女は高校卒業後に順調に北京大学東方言語学部インドネシア語学科に入学した。優秀な成績を修めて卒業した後は、中国共産党中央対外連絡部（略称は「中聯部」）に配属された。インドネシアのスカルノが中国訪問した際、彼女は周恩来の通訳をした。鄭令玉は自身の仕事を愛してひたむきに取り組み、中聯部の責任者は彼女の熱心な仕事ぶりに非常に満足した。北京大学時代、彼女は全国の模範学生の称号を得て、全国規模の展覧会の陳列や展示では彼女の模範的な事跡が紹介された。卒業後は中聯部の仕事でも同様に優れた働きをして、責任者から重用された。中聯部の人々はこのような若くて力のある児童労働者出身の女子大学生に対して好感をもち、彼女の不幸な過去の境遇に深い同情を示した。後に鄭令玉は、上海の産みの父母も探し出した。

1960年前後、私は北京で全国模範大学生事跡展覧会の開催に当たって手伝いをし、鄭令玉の事跡の紹介を数多く目にした。後に私は中南海の西花庁に行って「七爸」「七媽」をたずねたとき、鄭令玉のことを「七爸」に報告した。「七爸」はすぐに彼専用のＺＭ車（当時のソ連製の車両）に私を乗せ、楊運転手に中聯部の職工宿舎まで送ってもらって彼女を訪ね、西花庁の周総理の家に迎えた。「七爸」は私と王章麗に一緒に鄭令玉と親しく歓談するように言った。当時は劉少奇主席が彼自身の著作『共産党員の修養を論ず』を改訂するために広く社会の各界の人士の意見を集めていたので、

鄭令玉も意見を集める対象の一人に選ばれていた。このため歓談の中で自然と『共産党員の修養を論ず』の話題が熱心に議論された。われわれは『共産党員の修養を論ず』の本の一節「慎独」（中国の古典『大学』『中庸』などに見られる儒家の実践命題。人のいないところでも身を慎み、人倫の道を守っていくこと）に関して特に真剣に学習する価値があると考えた。「七爸」は、鄭令玉と私が幼い頃に「独りで苦労をして身寄りがなかった」ものの、「慎独」によって自分自身を成長させたと話した。そして特に「慎独」の語が、外来語ではなく、マルクス、レーニンも言及したことがなく、中国の伝統的な優れた文化の中で自ら修養した精華であり、劉少奇がこのようにしているのは正しい、と指摘した。

　鄭令玉は、周恩来の彼女に対する心配りと励ましに非常に感じ入り、さらに仕事にのめりこむようにして懸命に働いた。しかし無情にも、この会談の後の定期健診で、胃がんを患っていることが判明した。幼い頃から生活が苦しく、胃にずっと違和感を覚えながらも、余裕がなく、年齢も若くて無理がきき、病気に対してしっかり向き合うことができなかったため、発見時にはすでに手遅れの状態だった。しかし鄭令玉は依然として人生の全てに勇敢に立ち向かい、気丈に病魔と闘った。周恩来は彼女の病のことも十分気に掛け続け、病状がどうなっているか心配した。これは鄭令玉にとって大きな安らぎだった。しかし2年後、彼女は残念ながら世を去った。「七爸」は、この児童労働者出身で大卒の若い女性職員のことを数年間ずっと気に掛けて支援していた。これは特定の誰か1人に対する「七爸」の気持ちというだけでなく、人民総理が人民に対して示した変わることのない熱い心として、私の心に深く刻まれた。それは、1人の共産党の偉人による、飾り気ない真心と深い思いやりに満ちた行いである。

7　半世紀を越えた探訪

　1990年代、私は妻の王章麗と彼女の故郷である浙江省湖州に戻り、「全国重点文物保護単位」の指定を受けている嘉業堂蔵書楼をたずねた。これは単なる物見遊山ではない。「七爸」の生前の指示により自分の故郷についての詳細な内容を知り、文化の保護と伝承を大事にし、私たちの前々からの願いをかなえるためである。

　1950年代末、「七爸」は王章麗に初めて会ったとき、彼女の家庭状況について、例えば籍貫（法律上の本籍）、出身地、両親の職業などをたずねた。彼女は上海出身だが、原籍は浙江省の湖州であるとわかり、「七爸」は微笑んで言った。「私たちは同郷だったのだ。我が家の原籍は浙江省の紹興で、元をたどれば貴女とわれわれは浙江地域の出身同士。湖州は絹織物産業が発達しているだけでなく、文化の奥行きが深い。湖筆は昔から全国的にも有名だ」。

　彼は話すほどに愉快になり、江南水郷の景色や習俗に話題が及び、寧波、湖州の民

間の蔵書楼、とりわけ湖州の「嘉業堂蔵書楼」のことを話した。彼が私たちに言うことには、この蔵書楼は湖州市の南潯古鎮に位置し、書楼の主である劉承乾は同じ浙江省出身の魯迅から「愚かな貴公子」とからかわれたことがあるそうだ。この話は若い二人の青年学生の好奇心と興味をかきたてた。私たちの原籍は同じ浙江出身者であるが、こうした事柄について何も知らなかった。この他、彼は私たちに機会があったらぜひ見に行くべきだと勧めた。

　長年、私たちは「七爸」の言いつけを実現させる機会がなかったが、ずっと気に掛けていた。私たちは「七爸」の博識に驚くばかりで、それほど多くの人に知られていない蔵書楼のことも彼はかなり詳しかった。もちろん、半世紀以上経った後で、私たちは実際に嘉業堂に行くことになってはじめて知ったのだが、ここには知る人ぞ知る逸話が背景にあり、ただ「七爸」が博学だから知っているだけというわけではなかった。

　新中国成立前夜、党中央に従い北平（北京）に入った周恩来は、江南に進軍した陳毅の部隊に指示を出し、嘉業堂蔵書楼を特別に保護するように求めた。驚いたことに彼は、南潯鎮は太湖の南岸になり、呉興と呉江の間に位置する、と正確に示した。周恩来と親しい戦友である陳毅は、すぐに嘉興の独立大隊第1中隊を派遣し、連夜見張りを立て、多忙な中で自ら足を運んだ。

　館側の紹介によると、嘉業堂蔵書楼は国の外交関係のために特に大きな役割を果たした。当時、提供された中国とインドの国境に関する歴史的資料は、全国でもここにしかないような貴重な文献で、西部地域と隣国の紛争において、中国側に有利になるような史実を裏付ける歴史的な根拠を示した。

家族の思い出の品々と「七爸」「七媽」の手紙（三）

1　北京から届いた「七媽」の手紙（1956年）

　1956年、南開大学は外国語学部英語学科を再び開設することを決定した。「七爸」は自分の母校が英語専門教育を復活させることに非常に関心をもち、現在あるいは未来にわたって、新中国は外国語の人材がますます必要になり、特に英語に通じた人材は需要が高まり、英語教育の普及は民族の素質を高めるためにも必要不可欠な要素であるとまで考えていた。

　私は幼少より英語が好きで、中学から英語学習に力を入れ、独学で英語の基礎を固め、数年間仕事をして南開大学の経済学部に入ったときも、入試では英語の点数が比較的高く、自分の「強み」となっていた。大学の責任者は、再び英語学部を設立する

にあたって、働きながら学ぶ学生で英語が堪能な者が、学部の共産主義青年団総支部書記と学生補助指導員を担当する必要があると考えた。そこで私が適任だと選ばれた。

しかし、当時私は経済学部で学生として勉強しながら、共青団の末端の仕事と学生補助指導員の仕事を2年あまり続けていた。すべての科目で成績は満点で、「天津市優秀学生」と評されたが、自分では勉強時間が少なすぎると感じ、授業時間以外の勉強に影響が出ることを何よりも恐れていた。学生でありながら仕事をしている幹部は収入がわずかで、冬休み、夏休み、といった長期休暇期間には「七爸」の言いつけで上海に戻って高齢の祖母に会いに行き、出費がかさんだので収入が追いつかず、やむを得ず「七爸」は自分の給与から援助してくれた。さまざまな要因から、外国語学部へ転入するかどうかについて、私の考えとしては、やはり早めに卒業したほうが良いということになった。そのほうが「七爸」への負担を減らすことができ、自分の力で生活できるからである。

この件については「七爸」に報告して指示を仰いだ後、「七爸」が北京での親族会議を開いてみんなで話し合うこととなった。「七爸」周恩来、「七媽」鄧穎超、伯父の周同宇、伯母の王士琴（「七爸」の3番目の弟夫婦）の4人で協議した結果、意見の一致をみて、「七媽」が私に手紙で状況を知らせてくれた。

手紙の全文は以下の通りである。

1956年7月13日、鄧穎超が筆者に宛てた手紙

爾鎏へ

　手紙は受け取りました。ここ2日ほどは人民代表大会の閉幕前夜で忙しくしています。精神的にも、体力的にも、とても疲れました。あなたが手紙で述べた提案について、私はすでに「七爸」、同宇叔父様夫婦と一緒に「飛行親族会議」を開いて話し合いました。私たちの意見は一致しています。同宇叔父様と直接話してください。すぐに叔父様の家に行きなさい。叔父様は少し前に上海のあなたの家に行ってきたところだから、お祖母様やお父様の様子も聞けると思います。

　北京に着いたら成元功さんと張元さんに電話してください。

　伯父さんは元気ですから、心配いりません。

　取り急ぎご連絡まで。体に気をつけて。

　　　　　　　　　　　　　　　　　　　　　　　　七媽
　　　　　　　　　　　　　　　　　　　　　　　　7月13日午前

この手紙には合計9人が登場する。会議に参加した4人の親族、私の祖母と父、総理の護衛責任者の成元功、鄧穎超秘書の張元、手紙の受取人の私本人である。
　「七媽」鄧穎超が手紙の中で「伯父さん」と言っているのが「七爸」周恩来である。「七媽」は手紙を書く際に「伯伯」（伯父さん）とする時もあれば、「七爸」とする時もあった。「同宇叔父叔母」とあるのは、周恩来の3番目の弟で、私の伯父（父親の兄）に当たる周恩寿（字は同宇）と妻の王士琴で、「七媽」は手紙では間違えて叔父叔母（父親より年下の呼称）とした。成元功は「七爸」の衛士長で、張元は「七媽」の秘書である。「飛行親族会議」という言い方は特殊だが、これは「七爸」「七媽」が地下工作時に使っていた常套句である。都市の革命行動において行う「飛行集会」という言い方をもとにして、この種の集会が突然召集をかけて迅速に散会する方法になぞらえ、臨時で短時間の親族会議を開いたことを指している。
　手紙の内容は、私が外国語学部の学習に参加するかどうかをめぐる葛藤について、「七媽」が手紙を読んだ後で伯父の同宇に会って詳細をたずねるように促すものだった。
　手紙を受け取って、北京へ赴き同宇伯父と会うと、親族会議の参加者の一致した意見を伝えてもらった。その結論は次のようなものだった。国家が更に多くの外国語のできる人材を必要とする状況に鑑み、現在親族の中で大学在学中の若者は2人しかおらず、私の成績は比較的よく、有用な人材に育つ可能性がある。「七爸」も親族の中から外交分野で活躍できる人材を育成できるよう希望しているので、今途中で退学するのは適切ではない。このため、私には学校側の手配を受け入れてほしい。経済的な困難は、「七爸」が自身の収入からまかなって補助する。

1956年11月28日、鄧穎超が筆者に出した手紙

　そこで、私は4人の保護者の意見に従い、南開大学に戻り、新たに開設された外国語学部で英語を学び、同時に学生補助指導員と共青団総支部書記も担当した。
　父の周恩霔は、このときはるか遠い上海にいた。彼は各地を転々とし、私と離れて暮らすことのほうが多かった。私個人の一生の学習、生活、就職、結婚などの手配は「七爸」が自ら面倒をみて、「七媽」も時折相談にのってくれた。
　以上のような事例と手紙の文面から見て取れるのは、「七爸」「七媽」夫妻がともに慎重に物事に対処し、問題を周到に考え、原則を重んじている点である。彼らが私に示した意見については、まず国家が外国語の人材を求めている大局から先に考え、その一方で私もいくつか基本条件をそろえていたので、決して無理強いするものではない。私は英語の基礎ができて、自分への要求が平素から厳しく、職場から移動してき

た学生に学生補助指導員をさせると、青年学生と一緒になじみやすく、彼らの順調な成長の役に立った。これらも「七爸」「七媽」が決断するときの検討材料になった。

「七爸」「七媽」は自分の身内に対して一貫して「厳しさの中に情を込めていた」といえよう。私自身、彼らは責任ある立場にあり、家族の出来事を処理するにも「間違いを未然に防ぐ」ことが重要で、国民への影響も考慮していたと強く思っている。このため、私はいつも2人に会いに行きたいと思っていたが、内輪のことで押しかけたり手紙に書いたりして煩わせてはいけない気もして、遠慮していた。私のこうした遠慮について2人にわかってほしいと切に願ってもいた。しかし、「七爸」は時々私に言った。「親族の間にはやはり情があるものだ。われわれは国家と社会の負担を軽くするために、ある時は君たちをできるだけ手助けし、また自力でやっていけるように励ましもする。厳しい要求をすることもあるが、結局は私と妻が君たちを助けなければならない。そうすることで、いかなる依存心も特権意識も芽生えないようにしている。君たちが人々の中で模範として先頭をきる様子を目にするのが楽しみなのだ。君たちならわれわれのやり方を理解して尊重してくれるものと信じている」。

このとき、「七媽」はよく補足して言ったものだ。「総理ともなると、やることが多くて時間がないので、負担を減らせるよう私が手伝います。私があなたたちの世話を焼くのも、人民への奉仕の一環ですよ！　あなたたちは家族の一員であり、人民でもあるのです！」彼女はいつも笑いながら言った。「あなたに対しては、小さい頃からあの人は直接話してきたので、もう習慣になっているのです。私にもあなた個人の暮らしの面倒を見させてくださいね。これも私たちの役割分担です。あなたの成長を楽しみにしている私たちの気持ちを十分わかってくださいね」。

この手紙は簡単で短いものだが、私の一生の思想の発展にとって、またさらに生活と職業選択に対して確かな影響を及ぼし、私の精神に限りない力を与えた。

2　4つの宝物

開国大典の礼服

1949年10月1日は、新中国の歴史において極めて重要な日である。党中央の指導者と民主的な各党派はそれぞれ非常に重視し、開国大典（開国式典）に出席するために、毛沢東主席も含めて、ほとんどすべての党内外の代表が特別にラシャで新しい中山服などの礼服をあつらえた。ただ周恩来だけは例外だった。

周恩来は開国大典に出席するにあたり、普段

礼服を身につけ建国式典に臨む周恩来

第三章　建国風雲　125

から着ている金茶色の綿サージ製中山服を身に着けた。当時の周恩来の秘書だった何謙などは、新しいラシャで中山服を新調するよう説得するために、婉曲に言った。「この金茶色の中山服は総理の体形にぴったり合っていますが、素材が普通の布なのが残念です。ウール素材で作ったらもっと素敵ですよ」。周恩来のそば近くで働く者たちはみんな服を新調すればよいのに、と密かに願っていた。

　周恩来は、真心をこめて厳かに秘書の何謙たちに言った。「この服で十分だ。なぜ是が非でも他の生地で新調しなくてはならないのか？　わが党はまだ政権をとったばかりで、腐敗した国民党の後を引き継ぎ、弊害をなくして新たに出発する必要がある。清廉潔白で、勤勉実直に建国に励み、節約して残った資金は国の建設と国民生活の改善のために使わなければならない。私は新中国の初代総理として、すべてにおいて率先して人々の手本とならねば示しがつかない。決して党と国民から託された重責に背くことはできない」。こうして彼はいつもの金茶色の中山服を着て開国大典に出席したのだった。

　もちろん彼は開国大典の大切さを認識していた。また式典で自身の姿が国民の目から見てどう映るのかを非常に重視していた。開国大典の日、金茶色の中山服はたしかにごく一般的な素材だったが、彼がひとたび身につけると、その凛々しい眉と瞳の輝きが加わって、全身からあふれる堂々とした風格には威厳と気魄がみなぎっていた。

　1954年、私は「七爸」の母校である南開大学に合格した。私が「七爸」「七媽」に前もって知らせておかなかったのは、自分の力で大学を卒業したかったからで、二人に経済的な負担をかけたくはなかった。入学後、私は大学の寮に入ったが、時折上海の祖母のことが気がかりで様子を見に行っていた。「七爸」「七媽」はいつも祖母を心配していた。長期休暇になると、彼らは私に命じて上海の祖母に会いに行くようにさせた。私は就職してから再び大学に戻り、働きながら苦学生をしていたので、手当てとしての収入は微々たるものだった。さらに休暇のたびに上海の祖母をたずねたので、経済的には逼迫しており、服を買う余裕などなかった。このため「七媽」は経済的な援助以外に、私と「七爸」の体格が似ていることから、「七爸」の着た服を私に回してくれた。

　この年の冬休み、私は「七爸」「七媽」に挨拶して上海の祖母のところに行こうと準備していた。彼らは、私が着る服もないのに気付き、金茶色の中山服を手渡した。普段この綿サージの服は、「七爸」が西花庁で執務するときや、休憩して卓球する時も、私を呼んで会食するときも、いつも身につけているものだった。私は感激のあまり、この服の由緒をたずねようとも思わなかった。

　当時の大学生は、一般的に紺色や灰色の服を着ていた。金茶色の服は目立ちすぎ、着ると人目をひいてしまうのが気になった。汚れが目立ちにくいようにするためにも、

126

また他の学生たちの間で浮いてしまわないようにするためにも、私はこの服を濃い藍色に染めることにした。「七爸」「七媽」はこれを聞くと褒めてくれた。「古着を染色しようと考えるとは、素晴らしい。昔の物が新しくよみがえる上に、仲間からの遊離も避けられる」。年月が流れ、結局この染め直した中山服はぼろぼろになるまで着古された。

1976年、「七爸」は世を去った。彼の近くで働いていた人々からの証言を手がかりにして、中央の関係部門はこの服について調査するために私にたずねた。このとき私ははじめて自分が何も考えずに着倒したあの金茶色の中山服こそが開国大典に参加した時の礼服だったと知った。またこのときはじめてこの中山服に込められた並々ならぬ来歴を知った。

今、私が紺色に染めて着倒した服について思い出すたびに、私は後悔の念にさいなまれ、自分で自分が許せなくなる。この開国大典の礼服がいかに大切なものか。こんなに貴重な記念の品なのに、図らずも何の執着もなく自分の肉親に与えて好きなように着るに任せ、その由緒や来歴について彼は一言も語らなかったのだが、私にただこう言った。「貧しい大学生に着てもらって、物が十分用を発揮できるようになった！」そこには高潔で素朴な「七爸」の品位と人徳が複雑に映し出されている。なんと偉大なことであろうか！

西柏坡の軍服

1948年の4月と5月の間、毛沢東と周恩来、そして多くの中央指導者たちは、石家庄の西柏坡地区に移動し、そこに司令部を設けた。当時、周恩来は党中央の副主席兼中央軍事委員会秘書長だった。

狭苦しい民家の中で、周恩来は毛沢東と協力して人類の歴史上まれに見る大規模戦で、参加人数が最も多い三大戦役——遼瀋、平津、淮海の戦役を指揮した。そのとき、彼は毎日全国各地に20通あまりの電報を打ち、戦略的配置の調整、及び具体的な実施の指令を出していた。

当時「七爸」が着ていたのは現地の軍区から支給されたもので、他の指導者と同じ簡便な軍服だった。それは濃い灰色の粗末な布（中国の伝統的な技法と外来の技法を用いて織った簡単な機械織りで、手織りのものよりも質はよくなかった）で作ったものだった。「七爸」はこの粗製品の生地でできた服を身につけ、世界一小さいとも称される司令部で作戦

周恩来が西柏坡で着ていた軍服

会議をし、三大戦役を周到に指揮し、戦局の形勢を徹底的に転換させ、近い将来に全国での勝利を成し遂げようとしていた。この軍服は、歴史の厳然たる事実を反映している。つまり真の勝利とは人心の向背からもたらされ、決して物質的な条件の多寡によるものではない。

　この服は、新中国成立後ずっと彼の身辺警護人によって保管されていた。1960年代初め、ちょうど大晦日の夜、私は釣魚台国賓館に呼ばれて「七爸」が毎年身近な人々を招く恒例の春節夜会に参加した。会が終わり、それぞれ席を立って挨拶を交わし、退出しようとしているとき、この護衛は、南京で開館準備をしている梅園新村記念館での展示用に、記念の品々をいくつか取り出し、従弟の爾輝のガールフレンドに渡して取り次いでもらおうとしていた。「七爸」は私が着るものに困っていると知っていたので、身辺で働く人に声をかけ、私に思いも寄らない貴重な品を贈ってくれた。灰色の粗末な布でできた服、つまりそれこそが「七爸」が三大戦役で着ていた簡素な軍服だった。

　やや古びているがきちんと畳まれた軍服を捧げもって私に手渡そうとして、その護衛が非常に辛そうな様子を見せたことは私にもはっきり見て取れた。そして彼は「七爸」に勧めてこう言った。「今、残っている記念の品はもう多くありません。比較的重要なものは2点だけで、そのうちの1点がこの服です。もう1点は馬に乗って負傷したときの鞭です。この2点はやはり記念の品として引き続き保管しておいたほうが、今後大切な場で使うためにもよいように思います」。

　「七爸」は彼にきっぱり言った。「貧しい学生が着る物に不自由しているのだから、この服は彼に着てもらおう。物は最後まで利用し尽くすべきだ」。恐れ多い気持ちと、望外の喜びとが入り混じった面持ちで私は護衛からその服を受け取った。このように大切な宝物を受け取ることができた私のために、陳元帥と「七媽」もその場で喜んでくれた。

　夜会の後、「七爸」は「七媽」に案内させて私を釣魚台国賓館のすみずみまで見学にいざなった。「七媽」は私をからかって言った。「私は光栄にも一国の総理夫人となり、全国婦女聯合会の責任者でもあり、今日初めて国賓館内部を見学する機会に恵まれました。これもあなたのおかげですよ。あなたは運がいいから、特別な服も手に入れました」。

　当時たしかに私は着る服がなくて困っていた。しかし、心の中ではこの服がこの上なく貴重な品であることもわかっていた。私は総理の「命令」に従い数日だけ着てみて、後は「命令違反」をして服を保存した。今日まで、この服はずっと私の傍らに寄り添ってくれた戦友のようなものである。それは「七爸」が知略と武勇ともに秀でていた証でもあるからである。

「虎は死して皮を留め、人は死して名を残す」と言う。一部の人は、名誉、利益、権力を手にするために知恵をしぼり、党や国民の利益をまったく顧みず、あらゆる極端な手段を用いて悪事を行う場合もある。「七爸」は個人的な名誉と利益は少しも追求せず、大事に至っては、度重なる党内外の重大な権力闘争においても、すべては党の利益、民族の利益、国家の利益から出発し、自身の権力や地位の獲得は考えもしなった。小事では自分が使用した物がいわゆる「革命記念品」として扱われることに関しても、淡々と対処していた。「物を利用しつくす」という信念には、「七爸」の偉大な品格と輝かしいイメージが重ねて反映されている。

「七爸」が私に与えた品々の中には、三大戦役を指揮したときの軍服以外にも重要な革命的意義をもつ記念品はたくさんあった。ただほとんど詳しい説明をしてもらっていなかったので、私自身がそのまま適当に身につけたり、人にあげてしまったりして、多くの貴重な品々は散逸してしまった。後で真相を知って後悔しても取り返しがつかないのだった。

「七爸」は高位を極めたが、終生清廉だった。生前、親族への要求は厳しく、自分の報酬から捻出した一部や使用した物を与えて支援する以外、他には何一つ財産を相続させなかった。

自分自身に対しては個人的な蓄財は何もなかったが、「名を残す」ことに固執したわけでもなかった。彼は自分のすべてをわれわれの国家、民族、党のために捧げた。臨終のときには、「墓を作らず、碑を建てず、祖国の山河に散骨してほしい」と遺言した。

しかし、周恩来という偉大な人格者の崇高な姿と計り知れないほど豊かな精神は、私たち親族と国民の心の中に深く刻み込まれている。

ピーナッツの缶

1960年、全国で天災や人災が引き起こした困難に直面していた。天津市では、食品の供給不足に陥った。大学には若者が多く、さらに深刻な状況だった。当時は「双革四化」（技術革新、技術革命。機械化、半機械化、自動化、半自動化）の技術革新運動があり、昼夜を問わず働くことが提唱され、最短の時間で実際の成果をあげることが強く求められていた。

その当時私は「電子教材」の実験の責任者で、70日あまり昼夜を問わず奮闘努力を重ね、粗悪ながら録音テープと16ミリフィルムの自動映画放映機械の試作に成功した。私は「戦友」たちと喜びに沸いたが、同時に体力の消耗が著しく、疲労は極限を超えていた。その頃、天津の駅近くの倉庫から出火し、多くの労働者や人々が消火活動によってひどい火傷を負い、輸血用の血液が大量に必要になった。

第三章　建国風雲　129

ほとんどの学生は、呼びかけに応じて献血前の検査に臨み、合格した者から採血されていた。私は栄養不足で体重が軽すぎたので、条件を満たすことができなかった。しかし私はつねに自分が人よりも率先して模範を示すことを重視していたので、居ても立ってもいられなかった。すぐに数キロ離れた大学に走って帰り、綿入れの上着を着て、厚みがあって重い革靴を履き、自身の体重を無理やり50キロ以上に増やして体重の基準を達成させてから献血に出向いた。1回に200ccほど採血された。献血が済むと、また学校に急いで戻り、技術革新の数々の実験を続けた。

　健康な人にとって、献血はもともと普通の行為であるが、私は極度の栄養失調で、献血前からすでに軽いむくみがあり、体に力が入らなかった。連日連夜の休養不足もあって、献血した夜は息切れがおさまらなかった。みんなが救急で病院に担ぎ込むと、むくみがひどく、アルブミン（単純蛋白質の1つ）の数値が正常値の半分しかないことがわかり、入院を余儀なくされた。しかし、入院には毎月50元あまりの費用がかかり、負担しきれないため、すぐに帰宅して療養するつもりで、学友の王章麗に面倒をみてもらった。事情を知らない人からあれこれ噂されないようにするため、私は彼女と相談して結婚することにした。

　1960年10月、私と王章麗が婚約したとき、「七爸」は仕事が多忙で参加できなかった。私たちは「七媽」と西花庁で記念撮影した。私の弟の周爾均夫婦も駆けつけてくれた。しかし、「七媽」は始めの写真の並び順では私と王章麗の婚約記念だとははっきりしないと感じて、警備員に撮り直すよう合図したところ、私と彼女をそれぞれ別々に「七媽」の両側に立たせて撮影し直してしまった。気がすまない「七媽」は自らカメラを手にし、私たち2人の婚約写真を撮ってくれた。

　私たちが結婚したとき、物資は不足して、現地の人民代表の許可を経て、私たちは粗末な布の布団と練炭のこんろを買った。これ以外には家に何もなかった。「七爸」「七媽」はこの状況を知って、王章麗を北京に呼んで話を聞こうとした。そこで彼女は1人で北京に向かった。

　北京では、「七爸」「七媽」は王章麗に100元と飴を少し渡して、「七爸」は自ら上海の黙林ブランドの缶入りピーナッツを結婚の祝いとしてくれた。「今は困難な時期だから、物資は乏しく、飴や果物で客人をもてなす必要はない。このピーナッツの缶詰を開けて食べたらそれで十分だ。互いを思う気持ちは物質的なつながりより大切だ」。そしてさらに言葉を続けた。「ピーナッツを食べ終わったら、空き缶は近くの廃

結婚祝いのピーナッツの缶

品回収会社で引き取ってもらいなさい」。これより前に、私と王章麗の結婚がはっきりした時点で「七爸」「七媽」は西花庁に私たちを呼んでおり、その際も「七爸」は言っていた。「今は苦難の時だ。飴を買って結婚式で客人にふるまう必要はない。缶入りピーナッツでも食べれば大丈夫」。これは1つの喩えだったが、困難な時期に人々と苦楽を共にすることに特に注意を払う必要があると私たちを教育したのだと受け止めた。しかし私たちが正式に結婚する時に、「七爸」が本当に彼の「約束」を果たすことになるとは思いもよらなかった。

1960年10月、筆者と王章麗の婚約に際し、北京の西花庁の家で鄧穎超と記念撮影。弟の周爾均、鄧在軍夫妻とともに

今回、王章麗と会ったとき、「七媽」は彼女に不思議そうに言った。「あなたたちは、もっと早くかもっと遅くに結婚すればいいのに、よりによってなぜ今、爾鎏が病気のときに結婚するの？」「七爸」は話を続けて「七媽」と王章麗に向かって言った。「わからないかな？　これはきっと愛宝（私の幼名）が献血した後、栄養不足が深刻なのと、仕事が忙しすぎたのとで、体を壊してしまい、誰かに面倒を見てもらわないといけなくなったからだろう。章麗のような女子学生が一人で爾鎏の世話を焼いていたら、周囲から誤解されやすくなり、いちいち釈明するのも大変だ。だから結婚するのは便宜上のことで"偽装結婚"とも言えるが、この子たちを悪く思ってはいけないよ」。

当時、章麗は引っ込み思案でもの静かだったが、この言葉を聞いて非常に心を動かされ、目頭を熱くしていた。これも私たち夫婦の忘れがたい思い出である。

私が唯一「七爸」の言いつけに背いたのは、50年あまりずっとピーナッツの空き缶を保管して、自分の「八一」（1927年8月1日の南昌での武装闘争開始にちなんで、新中国成立前、中国軍の帽子の前には「八一」のマークがつ

鄧穎超が撮影した筆者と王章麗の婚約写真

第三章　建国風雲　131

いていた）軍の徽章をその中にしまっていたことである。私は将来家宝として伝え、子孫の教育に役立てるか、記念館に収蔵して、先人が新中国建設に奮闘した歳月を後の世の人々にわかってもらうために提供したいと希望している。

　私の恩師である著名な楊善荃教授はすでに高齢であったが、家にいるただ1羽の鶏を抱えて私に届けてくださった。産んだ卵を食べて私の栄養が改善し、さらに昼間は私と一緒にいて気晴らしの相手になれば（章麗は授業に出席していた）、と願ってのことだった。1羽の鶏が極めて困難な時期に私と先生との絆を示す証となり、先生の私への思いやりを表していた。私は栄養不良で、鶏も栄養不良だったが、時折卵を産んでくれるのが私の慰めになっていた。あるとき、鶏をしばらく庭に放したままにしていたら、誰かが鶏を盗もうとしたようで、脚を折られてしまっていた。ほどなくして鶏は死んだ。

　入院患者の多くは市・区クラスの幹部で、病院の生活条件の悪さを嫌って、口実を見つけてはよく自宅療養をしていた。私と同室の患者は天津市のある区の組織部長で、家の条件が整わず、やむなく長期入院をしていた。彼は、私が普通の苦学生であるということを知らず、高級幹部の親類縁者と誤解し、一般人より家庭の経済状況がはるかに恵まれているから、たびたび自由に病院を出られるのだろうと考え、私に反感をもっていた。

　ちょうどこの時期、私たち夫婦の留守中に空き巣に入られてしまった。近所の人が警察に通報して市の公安局が来たのだが、私が総理の親戚なので家には金目のものがたくさんあり、機密文書も保管されているのではないかと考え、多くの警官を動員して現場を封鎖し、家の中も検証して捜査を進めた。図らずも、我が家は赤貧洗うがごとき状況で、何も置いておらず、持っていたのは綿布団と練炭のこんろだけだった。家の中の実情を目の当たりにして、公安職員は思わず大笑いしながら言った。「あなたは本当に素寒貧だったのですね！」またある警察官は感極まって目に涙をためながら私に言った。「周さん、あなたは本当に貧しいのですね！　あなたがたがこんなにも清貧を貫いて家中がらんとしている様子からは、周総理がご自身と身内を厳格に律している証拠だとよくわかりました。われわれはこの眼で見ました」。

　私と同室だったあの組織部長は、後にこのエピソードを耳にしてから、直接私に謝罪し、「われわれ中国人にとって、このような立派な総理は誇りであり、幸せである」と総理に対する心からの敬意を示した。

古いラシャのコート

　「七爸」は表がラシャで毛皮の裏地つきの古いコート生地を私にくれた。当時、皮革製品は貴重で、毛皮の裏地は学生には不釣合いだったので、かなり古びたラシャの

表地だけをもらった。擦り切れて傷んだ端の部分は切って、コールテンを裏地に使い、防寒用のラシャのコートを新たにこしらえて、「七媽」たちから褒められた。その時は、これが国共談判をしたときに「七爸」が何度となく身につけていたコートだということは全く知らず、後で「七媽」から経緯を聞いた。このコートは重要な文物の1つである。当時何回も洗ったが、幸い保存して今日に伝えることができた。

国共和平交渉のときに周恩来が身につけた古いラシャのコート

3 失われた文物
労働に参加したときの布靴

1958年、党中央の呼びかけに応じ、社会主義建設のブームが全国で巻き起こっていた。北京では周恩来の主導により、十三陵ダムの建設が始まった。党中央と国家の指導者はたびたび各クラスの幹部からなる特別な労働大軍を引率してダム建設に参加した。周恩来は国家の首相として、戦争時代の右手のひどい負傷を顧みることなく、つねに政務で多忙を極めていたが、骨身を惜しまず重労働に加わった。60歳の高齢で、国家機関の部長、司局長、中央直属機関の幹部など300名あまりを率いてダムの建設現場へ赴き、労働した。同年6月15日、周恩来は自ら筆を執り、毛主席へ書面で労働状況を報告した。今日われわれは報道写真の中で土木工事に携わる周総理の力強い姿を目にすることができる。もし仔細に観察したら、その足元が何の変哲もない布靴だったことがわかるはずだ。

十三陵ダム建設のブームにしたがって、北京と天津の大学生たちは次々と労働大軍になった。そのとき私は天津の南開大学の苦学生だったが、ダム建設の労働に参加する機会に恵まれた。私は特別に粗悪なブタ革製でつま先部分の大きい革靴を選んで履き、西花庁の「七爸」「七媽」をたずねた。「七媽」は、私の革靴を見て、心配した。「ねえ爾鎏、そんな重い革靴を履いてどうやって労働するの？　早く靴を履き替えなさい」。そう言って、「七爸」が労働に参加したときに履いた布靴を差し出した。「2代にわたって同じ布靴を履いて十三陵ダム建設に参加するとはなんと意義深いのでしょう」。当時家の中には「余剰物資」など多くはないことを私は知っていたので言った。「やっぱり

1958年、十三陵ダム建設工事現場で撮影された周恩来。このとき履いていた布靴が後に筆者に贈られた

第三章　建国風雲　133

七爸用にここに残しましょう」。「七媽」は目を見開いてふざけて言った。「あれあれ、大学生になったら布靴を嫌がるの?」「七爸」は笑いながら言った。「からかってはいけない。この子は線が細く、体重は平均よりも軽い。労働するときに、つま先に厚みがある革靴を履いていたら足をふんばってスコップで土を掘るとき力を入れやすくて擦りむかずにすむ。手押し車ででこぼこ道で動かすときには転倒防止にもなるから、大きな怪我を防げる」。

　2人の話を聞いて、私は心を打たれた。「七爸」は国家の総理として政務に追われる身でありながら、私のような大学生の甥が労働に参加する際の細かな注意点まで「体験を通して細部までよく観察し、至れり尽くせりの配慮をする」ことで、幼い頃から父母の愛に恵まれなかった私を温かく見守ってくれる。この労働において、私は2足の靴を状況に応じて使い分け、重い革靴、軽い布靴、それぞれの利点を活かすことができた。「七爸」の言う「物の用を発揮しつくす」ことにも合致した。私が特に幸運だと思ったのは、1枚の写真が今でも残っていて、私がこの布靴を履いてほかの大学生や先生と十三陵ダムの工事現場で労働に参加している状況が記録として伝わっていることである。しかし、この布靴は、ある同級生に無断でもって行かれ、ボロボロになって勝手に捨てられてしまったらしい。

懐中時計の旅

　1954年、周恩来はジュネーブ会議に出席し、護衛長の成元功が随行した。随行員たちは土産や生活用品などを購入して帰国した。成元功はオメガの懐中時計を買ったが、帰国してしばらくすると護衛たちは腕時計を持つことになり、懐中時計は片隅に追いやられ、しばらくは誰も使わなかった。

　私は職場から派遣されて南開大学で学んでいたので、時計がないと不便だった。しかし、私の収入は日用品を買うだけで精一杯で、とても新しい時計を買う余裕はなかった。

　「七爸」「七媽」は私を気にかけて困りはて、またいくつかの点で考えをめぐらせた。1つ目には、時計はあまりに良すぎると人々からかけ離れてしまう。2つ目には、手元には余分な男物の腕時計はなく、婦人用が1つ余っているが、それを私が使うのは適当ではない。3つ目には、彼らも新品の腕時計を買うような余裕はない。

　そこで「七媽」が考えたのは、みんなが腕時計を使っており、懐中時計は使わないので、彼女の婦人用の腕時計と成元功の懐中時計を交換することだった。成元功の了承を得て、私はこの懐中時計をもつことになり、1960年代まで私と共に時を刻んだ。

　私がこの懐中時計をずっと使い続けたのは、1つには経済状況が許さず新しい腕時計を購入する余裕がなかったためで、もう1つは愛着がわいたためであった。海外に

行くとき私はいつも身につけていたが、それを見た他の人が珍しがり、税関の職員までもが見慣れない様子だった。皆が腕時計を預ける際に私が懐中時計を渡そうとすると、係員は懐中時計があまりにも旧式だということで、預かる必要もないと言わんばかりだった。実際には、彼らはこの時計の「政治的な意義」や、旅行の行程も知らず、所蔵価値についてはさらに無頓着だった。

後に、この時計もずいぶん使って修理が必要となり、北京では私が安心できなかったので、上海の親戚に預けて修理してくれるよう取り計らったのだが、直せないうちに彼が密かに処分してしまった。私はこれをずっと悔やんでいる。成元功も落胆していた。

この懐中時計には特別な意味が込められている。「七爸」「七媽」は終生清廉で、喜んで人助けをするが、自分たちは好きなように親類縁者に腕時計を買い与えるような余分な金銭はもたなかった。しかし、彼らの愛情はこまやかで豊かである。腕時計がなくては不便だろうと私を思いやり、物々交換を通して私を支援してくれ、また警護に携わる人たちともまるで家族のような思いで過ごしていたことがわかる。この懐中時計は、「七爸」「七媽」、私たち親類、警護の人たちを1つにつなぎ、新しいタイプの大家族の中で共同生活していたことを示している。周囲の人々に対する彼らの温かい心配りがそこにはあふれているのだった。

第四章 「文革」の日々

プロローグ
文革初期は「七爸」もついていけないと感じた

1966年5月から1976年10月の文化大革命は、指導者の過ちにより発動され、反革命集団により利用されたもので、中国共産党や国、各民族、人民に深刻な災難をもたらした内乱だったといえよう。

10年にわたる長い歳月の中、周恩来は国の安危を一身に担い、自らを顧みず、精神的にも身体的にも常軌を逸した代価を払い、大きな政治的リスクを負いながら危機を乗り越えてきた。「私が地獄に行かなければ誰が行くと言うのだ。私が苦しみの海を渡らなければ誰が渡るというのだ」と語ったように、亡くなる瞬間まで国のために献身的に尽くし続けた。

彼は複雑な政治闘争の中で落としどころを必死で探し、「極左派」の誤った思想による危害を減らして損失を最小限にとどめるよう努力を続けた。そして、真の勇者の持つ毅然とした態度と、謙虚な姿勢の裏に秘めた英知と機転によって全国の人民を導いて損失を減らし、その一方で生き残った力を擁護し、暗礁に乗り上げないように気をつけながら、最終的には正しい方向に舵を切り続けた。こうして彼は生涯、多大なる中国人民から厚い理解と信頼を得ることとなり、逝去に際しては多くの中国人民の悲しみを招くこととなった。

現代中国の歴史の転換点となる文革の兆しは、毛沢東が1965年に発表した「党内の資本主義の道を歩む実権派（走資派）を整理する」という文章にすでにあった。また、毛沢東が地方の一部の指導者に対して「中央政府の中に修正派が出てきたら君たちはどうするか」と語ったことも危険な暗示だったといえる。この時、毛沢東はすでに文革発動の重要なシグナルを実質上発信していたのだ。

しかし、周恩来はこれに対し、毛沢東と他の中央指導者との対立がますます深まるかもしれないと思ったにすぎず、異常なまでの政治的大動乱がまもなくやってくるとは夢にも思わなかった。1965年の国慶節祝賀会のスピーチでも、「現在、中国人民は美しい未来を展望しており、来たる1966年から始まる第3次5カ年計画を自信をもっ

て迎えようとしている」と強調している。

　だが、その予想に反し、同年11月に上海の日刊紙『文匯報』に姚文元の「新編歴史劇『海瑞罷官』を評す」と題した論文が発表され、『海瑞罷官』の劇作家であり、当時の北京市副市長で、著名な歴史学者でもあった呉晗が名指しで批判された。全国を震撼させたこの事件は江青と康生によって計画されたものだが、何も知らされなかった周恩来は、「呉晗の問題は学術上のものであって政治的なものではない。学術上の問題に関しては『百花斉放、百家争鳴』の方針を守らなくてはならない」という彭真の意見に同意していた。

　その後、1966年年初に毛沢東は彭真、陸定一、羅瑞卿、楊尚昆を打倒することを決めた。5月16日、中国共産党中央委員会は「フルシチョフのような人物はまさに我々の身辺に眠っている。各級の党委員会はこの点に注意しなければならない」という内容の通知を発表している。しかし、周恩来のこのころの関心事は各地の干ばつ対策と邢台地震の救済業務で、「中国共産党内のフルシチョフ修正主義の掘り起こしはすでに終わっている」と考えていたほどだ。

　1966年5月25日には康生・曹軼欧夫妻の計画により、北京大学哲学科共産党総支部書記の聶元梓ら7人を筆者とする「大字報」（壁新聞）が掲示された。「大字報」は「宋碩、陸平、彭珮雲は文化大革命で一体何をしたのか？」と題し、北京大学共産党委員会や北京市共産党委員会が修正主義を行っていることを攻撃するものだったが、多くの教職員と学生から批判と反駁を受けた。北京大学には数十か国からの留学生がいたことから、周恩来は「北京大学での運動を計画する場合は慎重を期さなければならない。特に内外の別に注意すべきだ」と指示していた。聶元梓らの「大字報」が貼り出された後、周恩来はその夜のうちに中国共産党中央委員会華北局や国務院外事弁公室、高等教育部の責任者を北京大学に送り、聶元梓らが中央の規則に違反して中央の規律を乱したと批判し、内外の別に注意すべきという中央政府からの指示を厳しく守るよう重ねて申し入れた。

　康生はこの状況を知ると、今度は中央政府の仕事を指示していた劉少奇や鄧小平に背き、「大字報」の内容を地方にいる毛沢東に秘密裏に伝えた。すると、6月1日に毛沢東は康生と陳伯達に対し、新華社を通じてこの「大字報」の全文を報道し、全国各地の地方紙にも掲載するよう指示した。だが、このことも周恩来には知らされなかった。ラジオ放送のあった晩に陳毅から「なぜ、こんなに重要なことを事前に知らせてくれなかったのだ」と問いただされても、周恩来は「私も放送直前になって康生からの電話を受け、突然、『大字報』の内容を中央ラジオ局で全国放送することを知らされたのです」と答えるよりほかなかった。

一　困惑と遭遇

呉晗

　1965年初め、私はチベット軍区歌舞団一行の50人余りに随行してネパールを訪れた。ヒマラヤ山脈南麓に位置するこの友好的な隣国に対する同団の初めての訪問・公演は成功を収めた。チベット自治区の指導者はこのネパール訪問の準備段階で私に協力してくれたばかりでなく、功績として記録に残し、褒賞を与えようとしていた。また、この訪問で私が高原地域での外国訪問の経験を積んだことから、対外文化連絡委員会はさらに同年9月末から10月初めにかけてのネパール訪問に私を派遣し、中国友好代表団に同行してネパール中国友好協会の主催する国慶節祝賀イベントに参加する計画を立てた。そして、この代表団の団長には、中国人民対外友好協会によって呉晗が招聘され、私は秘書として随行するはずだったが、どういう理由かこの訪問は予定通りには実施されなかった。

　その後、同年11月に姚文元により発表された論文「新編歴史劇『海瑞罷官』を評す」では、呉晗の作による『海瑞罷官』は反共産党・反社会主義の「毒草」であり、「彭徳懐に与えられた歴史的評価をくつがえすためのもの」と批判された。この『海瑞罷官』批判によって、1966年に文化大革命の火ぶたが切られたのだ。

　文化大革命が突如として始まったのを受けて、私はようやく、呉晗は『海瑞罷官』の一件によって「指導者を激しく攻撃し、権力奪回のために陰謀を計った大逆無道の反革命分子」としてレッテルを貼られてしまったことを理解した。しかし、実際には、当時の共産党内ではこの『海瑞罷官』を評する文章に対する見方は分かれていた。「七爸」と彭真の当初の考えは、『海瑞罷官』をめぐる問題は学術上のものにすぎず、政治的な問題ではないというものだったが、そう語る自分の立場さえ危うかっただろう。『海瑞罷官』の作者として呉晗は精神的にも肉体的にも残酷な扱いを受け、1968年3月に投獄され、1969年10月11日に迫害の末に獄中で亡くなった。その後、1978年の中国共産党第11期3中全会で呉晗の事案は冤罪だったとして名誉回復され、北京の八宝山革命公墓に埋葬された。

　私は呉晗先生とは面識はなく、それ以前は話をする機会もなかったが、このネパール訪問の準備会議でたまたま同席しただけのことで、当時の情勢のために、呉晗先生とのかかわりの詳細について自白を迫られた。私は当時まだ若く、政治経験も十分ではなかったため、心配で思い悩み、眠れない夜もあった。その頃さかんに言われたい

わゆる陰謀活動に呉晗先生が関わっていたかどうかは説明すべくもなく、下手をしたら自分も巻き添えになるのではとの懸念もあった。「七爸」と共に私の身を案じていたことを、後に「七媽」も話したほどだ。文革期の冤罪事件は枚挙にいとまがなく、誰もも自分の身を守ることで必死だった。

1965年、チベット軍区歌舞団はネパール各地を訪問して公演を行った。前列中央に当時の外交部長、陳毅元帥。周爾鎏は前列左から2番目（カトマンズの中国在ネパール大使館にて）

二 「七爸」と指導者たちのつきあい

1 陳毅

　文革開始後、「七媽」は私と妻の王章麗に対して「今後は状況の移り変わりに注意するように」と個人的に忠告してくれた。この言葉を胸に、私たちは「批陳大会」を見に出かけた。1967年8月11日、外交部と北京外国語学院の「打倒派」たちが集まって組織された機関、「批陳連絡站」（陳毅批判連絡団）の主催で、人民大会堂で1万人の参加者が集まる「批闘陳毅大会」（陳毅を暴力的に批判する会）が開かれ、「七爸」は陳毅に付き添ってこの会に参加していた。大会では、紅衛兵が激しい剣幕で陳毅に迫り、両側から彼の脇の下を支えて高く掲げた上に頭を下げるように強要したため、小太りの陳毅は顔を真っ赤にして苦しみに耐えられないようだった。「七爸」はこの様子を見るとすぐさま大声で「陳司令官に対してこんなひどい仕打ちは許されない。この扱いを続けるなら、まず私の体を踏みつけてからにしなさい」と叫んだ。その後、部隊の兵士が止めに入ったおかげで、ようやく場が収まった。

　陳毅と「七爸」はフランス留学に始まり、革命期や建国後の政務までを共に務めた親しき戦友だ。陳毅が外交部長として出席した第1回アジア・アフリカ会議は成功のうちに幕を閉じ、次回会議のホスト国としてアルジェリアが候補になったが、当時アルジェリアでは政変が起きており、それを知らなかった陳毅はアルジェリアでの開催に賛成してしまった。ところがそのころ、アフリカのある国の政府関係者が「七爸」に向かって、アルジェリアの政変を画策する者の反逆行為を助長してはならないとの

忠告をしていた。このため、「七爸」はこの意見に賛同し、状況を知らないまま態度を表明した陳毅をさとした。陳毅はこの助言を素直に受け入れ、アルジェリアでの開催に対する賛同を取り消した。また、広州の白雲山に陶鋳が建設した山洞賓館にホー・チ・ミンと周恩来、陳毅が泊まった時のことだ。「七爸」はあらかじめホー・チ・ミンに一番良い部屋を、その次に良い部屋を陳毅に手配していた。「七爸」が陳毅の体調が優れないのを気にして良い部屋を譲ることにすると、陳毅もその申し入れを遠慮せずに受け入れ、「七爸」は別の部屋に泊まることにした。山洞賓館の従業員が私に当時のいきさつを語った際に、中国とベトナムの3人の指導者は大変親しく時を過ごし、同志として、また、まるで兄弟のように親密な関係であることが自然ににじみ出ていたと感慨深く話してくれたものだ。

2 賀龍

賀龍は第2次国共内戦時には第二野戦軍の副司令員を務めていたため、私には会う機会がなかった。かつて「七爸」に第二野戦軍の指導者について尋ねられた際、私は劉伯承や鄧小平、李達、宋任窮ら指導者に会い、彼らの講義を受けたことを報告したが、賀龍については四川が解放されてからは峨眉山風景区に強い関心を持ち、これを保護するよう命令を下したことと、西南大礼堂の建設に責任を負っていたことしか知らないと告げた。すると「七爸」は笑いながら、「我が共産党軍の老練な同志には軍人しかいないと思ってはいないだろうね。賀龍は西南地区が解放され

周恩来と賀龍

た時から峨眉山風景区の保護と建設に関心を持っていた。まさに文武両道ではないか。賀龍は人の心をつかむすばらしい事業を成し遂げたのだ。今後も大いに活躍するだろう」と語った。また、「南昌蜂起」について話すたびに、革命記念館の関係者、特に研究者や解説員に向かって、「七爸」はきまって「賀龍の率いた蜂起軍こそ〝南昌蜂起〟で成功を収めた主力部隊である」と話した。賀龍の生涯をたどると、彼は党が最も困難な時期こそ自身の安全を顧みず、毅然として革命に身を投じていたことがわかる。その歴史的貢献は、後の人々の心に深く刻み込まれるべきであろう。

1967年、「七爸」は賀龍の身の安全を守るために、西花庁に彼を迎え入れ一時住まわせていた。当時、私は西花庁のあった府右街にたびたび赴いて周囲の状況を観察していたが、ある日思いがけず、紅衛兵が西花庁を厳重に包囲しているところに遭遇した。紅衛兵は至るところで周恩来反対を唱え、総理の罷免を訴える大字報を貼り出した上に、大声を張り上げてスローガンを叫んでいた。この様子を見て西花庁も安全で

はないことを悟った「七爸」は、賀龍を人民解放軍の保護下に預けることにした。しかし皮肉なことに、当時の軍は実質上、林彪が掌握していたとは思いもよらなかったため、賀龍は難を逃れることはできなかった。そしてこのことは、「七爸」の人生における最大の悔恨の一つとなった。

3　彭徳懐

　文革中に彭徳懐は丸8年にわたって監禁され、やむことのない批判や拷問を受けながら鉄格子の中で苦しみの生活を送った。

　1973年春、彭徳懐は直腸がんを患い、大便には血が混じり、完全な虚脱状態となっていた。がん細胞が身体中に転移していたため、その痛みは耐え難いものがあった。監獄の職員が彼を移送しようと阜外医院に連絡したが、病院側は彭徳懐の名前を聞いただけで受け入れを拒否した。このため、職員は北京衛戍区警衛第一師医院にも連絡を取ったが、やはり受け入れを断られた。

　ちょうどこのころ、私は301解放軍総医院に診察に訪れた海外からの賓客に同行しており、病院のロビーで陳毅元帥に会っているところだった。陳毅元帥とこの外国客は古くからの知り合いだったが、二人は握手を交わし、挨拶をしただけで何の会話もしていなかった。しかし、病院の職員がすぐさまやってきて、私に向かって「〝二月逆流〟派の陳毅を外国からの来客と接触させるとは、なんという不注意か」と激しい口調で責め立てた。このとき運よく301医院の院長が向こうからやってきて、この光景を見ると、厳しいまなざしでこの職員にその場を離れるように指示した。私は、「これは偶然の出来事に過ぎないのだから、ささいことを大げさに捉えて、別の問題を起こしてはならない」ことを院長は示唆しているのだと感じた。この職員も院長の意をすぐに了解し、その場を離れたため私も安心した。院長は以前から私のことを知っており、信用してくれていた様子で、私たちは自然に雑談を始めた。会話の中で、院長は思わず、彭徳懐ががんを患っているため301医院で受け入れて治療したいとの意向を打ち明けてくれた。「降格させられたことは、彭徳懐元帥の生涯のなかでも非常に不幸なことだ」と院長は同情を示した。また、301医院側は元帥を受け入れ、治療することを強く望んでいた。しかし、思いもよらないことに、黄永勝総参謀長がわざわざ院長に電話をかけてきて、「彭徳懐を301医院で受け入れても治療は拒否すると言われた」と院長は語り、この強い圧力を前にどう対応すればよいかわからないと困惑していた。幸運にも、このうわさはまもなく「七爸」の耳に入り、彼もただちに「彭徳懐の扱いについてはまだ明確な結論は出ていないが、彼の病気を重視して積極的に治療を施すべきだ」との指示を出したため、彭徳懐はようやく301医院で治療を受けられることとなった。そのころ、彭徳懐は「七爸」に対して名誉回復の要請を何

第四章　「文革」の日々　　141

度も出していたというが、当時の情勢の中で彼ができたのはこれが精一杯だったのだろう。

4　林彪

「林彪は黄埔軍官学校の4期生だ。その彼が国務院副総理に就任できて私はとても嬉しい」。これは「七爸」が1956年のある時、会話の中で言った言葉だ。その時は、「七爸」が「三弟」の周恩寿と私を呼んで話していた。話題が周恩寿に及んだため、「七爸」は周恩寿の娘に席を外すよう言いつけた。革命早期の周恩寿の業績について言及する中、「七爸」は「周恩寿と林彪は二人とも黄埔軍官学校の4期生だ。その林彪が今や国務院副総理の座についているということは、彼が革命をやり遂げて大きな貢献をしたことが歴史的に証明されたということだ。私は大変嬉しい」と話した。「七爸」は自分の教え子の能力を高く評価していると私は感じた。しかし、文革期に林彪が毛主席の後継者として指名されると、私は「七爸」の親族だったからか林彪の部下の某空軍学校の軍代表に何年もひどい目にあわされた。

林彪事件の後、林彪の乗った飛行機を墜落させたのは「七爸」だといううわさが流れた。そのうわさは彼自身の耳にも入った。「私は軍に対して直接指導できる立場でもないのに、その私のどこに、党副主席の乗った飛行機を撃墜せよという命令を下す力があるというのだ」と彼は後に残念な様子で語っていた。

5　李富春

李富春は1919年に毛沢東らが組織した留仏苦学生の一員としてフランスに渡った。1921年に中国共産主義青年団に入り、1922年には中国共産党に加入し、1925年に中国に帰国した。北伐戦争への参加以降は、数十年にわたり周恩来の親密な戦友であった。夫人の蔡暢も周恩来夫人の鄧穎超と長年にわたって戦いを共にした女性指導者であった。中華人民共和国の建国後、李富春は国務院副総理兼国家計画委員会主任、中央書記処書記、中央政治局常務委員会委員として、相変わらず周恩来からの直接の指導を受けながら仕事をしていた。

1975年、私が外国からの客人が北京医院に入院するのに付き添った際、李富春も肺がんのため北京医院に入院していた。当時、彼はまだ国務院副総理の座にあったが「二月逆流」派のレッテルを貼られていたため、その役職はもはや肩書にすぎなかった。病院の職員も、この老革命家は高い役職にあるが温和で謙虚な人物と感じて非常に尊重していた。病院側はかつて看護師長を務めた経験のある看護師を専任で彼の看護に当て、2時間ごとに1回様子を見ることにしていた。当時の病院には医療用監視設備がまだなかったからだ。しかし、彼はこの2時間の間に痰がのどに詰まって意識

を失い、そのまま帰らぬ人となってしまった。

　治療に当たった医師や看護師によれば、李富春が臨終の際に最も気にかけていたのは周恩来のことだ。彼は「周恩来の健康状態はどうだろうか。彼の病状が心配だ。悪化しないことを祈る。中国の経済建設は周恩来なしには成り立たない。困難な時期ほど彼の力が必要だ」と語ったという。それは、周恩来の職位が一時取り上げられ、李富春が国務院副総理の職を務めて経済を主管していたころに、経済的困難を打開する政策を打ち出す必要があった時のことで、李富春が「整頓、強化、向上」の6文字の方針を提案し、西花庁にいる周恩来に相談しに訪ねたところ、「七爸」は思索のすえに「調整、強化、充実、向上」の8文字の方針に修正したという経緯があったからだ。

　その後、この8文字の方針が認められて実行に移されたために、中国はようやく経済的苦境を脱することができた。李富春は、病床でも周恩来が中国の経済建設のために果たした貢献を片時も忘れることはなく、周恩来が定めた方針が中国の長期的な発展に主導的な役割を与えたと考えていた。

6　張奚若

　張奚若は中国の有名な愛国的人士で、教育部長や中国人民外交学会会長、対外文化連絡委員会主任等を務めた。1973年に逝去したが、亡くなる前に北京医院に入院しており、ちょうど彼の入院中に私も外国からの客人につきそって隣の病室に寝泊まりしていた。

　中華人民共和国の建国前、張奚若は蒋介石の独裁に反対し、勇敢にもその政界からの追放を公の場で要求していた。建国後は第1回政治協商会議で中国の国号が議題に上がった際に、さまざまな異論を排除して「中華人民共和国」の使用を提案した。また、1980年代には北京大学の有名な法学者である王鉄崖教授が「文革の悪影響で、中国の法学界はある程度の期間にわたって後継者不足になる可能性がある」との懸念を示しつつ、「先達の張奚若先生は中国の法学界にとってはいわば指導者のような存在で、心から尊敬している。張先生が1931年に執筆した『フランス人権宣言の起源に関する問題』という文章には高い学術的価値がある」と話していた。

　思いがけなかったのは、張奚若はその入院中、私や病院関係者には声をかけることなく、自然なふるまいで隣の病室にいる外国客を訪れ、英語で語りかけたことだ。彼は重い心臓病にかかっていることを隠さず話し、自分はもうすぐあの世に行くと告げた。その流れで私も張奚若の名前や職位、経歴等を外国客に簡単に紹介することとなった。そうして彼はしばらくその外国客と歓談した後、さらに意外なことに私の名前や経歴についても尋ねてきた。そこで私が自分のことを簡単に話すと、思いがけず嬉しいことが起きたような表情をして「この若者は私が長いこと名前は知っていたが、

面識はなかった昔の部下だ」と外国客に打ち明けた。確かに、彼の言葉に偽りはなかった。1960年代に張先生は対外文化連絡委員会主任を務めており、私も同委員会で働いていたからだ。私は幹部の一人に過ぎなかったが、彼は徳が高く人望にあふれた委員会のトップだったため、私から軽々しく話しかけることは到底できなかった。このとき、彼はさらに私と個人的に話す機会を別に約束してくれた。その時に話した内容は数十年経っても記憶に新しく、忘れることができない。

　張奚若は私に大切な出来事について話してくれた。1957年5月、中国共産党中央統一戦線工作部の要請に応え、彼は同工作部主催の座談会に出席した。この会は民主党派と無党派の民主的人士の話し合いの場だった。彼はこの席で、反教条主義に関する問題と党と政府の業務の間に存在するずれについて話した。張奚若は「好大喜功、急功近利、鄙視既往、迷信将来」の16文字に自身の発言を集約し、それぞれについて次のように説明したという。「一つ目の〝好大喜功〞（功名心にはやる）とは、社会主義は偉大と思い込み、人民の生活や消費者のニーズに構うことなく、大規模にやりさえすれば満足するということだ。二つ目の〝急功近利〞目先の利を求める）とは、スピードばかりを重視することで、長い目で見るべきことも速成の方法でやろうとすることだ。三つ目の〝鄙視既往〞（過去を軽視する）とは、多くの人が歴史的要素を軽視していることで、すべてに西洋の教義を借用し、多くの歴史的遺産を封建的と見なして打倒すべきと考えることだ。そして四つ目の〝迷信将来〞（未来を盲信する）とは、未来は全て明るく、同じ速さで発展していくとむやみに信じることである」。

　この座談会に参加した多くの民主的人士の発言は「不当」とされ、そのために「右派」のレッテルを貼られた。張奚若もこのレッテルを逃れるのはほぼ不可能と見られていたが、周恩来が全力で彼を守ったために運よく免れることができ、周恩来の配下にあった外事系組織の中国人民外交学会の会長を引き続き務めることもできた。毛沢東はさきの張奚若の16文字に集約された批評がまったく気に入らなかったそうだが、それでも「張奚若はよい人物だ」と語っていたという。また、張先生は私との会話の中で、周恩来も「右派との距離はわずか50メートル」と見なされ、辞職を迫られたこともあったと打ち明けた。周恩来は人民からは中国の指導者と見られているが、実際には地位はあっても実権のない時期もあり、そのなかで規則に従って職務を果たすのは容易ではなかっただろう。「七爸」は、共産党外の人士を守るのは比較的容易であっても、党内の同僚を守るのは難しかったようだ。張奚若の話に垣間見られた英知から私は有益な教えを得ることができ、その後も数十年にわたりその恩恵に浴することができた。

三 ニクソン大統領訪中

　1970年代初めの文革後期、米中間では各方面の協力により一連の秘密交渉が重ねられ、これにピンポン外交などの公的な交流も加わり、冷え込んでいた米中関係も雪解けに向かった。その気運の中、1972年2月21日に米国のニクソン大統領一行を乗せた航空機は太平洋を横断して北京に到着し、7日間にわたる歴史的訪問が行われ、周恩来総理をはじめとする中国の指導者から歓迎を受けた。公式訪問の間にニクソン大統領は毛沢東主席と会見し、周恩来総理とも会談を行った。中米双方は国際情勢と両国関係について意見を交換し、とりわけインドシナ問題と台湾問題について重点的に話し合った。そして1972年2月28日、上海で歴史的意義のある「中華人民共和国とアメリカ合衆国の共同コミュニケ」（上海コミュニケ）が調印され、米中関係の正常化が世界に向けて発表された。こうして、中米関係には新たな歴史が開かれ、その後の関係の発展に基盤が築かれることとなった。

1　外交部と公安部の共同通知

　1966年以前、私は対外文化連絡委員会に勤めていた。当時の主任は張奚若だったが、文革開始後に同委員会は撤廃され、人員の再配置が行われた。それを受けて、私たち夫婦は当初はスウェーデン大使館に派遣されることになり、赴任の準備も整えており、後に私は同委員会の下部組織である北京第二外国語学院に配属されることとなった。そして、同学院着任後まもなく、今度は教職員全員が河南省信陽地区明港鎮の「五七幹部学校」（「五七指示」の精神に基づき、中国共産党と政府機関の幹部を農村に下放し、一定期間にわたり農業に従事させ再教育するための場所）に派遣され、農業労働に従事することとなった。軍代表が四人組や林彪のやり方に迎合したために、私もいわれのない迫害を受けることになったのだ。1969年から私はそこで暗澹たる日々を過ごし、1971年末にようやく北京に戻るようにとの通知を受けとった。この2年間、幹部学校で主に行われたのは労働と批判だった。しかし、周恩来総理が外国語人材への教育をやめてはならないとの指示を出していたため、余暇にわずかではあったが教学の時間もあった。幹部学校での私の役職は「連長」で、帰京後は北京第二外国語学院の学科主任の職に戻された。

　そして、その後すぐに再び通知を受け取り、私は中国共産党中央委員会対外連絡部に異動することになった。当時の部長は耿飈で、優れた軍事家でもあり外交家でもあった彼が時代の圧力に耐えて党の幹部政策を断固として進め、冤罪などの誤審における潔白を証明した結果、多くの幹部が「五七幹部学校」から対外連絡部の各役職に戻

第四章　「文革」の日々　　145

され、その方針が各指導部に徹底されたのだ。

　しかし、私は対外連絡部にまだ着任しないうちに、今度は教育部からユネスコ規約の翻訳業務に一時的につくように任命された。そしてその任についている間に、さらに突然、外交部と公安部からの共同通知が私のもとに送られ、ニクソン大統領訪中時の接待業務に加わることが命じられた。私などに何の接待の仕事があるのだろうと、通知を受け取った時は不思議に思ったものだ。

　しかし、組織の決定には従うよりほかない。翻訳の仕事を終えるとただちに、私はその接待業務についた。具体的な仕事は米国側のテレビ・報道関係者と大統領警備隊の対応であることは着任後に知ったことだ。確かに、私はずっと文化関係の仕事をしていたからテレビ関係者への随行にはある程度の経験があったが、その私が大統領警備隊の担当とはいささか疑問に感じた。だが、仕事が始まるとそれもすぐに合点がいった。大統領警備隊の主要メンバーの一人はおそらく大学教授の経歴があり、身長も170センチほどしかなく、端正な身のこなしで気品があり、他のたくましい大男たちの中にあって彼が軍人出身ではないことは一目瞭然だった。私の仕事が彼の対応であるなら納得がいく。そうとはいえ、今になって振り返ると、周総理が身内の重用を疑われる危険も顧みずに私を接待業務の担当にしたのは、当時、中国は文革中で複雑な国内情勢にあり、それによって起こりうる不測の事態を避けるためだったのだろう。

　ニクソン大統領の訪中前に、私は準備業務の進み具合を把握し、その業務進行に協力するために北京飯店に派遣された。当時、ホテル内にあった、長年補修されずに放置されたエレベーターはすでに撤去されていたため、私は一時的に設置されていた工事用エレベーターに乗るよりほかなかった。工事用エレベーターといっても非常に簡素な作りで、木の板が数枚横向きに並べられているだけで、四方から風が吹き抜け、何の覆いもなかったため、不安定なことこの上なかった。高齢で病を患っている周総理も視察のために北京飯店を訪問しており、この工事用エレベーターで同じようにホテルの屋上ベランダに登り、ニクソン大統領訪中期間中の安全確認のために中南海の中央指導部の業務区域一帯を俯瞰していた。これは、私がこの貧弱なエレベーターでホテルの屋上ベランダに登ってからわかったことだ。幹部の多くがかねてより周総理のことを「周公周到」（周恩来は何事も周到に行う）と賛美していたが、北京飯店の屋上から中南海を眺めながら、私はその時の同行者とともにその言葉に偽りはないことを深く感じていた。

2　「七爸」は自らの病を自覚していなかった

　こうして私には警備の仕事が与えられたが、それも名ばかりで、実質的にはやることがなかった。私の最も大切な仕事は中央組織部の部長に随行してニクソン大統領の

歓迎晩餐会に参加し、通訳を務めることだった。また、米国側のテレビ関係者の仕事の手助けをすることでもあった。

　1972年2月21日、ニクソン大統領一行が北京に到着した日の夜、人民大会堂で国賓晩餐会が開催された。開宴に先立ち、米中双方の関係者は互いに向かい合って2列に整列し、周総理が米国側関係者の一人ひとりと順に握手を交わした。米国側もニクソン大統領夫妻をはじめ、ウィリアム・ロジャーズ国務長官やキッシンジャー国家安全保障問題担当大統領補佐官らが中国側関係者と次々に握手を交わした。中国側で列に並んだ者には幹部や民主的人士、知識人、それから国共内戦で投降した元国民党の高級将校などがいた。ニクソン大統領もキッシンジャー補佐官も堂々たる体格の持ち主だったが、興奮したからか、ふたりともまるで内出血でもしたかのように頬を紅潮させていた。

ニクソン大統領を空港で迎える周恩来（1972年）

ニクソン大統領歓迎晩餐会の招待状

　ひと時が過ぎてから、ニクソン大統領夫妻やキッシンジャー補佐官らは周恩来総理の案内で主賓席に座り、中国人民解放軍の軍楽団が米国の名曲『America the Beautiful』（アメリカ・ザ・ビューティフル）の演奏を始めた。この曲を選んだのは周総理自身で、総理は軍楽団のメンバーに向かって事前にこう説明していた。「これはニクソン大統領の就任式で使われた曲だ。ニクソン大統領は音楽に詳しい。この曲を選んだ理由は故郷に帰ったような温かい気持ちになってもらうためで、中国人民の友好の意を示すためであることもきっと伝わる」。こうして、この歓迎ムードあふれる晴れやかな模様は衛星中継を介し、米国の早朝のテレビ番組で実況中継され、大きな反響を呼んだ。その後、ニクソン大統領は晩年に書いた回顧録で、当時の中国側のもてなしはいつまでも記憶に新しいとしてその時の情景を次のように詳述している。「この親しき米国の愛国歌が耳に入るなり、胸に熱い思いがこみ上げてきた。なぜなら、この曲はまさに大統領就任式で流すことを私自身が選んだ曲だからだ」。

第四章　「文革」の日々　　147

主賓が席に着いた後、周恩来総理が酒杯を手に持ち、乾杯の言葉を述べ始めた。
「ニクソン大統領は中国政府の要請に応じて我が国を訪問し、両国の指導者が直接会って話し合い、両国関係の正常化を求め、共通の関心事について意見を交換するチャンスをくださいました。これはまさに中米両国民の願いに合致する積極的なアクションであり、中米関係史に残る大きな試みであります」。

　「米国人は偉大な国民です。中国人も偉大な人民です。歴史的に見れば、両国民は長らく友好的な関係にありました。しかし、みなさんもご存じの理由で、両国間の交流はこの20年以上、断絶してしまいました。そして現在、中米双方の努力の結果、友好交流のための正面玄関がついに開かれたのです」。

　「これからは双方の率直な意見交換によって互いの相違を明らかにし、共通点を探り、両国関係の新たなスタートを切ろうではありませんか」。

　総理のスピーチは大きな拍手で何度も中断された。

　続いて、ニクソン大統領も乾杯の言葉として、熱のこもったスピーチを行った。
「今日からの5日間で共に長い旅を始めようではありませんか。それも、同じ道を共に邁進するのではなく、同じ目標に向かってそれぞれの道を前進するのです。そして、この目標とは、平和で正義に満ちた世界の構図を共に構築することです」。

　「我々には、もはや敵同士となる理由はありません。どちらも相手側領土の獲得をたくらんではいません。どちらも相手側の支配を企ててはいません。我々のどちら側も手を伸ばして世界を支配しようなどと考えてはいないのです」。

　「毛沢東主席は詩に、〝多少事、従来急、天地転、光陰迫。一万年太久，只争朝夕〟（多少の事は，従来急にして，天地転り、光陰迫る。一万年太に久しければ，只朝夕を争わん）と詠んでいます」。

　「今はまさに〝只朝夕を争う〟だけの時代が来たのです。より新しく、より美しい世界の偉大な境地に両国民が共に登る時が到来しました」。

　双方から乾杯の言葉が述べられた後に、周恩来総理は酒杯を手に米国側関係者の一人ひとりに酒を勧め、乾杯してまわった。総理は酒に強いことで有名だ。しかし、当時すでに血尿が出て身体もやせ始め、医師に酒を控えて休息するよう言われていたことを後から知った。それでも、総理は強い意志に支えられて仕事を続けた。後に総理は「昔だったら、あの程度の酒ならまったく問題にならなかった」と話していた。

3　「七爸」の箸とニクソン大統領のゴブレット

　太平洋の向こうからやってきた貴賓をもてなすために、国賓晩餐会はその格式からいえば、新中国成立後まれに見る内容だった。テーブルにはオードブル9品、温かい料理6品、点心7品とデザート、くだもの、アルコールや飲料等、贅を尽くした料理

が並べられた。国賓晩餐会で私の隣に座ったのは米国側大統領警備隊の例の「教授」と、身長が2メートルもある26歳の若い護衛官だった。それでも彼は見上げる私に向かって「一番背が高いのは自分ではない。我々は、必要の際は人の壁をつくって大統領を守ることもできる」と話した。両国間の国交が樹立したばかりだからか、私と同じテーブルについた米国人のほとんどは非常に堅苦しい様子で、酒杯を挙げたり箸を動かしたりするタイミングはすべて例の「教授」の挙動に合わせ、失礼のないように気を付けているようだった。彼らの眼に神秘に映るこの東洋の国を訪れるために、来訪前に彼らは訓練を受け、中国の箸の使い方等を教わってきたようだ。しかし、態度は大まじめでもその不器用な手つきはしばしば悪気のない笑い声を招いた。その中にあって、ニクソン大統領はやはり別格だった。速すぎもせず、遅すぎもせず、もっともらしい手つきで箸を握り、料理を口に運んだのだった。

　例の「教授」は非常に礼儀正しく、言葉遣いやふるまいに気品があり、口調も優しげだったため、私がこの仕事を仰せつかった意味も納得がいった。私は職業を聞かれたので自分は教師だと伝えたが、彼は自分の身分については言葉を濁したため、私も多くは尋ねなかった。そこで、彼は諜報活動や安全保障関係の任務を帯びているのではないかとひそかに考えた。彼からはさらに、同席者はみな護衛関係者かと尋ねられたことから、この質問をそのまま通訳したら、あろうことか通訳が終わるやいなや中央組織部部長がうなずきながら「そうだ」と答えたため、私は少し困惑した。しかし、差し障りがあるので多くは語らないことにした。後日、中央組織部部長と私には護衛関係の経歴はないことは把握済みだったと米国側関係者から知らされた。彼らの諜報業務は周到だったようだ。そして、誤解があったことについて彼らは私に謝罪した。また、中国側の格式高いもてなしは彼らに対する敬意の表れであったことも理解し、我々に感謝の意も示してくれた。

　国賓晩餐会が終わりに近づいたときのことで、特に印象深い思い出がある。誰も命令や指示を発していないのに、米中双方の警備関係者がサッと立ち上がって演壇に駆けつけ、人の壁を作って自国のリーダーを守ろうとしたのだ。その場に居合わせた私と中央組織部部長は目の前で突然起きた出来事に驚き、自らを顧みない彼らの姿勢に感動すら覚えた。我々は第18卓に座り、主賓たちの動向を観察し、接近して行動を起こすには便利な場所だった。どうやら、これも米中双方の警備関係者の協議により決まったようだ。

　晩餐会終了後には歴史的意義のある贈り物を2つ受け取ることができた。それは、ニクソン大統領の紋章がエッチングされたクリスタル製ゴブレットと有機ガラス製フレームにはめ込まれたニクソン大統領の署名入りの名刺だ。晩餐会終了後、中国側関係者の多くは写真撮影のために席を離れてしまい、卓上に残されたゴブレットのこと

第四章　「文革」の日々　149

など意識にのぼらなかった。また、ゴブレットは記念品として持ち帰ってよいことを教わってなかったためか、中国側の一部関係者はそれを置き去りにしていた。私もそのうちの一人だ。しかし、米国側参加者はゴブレットやメニュー等を持ち帰り、「七爸」の使った箸を持ち帰った人もいた。後日、外交部からこの2つの記念品が贈られてきたため、私は今でも大切に保管している。後に聞いた話では、あまり費用もかからず歴史的意義をもつこの種の贈り物に関しては、「七爸」は承認していたとのことだ。

ニクソン大統領訪中時の記念品

4 世界を変えた1週間

　大統領訪中のニュースを報道するために米国側は大規模な報道陣を中国に派遣し、映像設備だけでも相当な数を送り込み、プレスブリーフィングの毎日開催を確保した上に、通信衛星を介してラジオ番組やテレビ番組を放送し、随時、生中継も行った。

　米国側の映像関係者と接触した際に、ある黒人スタッフに出会った。彼の妻は華僑で、中国に対して深い思い入れがあることから、今回、大統領に同行して中国で仕事ができることに、責任の重さを感じるとともに非常に感激しているとのことだった。彼は友好的な態度で私に接してくれたが、その一方できわめて真面目に仕事に取り組む人物でもあり、非常に印象深かった。

　2月24日、ニクソン大統領一行は万里の長城を見学する予定となっており、米国から輸送されてきた大型のテレビ中継車の運転は、中国側の運転手に任されることが事前に取り決められていた。例の黒人スタッフはこのことに大いに不満を抱き、中国人運転手では運転し切れないと公然と言い放ち、米国の車を使うなら米国人スタッフが運転するよう要求した。彼はあれやこれや山のような言いわけを並べたてていたが、要するに中国人運転手の経験不足のために車内設備が壊れたら仕事に影響しかねないと言いたかったらしい。しかし、中国側は理詰めで交渉し、断固として譲らなかったため、最終的には彼も妥協する以外なかった。ところが、八達嶺に登る途中で、まさか中継車のアンテナが農家に当たって折れるとはだれが予想しただろうか。運転手は大慌てで、どうしてよいかわからない様子だった。そして、これを聞いた黒人スタッフは激怒し、ホテルのカウンターのガラス板をたたき割ってしまった。

　私は彼に話した。「こんなことが起きてほしくなかったのは君だけではない。誰もが同じ思いだ。今、みんなで良い方法を考えているところだから、きっとうまく解決

して、生中継に影響しないようにできるだろう。君の行動は何の役にも立たないばかりか、失礼きわまりない。普通なら物を壊したら弁償を求めるが、今は米中友好の時だからそれを言うのはやめよう」。これを聞いた彼は、物事は前向きにとらえるよりほかないと納得したようで、徐々に落ち着きを取り戻した。

本当のことをいえば、私は多くの米国側スタッフの仕事に対する姿勢を高く評価していた。八達嶺に向かったその日は大雪だったが、彼らは少しもためらわずに雪の積もる地面に腹ばいになって撮影を行った。なかには女性スタッフもいたが、全身びしょぬれで泥まみれになるのも構わず、歴史的瞬間をとらえるためにまさに自らを顧みず邁進していた。もちろん、米国側も我々の仕事ぶりに敬服していた。北京では前夜から雪が降り始め、いくらもしないうちに大通りは厚い雪で覆われてしまったが、ニクソン大統領一行の万里の長城訪問が順調に行われ、八達嶺に登れるようにするために、周総理は北京の関係各署に指示を送って数十万の民衆を動員し、夜を徹して雪かきを行い、ニクソン大統領の宿泊先から万里の長城に行くまでの道に積もった雪を一夜のうちに取り除いてしまった。当時の中国には除雪機のような装置はほとんどなく、すべてを集団の力に頼ったのだ。

翌日の朝早く、厚い雪が積もっていたはずの道がきれいになっているのを見た米国側関係者は一様に驚き、感嘆した。「社会主義の優位性は確かだった」と話す米国側来賓もいたようだ。ニクソン大統領も目の前で起きたすべてが想像もつかなかったようで、「米国では一夜のうちにこれほどの民衆を動員することはまったく不可能だ」と話した。そして、万里の長城の狼煙台に登ると、同行していた葉剣英に向かって「（長城に至らずんば好漢にあらずと言うが、）これで私もついに〝好漢〟になることができた」と語った。

周総理は客観的な考えの持ち主で、良い点も悪い点も包み隠さず見せるべきと一貫して主張していた。万里の長城では、真冬にもかかわらずセーターを着た少女たちがゴム跳びをする場面が設定されるなど、関係者による演出があまりにもわざとらしかったため、周総理は不満を示した。また、私が米国側一行による中国医学の鍼麻酔の視察に同行した際も、米国側参加者はそろって中国の伝統的な鍼灸に感嘆し、親指を立てて称賛のポーズを示したが、周総理は周囲に向かって冷静に「科学的な原理については客人にも説明する必要がある。中国はこの分野の研究を強化する必要があり、伝統を誇張しすぎてはならない。すべての手術に鍼麻酔が使えるわけではない」と語っていた。

ニクソン大統領は帰国前夜の晩餐会で乾杯の辞を述べた際に、中国訪問の7日間は「世界を変える1週間」になると話した。その言葉が正しかったことは歴史が証明している。後に聞いた話では、ニクソン大統領は帰国後、こう語ったとのことだ。「中

第四章　「文革」の日々　151

国に毛沢東がいなければ革命の火は燃え上がらなかっただろう。そして、周恩来がいなければ中国はその火に燃やし尽くされてしまっただろう」。

5 「平和五原則」と「上海コミュニケ」

ニクソン大統領の訪中期間の1972年2月28日に、中米双方は上海で「米中共同コミュニケ」(上海コミュニケ)を発表した。「上海コミュニケ」で示された中米関係の正常化の根拠となる原則は、実質的には周恩来が最初に提唱した「平和五原則」であった。「平和五原則」は正しい意義と汎用性に富み、世界史の進展によって強い生命力が与えられていた。

「上海コミュニケ」には、周恩来の「小異を残して大同につく」という哲学的思想とその創造的実践が鮮明に表れており、複雑で多様な世界を認識し、正しく対応するという方針が反映されていた。また、「上海コミュニケ」には、米中関係を導く上で双方が長期にわたって遵守すべき原則が示され、双方に横たわる相違点が明記された上で、戦争という手段で紛争を解決してはならないことが定められた。そして、この文書で示されたこれらすべてによって、世界最大の先進国と世界最大の発展途上国が平和的共存に向けて努力し、共に発展する道を模索するための指針が示された上に、世界のすべての国に対して、外交分野において根拠とすることのできる画期的な原則と模範が提供されたのだ。かつて、鄧小平がこれに関する評論を行ったが、その大意は、長年の歴史によって長期的有効性が証明された基本方針や施策としては「平和五原則」を第一選択とすべき、というものであった。

今回のニクソン大統領訪中の後、私は耿飈、呉学謙、黄鎮、王炳南、宦郷ら外交分野の先達や費孝通、雷潔瓊、季羨林などの著名な学者から「上海コミュニケ」に対する批評を聞く機会に恵まれた。彼らはみな「平和五原則」が世界の平和と発展に大きく寄与したという意見で一致していた。

一人の外交関係者として、私は100年に一度の歴史的な出来事を身を持って経験できたことを幸運に思う。そして、まだ生きているうちに、米中双方とすべての人類にとって意味のあるこの史実にまつわるエピソードやその真相を記録し、説明しておくことも、後世に対する責任だと考えている。

6 茅台酒の物語

「七爸」は外国からの来客をもてなす宴席の場では、食事をしながら歓談したり乾杯を交わしたりして、会談に比べればリラックスして肩の力が抜けた様子だった。彼は常に話の「間」をうまく利用し、一見すると気の向くままに面白い話をして口をはさんでいるようだったが、実際にはチャンスをうまく利用して中国のさまざまな事柄

152

や地方の風情を紹介しているのであって、幅広い話題で中国に対する彼らの理解を進め、友情を深めようとしていた。

たとえば、茅台酒は中国の白酒の代表格であり、初訪中の外国人であっても、または中国を何度も訪れている古くからの友人であっても、自然に茅台酒の話題が出ることがよくある。そうすると、「七爸」は世界に名だたる長征の話を茅台酒と巧みに結びつけ、外国の友人に対してこれを逐一説明する。長征については自ら経験しているためその話は臨場感たっぷりで、外国人も興味がわいて話に引き込まれたものだ。

周総理いわく、紅軍は貴州に到着するとすぐさま遵義地区に入った。紅軍の高級将校も一般兵と同様、その多くはこの地区を初めて訪れたため、民俗習慣や特産品などをまったく知らなかった。当時は茅台酒もまだ現在のように有名ではなく、長旅で疲れ切っていた兵士たちにとって茅台酒を飲んでみることは初めての試みのようなものだった。ところが、ふたを開けてみれば高級将校も兵士たちもすぐにその味に慣れて、いくら飲んでも飲み飽きない境地に至った。さらに言えば、茅台酒は病人やけが人にとっては強力な消毒薬にも薬用酒にもなり、みながこぞって買うようになったため、最後の一滴まで買いつくされ、酒甕が空になってしまった。後に紅軍が遵義を離れてからも、底の見えた酒甕に残されたわずかな酒粕ではかつてと同じ品質の茅台酒をつくり出すことはできず、新酒はそれまでの年季の入った味にはるかに及ばなくなり、かつての味わいはなくなってしまったという。

このため、遵義では「茅台酒と紅軍は切っても切れない間柄の良き伴侶となり、戦友のちぎりを結んだ。紅軍は遵義を離れる際に茅台酒の本物の味わいをも持ち去り、新たな地酒を残していったが、もはや茅台酒の品位は失われ、栄光は過去のものとなった」と揶揄されるようになった。しかしその14年後、解放軍が進駐したころには、年月が経って酒甕にも酒粕の蓄積ができていたため、醸成された新酒はかつての風味を超えるものとなった。そこで、遵義の人たちは嬉しがって「茅台酒のかつての栄光は紅軍が持ち去ってしまったが、解放軍の久しぶりの再来で、茅台酒の新たな風味が故郷に戻ってきた」と冗談を言ったという。「七爸」はここまで話すと、今度は話を変えて古くからの戦友である劉伯承元帥を話題に上げ、「この有名な軍事戦略家で高い名声のある英雄的人物は、多くの高級将校や兵士たちと違ってほとんど酒は飲まず、酒と縁がないことで人々の共感を呼んだ」と語った。

これは思い出の1ページに過ぎないが、彼の外交手腕の一端をうかがうことができよう。

第四章　「文革」の日々　153

四 「七爸」と四人組

1. 批林批孔運動による周恩来批判

文化大革命の間、四人組は周恩来のことを「党を乗っ取り、権力を奪取する上で越えがたい障害」と見なして、手段を選ばないようになった。外交の場においても、外国の友人たちを前に、「影射史学」（現在の事件・人物を風刺するために昔の事件・人物を借りる手法）を用いて周総理を公然と攻撃するようになった。過去の出来事にことよせて現在を風刺する手法は四人組の常套手段の一つであり、私自身もそういう目にあったことから、記録に残す必要性を強く感じる。

1974年1月18日、毛沢東主席は王洪文と江青の連名での提言を受けて、北京大学・清華大学批判組が編集した『林彪和孔孟之道』（林彪と孔孟の思想）を中国共産党中央委員会一号文書として批准し、これをきっかけに「批林批孔運動」（林彪と孔子を批判する運動）が中国全土に広まった。

批林批孔運動は始まった当初から暴力的で捉えどころがなく、殺伐とした気配があった。江青は批林批孔運動の責任者を自称し、自分は命令に従っているものとして政治局をあごで使っていた。彼女は自らの名義で頻繁に書簡を送り、動員大会を開くとともに、腹心の部下や一味を使ってあちこちで事件や反乱を起こした。各地では文革の造反派がこのうわさを聞いて再び派閥をつくり、地方で「復活した勢力」の代表的人物を次々に捕まえて批判し、チャンスとばかりに批判の矛先を直接、周恩来に向けた。

当時、ある大学教授が『孔子誅殺少正卯』（孔子　少正卯を誅殺する）という文章を記した。孔子が少正卯を誅殺したと最初に記されたのは『荀子・宥坐篇』であり、少正卯の罪状について記している。また、『荀子・非十二子篇』においても記載があり、いずれも内容が似通っている。司馬遷も『史記・孔子世家』の中でこれに言及し、「孔子行摂相事，誅魯大夫乱政者少正卯」（孔子、摂政の事を行いて、魯の大夫の政を乱せる者小正卯を誅す）と記しているが、孔子が少正卯を誅殺した件に関しては長い年月を経ても定説はなく、疑問点が多く、後世の人々によって多くの疑義が示されている。

しかし、無学な江青はこの文章の存在を知るとすぐに筆者の大学教授に連絡をして原稿を送るよう要求した。そして、外交儀礼に背いてこの文章を外国からの来賓に送り、彼らを通じて海外へ広めようともくろんだ。こうして、周恩来を「現代中国の大儒」に仕立て上げ、かつての孔子になぞらえて批林批孔運動の中で打倒しようとしたのだ。

154

そこで、私はこのことをすぐに職場に知らせ、専用車で西山に向かい、かの教授に会ってコピーを50部ほどもらって帰り、そのすべてを家でこっそりと燃やした。当時、私はすでに自分の身の危険など構わないという気持ちになっており、妻にもこのことを知らせなかった。

　当時の関係者の全員が歴史に詳しかったわけではないが、この文章を手にした江青がまたとない宝物を手に入れたかのように喜び、その中国語の難解さも構わずに外国の友人に送ったことに関しては多くの関係者が疑念を抱き、ついには彼女に別の意図があったことを察知した。歴史に無知な江青のこの行動によって、彼女が当時の「批林批孔批周公」（批林批孔運動にかこつけた周恩来批判）による悪しき風潮を利用して一時的に猛威を振るい、周恩来を徹底的に打ちのめそうと企んでいたことが明るみになり、全人民を敵に回そうとする彼女の政治的野心が改めて示されることとなった。

　批林批孔運動が始まった時、周恩来は完全に蚊帳の外に置かれていたため、こうして昔の人物にことよせて現在を風刺し、人を暗に誹謗中傷するような攻撃についてはまったく感知していなかった。このため、新しい年に入ってから毛沢東にあてた業務報告書で彼が書いたのも「批林整風運動」であり、「批林批孔運動」ではなかった。しかし周恩来はこの運動の勢いと自分のことを完全に部外者扱いするやり方からその手口を見抜くと、自らの政治的立場が最悪となった場合を考慮せざるを得ないことを察知し、いつ名指しで追放されてもよいようにその準備を整えた。周恩来は、この運動はかなりの割合で自分に矛先が向けられることを百も承知していたが、当時の状況下で成り行きに逆らうのは困難であることもよく知っていた。このため、彼らの行為に関してはあえて暴くことはやめ、自らを逆に簡単に失脚させられないようにして、政治の世界に身をおき続けることで、政権を奪い取ろうとする四人組の陰謀を防ごうと考えたのだ。

　その証左として、批林批孔運動の中で、江青に名指しで批判された中央対外連絡部の耿飚部長に周恩来が贈った言葉を見ればわかる。それは、「たたかれても倒れるな。追い出されても出て行くな。痛めつけられても死ぬな」というものだ。これこそが礼節を守りつつも屈服しない革命家としての、我が「七爸」周恩来の懐の深さと巧みな戦術であろう。

　国学の大家である南懐瑾はかつて黄埔軍官学校に勤めたことがあり、周恩来を非常に尊敬していた。彼は特に周恩来の顔立ちを称賛し、周恩来は美男子だと言い、その周恩来に周一族の中で最も似ているのは私だと話した。南懐瑾は

周爾鎏と南懐瑾

私と何度も会って話し、江蘇省呉江市の太湖大学堂の仕事に招請してもくれたが、丁重に辞退した。彼が「七爸」について話すときは、中国周王朝の著名な政治家になぞらえて「七爸」のことを「周公」と呼んでいた。彼は、「周公は中国史において尊敬を集めた人物で政治的野心がなかった。周恩来も周公と同じで、現代の周公とも言うべき、中国史にも世界史にもまれに見る模範的な政治家だ」と言い、四人組は無知で恥知らずだと笑った。

2. 人々を驚かせた写真

　文革中は中国の招きに応じ、世界各国のマルクス・レーニン主義党の書記や主席がたびたび中国を訪れており、周恩来はその多くと面会した。なかでもオーストラリア・マルクス・レーニン主義党のTed Hill主席は毎年のように中国を訪れ、毛沢東とはすでに友人の仲となっていた。毛沢東の「戦争は革命を起こし、革命が戦争を制止する」という考えは、Ted Hill主席との談話の中で生まれたものだ。

　指導者たちとの会談のほとんどは、人民大会堂の福建庁で行われた。各国の共産党はいずれもおおもとから分離されて成立した規模の小さいものであるが、中国共産党としては党の規模の大小を問わず平等に扱う姿勢を示すために、王稼祥と康生が相次いで離職した後は、政務の忙しさにもかかわらず、周総理自身が会談を担当せざるをえなかった。会談には四人組の張春橋、江青、姚文元、王洪文も時に加わった。会談は通常、午後から始まり、晩餐会後も話し合いの続きが行われた。当時、周恩来の立場はすでに非常に厳しく、外国からの来賓に対応しつつ、四人組の妨害にも警戒する必要があった。四人組は常に外国人を通じて世界に影響を及ぼそうと企んでおり、周恩来の立場が危ういことについても、あの手この手で世界にほのめかそうとしていた。

　1974年4月、オーストラリア・マルクス・レーニン主義党のTed Hill主席が訪中し、周恩来との会談後、記念写真を撮る運びとなった。通常であれば、外交儀礼に従って職位の高い順に並ぶはずで、中央政治局常務委員で政府首脳である周総理が真ん中に立つ。そこで、外国側関係者を除き、中国側参加者は人数や階級に応じて全体の左右か後列にわかれて立つようにした。

　当時の私の階級であれば、写真に写る人数が少なく一列に並ぶ場合は全体の左右のどちらかに立ち、人数が多ければ後列の中央に立った。しかし私は周恩来と親戚の関係にあったため、できるだけ離れて立つようにもしていた。その日は、私は周総理が立つホストの位置の後列の左側に立って準備を整えていたが、思いもかけないことに江青が前列中央のホストの位置に立ちはだかったため、周恩来はホストの左側にずれて立つよりほかなく、ちょうど私の真ん前になってしまった。この突発的な状況に私は驚き、憤りさえ感じたが、後に会場の従業員が「周総理がへり下って譲るのを見る

と、江青がここぞとばかりに真ん中に立った」とその時の様子を教えてくれた。

　この写真は発表されると国内外で大きな反響を呼び、特に国際社会から注目を集めた。並び方のわずかなミスとはいえ、国内的にも対外的にも誤ったメッセージを発信することになったからだ。英国のタイムズ紙やガーディアン紙など世界の主要紙に論説付きで掲載され、「中国は内閣再編の予定で、周恩来が失脚し、江青がその後任となる」等と報じられた。この事件の政治的影響は極めて深刻だったといえよう。

　当時は文革中で、私たち大家族の中でも私は「七爸」と親しい関係にあったため、彼らは私の身の安全を心配し、私に電話をかけてくることはほとんどなかった。それでも今回の件を受けて「七媽」はすぐに私に電話し、慌てた声で「爾鎏、あなたはずっと慎重にふるまってきたのに、今回の写真では七爸の近くに立っているのはどうして？」と尋ねてきた。そこで彼女に事の次第を説明すると、電話口からかすかなため息が漏れ、今後はもっと気をつけるようにと諭された。さらにその後、彼女は私を呼び出し、当時の情勢に関して「秘密の話」をしてくれた。

1974年4月の問題の写真
（前列左端が耿飆、後列右から2番目が周爾鎏）

オーストラリアの来賓を迎える周恩来（1970年代）
（右から4番目が周爾鎏、5番目が耿飆、左から4番目が張春橋）

ヨーロッパの来賓を迎える周恩来
（1973年、人民大会堂ホールにて）
（前列右から3番目が耿飆、後列左から2番目が周爾鎏）

第四章　「文革」の日々　　157

この写真は、四人組が政権奪取の陰謀を持っていたことの歴史的証拠と言える。

　四人組は「七爸」を追い詰めるためなら、どんな契機も見逃そうとしなかった。ある外国からの来賓を囲む宴会の席で、江青は表情を硬くしつつ突然「親愛なる友人の皆様、お知らせしなければならないことがあります。今日の中国側関係者の中では、周総理だけが孔孟の書物を学んだことがあるのです」と発言した。当時は批林批孔運動の最盛期で、江青の発言は明らかに、周恩来こそが文化大革命の最も重要な打倒の対象であることを外国人に知らしめるためのものだった。この発言を受けて会場の雰囲気はにわかに緊張し、外国側参加者は目を丸くして周総理を見ることしかできず、乾杯のために手に持った酒杯も宙に浮いてしまった。それでも「七爸」は落ち着き払って横を向き、外国の友人を見た後に今度は張春橋のほうに向き直って、「あなたは孔孟の書を読んだことがないのですか？」と聞き、続けて江青にも尋ねたところ、厚かましいことに2人とも「読んだことはありません」と答えた。「七爸」はこれを聞いてもこともなげに平然として「一般的には、私だけでなく、張春橋や江青と同世代の人間も孔孟の書を読んでいるはずです。ただ、その違いは、私や若かりし頃の戦友たちは五四運動の時にすでに〝打倒孔家店〟（中国の封建倫理の中核である孔子の教えを根底から否定すること）を提唱していたことです」と外国の友人たちに語りかけた。彼はこうして四人組が虚言を弄していることをさらけ出した上に、史実をもとに、自分自身は青年期にとっくに確固たる信念で反封建の立場をとっていたことを説明したのだ。四人組のさまざまな悪行は外交儀礼に反しただけでなく、重大な「政治的過ち」であった。あの時、同席した私たちは一様に緊張し、「七爸」のその後の立場を心配していた。しかし、彼自身は外国の来賓たちと落ち着いて話し合いを続けた。

　会談終了後、病の身にあった「七爸」は歩くのも困難な様子で、鞄を持ちゆっくりと福建庁を後にした。私がつき添うと、「七爸」はささやくような声でこう言い含めた。「孔孟の思想についてはこれからも全面的、合理的、かつ、科学的に検討し、分析する必要がある。私の考えは、過去に君と話した時のものと変わっていない」。

3　張春橋の非礼

　「七爸」は生前、北京の人民大会堂の福建庁で海外の共産党のトップとよく会談を行っていた。そして、党の規模の大小を問わず、一律に平等に扱うという精神を示すために、彼はしばしば宴会を主催して各国の共産党の指導者たちをもてなし、夜中まで話し合いを続けた。オセアニアの来賓と会談を行うときの慣例は彼らにとって夏の休暇の時期を利用することであり、それは中国にとって冬の春節前後にあたった。

　国の総理であり、政治局常務委員でもある周恩来が自ら各国の共産党の高い地位にある来賓と面会するのだから厳粛で正式な外交活動であるはずだが、一般の外交活動

に比べて話題はより幅広く、より親密で打ち解け、リラックスした雰囲気で活発な意見交換がなされることもあった。

　しかしあろうことか、四人組はこの外交の場を利用し、またも大っぴらに周恩来に矛先を向けた。

　確かあれは「七爸」がオーストラリアからの来賓に対し、同国の定年退職の状況について尋ねた時のことだ。「オーストラリアの人口は少ないが、1970年代にはすでに年金受給者が全国で200万人あまりになった」と来賓は答えた。年金問題は重大な社会問題で、選挙や政情にある程度の影響を及ぼしうる。「七爸」がこの話に興味深げに耳を傾けていた時、陰気な顔をして冷たい視線で傍観を続けていた張春橋は突然目を見開き、「我が国は社会主義国だから、そのような問題は存在しない」と無理やり口をはさんだ。

　張春橋の険しい目つきと大言壮語を前に、来賓は一瞬、どう答え、どう話を続けるべきかわからなくなった様子だった。張春橋はつまり、「七爸」の質問は不適切だったと言外に示したかったのだ。だがしばしの沈黙の後、来賓に代わって「七爸」が答えを続け、張春橋に向かってはっきりと言った。「あなたの見解は間違っている。我が国は歴史の浅い社会主義国家なのだから、増え続ける年金受給者という現象は深刻に捉え、慎重に処理すべき社会問題だ。この問題に対応すべく、早期に予測を行って準備することが必要だ」。

　これを聞いた来賓たちは笑顔を見せ、うなずいて賛成を示した。一時は緊迫した会場の空気も和らぎ、もとの平和に戻り始めたが、ここで「七爸」はさらに想定外の行動に出た。彼は「私は江蘇省北部の出身だから割とおとなしいが、江青や張春橋、王洪文は山東省の出身で、強者ぞろいで有名なのだ」と冗談めかすと軽く笑い、何事もなかったかのように話題を次に移してしまったのだ。

　四人組のほうをちらりと見ると、この場にどう対応すべきか本当に困った様子だった。在席の中国側関係者はみな納得がいき、微笑んでいるように見えた。「七爸」がこんな冗談を何気なく言うのも珍しいことだ。もちろんこの言葉で、出身地ごとに人々の性格にそのような違いがあることを真に表現したかったわけではない。

4　革命バレエ劇『紅色娘子軍』の創作の真相

　1970年代末、四人組が失脚し、文化大革命が完全に否定された後、中国共産党中央宣伝部でかつて副部長を務めた林黙涵は私に対し、「江青は歴史を勝手に書き換えた」と話したことがある。彼女は自ら革命模範劇を指導して創出したと吹聴したとのことだ。

　林黙涵は憤慨し、「こうして他人の功績を横取りする江青はまったく厚顔無恥だ。

我々は彼女の虚言を暴き、事実と真相を公にしなければならない」と言った。また、革命バレエ劇『紅色娘子軍』による特別プログラムを例にあげ、周恩来から直接の指導と指示を受けたのは他でもない自分であり、多くの文芸関係者たちが奮闘するように自分が取りまとめたからこそ、この先駆的な試みが成功したのだと話した。

それから何年も経った2008年に、図らずも中国文学芸術界連合会（全国文聯）の主席で、中央音楽学院の元院長の呉祖強から当時のいきさつをさらに詳しく教わることができた。

もともとは1964年初めの春節の頃に、その年の国慶節で建国15周年を祝うために、「文芸界の優秀な人材はただちに結束して、革命化・民族化・現代化の原則を満たす優れた演目を短い期間内に創作し、演出しなければならない」と周恩来が提案したことに話は始まる。

バレエ劇に関しては、当時の文芸界のリーダーや中核的人材から、映画『麗しきめぐりあい』（中国語原題：達吉和她的父親、英訳：Tachi and Her Fathers）を下敷きに創作を行うことがたたき台として提案され、このために作業チームが結成された。そして、中国中央バレエ団脚色演出家の李呈祥がチームリーダーを務め、作曲家の呉祖強が楽曲担当のサブリーダーとなった。呉祖強は当時、青年学生をメンバーに入れた5人の楽曲担当チームを組織してただちに作業を開始し、最終的には『娘子軍連歌』をベースとして創作に着手することとなった。こうして、各分野の文芸関係者の努力により、新たな構想が発表された。それは、映画『麗しきめぐりあい』を土台とすることをやめる代わりに、映画『紅色娘子軍』を下敷きに創作するというものだった。そこで、彼らは舞台となる海南島を訪れて現地の生活を体験し、脚色に関係する内容を現地の歴史的な題材から引き出し、革命バレエ劇『紅色娘子軍』を創作した。彼らのこの大胆で創造性豊かな構想は、周恩来や林默涵からただちに支持されることとなった。

その年の3月から9月までのたゆまぬ努力の末、彼らは半年という短い期間で創作を完成させた。この革命バレエ劇は序幕から終幕まで全6場からなり、終演まで2時間を要した。

周恩来は中央指導者の中でも最初にこの革命バレエ劇を直接指導し、内容の審査を行った。彼はリハーサルを見ると大成功だと言い、「想像以上の出来栄えで、革命化・民族化・大衆化を実現している」と喜んだ。さらに、周恩来は毛主席にこのバレエ劇を勧め、人民大会堂の小ホールでの上演に招待した。毛主席は鑑賞後、「革命は成功した。方向性は正しい。芸術的にも優れている」と高く評価し、俳優やスタッフたちと嬉しそうに記念撮影を行った。これを受けて、周恩来も「革命は成功した。方向性は正しい。労働者と農民と兵士に奉仕しており、社会主義に奉仕している。芸術

的にも優れている」と劇団員を鼓舞した。後に、中国に一時的に身を寄せていたカンボジアのシハヌーク親王のために特別上演が行われた。

当時の上演に際し、呉祖強は大きな困難に直面していた。その一つは、人民大会堂の小ホールや天橋劇場等はオーケストラボックスが狭かったために、本来なら70～80人を要する楽団を40人程度まで減らさなければならなかったことだ。上演は最終的には成功を収めたが、容易なことではなかった。

呉祖強は当時を振り返ると「江青は歴史的事実を勝手に歪曲し、他人の功績を自分のものにしようとした。これは恥ずべきことだ」と林默涵と同じ意見を示した。

さらに、呉祖強は自分の実感をしみじみと語った。それは当時、周恩来が提示した革命化・民族化・大衆化という原則に関するものだ。この原則によって、西洋芸術の様式を取り入れて中国の現実生活の題材と融合させるという多くの芸術関係者が行った創造的な実践が肯定された上に、文芸分野においては入念に設計され、周到に準備された制約が極左思想に対して設けられることとなった。また、人々が特に敬服したのは、建国以来17年間にわたる、国と共産党の文芸戦線における偉大な成果が江青らによって否定されるだろうことを周恩来が予測したことだ。これに対抗すべく、周恩来は巧みな戦術でこの革命バレエ劇に毛沢東を招待した。毛沢東は鑑賞後、このバレエ劇を高く評価したため、江青はしばらくの間、口出しができなくなってしまった。

5 『白毛女』は突如として『紅毛女』に

『白毛女』は中国では誰もが知る有名な革命歌劇で、物語の起源は晋察冀辺区（中国共産党が日中戦争期間中に華北地区に設立した抗日根拠地。現在の山西省、河北省、遼寧省、内モンゴル自治区にまたがる地域）に伝わる民話『白毛の仙女』にある。この民話が下敷きとなり、1945年に延安の魯迅芸術学院によって『白毛女』という名の新歌劇が創出された。そして解放後には多くの文芸関係者がこの歌劇を土台にして映画や劇映画、京劇、舞踊劇等に改編しており、上演すれば必ず成功するほど、多くの軍関係者や人民に愛されている。

劇の様式にかかわらず、いずれのシナリオもあらすじは次のとおりだ。小作農の楊白労は悪徳地主の黄世仁に迫害されて死に至った。娘の喜児は辱めに耐えかねて山奥へ逃走し、長年にわたり身を隠し続けたが、八路軍によってこの地区が解放されてようやく日の目を見ることができた。不幸にも、黒髪の美しかった少女も民話に伝わる〝白毛の仙女〟となってしまった。しかし幸運なことに、最後は人間世界に戻ることができ、新たな人生を再開することとなる。

劇の様式によって音楽や舞踊、表現手法が違っても、上演すれば必ず成功する理由は「旧社会は人を鬼（妖怪）にするが、新社会は鬼を人にする」というその根底に流

れる思想による。『白毛女』はその多様な芸術スタイルによって放たれる影響力によって、大衆の間で広く共感されるに至った。

私自身もこの劇の影響力による感動的な場面を目の当たりにしている。それは、入隊して間もない貧しい農民出身の青年兵士の何人かが『白毛女』を鑑賞している最中に、あまりの感動に激しく泣き崩れ、劇場の床に倒れ込んだために他の戦友らが劇場の外に連れ出し、しばし休憩させざるを得ない様子を目撃したことだ。このように、この演目の強い芸術性に感動した観客は、仕事でも戦いの場でも負けない精神性を獲得することができただろう。

中国歌劇院で『白毛女』を鑑賞した周恩来と鄧穎超
(1962年)

しかし、文芸界に破壊作用を及ぼした江青が、文革初期には歌劇『白毛女』に対していわゆる「改革」を企てていたことなど、誰が予想できただろうか。江青は、白毛女が山奥に逃げて長年にわたって身を隠したくだりに意表をついた改作を行い、抵抗する精神は持っていたが非力な少女にすぎなかった主人公の喜児を紅軍の女性政治委員に書き換えた。そうして、江青は周総理を上演に招待し、自身のいわゆる素晴らしい功績をひけらかそうとした。

1967年のことだった。周恩来はその上演を鑑賞すると、江青の思い上がりを短い一言で打ち砕いた。周恩来は、江青と劇場に残っていた俳優や観客たちに向かって「今回の演目は『白毛女』と言うより、『紅毛女』に改題したほうがふさわしい」と話したのだ。その後、周恩来は忙しさを口実にすぐにその場を離れたため、憤慨した江青がとり残された。文革中は難しい立場に置かれていた「七爸」も傲慢無知な江青に対して弱みを見せるばかりではなく、原則を押し通しながら巧みに、かつ、機敏に必要な指摘と反撃を何度も行っていたのだ。

筆者の古くからの友人で、現在はイギリスに住むインドネシア帰国華僑の許宜璋は、当時、歌劇『白毛女』の改編を行う作曲チームのメンバーに加わっており、このことが強く印象に残っているという。往事を思い出すと今でも懐かしいそうだ。

五　最後の日々

1　最後のだんらん

　1974年の旧正月、周一族の一部の親戚が西花庁に集まり、「七爸」との最後のひとときを過ごした。妻の王章麗は海外にいたため、私は娘の周蓉と西花庁を訪れた。周秉徳夫妻、周秉宜夫妻、周秉華夫妻、周秉和も同行した。「七媽」は私たちを迎えて座らせ、周蓉を自分の隣に座らせると、手を握って「このお嬢さんはどの家の子どもかしら」と尋ね、私の娘だと分かると「思い出したわ。ずっと首から家の鍵を下げていたあの女の子ね。貧乏人の子どもは早くから家事を切り盛りするようになるというように、まさに京劇『紅灯記』に登場する若い娘、〝李鉄梅〞のようだわ」と話した。さらに、「七媽」は莱陽梨（山東省莱陽で取れる梨。洋梨に似る）の皮をむいて周蓉に食べさせてくれた。このとき、「七爸」の乗った車が到着したので、全員で表に出て出迎えた。彼は皆と握手を交わし、春節を祝った。

　すると周秉和が不意に「賀龍の追悼式で総理が弔辞を述べた際にしばし中断したのは、悲しみのあまり声を出すのが難しくなったからでしょうか」と尋ねたため、この若者の配慮のなさに私は内心あせった。病魔に侵されつつあった「七爸」にとって、そんな質問にその場で返答するのは難しいと思われた。はたして、「七爸」はしばしためらった後に、「あのときは視界がぼうっとして眼鏡を外さずにいられず、レンズを拭くために中断したのだよ」と答えた。「七爸」は未亡人となった賀龍の妻などの遺族に向かって何度も頭を下げ、謝罪していたことを私は知っている。賀龍への思いはあっても、それを果たす力がなかったことに対する「七爸」の後ろめたさが私には十分に感じられた。

　その後「七爸」は別の部屋に移り、私だけを呼び寄せた。時間が足りなかったため、彼は昼食を取りながら私と話した。彼の食事は簡素なもので、醤油を少しかけただけの白米に2種類の小皿料理、そして具の入っていない汁物だけだった。「七爸」は私に3つのことを言いつけたが、それが最後の教えとなった。

　西花庁を離れる際に「七媽」は「今年の春節はそばで働く人たちのほとんども故郷に帰らせているから」と言い、食事をして帰るようにと皆を引きとめることはしなかった。その代わりに、「年貨」（中国の年越し用品。爆竹、「年画」（旧正月に飾る縁起物の絵）、おもてなし用のお菓子、高級食材など）を贈り物として一家に一袋用意し、皆に持ち帰らせてくれた。

2 「七媽」の特別な話

1974年の春、「七爸」は病身に加えて政治的にも難しい立場にあったため、「七媽」は周囲の目を避けつつ私だけを呼び寄せ、彼らと足並みを揃えながら最悪の事態に備えるよう私に指示した。それは、2人からの最後の言いつけになるかもしれないと私は感じていた。

普段なら、長丁場となる私への個人的な話に関しては、そのほとんどを「七爸」自身が引き受けていた。「七爸」と「七媽」は生活の時間帯がまったく異なり、「七爸」が私と面会するのは夕食後が多かったが、体調の優れなかった「七媽」はその時間はほぼ寝室に戻って横になっていた。「七爸」と私の話し合いは、人々が寝静まった後の夜更けに彼の事務室でよく行われたものだ。一方、「七媽」が私と会う時は、たわいもない話題が主だった。

過去についていえば、たとえば1971年秋、河南省労働幹部学校から北京に戻ると「七媽」から電話があり、幹部学校での2年間と北京に帰ってからの近況について尋ねられた。私がまもなく中央対外連絡部に異動することを彼女はすでに知っており、祝福してくれて、私の健康状態が良いことを喜んでくれた。

また1972年に私がニクソン大統領訪中を迎えるためのさまざまな仕事に加わった後に、「七媽」は私の従妹の婿である沈人驊から、私の心臓のごく近くの胸の位置に小さな腫瘍が見つかったが、それが何であって、どんな理由で出来たかはわからないことを聞きつけた。彼女は「私たちも心配だから、手遅れにならないうちに早く病院に行って検査を受けてほしい」と私に告げた。ほどなく北京医院の呉蔚然院長から電話があり、院長自ら診察に当たるから来院するように言われた。初期診断は良性の脂肪腫で、院長からは「特に治療を施さずに自然治癒を待つか、あるいは切除手術を行うかについては七媽の指示を仰いでほしい。その指示に従って対応する」との話を受けた。

結果を聞くと「七媽」は、「あなたは七爸と身体面でも健康面でも似たところが多くて不思議ね。あなたは、彼の服も靴下も身につけることができて、しかも大きさがぴったり。その上、2人とも血液型がAB型なんて。2人とも記憶力も抜群。仕事が辛い時期には、あなたは何年も体にむくみが出て、肝臓も少し悪くしたようだったけど、彼も長征の頃に肝膿瘍にかかったの」と話し、からかうようにこうつけ加えた。「そうしたら今度は2人して脂肪腫ができてしまうなんて考えもしなかった。彼の背中の脂肪腫は年々大きくなっていて、今では小さな卵ほどの大きさだけど、手術は必要ないそうよ。だから、あなたも手術の必要はないでしょう。ちょっとくらい脂肪腫があっても、健康には差し障りないものよ」。

私は呉院長に彼女の意見を伝えた。こうして、脂肪腫については最終的には様子見

となり、今日に至るまで手術はしていない。後に、呉院長と2人して私を気にかけてくれたことについて「七媽」にお礼を言うと、彼女は「お礼の必要はないのよ。北京医院はもともとあなたのかかりつけの病院で、彼らもあなたをよく知っているのだから」と話した。

　話は戻るが、こうした世間話の時とは違って、1974年のあの時、「七媽」は秘書やそばで働く人たちの目を避けてこっそりと私に電話をかけ、二人きりで合う約束をとりつけた。「七媽」は文革開始以降の状況について私に長い時間をかけて報告するように言ったが、すでにある程度は知っているようだった。私は妻の王章麗の出産を理由に上海に一時期、秘密裏に戻ったこと、そしてそれは職場の革命委員会のリーダーとなるのを避けるためだったことを報告した。当時は、武装闘争を制止する以外はどのような活動にも参加せず、二つに分かれた組織のいずれにも加わらないようにしていた。「七爸」を擁護する側の紅衛兵組織に対しては信頼できる人間を選んで個別に連携を取るようにし、逆に「七爸」に反対する側の紅衛兵組織に対しては中核メンバーでない人間を選んで個別に味方に引き入れるための説得を行った。また、「七爸」が国務院外事弁公室の張彦主任と個人的な関係を持っていたという誤ったうわさに関しては、その誤解を解く手伝いをした。これらの話を聞いた「七媽」は、「七爸」ともども満足していると答えてくれた。

　こうして、彼女に初めて自分の胸の内を打ち明けた時、私は康生と江青に関する話もした。1950年代、まだ若くて世間知らずの大学生だったころ、康生の何人かの悪の手先がありもしない罪をきせて私をわざと貶めようとした。「七媽」は名指しでの批判はしなかったものの、こう語った。「あなたが大学に入れたのは自らの努力のたまもので、そのための代償も払っています。私も七爸も何の影響力も及ぼしていない。当時の状況については、説明を受けずともある程度はわかっており、天津であなたに話したこともあります。情けないことに、私たちは逆にあなたの負担になっています。あなたは私たちの甥として、恩恵を受けるどころか逆に被害を受け、忍耐を強いられています。文革開始後にあなたが迫害を受けたことも多少は聞いています。そこで、今日は改めて話しておこうと思います。文革以降、私たちと親しくしている人の中で災難を受けていない人はほとんどいません。ひどい場合は投獄され、殺害されています。非業の死も免れがたいのです。あなたたち夫婦は長年、外交や文化、教育の分野で働いてきたから、真っ先に攻撃され、私たちと運命を共にするおそれもあります。どんな不測の事態も起きうるのだから、十分な準備をしておくように。結婚の際、あなたは王章麗に〝いつでも犠牲になる準備をしておく必要がある〟と言い聞かせていました。当時、あなたはそれを言うことができたし、王章麗も受け入れることができました。でも、この姿勢を生涯貫き通すのは容易なことではありません」。

第四章　「文革」の日々　165

「七嬷」はさらにこう続けた。「康生について言うなら、彼は外交部門の仕事ぶりについては〝三和一少〟（帝国主義・修正主義・各国の反動派とは和し、民族解放運動への支援は少ない）であり、〝三降一滅〟（帝国主義・現代修正主義・反動派に投降し、民族解放運動を消滅させようとする）であるとも言い、矛先を王稼祥同志に向け、七爸にも向けようとしています。四人組も同じです。そもそも江青には七爸を攻撃し、野心満々で目的を果たさない限りあきらめない気持ちが感じられます。今日こうしてあなたを呼ぶことについても、私はさんざん悩みました。周爾萃の手紙を読みにくるように電話で言ったのもただの口実で、盗聴されて問題になるのを避けるためです。〝批林批孔批周公〟運動の真っ最中で、〝批宋江投降主義〟（宋江の投稿主義を批判する）運動まで起こった今や、あなたの言うように矛先は七爸本人に向けられています。病身にある総理は、悪質な中傷や攻撃にもさらされています。あなたは甥として、それに一時は外交部門の幹部だった者として七爸をよく理解しているから、公正さを欠き、合理性も欠く仕打ちに怒りを感じるのも当然です。しかし、事はこれだけに終わらず、不運はあなたと家族にまで降りかかるかもしれません。これも、七爸がわざわざあなたを呼び寄せるように私に指示した理由の一つです。どうか、最悪の事態に対する備えをしてもらいたいのです。あなたの娘と息子はまだ幼くて愛すべき存在です。もし可能ならば、早いうちに南方の親戚か友人に預けるのがよいでしょう。北京の情勢や七爸の病状が今後どうなるかは、誰にもわかりません」。

続けて、私も康生に対する意見を少し述べた。それは当然、康生に対するものだったが、必ずしも彼だけに限ったものでもなかった。「外交部門の仕事は一人の独断で決められるものではありません。七爸は原則に厳しい方なので、重要なことに関してはすべて主席と党中央の意見を仰いでいました。だから、康生が〝三和一少〟だけでは足りず、〝三降一滅〟とまで称し、原理原則に関する政治問題として大げさに追及したことも、矛先が誰に向かっていたかは非常に明白です。ここで私が総理の親族として集団を分裂させ、〝反対派〟を獲得するべく動き、少数の悪人を最大限に孤立させることができれば、それこそが正しい行動でしょう」。

「七嬷」は私の話を聞き、しばし考えた後に答えた。「あなたの話も確かに一理あるから、七爸に報告しましょう。仕事や政治に関する重要な話については、これまでは七爸から直接あなたに話してきたが、今日は私が話している理由もあなたには言うまでもなく理解できるはずです。あなたの職場には海外からの賓客の接待業務を担当する毛宝忠という人物がいて、彼は反対派のリーダーの一人という話です。見たところ、彼らは周総理の崇高な人格に感銘を受けているのだと思います。江青、康生のような人物は民衆の心から著しく乖離し、すでに深刻な事態に陥っていますが、そんな彼らも前途は予測できないと感じれば、もっともらしく取り繕って我々に歩み寄らないと

も限りません。私から前もって彼に話をするから、あなたもそれに乗じて彼に何らかの説得工作をしてみてもよいでしょう。世間を渡るには敵を作りすぎないのが上策です。敵を友に変え、敵対する人物を減らすに越したことはありません。一国の総理ともなると政務が煩雑で、多少の注意不足や間違いは避けられません。だから、総理が何か誤りを犯したら、あなたも人々と共に公開批判を行ってもよいのです。これも、今日あなたに話したかったことの一つです。そうなっても、私も「七爸」もそのわけを理解できるからあなたを責めたりしません。職場に戻ったら、チャンスを捉えて毛宝忠と接触してみるとよいでしょう。とにかく、今日から、あなたたち夫婦と家族は、どんな不測の事態が起きても慌てずに済むよう、早めに準備を整えておくことです」。

私はこれを聞くとすぐさま「自分と家族は犠牲になる準備はとっくにできており、多勢に付和して七爸夫妻を批判することは決してないから安心してほしい」ということを告げた。

ここまで話すと、「七媽」は1冊の英語の本を取り出してきた。題名は『Grey Eminence』で『灰色の大司教』とでも訳せようか。彼女の話によると、この本は外交部の親しい友人が彼らのために密かに海外から持ち帰ったものだった。本の内容の一部はある人物によって提供されたもので、江青や康生のような者たちが利用しないとも限らない。病身の『七爸』に面倒を増やしたくないから、関係のありそうな部分を急いで翻訳してほしい。このことは、まだそばで働く人たちには誰にも知られていない、と話した。

職場に戻ると私は急いで翻訳を完成させた。すると予想通り、毛宝忠の使いの者がやってきて、個人的に話がしたいから自宅に招待すると言った。私は考えたが、民衆からの誤解をおそれて長らく返事をしなかった。

英語の本に関しては、関係部分を翻訳し、「七爸」の参考用にと「七媽」に送付したが、残念なことに、当時はこれ以外の反共産的資料は見当たらなかった。1980年代になってようやく、私は親戚や友人、外国人学者を通じ、スタンフォード大学フーヴァー研究所図書館などから、さらに多くの資料を間接的に閲覧させてもらった。そこでようやく、「七爸」の生前に、私の継母だった馬順宜が海外で多くの反共産的・反中国的デマを広め、「七爸」を攻撃する風説まで流していたことを知った。事態は相当深刻だったようで、「七爸」が一時これに憤慨したのも無理のないことだ。

3　1974年の国慶節祝賀レセプションの感動

1974年の秋、私は国慶節祝賀レセプションの招待状を受け取った。受領後の心境は、嬉しさ半分、心配半分というものであった。嬉しかったのは、その年も総理の署名は「七爸」のものだったためだ。この分なら彼はその年のレセプションにも予定通

り出席できるだろうし、健康状態もかなり良くなったということだ。しかし、心配だったのは、もし彼が病を押して無理にレセプションに参加するなら、このような盛大な会に出席するのは最後になってしまうのではないかと思ったからだ。当時、すでに信頼できる大勢の老幹部は失脚させられており、「七爸」自身も病状が重く、立場が危うかったため、その進退が政局の変化や国の前途に影響を及ぼす可能性は大きかった。

「七爸」自身もその年の国慶節祝賀レセプションを重視していることは、私も知っていた。彼はこの機会に、文革中に傷つけられた党内外の各分野の人々のできるだけ多くに配慮を示すことを望んで

国慶節祝賀レセプションの招待状（1974年）

いた。このため、手術から間もなかったにもかかわらず、彼は2000人あまりにも及ぶ出席者名簿に細かく目を通し、政治局の日常業務を代行していた王洪文あてに連夜、手紙を書き、各分野からの代表者をもう少し増やすべきだとアドバイスしていた。

9月30日の夜、国慶節祝賀レセプションが盛大にとり行われた。長らく病に伏せていた周恩来総理の登場を各分野の代表たちは心待ちにし、表舞台から遠ざかっていたその姿をひと目見るのを楽しみにしていた。喜びと不安の混じった複雑な表情で、大勢の人が会場に押し寄せた。あかあかと灯りのともる人民大会堂は各界の著名人で一杯となり、海外からも多くの友人が訪れていた。私はイギリスのアドラー（Adler）氏、アメリカのコフラン（Coghlan）氏と同席だった。2人とも国際人として著名だったが、相次いで肺がんにかかり、手術後でまだ完全に回復していなかった。それでも、彼らはエネルギッシュな様子で正面の舞台の方を向き、敬愛する周恩来の登場を心待ちにしていた。

やせ細った周恩来がレセプションに登場して手を振って挨拶をすると、会場全体が瞬時に沸き立ち、参加者は次々に席を立って総理がゆっくりと席に着く様子を見つめた。総理が着席すると今度は会場全体が瞬時に静まり、参加者は熱い気持ちで周総理の話に耳を傾けた。このとき、車椅子で会場入りした朱徳と康生も相次いで席に着いた。参加者はかつてと同じような「七爸」の大きくてよく響く声を聞くと奮い立ち、総理の回復には希望が持てると感じた。

周総理の乾杯の挨拶は短いものだったが、大きな拍手で10数回にもわたり中断された。挨拶が終わると会場は熱波が襲ったように再び沸き立ち、その場にいたすべての人に熱い喜びが広がった。参加者の心には周恩来に対する尊敬の念が湧き上がり、彼ほどの人物がこの危機を支えてくれているのだから、この国にもまだ希望が持てる

と感じた。

　私は久々に会った「七爸」に、病人らしい様子の残っているのを見ているうちに涙をこらえきれなくなり、一日も早く回復するよう静かに祈った。

　その後、間もなく散会というころになると、参加者は皆じっとしていられなくなり、多くの人がマナーも省みずに椅子とテーブルの上にまで立ち、総理がゆっくりと席を離れるのを名残惜しい気持ちで見つめた。誰もが少しでも長く総理の姿を見ていたいと願い、総理がゆっくりと、もっとゆっくりと退席してくれるよう望んだ。会場では椅子の上からテーブルの上まで、至る所で紅軍の老兵士や劇団員、共産党と政府の幹部、少数民族の代表者、そして海外からの来賓が立ち上がり、皆がそれぞれの言語で周恩来に対する敬意をこめて叫び、中には小声でつぶやく者もいた。私は、若い外国人女性がテーブルの上に立ち、「周総理とダンスを踊るチャンスがあればどんなに良かったことか」と独り言をいうのを聞いた。また、多くの老幹部や紅軍の老兵士たちは「敬愛する総理よ、どうかお体を大切に！」と大声で呼びかけていた。同じテーブルのアドラー氏、コフラン氏は「七爸」の古くからの友人で、70代の高齢で彼らも病魔に冒されていたが、病の苦しみなど忘れた様子で、周総理が休息できるよう早めに散会すべきだと言い、司会者に促すよう再三、中国側関係者に催促していた。とにかく、大盛況の人民大会堂は突如として「人民の良き総理」に対する真心で一杯となり、参加者は皆その大きな喜びの海にひたっているかのようだった。

　この年の国慶節祝賀レセプションでは周恩来の登場によって全国の人民の心が温められ、人々の話題にもなった。周恩来の存在は極左思想に対するある種の抑止となり、未来に対する人民の希望のありかであると多くの人々が感じた。祝賀レセプションで湧き上がった熱気やムードは、周恩来に対する人民の敬愛と関心の発露であった。このころ、四人組はまさに「批林批孔批周公」の計画を練っているところだったが、空前の大盛況となったこの国慶節祝賀レセプションによって「人間たる者、誰もが正義感を持つ」という真理が世界に示されることとなった。

4　文化大革命で寿命が10年縮んだ

　「七爸」の逝去は中国の人々に悲しみをもたらした。葬儀は空前の規模で内外を震撼させた。私は悲しみのあまり、彼の生前の言葉を思い出さずにはいられなかった。「文化大革命で寿命が10年縮んだ」という言葉に何の誇張もないのは確かだった。

　中国の多くの幹部や民衆、そして多くの外国の有識者から、周恩来は病気にかかった後、適切な治療を受けられていたのかという疑念が突きつけられた。今でも忘れられないのは、「七媽」が人民大会堂台湾庁に親族やそばで働く人たち、医療スタッフを集め、話をしたときのことだ。その主な内容は、「七爸」は病気で亡くなってしま

第四章　「文革」の日々　　169

ったが、医療スタッフは職責を果たそうと尽力し、治療に全力を投じたのだから責めてはならない、というものだった。「七媽」が未亡人として、また政治家としてこう話したのは、ひとえに人々を安心させるためだった。事は国の大局に関わるものであり、当時の情勢を考えてもこれ以外にふさわしいやり方は思い当たらなかった。

　何年も経ってから、「七媽」は私と個人的に話した際に「七爸」が亡くなった本当の理由を教えてくれた。一つ目は、文革期間中、国家副総理を含む多くの重要なポストについていた幹部が相次いで逮捕され、失脚し、迫害されたために、総理が政務の重荷を一身に担うこととなり、長期にわたる過度の疲労によって健康が著しく損なわれたためである。二つ目は、すぐに手術を受けられなかったためだ。膀胱がんの診断が下された際に治療チームが組織され、王洪文がリーダーとなった。治療チームの意見は、差しあたっては「七爸」に真の病状は知らせず、手術はせず控えめな治療を行うというものだった。

　総理の病状悪化後、医療スタッフはただちに手術をするよう訴え続けた。そのころには周総理も自分の病状を知り、自分でも報告書を書いて党中央に手術治療を要求していた。しかし、時すでに遅く、手術後にがんの転移が分かった。多くの専門家によれば、膀胱は袋状の器官であるため、がんが転移する前に適時に摘出すれば、当時の医療技術であれば尿瓶をつけさえすれば事は済んだ。生活に不便はきたしただろうが、生命の危機には至らなかったかもしれない。

　病状が重くなってからの手術にあたり、「七爸」は手術室に入る前に、弱くなってしまった手の力を振り絞って「伍豪事件に関する声明」という文書に署名し、史実を明らかにするためにこれを後世に残した。そして最後に、「私は投降派ではない！」と大勢の前で叫んだ。これは、単なる個人的な抗議ではない。原則と正義を堅持した革命家の最後の叫びだ。

六　「七爸」の逝去

1　世界を悲しませた葬儀

　1976年1月8日午後、中央対外連絡部の馮鉉副部長から急ぎ相談したいことがあるとのことで、急遽自宅に招かれた。あまりの突然さに嫌な予感を覚えつつも、私は慌しく彼の家に向かった。門を入ると、痩せた体でまっすぐに立つ彼の姿が見えるばかりで、直立不動の姿勢で「七爸」の写真の前に恭しく立っていたかと思うと、私に対してもすぐに彼と並んで立ち、「七爸」の写真に向かって中国の最敬礼にあたる3度の礼をするように言った。それから、厳粛な面持ちで、「敬愛する周総理がこの世と

永別された」と告げた。この悲しい知らせを聞くと、私は雷に打たれたかの思いで立ちくらみがした。馮鉉副部長は私が気絶して倒れてしまうのではないかと心配し、急いで近くにやって来て私の腕を引き、肩を支えて座らせてくれた。すると、張り裂けんばかりの悲しみが私を襲った。強烈な震えが体の芯まで届き、こらえきれなくなった涙があふれた。「周総理の逝去はこの世で最も不幸な出来事だ。七爸に対する四人組の暴行と迫害を告発し、糾弾しなければならない」と大声で世界に叫びたい気持ちになった。

　「七爸」の病状が重かったことは機密事項だったが、私には心の準備があった。1973年末と1974年春、「七媽」が2回にわたり私と個人的に話した際に、「七爸」は重病の身であり、不測の事態も起こりうることを伝えてくれていた。「七媽」は漢方の処方箋を見せ、ある種の暗示を与えてくれてもいた。その上、子供を避難させることも含め、最悪の事態に備えるように私に言い含めていた。何か大きな変化が生じた際に、真っ先に攻撃されるのは私だとも話していた。それでも、「七爸」は回復するだろうと私はまだ期待していた。

　また、私は当時外交関係の仕事をしており、ヨーロッパを担当していた。1975年末、私の所属していた機関は共産党組織から割り当てられた特別任務を請け負っており、それは医学・薬学関連の英語、ドイツ語、スウェーデン語の資料を中国語に翻訳することだった。それがどの指導者のためのものか、誰が病気になっているのか、我々は知らされていなかったが、私は翻訳した資料と「七媽」が見せてくれた処方箋を結び付け、頭の中で心配せずにはいられなかった。こうして心の準備はしていたものの、「七爸」の逝去の知らせがこんなに早く来るとは思ってもいなかった。

　馮鉉副部長が口を開いて私に慰めの言葉をかけようとしたちょうどその時、「七媽」の秘書を務めていた趙煒が西花庁から電話をかけてきて、彼女の指示を伝えた。それは、「何とかして遠方にいる親戚たちと連絡を取って、〝悲しみを忍びつつ普段通り仕事にいそしみ、葬儀や追悼行事への参加のためにわざわざ北京まで来ないように〟と伝えてほしい」というものだった。

　私は涙をこらえ、職場への連絡をわざと遅らせつつも、夜中に専用車を1台回して郵電総局まで送るよう要請した。全国各地に住み、または出張中で北京から離れている親戚の一人ひとりに郵電総局から短い電話をかけ、「七媽」の言いつけに従って、彼らに「各自、悲しみをこらえて持ち場を守り、北京には来ないように」と伝えた。こうして、私が親戚への連絡を遅らせたのも、熟慮の末の「特別な計画」であった。中央政府の専用電話から各地の共産党政府機関の機密部門を通じて情報を伝えるというスピーディな手段を使わなかったのは、親戚たちがラジオや他のルートで先に消息を得た場合は、民用電話を使った私の連絡を受ける前に北京に駆けつけられると思っ

第四章　「文革」の日々　　171

たからだ。こうして、私は「七媽」の鄧穎超の指示に背かないながらも、各地の親戚たちが北京に赴き、親愛なる「七爸」の遺体に最後の敬意を示し、別れを伝えるチャンスを残した。こうした行動をとることでようやく、私も自分なりに納得し、心を落ち着けることができた。

郵電総局で夜中に親戚や友人たちに電話をかけた後、私は再び親族として、また、中央政府からの代表として北京医院に赴き、親戚の若い世代の中で2回も総理の遺体を仰ぐことができた唯一の人間となった。急場をしのいで用意された車庫のような霊安室には遺体のみが置かれ、他には何の装飾もなかった。中国の慣習に従って夜通し遺体の付き添いをしていた外交部門の耿飈ら幹部は、みな重々しい表情で粛然としていた。その後、一同が整列し、総理の遺体に別れを告げる段になると、外交関係の参列者の中には悲しみのあまり列から出て私のほうに駆け寄る者もいて、皆がむせび泣いていた。確か、駐ブラジル大使の張宝生らもいたと思う。

1月11日、遺体が北京医院を離れる時には告別行事に参加しようと自発的に駆けつけた多くの幹部や民衆が病院の正門前に集まっていた。彼らは警備隊の阻止にも関わらず、水も漏らさないほどにきっちりと並んで病院を包囲していた。人々は、遺体搬出前に敬愛する周恩来総理の遺体を一目見たいと先を争って押し寄せた。四人組の非道な行いのために民衆の心にも長年の恨みが積もり、一触即発の気配があった。このため、誰の決定かは知らないが、遺体搬出は最終的には正門を避け、裏門から行われた。

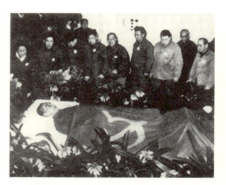
周総理の遺体に別れを告げる北京の市民

確か、霊柩車を先導する1号車には王洪文（当時の中国共産党中央副主席）が乗り、2号車には汪東興（当時の中央政治局委員兼中央警衛団団長）、3号車には「七媽」鄧穎超が乗って、マイクロバスの4号車には少数の親戚が座った。親戚が少なかったのは、慣例に従い、周一族の各家族の長男のみが主に代表として参列したからだ。私は「二房」の長男と

周総理を見送る長い列

して親族の代表の一員となり、4号車に乗った。悲しみのあまり私には周囲を細かく見る余裕はなかったが、周秉徳と周秉健も同乗し、それから長年「七爸」の身辺にいた国務院弁公室主任の童小鵬も自分から4号車に乗ってきた。

　親戚のほとんどは北京医院に来て遺体を仰ぐことも、八宝山霊園に向かうマイクロバスに乗って別れを告げることもできなかった。彼らは北京労働人民文化宮で行われた弔問に参加することしかできなかった。

　霊柩車と共に北京医院の裏門を出た時、私の心は怒りと不安、そして心配で一杯だった。四人組が人目を避けて裏門から遺体を運び出すことを決めたのは、民衆が「七爸」に対する敬愛と悲痛の思いを唱えることを恐れ、秘密裏に事を済ませたかったからだと思った。その日は日曜日で寒い日だったし、こうして皆が知らない間に遺体が裏門から運び出されてしまっては、ひっそりとした葬儀となるのではと心配にもなった。

　しかし、霊柩車がゆっくりと長安街にさしかかると、驚いたことに北京飯店の辺りから始まる道には寒風の中、粛然とした表情でびっしりと並んで立ち尽くす何万人もの群衆の姿が見えた。見渡す限りの人波は霊柩車の移動に従ってゆっくりと前に進んだ。私は石で打たれたようなショックを覚え、これほどに奮い立たせられ、満たされる思いはしたことがないように感じた。数えきれないほどの人々が総理の逝去を知って首都の心臓部に自発的に集まり、寒さを顧みず、四人組とその手先による妨害や抑圧をも恐れず集結した結果、この壮大な光景が生まれたのだ。

　この模様は文章や写真の形で記録に残され、中国ならびに世界中の人々の心に永遠に刻まれることになった。沿道には労働者、農民、幹部、知識人等、老若男女を問わずすべての階級の人々が出揃い、多くの外国人の姿もあった。彼らは車で霊柩車の前に駆けつけ、交差点でも、橋のたもとでも至るところで車を降り、長安街の南北両側の路傍にたたずみ、北風の吹きすさぶ中、帽子を脱ぎ頭を下げて弔意を表し、再び車に乗り込んで霊柩車の前まで行っては別の交差点や橋のたもとで車を降り、帽子を脱いで再敬礼するのだった。多くのカメラマンが街灯や旗竿、大木のてっぺんに登ってシャッターチャンスを競った。霊柩車が天安門広場の近くにさしかかると人々はこらえきれずに大声で泣き出し、その天地を揺るがす大音量は車の中まではっきり聞こえるほどだった。人波は八宝山霊園までの十数キロにわたり延々と続いた。後日さまざまな感動的な話が伝わってきた。首都鋼鉄公司などの大企業が従業員数百名を集めて霊柩車の行く手をはばみ、遺体の火葬に従わなかったということだ。八宝山霊園の従業員も火葬開始のスイッチを押すのを拒んだそうだ。また、不幸な知らせを聞いて意識を失った人や泣きすぎたために目がほとんど見えなくなってしまった人もいたそうだ。

霊柩車が八宝山に到着し、ガラス製の棺を担ぎ上げる羅青長らの姿を見ると、私は深い尊敬の念を覚えた。親族は「七媽」に続いて祭壇前のガラスの棺の方に進み、遺体に最後の別れを告げた。「七爸」の体は苦しみの歳月を経てやせ細ってはいたが、表情は以前と変わらず穏やかで、毅然とした中に慈愛も感じられた。私たち親族は「七媽」の近くに次々に集まり、悲しみをこらえながら「七爸」の遺体を見つめた。

「七媽」は深い愛情のこもった声でこう話した。「どうか最後に一目お姿を拝見させてください」。それから、私たち親族の若い世代の方に体を向け、「子供たちにも最後にもう一度だけお別れさせてください」と遺体に語りかけた。私も親族の列について前に歩み、ガラスの棺の上に身をかがめて「七爸」の最後の姿を見ようとした。私はあらかじめ妻の王章麗と娘の周蓉に、葬儀の際に私があまりに激しく泣いていたら注意するよう言いつけておいた。あふれる涙で前が見えなくならないように、息を止めて、最後の姿をよく見なければと思っていたからだ。それでも、悲しみをこらえきれなかった私は落涙しつつも「親愛なる七爸、最後に一目、お姿を見させてください。お別れがしたいのです」と遺体に小声で話しかけた。しかし、それも言い終わらないうちに突然、部屋の扉が全開になり、高齢の高級幹部たちが次々に棺の前に押し寄せて親族を押しのけた。

私も急に誰かに思いきり押し出されるのを感じた。ふり向くと、そこには背が高い割にやせ細った喬冠華がいた。彼はかがんでガラスの棺に顔をぴったりとつけ、立派な体つきに似合わず、流れ出る涙をこらえきれない様子だった。

それでも、なかには当時の情勢を受けて節度を失った人々も存在し、周総理に対しては恩義があるにも関わらず四人組に追随して周総理を攻撃し、私利を図ろうとする者がいることに私は内心、驚かずにはいられなかった。これは恥ずべきことであり、民衆の批判からも自身の良心の呵責からも逃れられないだろう。しかし、心の広い周総理は生前、このような人々の立場も十分に察していた。彼らは長年にわたり周総理に従い、職務上でも彼の直接の指導を受けてきたが、文革中は一線を引くポーズを取らざるを得なかったはずだ。したがって、すべては理解できることだと彼は考えていた。「七爸」は私に対しても、仕事上でなにか困難に遭遇したら四人組に助けを求めてみてもよいとさえ語っていた。このことからも、彼の度量の大きさと無私の精神を見て取ることができよう。

葬儀と追悼式典が終わった後、「七媽」は人民大会堂台湾庁に親族、身辺で働いていた人たち、それから治療チームのメンバーを集め、「医療スタッフは七爸の治療や看護に全力を尽くし、七爸自身も病気と粘り強く闘った」ことを強調した。そして、最後は残念な結果に終わったが、それは医療スタッフも望んだことではないと話した。医療スタッフが「七爸」の延命に手を尽くし、「七爸」自身も不撓不屈の精神で難し

い病気と闘ったとするなら、彼らの不屈の精神と友情は尊ぶべきものである。このため、親族と身辺の者たちは医療スタッフに感謝し、いかなる疑義も持つべきではなかろう。その日は多くの人が集まったため私と王章麗は後ろの方に座っていたが、「七媽」の秘書の趙煒が私たちを見つけて前の方に座るよう声をかけてくれた。「七媽」はずっと毅然とした態度で話をしていたが、私たちを見つけると駆け寄り、王章麗と心をこめて握手し、「章麗、あなたがイギリスから戻ってから、まだゆっくり話す機会を持てていないわね」と語りかけた。「七媽」は悲しみで声が詰まり、涙がせきを切ったようにあふれ出した。私と王章麗もこらえきれずに涙を流しつつも、「七媽」の話は非常に時宜を得ており、周囲の思いに寄りそっていることを感じるとともに、これも四人組がこの機に乗じて事を起こすのを防ぐために必要な警戒であることを理解した。そして当然ながら、これも民心を理解し、細やかな心遣いをした親愛なる「七爸」の遺風に影響を受けたものであろう。「七媽」が台湾庁を選んで今回の集まりを開き、自身の口から話をしたのも「総理が生前、成し得なかった若干の事業については努力して実現させる必要がある。私たちは実際の行動をもって人民の良き総理を偲び、記念する必要がある」ことを広く伝えたかったからだ。

2　四人組の失脚

　周総理の死去に民衆は深く悲しみ、全国各地で追悼行事が行われた。四人組はこのことが我慢ならず、無情にも鎮圧しようとまでした。後にこれが空前の規模となる第一次天安門事件につながった。当時、国内外では周総理の追悼記事が無数に発表された。私は王章麗と毎晩のようにこっそりと天安門に向かい、民衆の自発的な追悼集会と抗議活動に加わっていたが、職場でたくらみのある一部の者に尾行され、造反派のリーダーに報告されているとは思いもよらなかった。四人組の政権奪取の陰謀が早期に打ち砕かれていなければ、私たちも多くの革命に加わった民衆と同じように致命的な被害を受けていたかもしれない。

　大地には春雷がとどろき、その年の10月に四人組は逮捕された。国中が喜びに沸き、人々は心を一つに、希望に満ちた未来に向かって喜び勇んで前進を始めた。外交部のある現任の幹部は当時、外交部長の耿飈からの指示を伝えるため、友人宅を訪れていた私を自転車で訪ね、天安門の城門の両側にある観礼台に駆けつけるように告げた。耿飈部長は私に会うとすぐに華国鋒や葉剣英からの指示だと言い、「七爸」の親族からの唯一の代表として私は天安門の観礼台に招かれ、首都在住の100万の人民が歓呼する四人組失脚の祝賀大会に参加するのだと伝えてきた。この瞬間、私の心は勝利の喜びですべての苦痛から解放された。それまで私はこの情報を少しも知らされてなかったし、祝賀大会への参加を要請したこともなかった。つまり、当時の初代指導

第四章　「文革」の日々　　175

者たちは、代表者を選ぶ唯一の基準を親疎の順によらず実際の貢献を重視したことが分かる。

　数日後、同仁医院の院長から「緑内障は治療せずとも治ったようだ」と伝えられた。私は耿飈ら老幹部と国民に心の底から感謝した。このような指導者と人々がいたからこそ、「黒雲が城を圧し、城が崩れようとしていた」暗黒の日々も歴史の1ページとして過ぎ去り、喜びに満ちた明るい日々を迎えることができたのだ。

3　康生の未亡人、曹軼欧の異常な態度

　1976年3月初旬、オセアニアからの来賓が北京に到着し、周恩来と康生に対する哀悼の意を示したいと言って、双方の未亡人との面会を希望してきた。このため、鄧穎超と曹軼欧は2人そろって、来賓をもてなす宴席に同席することとなった。当時、まだ中国政府は政治的な方向性をはっきりと示さず、全国の幹部と人民は、共産党と国の前途をしきりに心配していた。

　この時の「七媽」は、人には言えない悩みを抱えながらもやむを得ず外交の場面に出席しているために、仕方なく無難な話でお茶を濁しているような様子だった。「七媽」は周囲の関係者や来賓と世間話をして、日常の些細な事柄について語った。たとえば、自分

鄧穎超に同行してヨーロッパからの来賓を迎える周爾鎏（1970年代末期）

は歳を取って物忘れがひどくなっているから、眼鏡をいくつも用意して客間にも寝室にも、台所にもトイレにも置いて、探し回らないようにしないといけない、といった具合だ。その表情はどこか自嘲ぎみで不自然な感じで、内容も取り留めがなく、本題から話をそらしているかのようだった。

　同行の私たちはこの様子を見て辛く思った。なぜなら、特に外交関係の仕事においては、「七媽」は注意深く「七爸」のやり方を見習っていたからだ。普段の彼女なら送られた接待関連の資料を細部まで読み、来賓を迎える準備をしっかりとしていた。しかし、この日の様子からは、彼女にはきっと何か口に出せない事情があるからこんな消極的な対応しかできないのだと想像し、同情せざるを得なかった。特定のテーマ

について来賓と真剣に話し合ったり、またはユーモアを交えて談笑したりするいつもの「七媽」からはかけ離れた姿だった。

　一方、この日の曹軼欧の様子も普通ではなかった。彼女は震える手でふところから康生の顔写真を取り出し、まじめくさった様子でそれを両手で持ち、不自然なまでに丁寧な態度で来賓に手渡していた。そして、これは康生の生前最後の写真だから贈り物として特別に持参したこと、それから、今回わざわざ訪中して弔問してくださったことへの感謝の念を写真にこめることを来賓に伝えよ、と通訳に言いつけていた。彼女は、この件に関して外交部門に意見を求めていないばかりか、「七媽」に事前に伝えることもしていなかったらしく、私たち関係者には不適切な行為に思えた。はたして、何の準備もない「七媽」には対処のしようもなく、少し落ち着きを失ったようだった。

　ところが、一時は気もそぞろだった「七媽」が不意に向き直り、「爾鎏、あなたも私たちの会話をじっと聞いているばかりではなく、いつでも会話に加わってもいいのよ」と私に語りかけた。「七媽」の態度は親族の子弟と話すときのように親しげで自然な様子だったため、疑い深い曹軼欧が気に留めたようだ。

　宴会が終わり、来賓を送った後、警戒心の強い曹軼欧は「七媽」と私が会場を後にしたことを聞くと、その場に残った関係者に私の身の上について詳しく尋ねた。そして、私が周総理の甥であることを知ると急に取り乱し、「そんな人を長い間、外交部門でこっそりと働かせているなんて。私にも知らせずに、まったくひどい話よ」と憤慨した。後日、曹軼欧が何か想定外の行動をとって私をおとしめるのではないかという心配と共に、このいきさつが周囲の人間を通じて伝わってきた。そこで、私は親切な同志たちにこう答えた。「予測不能な出来事に対しては、実はもう心の準備が十分にできている。唯一心配なのは、職場の上司を巻き添えにしないかどうかだ」。

　しかし、何事も起こらないまま、その年の10月に四人組が一挙に逮捕され、人々は狂喜乱舞した。私自身も生涯で一番幸せな時を迎え、久しぶりに太陽を見たような気がした。一番嬉しかったのは、罪のない人々をも死に至らしめようとする康生や四人組のような輩の非道で横暴な振る舞いを恐れずに済むようになったことだ。彼らはついに大勢の人民によって歴史の表舞台から葬り去られたのだ。

　この日以降、海外からの来賓を迎える時の「七媽」はかつての落ち着きと威厳を取り戻した。そして、彼女のユーモアを交えた話しぶりを目にした人々は、周総理の未亡人であり、長征を経験した中国人女性の代表的存在である「七媽」に心からの尊敬の念を抱きながら、周総理を懐かしく思い出すのであった。

第四章　「文革」の日々　　177

第五章　永遠の思い出

プロローグ

思い出の中の「七爸」とその横顔

　思い返せば、周家は名前が「貽」の字から始まる祖父の代も、「恩」の字から始まる父の代もみな背の高さは中くらいだった。周恩来と周恩寿、周恩霨の3人は同じ代の中でも美男子と称えられていた。それでも恩霨の背は中くらいよりやや低く、恩寿に至っては幼少時に親戚や親しい友人に「小黒子」と呼ばれ、からかわれていた。恩来と恩霨は肌が白かったが、恩寿は浅黒く、人ごみの中でも目立ったからだ。

　「七爸」周恩来は身長170センチメートルで、一族の同じ代の中国南方出身の男子の中では背の高い方だったが、北方出身の同世代の男子には及ばなかった。彼はわざわざ私を隣に立たせ、背比べをして「君も背が低くはないよ、低くはない」と笑ったりもした。そうは言いながらも彼はバランスのとれたすらりとした体格の持ち主で、特徴のある体つきをしていた。また、眉間の辺りには英気が漂い、濃い眉の下の大きな目は二重まぶたに見えるが、そうは見えない時もあった。「七爸」が周囲の人や事物を見つめる時のまなざしは電光のように鋭く、透視力があるかのようだったが、並外れた熱意と優しさも透けて見えた。総じて言えば、彼は常にさっそうたる姿を保った軍人であったが、その飾り気のない態度や話しぶりに触れれば全身からにじみ出る品格と教養の高さも感じることができた。「七爸」と接した人間は誰もが、心の底から賛嘆の声を上げずにはいられなかった。

　「七爸」は唇がやや薄く、鼻筋がまっすぐに伸び、人中（鼻と上唇の中間にある唇上部の溝）が長かった。彼が唇をすぼめて少し尖らせ、濃い眉をひそめ、視線を遠くに向けるようなことがあれば、その思索する姿に人々は威厳を感じた。

　ある食後のひと時、彼は私の言語習慣や食習慣に考えをめぐらせながらこう話した。「君も私も江蘇・浙江地方の人間だ」。私たちの原籍は江南（長江下流の南岸）の水郷地帯の歴史的にも文化的にも名高い都市である浙江省紹興にあるが、曾祖父の代以降は一族の少なからぬ人間が江蘇省淮安など、長江以北の地域に移って生活し、定住する者も出ている。幸いなことに、淮安も歴史的に有名な都市であるため、長江の南北

に位置する呉越文化と淮楚文化が私たちの魂に深く浸透し、言語面から食習慣、生活習慣などの面に至るまで影響を及ぼしている。たとえば、「紅焼猪肉丸」（豚肉団子のしょうゆ煮込み）という料理のことは「獅子頭」または「肉団」、「肉圓子」と呼ぶ。「祖父」という単語の発音は江蘇と浙江では異なり、紹興の人間は「yaya」、淮安の人間は「yeye」と呼ぶ。名前が「恩」の字で始まる代の子弟には黄河以北や東北地方に移住した者が多く、彼らの発音や食習慣もすでに江蘇・浙江一帯のものではなくなっている。このため、「七爸」の「普通話」（共通語）は東北地方の影響に加え、江蘇省北部のなまりも強い。一方、私の「普通話」は江南地方のなまりが強いが、いずれにしても私たちの発音には中国南方の特徴があり、発音の中に歯音が多く、音調が高く、発音がはっきりしており、北京で長く生活したにもかかわらず巻舌音が少ない。

　見た目に関して言えば「七爸」は常に軍人らしい品格を保っていたが、彼の講演を聞くと中国南方出身の印象を受け、博学で気品があり、学者や文人の風格があった。その割に歩き方など体の動きは軽快で、北方出身者のように重々しくはなかった。彼は過去に大けがを負ったが、それにもかかわらず体の動きは大きく、素早さもあり、熱意あふれる印象を与えた。笑い声は明るく自然で、腹の底から発せられるその声は豪快だったが、持ち前の品格と絶妙に混じり合い、わざとらしいところは少しもなかった。

　「七爸」は感情豊かな人でもあった。彼の父親との共通点は涙もろかったことで、これは私の祖母が笑いながら教えてくれたことだ。私は「七爸」が泣いているところを見たことはないが、その記録は確かに残されている。たとえば、賀龍が迫害を受けたことを知った時や、「9・13事件」（林彪事件）の知らせを受けた時がそれだ。しかし私の記憶にあるのは、彼が親類たちと談笑する中でユーモアを交えつつ、泣く場面を演じた面白い一幕のことだ。その日はみなで談笑しているうちに、何気なく泣き虫の話題になった。すると「七爸」は「七媽」に向かって「私も泣き虫だ」と言うと、ふいに泣く演技を始めた。彼はその泣きをすすり泣きでは終わらせず、ついにはおいおいと大声を上げて泣き始めたので、みなが大声で笑ったものだ。

　「七爸」は完全に信頼できる人物だった。彼はどんな場合にも目の前にいる人に同情し、理解しようと努める良き師であり、良き友人でもあった。彼の熱意と誠意に触れると、何のわだかまりもなく本音を話せる気がした。また、彼が話すことはすべて事実で、少しの誇張もなかった。そしてその豊かな知識のおかげで、誰もが彼のことを自分と同業者と思ってしまうほどだった。彼と話をすれば誰もが無意識のうちにその影響を受けた。「七爸」のまなざしはすべてを見通しているかのように感じられ、取り繕う必要も心配をする必要もないと思えるのだ。

　「七爸」に関しては、その服装から日常生活までのすべてを「平民化」の一言で形

容できる。「平民化」というだけあって、ややもすれば自分に過酷な要求を課すこともあった。たとえば、彼は何か所も繕った跡のある服も清潔にきちんと着こなし、それは威厳ある姿といつも調和しているくらいだった。政権党に属す最高指導者の一員として一般民衆の苦しみを常に忘れてはならない、そして、民衆の模範となるには日々の小さな習慣から始めなければならないという考えが彼の思想の根底に流れており、それは生涯変わることはなかった。

　これら彼のすべてが私にも、彼の周囲の人間にも、そして中国のすべての民衆にも、知らず知らずのうちに影響をもたらしているだろう。

一　新中国建国の功労者たちの心の中の周恩来

　激動の時代にさまざまな職場を経験した私はいわば「何でも屋」のような人間になり、おかげで国内外のさまざまな分野の有識者と知り合うことができた。なかでも、共に汗を流した建国の功労者や指導者たちの「七爸」との心の交わりには強い感動を覚えた。ある人物が死後に至っても生前と変わらずに人々に尊敬され、愛され続けているとするなら、そこには精神的な財産として後世に残すべきものが必ずやあるはずで、これも歴史に選ばれた者の運命であろう。

1　楊成武

　1914年10月8日、楊成武は福建省長汀県張屋鋪の普通の農民家庭に生まれた。長汀県第七中学の入試に合格した頃中国には革命の波が到来し、彼も革命の長い旅に加わることになった。1929年1月には閩西古城地方の農民暴動に参加した。そして、1930年3月に中国工農紅軍第四軍第三縦隊に編入し、中国共産党に入党した。

　楊成武将軍の英雄的業績と歴史上の貢献については、「七爸」と耿飈将軍のそれぞれから話を聞いたことがある。「七爸」の話では、中央ソビエト区での蒋介石の第4次包
囲殲滅への反撃の中で楊将軍の統率した部隊は命がけの戦闘を勇敢に戦い、輝かしい勝利を収めたため、聶栄臻元帥から「模範団の政治委員」と称賛された。また、長征の途中で周恩来、耿飈の両氏からその善戦ぶりを称えられるとともに、当時の王開湘団長と共に部隊を指揮して瀘定橋を奪取したおかげで紅軍部隊は自然の要衝を勝ち取り、大渡河を無事にわたることができた。抗日戦争中は、彼の部隊は日本軍の「五路

楊成武

合撃」作戦と百団大戦への攻撃に加わり、阿部規秀中将を銃殺した。解放戦争の頃には縦隊司令員、兵団司令員、野戦軍第二政治委員等に任命され、一貫して前線での作戦指揮に当たるとともに、建国式典閲兵指揮部副総指揮と指揮所主任を兼務し、国慶節閲兵式の指揮業務を合計8回も担当した。

　文革中は人民解放軍の総参謀長代理を務め、毛沢東主席に同行して全中国を視察した。しかし、不幸にも林彪と四人組に濡れ衣を着せられ、余立金・空軍政治委員、傅崇碧・北京軍区司令員と共に失脚させられて禁固6年の刑となり、家族も非道な扱いを受けた。これは「楊余傅事件」と呼ばれて人々の涙を誘った。文革終結後に名誉が回復され、再び党の要職に戻った。

　周恩来は彼らの失脚を悲しむと共に、そのすばらしい歴史的貢献を高く評価している。

　楊成武将軍は「七爸」らの話を通じて早くから私の人となりや仕事ぶりを聞き、私のことをよく知っていたそうだ。私も「七爸」や耿飆部長から楊将軍のことを聞いて敬意を抱いていたが、1970年代末になってようやく直に話す機会を得た。それは、楊将軍が代表団を率いてヨーロッパに向かう前のことだった。私は北京の京西賓館で開催される座談会に招待され、彼らに現地の民俗習慣や外交儀礼に関するレクチャーを行った。初めて会った楊将軍は意欲に満ちた人物で、文革が終わり、中国の軍人を代表して外国を訪問できることを喜び、誇りに感じているようだった。

　座談会が終わって参加者が次々に会場を去る中、楊将軍は不意に私の手を引き、その場に残るよう合図をした。そして、文革中の不幸な巡り合わせについてやや感傷的に語り出した。楊将軍が文革中に3人の身内を失ったことに対し、無力にも救えなかったと「七爸」が謝罪したことに話が及ぶと、楊将軍はこう語った。「文革はその残酷さで史上稀に見る大惨事で、総理は複雑な闘争の中で屈辱に耐えながら職務を遂行し、被害を減らして命を救うために全力を捧げた。また、自己犠牲の精神で無実の罪を着せられるのも恐れず、超人的な知恵と強い闘志で国家に献身的に尽くした。総理は生涯にわたって党と国家に不朽の貢献をし、中国にとって欠くことのできない歴史的偉人だ。総理が私と家族に謝罪をしたのは、党と国家に代わって自ら責任を取ろうとしたことの表れだ。こうした姿勢を取られるからこそ、人々の共感と敬意はさらに深まるのだ。文革中は彼もその良識と理性を婉曲な形でしか表現できず、率直には表せなかっただけだ」。

　また、林彪事件に話が及ぶと、楊将軍はこう説明した。「当時、林彪はすでに毛主席の後継者に選ばれており、そのことは党規約にも書き込まれていた。このため、林彪は周総理のかつての教え子でもあったが、総理も彼に関する意見を軽易に口にすることはできなかった。林彪事件において〝総理の命令によって林彪の乗った飛行機が

撃墜された"という噂はまったくの荒唐無稽だ。軍の統率者ではない総理が、国家主席や党中央の同意も経ずにどうして副主席の乗った専用機を撃墜できよう」。

さらに、楊将軍は、周総理がかつて若き革命軍人に心を配り、その成長を温かく見守ったことを懐かしみつつ、おかげで多くの旧革命戦士たちと同様に、若い彼らも周総理を人生の手本としていることにも触れた。楊将軍は「周総理は人民解放軍の創建者の一人であり、軍の政治工作を始めた人でもある」と語り、「周総理が南昌蜂起を率い、歴史に貢献したことは周知の事実である。総理は軍の称号を受けたことはなく、軍に対する自らの功績に言及したこともないが、多くの人民と革命軍人の心の中では元帥級の歴史的偉人だ。特に、文革中は激動の時代における国家の柱となり、欠くことのできない指導者となった。また、国際的には、新中国の革命と国家建設のために世界中の人々、とりわけ海外の多くの国々のリーダーから理解と支持を取りつけ、歴史に前例のない貢献を果たした。総理に対する世界の称賛は、他に例を見ないものだ」と続けた。

そして、楊将軍はさらに、建軍記念日を南昌蜂起のあった8月1日ではなく、秋収蜂起のあった9月9日に改めようとした文革中の造反派の動きや、人民解放軍の「八一」徽章の廃止を唱える者もいたことについて言及した。これには毛主席も憤慨したそうだ。楊将軍は「8月1日の南昌蜂起の方が先で全国的な蜂起だったのに対し、秋収蜂起は後から発生し、地域限定的だった。だから、8月1日の建軍記念日は絶対に変更してはならない。どうして歴史を勝手に変えられようか。中国共産党は唯物史観を唱えなければならない」と語った。

また、楊将軍は、共産党と国家が歴史的な事件に遭遇した際、周総理は常に積極的に立ち上がり、その危機を救ったリーダーであったことにも触れ、「10年の長きに及んだ文革で老幹部たちは次々に失脚させられ、国家は経済的にも危機に瀕し、相次ぐ内憂外患に見舞われた。しかし、周総理は病を押して職務を遂行し、国家の立て直しに力を尽くした。総理の素晴らしい知恵と勇気は、権力の奪取をもくろむ四人組とその共犯者たちにとって越えがたい障害となった。周総理はまさに国家の危機を一身に背負ったと言っても過言ではない」と話を締めくくった。

こうして長いこと話した後、楊将軍は私をエレベーターホールまで見送った。そして親しみのこもった声で「君は今後も伯父さんを手本に人生を充実させ、人民にしっかり奉仕するが良い。人生の貴重な時間を無駄に過ごさないように」と励ましてくれた。

2　黄鎮

黄鎮（1909-1989）は才能豊かな将軍で、芸術家でもあり、外交家でもあった。耿

飆と同様に、長征に参加した経験のある新中国最初の将軍外交官の一人であり、「七爸」の優秀な腹心の部下であった。私は職場で彼の部下として働く機会に恵まれ、周総理に対する彼の深い信頼と敬意を間近に感じることができた。特に「七爸」の死後、彼がその思想を受け継いで仕事に取り組み続けたことに私は敬服している。

黄鎮

黄鎮は数奇に満ちた人生を送った。彼は安徽省桐城市の農民家庭に生まれ、若い頃に上海で絵画を学び、卒業後は美術教員の職に就いたが、進歩的な学生を支持したために解雇された。その後、かの有名な寧都蜂起に参加してからは革命と共に生涯を送った。長征中には歌や現代劇を創作し、紅軍の間で広まった。また、彼は写実画や漫画を大量に描いて人々を感動させ、士気を高めた。後に出版された『長征画集』は素晴らしい芸術作品であると共に、貴重な史料となった。

1946年、国共和解の調停の頃は軍調部執行部（軍事衝突回避のために結成された、国民党代表、共産党代表及び米国代表からなる軍事協調処執行部）の共産党側の少将として首席代表を務め、国民党と激しく争った。1948年7月には、当時、河北省石家荘市西柏坡にあった中央軍事委員会政治部に派遣され、中国人民解放軍の軍旗のデザインを取りしきった。

新中国成立後は外交の一線に配属されて駐ハンガリー初代大使、駐インドネシア大使を務め、在任中に開催されたバンドン会議では周恩来の警備を全うし、会議は成功を収めた。1961年に帰国して外交部副部長となり、1964年には駐フランス初代大使に選出された。1973年には駐米連絡事務所主任として米国に派遣され、両国間の相互理解を促して中米関係の正常化を推進した。1977年以降は中国共産党中央宣伝部第一副部長を務めたほか、文化部共産党組織副書記、部長および対外文化連絡委員会共産党組織書記、主任、中央顧問委員会常務委員等を歴任した。

文革前に私も務めていた対外文化連絡委員会は文革中に廃止され、その後、1977年ごろに再び設置されて黄鎮がトップに就任し、過去の同志たちが次々に戻ってきた。しかし当時、私はすでに中国共産党中央対外連絡部に勤めていたため、黄鎮は対外連絡部のトップと交渉して私の帰任を求め、私は出向の身分で対外文化連絡委員会に戻ることとなった。帰任後、私は委員会の第四司のリーダーとなり、文化交流や映画関連の外交事務、国際宣伝等の仕事についた。

黄鎮は私の給与や待遇が勤務年数の水準をはるかに下回っていることを知ると、対外文化連絡委員会の共産党組織会議で私を例に挙げ、周総理が親族に対しては厳しい要求を課していたこと、そして私自身も総理の教えを心に、自分に厳しく、他人には

寛容であることを説明した。その上で「総理は生前、"高級幹部の子弟に対しては厳しく要求する。彼らを清代の支配階層であった八旗の子弟のようにしてはならない"と明言していた。その証拠に、周爾鎏の待遇を見れば総理が身をもって手本を示したことが分かる」と続けた。そう言う黄鎮自身も総理を模範に自らを厳しく律していた。

1973年、黄鎮が駐米連絡事務所主任として渡米する前に、外交部総務司はこれを特別な状況と認定して洋服代の申請を計画したことがあった。しかし、黄鎮はこれが一般的な規定から外れるものと知ると、申請を取りやめるよう求めた。「周総理でさえ外遊時の洋服は自腹を切って買い、公費を使わなかった。総理のアジア・アフリカ・ヨーロッパ14ヵ国歴訪に同行した際も、駐アラブ首長国連邦大使館の職員が総理のワイシャツに何か所も繕った跡があるのを見つけ、"人口6億を誇る中国の総理がみすぼらしい格好をしているのはいかがなものか"と言って総理に代わって服を購入しようとしたが、総理は固辞した。私たちも周総理を見習わなければならない。君たちも決して、申請などしないように」と黄鎮は指示し、自前で洋服を購入したそうだ。

1980年代、私と王章麗は黄鎮の指示で英国に派遣され、駐英国大使館文化参事官として両国間の文化協力と交流の仕事に携わった。

英国滞在中、私たちは中英文化協力に関する合意の締結を積極的に推進し、英国の政界や外交界、文化界と広くつながりを持ち、さまざまな分野での友好協力に努めた。そして、ロイヤル・バレエ団やフェスティバル・バレエ団、ロイヤル・バレエ・スクール、ロンドン・コンテンポラリー・ダンス・スクール等による中国公演の誘致やさまざまな形の交流を成功させた。また、王章麗は夫人外交により英国第一副首相夫人の支持を得て中国児童のためのバレエ留学の全額奨学金を数名分獲得したほか、イギリス女性連合の主席と親密な付き合いのある友人となった。

しかし、研修目的で児童を海外派遣することについては、当時、国内でさまざまな意見があった。反対を唱える者は、派遣者の多くは研修期間が終わっても帰国しないだろうから、これは単なる浪費で、外国のために人材を育成しているようなものだと主張した。議論は短期間では決着がつかなかった。黄鎮も当初はこの種の見方だった。

英国から帰国して任務の報告をすると、黄鎮は特にこの問題を取り上げて私と議論した。私はこう話した。「中国は人口

英国Cheltenham市長と周爾鎏夫妻の記念写真
（威海市とCheltenham市の友好都市条約締結時）

が多いため、海外での研修の機会も、適切な人選についても、いずれも得がたいチャンスです。国家の今後の発展を考慮すれば、研修後に帰国する人材もいれば、残念ながら帰国しない人材もいるでしょう。これは自然の成り行きで阻止できるものではありません。そんな彼らも望郷の念は変わらないのではないでしょうか。その上、彼らが海外で活躍すれば世界における中国のプレゼンスを高め、華僑の国際的地位を向上させ、中外文化交流の推進など多くの面でプラスの効果があるでしょう。このため、中国の少年児童が適切なチャンスを利用して海外で研修を受けられるよう、私は応援を続けます」。黄鎮はこれを聞くと頷き、賛同した。そして、「どうやら、君は周総理の影響を強く受けているようだ。君には先見性がある。その考えには私も賛成するよ」としみじみと話した。

　文化参事官の仕事は文化面での交流事業だが、「七爸」の生前の言いつけに従い、私は他の分野の友好交流についても全力を尽くした。黄鎮や王炳南のような教養の高い指導者から支持されたおかげで私は仕事で大胆な試みをすることができ、赴任中に10組近くの友好城市協定を調印し、中国とイギリスの友好の種をたくさん撒き、草の根協力の土台を固めることができた。

　私と黄鎮は、「七爸」に対する特別な思いを共有していたために互いに親近感があり、この親近感があったからこそ、仕事でも互いの意見を主張し合うことができた。たとえば、ピアニストの傅聡は海外でも有名だが、彼は「ショパンの音楽からは中国の唐詩のリズムや詩情を感じることができる」と語り、その思いを実際の演奏で表現することから、世界的に人気を博している。その彼が台湾でのコンサートに招待され、多くの中国人が反対を唱えた時のことだ。私自身は、これはまったく阻止するべきものではなく、政治的に利用されないように彼に注意すればよいだけで、あとは彼自身の良識を信じ、意見を尊重するべきだと感じた。後に、私の考えが正しかったことは、事実によって証明された。台湾では確かに彼の演奏を政治的に利用し、反中国的な宣伝をしようとする者が現れたが、彼はきっぱりと拒絶したそうだ。

3　耿飈

　周総理の逝去後、耿飈はプライベートでも公の場でも「周総理はまじめな人で、お世辞を言われたり媚を売られたりするのが嫌いで、常に人民を気にかけたすばらしい指導者だった」と語っていた。また、「総理は新中国成立後の優れた統括者だったが、中国革命政権の誕生前も全共産党・全人民軍、そして解放区の良き指揮官だった」とも話していた。耿飈は貧しい家庭の出身で、若い頃は鉱夫だったこともある。学歴は高くなかったがそれを隠す気はまったくなく、自分の気持ちを誠実に表現する人物だった。

耿飚は悪を憎んでいた。彼は四人組を心から憎み、手を組むのを嫌がったため、当時の状況を考えればその迫害を受けるのも当然の成り行きだった。文革後の1977年、彼は関係機関の全体幹部会議の席でこう話した。「四人組に名指しで非難された時は心底やり切れない思いで、周総理に気持ちを打ち明けた。すると、総理は西花庁の自宅でこの言葉を贈ってくれた。〝打たれても倒れるな。追われても逃げるな。痛めつけられても死ぬな〟」。

この言葉から、耿飚は周総理の芯の強さと決意を再認識し、自分に対する期待と示唆をも感じた。そしてこれは、

耿飚

劣悪な状況でも仕事を続け、奮闘し続ける上で彼の気持ちの源泉となったという。彼はついに、事は個人的な進退にとどまらず、国家の前途や危機に関係するものであること、つまり政権が誰の手に落ちるかが問題であることを理解するに至った。だからこそ、総理自身も病気を押して自ら力を尽くしたのだ。この姿を見て、彼は自分も忍耐を続け、勝利の時が来るまで持ち場を守らなければならないと感じた。

耿飚はかつて、「投降主義」が批判された頃に総理が「反省」を迫られたことについて、目に涙を溜めながら話したことがある。このとき総理は、他の指導者や幹部を守るため、自分とは関係のない数多くの歴史の誤りの責任を引き受けたという。このため当時、現場に居合わせた多くの長官クラスの幹部はみな目に涙を浮かべ、総理が不当な扱いを受けたことに憤りを感じたという。耿飚は「これこそが〝正義のために勇敢に行動し、自分の利益を捨てて人を救う〟という総理の気風の表れだ」と語った。

文革中、耿飚は総理に敬意を抱いていたために大きな圧力に耐えたと話していた。

後の四人組逮捕の際は、耿飚は華国鋒と葉剣英の指示を受けて広播事業局を押さえ、大衆メディアを掌握して勝利を確実なものにし、状況を安定させた。彼は四人組の終焉に向けて、歴史的な貢献を果たしたのである。

私から見れば上の世代の老革命家に当たる耿飚同志と直接知り合ったのは、文革中のことだった。

1969年から1971年にかけて、私は河南省明港鎮の五七幹部学校で学びながら働いていた。当時の幹部学校の軍代表は林彪と歩調を合わせていた空軍のある部隊の出身で、なぜか私が気に入らなかったようで、何かにつけて私を責めさいなんだ。私の立場は非常に悪

耿飚（中央）、周爾鎏（左端）、海南島にて

く、精神的にも限界に達していた。そこで、大学の同級生で、当時、中央対外連絡部の一般幹部だった陸鏡生に自分の境遇を打ち明けた。陸鏡生は大いに同情し、時の中央対外連絡部部長だった耿飈に、幹部学校で私がつるし上げにあっていることを報告してくれた。耿飈部長は当時まだ私のことを知らなかったが、理由もなく痛めつけられていることを不満に感じ、私を気にかけてくれた。そして1971年には私に転任の辞令を出し、五七幹部学校から中央対外連絡部に帰任させた。こうして、私は耿飈部長を知るようになった。折しもニクソン米大統領訪中と重なり、その接待業務のために外交部から中央対外連絡部に人材派遣の要請があったため、中央対外連絡部に正式に帰任する前に私は外交部に出向することになった。1972年にニクソン米大統領訪中の関連業務が終わった後、私はようやく中央対外連絡に戻り、耿飈部長の下で働くようになった。

　1976年1月8日の「七爸」の逝去を受けて、その年の3月頃には中国政府と人民に弔意を示すために、海外から弔問客の訪問があった。彼らの一部は、耿飈をはじめとする中国側の接待メンバーの手配によって北京を出発して海南島を訪れ、海口から上陸して島全体を回り、最南端にある三亜市の天涯海角に到着した。

　天涯海角は美しい観光名所で、コバルトブルーの海辺ときめの細かい白い砂浜に南風が優しく吹き、見渡す限りの自然の美しさに来賓はみな感嘆していた。しばらくの後、来賓は船に乗って出航し、中国の南海艦隊が海上に一直線に並ぶ様子を見学した。それは壮大な眺めであった。

　この時、耿飈は身辺の秘書や護衛に構わず砂浜でひとり横になり、私を呼んで個人的な話をした。このリラックスした場面を利用した彼の行動のすべてが、他者の注意を引きつけずに個人的な会話をするための作戦であることを私は認識した。そこで私も靴と靴下を脱ぎ、海で泳ごうとするふりをしながら少しずつ歩を進めて彼についていった。高という苗字の彼の善良な秘書も後からゆっくりとついてきた。この秘書も演技をしていることを私は感じた。秘書はまるで、私と耿飈部長に追いつこうとしているように見えた。

　私が耿飈部長の近くまで来ると、耿部長は砂浜に横になるように声をかけ、小声でこう話した。「君と個人的に話をしたかったのだが、こういう場面でしか話すことができない。知ってのとおり、生前の周総理は規則に厳しかった上に長らく難しい立場にあったため、当時は君に話しにくい話題もあった。その総理も世を去ってしまったが、今でも全国の人民に敬愛される偉大な党と国家の指導者である。総理は高潔な人柄で、類まれなる品格の持ち主で、江青のような野心を持つ者たちにとっては権力奪取の前に立ちはだかる最大の障壁だった。だからこそ、総理への深い敬愛の念に従い、私は身の危険を顧みずに君に本当のことを言おう。君は何とかして方策を考え、今の

職場から早急に離れるべきだ。逃げる先は遠ければ遠いほど良い。今の状況では、私も君を守りきれない。私自身も明日をも知れぬ身だ」。そして最後に、「七爸」から贈られた先の言葉を私に伝えつつ、「近い将来、状況が根本的に変わることもあるかもしれない。そうしたら必ずや君を呼び戻す。それまでは君にも現在の状況を理解してほしい」と話を締めくくった。

この話に、私は突拍子もないことだと思いながらも、耿飈部長の思いやりも感じた。彼は緊迫した状況の中で腹を割って私と話し、示唆を与えてくれたのだ。当時の状況下において、指導者としての対処の難しさは察するに余りある。このような指示を下したのも私の身の安全のためである。私はすぐにそれを理解し、謝意を伝えた。

北京に戻ってからは、四人組に対する怒りと国家の前途に対する心配から、私はすぐに移動できる適切な場所を見つけられなかった。その上、眼圧が突然高くなって、緑内障にかかって視力を失う危険もあったため、その場にとどまって治療に専念するよりほかなかった。外交部門の耿飈部長をはじめとする指導者たちは「七爸」に深い思いを寄せ続けた。そして、私のことも忠実で信頼できる若い幹部と認め、黙って危険を引き受け、精神的なプレッシャーをかけることは一切なかった。

4 王炳南

王炳南は長年「七爸」を近くで支えた有能な助手で、「七爸」が長い時間をかけて育て上げた中国の外交を担うリーダーである。私は長い間、中国人民対外友好協会で理事を務めていた関係で、会長だった王炳南をよく知っている。彼はその人柄や仕事の取り組み方において「七爸」の影響を強く受けていることを私はひしひしと感じていた。王炳南は自分を厳しく律し、行動をもってそれを示していた。出勤に車を使うことはほとんどなく、いつも歩いて職場に来ていた。穏やかな人柄で、私に声をかけるときは、父と同世代の人らしく自分より若い私に親しみを込めて「小周」と呼んでくれた。

王炳南は外交部副部長、中国人民対外友好協会会長を歴任した。若い頃に日本とドイツに留学し、ドイツでは在欧華僑による抗日運動の指導役となり、国際連絡業務に携わった。帰国後は中国共産党中央委員会の指示で西安に派遣され、西北軍の楊虎城将軍と共に抗日統一戦線を推進した。王炳南の丁寧な説得に後押しされ、楊虎城将軍は共産党と共に抗日戦線を戦う決意をした。西安事件の平和的収束のために、王炳南は周恩来を助けて多くの有益な仕事をした。

抗日戦争に勝利した後は、王炳南は重慶での交渉業務に加わり、毛沢東主席の秘書を務めた。その後は中国共産党駐南京代表団外事委員会副書記と中国共産党代表団スポークスマンを兼務し、周恩来に協力し、中国共産党の影響を拡大するための国際宣

伝業務を行った。

　中華人民共和国の成立後、王炳南は政務院外交部弁公庁の主任と部長補佐を務め、周恩来が外交部の各部署を迅速に組織し、すぐに外交業務を開始できるよう協力した。1955年に駐ポーランド大使に任命され、米中大使級会談の中国側初代首席代表を兼務し、9年に及ぶ米中会談に参加した。1964年の帰国後は外交部副部長の職に就き、文革中は迫害を受けて失脚したが、1975年に復活し、中国人民対外友好協会の会長に就任した。

　1983年、王炳南は中国人民対外友好協会代表団を率いて英国を訪問した。この代表団は戴為然や楊憲益ら6人により構成された。英国側関係者は王炳南の経歴を知っており、代表団の来訪を非常に重視して英国議会副議長を接待担当に任命した。当時、王炳南は70歳を超える高齢で、パーキンソン病を患って両手に震えがあったが、病を押して訪英業務を全うし、周囲を感動させた。代表団の英国滞在中の全行程にわたり、私は彼に随行した。

周恩来（左端）、王炳南（中央）、龔澎（後方中央のチャイナドレスを着た女性）と外国人の友人（抗日戦争期）

　訪英中、王炳南はどうしてもマルクスの墓を参拝したいと言った。マルクスが1848年にロンドンでかの有名な『共産党宣言』を出版したことは、マルクス主義の誕生の契機となり、国際共産主義運動の発端となった。このため、マルクスの墓のあるロンドン北部のハイゲイト墓地は、共産主義革命家の聖地となっている。私には、王炳南ら上の世代の中国革命家たちがマルクスに寄せる思いが痛いほどよく分かった。墓地は清潔で、厳かな雰囲気があり、光沢のある大理石の墓碑にはマルクスの名言「万国の労働者よ、団結せよ！」が刻まれていた。王炳南はマルクスの墓の前に立つと、真剣な表情で深い礼を3回行い、最敬礼を示した。その敬虔さに私は感動を新たにした。

　また、王炳南はその訪英中に、The Society for Anglo Chinese Understanding（SACU）のウェールズ分会の会長宅に招かれる機会があった。会長宅はロンドンから遠く離れた小さな町にあったが、王炳南は高齢の体を顧みずに喜んで招待に応じ、私と王章麗にも同行を求めた。会長宅で、王炳南は私に個人的に伝えたいことがあると話した。どんな大切な話があるのか私には皆目見当がつかなかったが、彼は少し考え込み、それからゆっくりと切り出した。「中国の歴史をひも解けば賢臣は多いが、中国でも世界でもこれほどの影響力を持つのは周総理ただ一人だ。総理は名実ともに天下一の賢人で、全共産党員と全国人民の心に永遠に生き続けるだろう。総理は生涯にわたり、国内外の多くの指導者と交流を持った。その世界的な影響力に及ぶ者は存

第五章　永遠の思い出　　189

在せず、まさに比類なき存在とうえる。総理は全国人民が最も尊敬し、最も敬愛する指導者だ」。王炳南は過去に他の中央指導者の秘書を務めた経験もあることを私は知っている。その彼の口からこんな話を聞けて、私は震えるほどの感動を覚えた。こうして私は、彼が「七爸」を心の底から尊敬していることを改めて感じたのである。

また、王炳南は、「君は総理の親族として必ずやその遺志を継ぎ、彼の教えを真摯に守り、良き伝統を伸ばし広めるように」と私を励ました。それから20年過ぎた今でも、人々に尊敬される指導者である王炳南のこの言葉は私の耳もとで響き続けている。

5 呉学謙

呉学謙は国務委員兼外交部長、国務院副総理、中国人民政治協商会議副主席を歴任しており、彼もまた中国の外交を担う優れたリーダーの一人であった。彼は上海に生まれ、若い頃は上海で共産党の地下活動に長らく従事していた。

私と呉学謙は1960年代には親しき友人となっており、職場の同僚だっただけでなく、朝夕に顔を合わせる隣人でもあった。当時、私は北京市復興路4号にある建物の4階に住み、呉学謙は3階に住んでいたため、「君こそ私の直属の上司だ」とよく冗談を言っていた。当時、彼は中央対外連

呉学謙

絡部の西アジア・アフリカ局長で、私はアメリカ・ヨーロッパ・オーストラリアを担当する七局の副局長だった。年齢からいえば、彼の方が兄貴分であった。

ある日、呉学謙は私を家に呼び、「君が上海南洋模範中学で学んだことを最近になって知ったよ。そこは当時、地下活動の重要拠点の一つだった」と熱っぽく語った。当時の私は上海に身寄りのない苦学生で、彼のいた地下組織から援助も受けていたが、若輩者の私はそのことに気づいてさえいなかった。それを知ると彼は微笑みながら「今さら他人行儀なんて、水臭いじゃないか」と私をからかった。こうして過去を語らうことができて、私はひときわ嬉しくなった。呉学謙は私たちの関係を称して「昔からの知己に再会したようだ」と言って笑った。これも人生の得難い巡り合わせである。

呉学謙は長年にわたり外交の仕事をしていたため、「七爸」の人柄や超人的な仕事の能力に直に接していた。彼は「七爸」の「人民外交」思想が自らに与えた影響について、幾度となく私に話していた。「七爸」はかつて、「外交とは国と国の関係という形式で行われるものだが、そのスタンスはやはり相手国の人民の心を動かして親しみを感じさせることにある。これは弁証法的論理である。この点は、はっきりさせておかなければならない」と話したそうだ。

1980年、私が在英国大使館文化参事官に就任した際の外交部長は呉学謙であった。

赴任前後に、呉学謙は何回か私と話をした。彼は、新中国成立から間もない頃に周総理が提示した中国の外交業務の指導思想と原則について、私に詳しく説明した。総理が提示した7つの原則とは、次のようなものである。(一)国際主義を堅持し、偏狭な民族主義に反対する。(二)愛国主義を堅持し、世界主義に反対する。(三)集団主義を堅持し、個人主義に反対する。(四)無産階級の規律性を堅持し、自由主義に反対する。(五)民主集中制を堅持し、官僚主義に反対する。(六)共産党員としての高い自覚を要求し、希薄な政治的雰囲気に反対する。(七)勤勉かつ質素な行動を提唱し、資産階級の派手な浪費思想に反対する。

彼はさらに、周総理は外交姿勢に対する要求を「行動合乎立場，挙止合乎身分，語言合乎分寸，礼貌合乎常規」（立場に合った行動を取り、身分に合った行動を取り、分をわきまえた言葉を使い、通例に合った礼儀を取る）という24文字に簡潔にまとめたことを教えてくれた。この高い方向性と指導性を持つ思想は、私たち外交関係者が真摯に学び、徹底的に実践すべきものである。

呉学謙は中央対外連絡部に所属していた頃、アフリカと西アジアの多くの国交のない国々を訪れ、人民外交を積極的に行った。また、国務委員兼外交部部長の時代には、アジア、アフリカ、ヨーロッパ、南北アメリカの50あまりの国を訪問した。

彼は総理の往事の話を引用しながら、アフリカはその実情から見れば社会主義には向かないと話した。総理はアフリカや他のさまざまな国の来賓と会談した際、ほとんど毎回のように「どの国もその国情に応じて仕事をするべきである。外国の経験は参考にしかならない」と話していたそうだ。総理は海外の来賓との会談の際はおごりもへつらいもせず、道理で相手を納得させた。総理はやみくもに自分を誇示することにも、逆に過小評価することにも反対し、常に現実に即して問題を処理した。総理の崇高な思想と優れた仕事の手法はすべての外交関係者が学び、徹底的に実践すべきものであり、次世代に伝えていくべきものでもある。

呉学謙はアフリカ・西アジア関係の業務を長い間主管していたため、この地域における中国の外交基盤がやや弱いことを実感していた。そこで、周恩来は、この地域に関しては必要な政策を制定し、かつ、具体的に実施する努力をすることを提案した。こうして、この地域の業務は開拓的なものだったが、史上前例のない長足の発展を得ることもできた。この成功を受け、呉学謙は当時、周恩来が提示した対外援助の8原則を次のように説明している。

　　第一に、政府は一貫して平等互恵の原則に基づいて対外援助を行い、この種の援助を一方的な付与と見なすことは決してせず、援助は相互のためのものと認める。

第五章　永遠の思い出　191

第二に、政府が対外援助を行うときは、被援助国の主権を厳しく尊重し、いかなる条件も決して付帯させず、いかなる特権も決して要求しない。

　第三に、政府は無利子または低利子借款の方式で経済援助を行い、必要に応じて償還期限を延期し、被援助国の負担をできるだけ低減する。

　第四に、政府が対外援助を行う目的は、被援助国の中国に対する依存を招くためでなく、被援助国が着実に自力更生の道を歩み、経済的に独立して発展できる道を歩めるよう支援することにある。

　第五に、政府は被援助国において建設されるプロジェクトを支援し、できる限り投資を少なくして早期に収益が得られるように努め、被援助国の政府が収入を増やし、資金を貯蓄できるように促す。

　第六に、政府は力の及ぶ限り品質の最も良い設備と物資を提供し、かつ、国際市場価格に基づいて価格協議を行う。中国政府が提供する設備と物資が合意に定める規格と品質に合わない場合には、中国政府は交換の保証をする。

　第七に、政府はいかなる技術援助を対外的に行う場合も、被援助国の人員にその技術を充分に把握させることを保証する。

　第八に、政府により被援助国に派遣され、建設の支援を行う専門家は、被援助国の専門家と同様の物質的待遇を受け、いかなる特別な要求や待遇も認めないものとする。

　現在、アジア・アフリカの国々と中国の間では良好な外交的支援と経済交流があり、喜ばしいほどの発展を遂げている。私たち若い世代は、周総理のような先の世代の指導者たちが残した多くの教えを決して忘れず、古きをたずねて新しきを知り、学んだことを実際に役立て、情勢の変化に応じて最善の効果を求める必要がある。先の世代の革命家たちの思想理論を研究し、そこから学ぶにあたっては、当然ながらその時代に特有の社会的・歴史的環境や普遍的な認識の度合いについて考慮する必要があり、これと切り離して評価したり、分析したりすることはできない。そうして初めて、その真髄を会得することができよう。

　呉学謙は穏やかで接しやすく、人民のことを忘れない良き指導者であり、この点においては「七爸」と似たところがある。彼の態度からは、中国の先の世代の外交関係者に共通する仕事に厳しい姿勢が感じられると共に、新中国の外交の立役者であった周恩来に対する敬意も見て取ることができた。

二　「七爸」の中国と海外の友人

1　徐悲鴻と老舎

　「七爸」はフランス留学中の1924年に、やはり油絵を学ぶために留学中だった画家の徐悲鴻と知り合い、パリ・コミューンの壁の前で記念写真を撮った。「七爸」は彼の芸術的才能と一本気な性格を高く評価していた。

　1953年9月23日、徐悲鴻は全国文芸工作者第二回代表大会の参加中に持病が再発し、この世を去ってしまった。享年61歳だった。「七爸」は遺体に別れを告げるために北京医院に駆けつけた時、重い面持ちで周揚らにこう話したそうだ。「徐悲鴻の死は、永遠に埋め合わせのできない莫大な損失だ。なぜ、病気の彼に朝から晩まで会議に参加させたのか。以後、同じようなことを起こしてはならない」。「七爸」の声はかすかに震え、悲痛に沈み険しい表情だったという。

徐悲鴻の作品

　また、作家の老舎は文革中に人格を否定され、迫害を苦に湖に身を投げ、命を絶ってしまった。「七爸」はこの知らせを聞くと悲嘆に暮れ、老舎の受難の経過について調査を重ねるとともに、老舎夫人の胡絜青とその家族を気にかけた。

老舎

　「七爸」が重病を患ってからのある日、彼は北海公園での休憩中に広大な湖を目前にしながら、身辺で働く人に「今日は何日か」と尋ねたとのことだ。その日は8月24日で、特に何もない平凡な日のように思えたが、「七爸」は沈痛な面持ちで「今日は老舎先生が入水自殺をした日だ。彼の命日なのだよ」と語った。老舎への限りない思いが彼の表情にはにじみ出ていた。

2　郭沫若

　郭沫若と「七爸」は若い頃からの親しい友人で、郭沫若は長い間、「七爸」から直接世話を受けながら仕事をしていた。郭沫若について話すときの「七爸」の様子から、私は2人の深い友情を感じることができた。後に郭沫若の共産党入党の紹介者は「七爸」だったことを知ると、2人の付き合いの深さをさらに感じた。郭沫若は現代中国が誇る素晴らしい才知で、ロマン主義の大詩人であると共に考古学、古文字、書道の

分野でも優れた成果を残し、中国科学院の院長も務めた。仕事の関係で、私もこの大学者と接したことがある。

「七爸」は、郭沫若について面白い話をしたことがある。国共和解のための調停が行われていた頃、『新華日報』紙の上海のトップを務めた徐邁進という人物は有名な『囚徒歌』の作者で、解放後は文化部弁公庁の主任を務めた。彼は国民党蘇州監獄と文革中の北京監獄で長い歳月を過ごしている。彼の人生は紆余曲折に満ち、革命に大きく貢献したが、多くの不幸にも見舞われた。それでも彼は、革命の楽観主義精神を保ち続けた。その彼のことを、郭沫若は一対の連句で表現しようとしたことがある。

郭沫若は上の句を、「徐向前徐邁進徐徐向前邁進、徐邁進徐向前徐徐邁進向前」（徐向前は徐々に前に向かって邁進し、徐邁進も前に向かって徐々に邁進する）としたが、これにふさわしい下の句は今なお完成されていないという。徐向前は新中国建国時の10大元帥の一人で、その徐向前という軍人と、徐邁進という文人の2人の現代中国の著名人が一対の連句に同時に名を連ねている様子は実に趣きがある。徐邁進は私と王章麗とも長い間親しく付きあっていたが、彼自身の口からも、郭沫若が連句をつくったのは実話であることが証明されている。

「七爸」と郭沫若は、一般にはあまり知られていないことに対しても広く興味を持つ点で共通していた。1970年代初め、ニュージーランドからマオリ族の代表団が訪中したことを知ると、郭沫若は私の提案に賛成して彼らとの会見を希望した。マオリ族は南太平洋の島々の重要な少数民族である。白色人種が南太平洋の島々に対する略奪的な開発を開始してからというもの、ニュージーランドのマオリ族とオーストラリアのアボリジニは少数民族と化してしまった。私たちは彼らのことをあまり知らなかったため、彼らの訪中を通じて理解を深めたいと考えた。「七爸」に至ってはマオリ族と白色人種という異民族間の婚姻状況について学び、それを社会問題や民族問題として研究したいとまで思っていた。一方、郭沫若は世界各地の文明に対して強い興味を持っており、すでに80歳に手の届く高齢で心臓病も患っていたが、それでも非常に感激しながら代表団と会見し、宴席に招いた。マオリ語とマレー語は発音が似ており、いずれも南太平洋の島国であるため、つながりがあるのではないかと郭沫若は話していた。

代表団の中には歌や踊りが上手な者がおり、民族語で詩を書く詩人もいると聞くと郭沫若は強い関心を持ち、その演技を見たいと言った。しかし、マオリ族の歌は音量が大きくてよく響き、踊りも勇壮であるため、心臓の悪い郭沫若は鑑賞に耐えられないのではないかと私たちは心配した。それでも郭沫若は譲らず、マオリ族の人にホテルから楽器を持ってきて、実演してもらうように求めた。

マオリ族は非常に喜び、郭沫若のために歌と踊りの一部をごく短く実演した。郭沫

若はそれだけでは満足せず、中国側関係者と共に「東方紅」を合唱することを提案した。こうして、80歳の高齢のアジアの学者とニュージーランドから来た5～6人のマオリ族、それから中国初の女性大使となった丁雪松による混声合唱が始まり、生き生きとした交流が演出された。

後に「七媽」が教えてくれたことだが、「七爸」は新聞でこの写真を見ると強い関心を持ち、政務の合間にこの事について彼女と語り合ったという。彼は「郭先生は学者としての思考と芸術家としての趣向をお持ちだ。高齢の学者にもかかわらずマオリ族の来訪に若者のような興味を示す様子に、詩人としての気質と姿勢に衰えはないことが表れている」と話した。

人民大会堂のホールで開かれた宴会の場で、郭沫若の求めに応じ、私はこのような諧謔詩を詠んだ。

無題

紅旗東風星月天，郭老盛興設詩宴。

中華同我源流長，旧情新誼叙万年。

紅旗が翻り、東風が吹き、星と月の出る夜、郭先生は詩宴を設ける
中華民族も我々も源流は長く、新旧の交わりは永遠に続く

面白かったのは郭沫若の評価で、彼は「詩というのは翻訳が悪いと、茅台酒ほどの高級酒もただの白湯になるほど変わってしまうが、周君の詩は翻訳が良ければ茅台酒からブランデーに変わり、中国と外国のいずれの客人も喜ばせることができる。すばらしい出来栄えだ！」と話したそうだ。

文革中、「七爸」と郭沫若はそれぞれの境遇で不当な圧力にさらされ、苦難に見舞われた。郭沫若は迫害によって2人の息子を失った。しかし、「七爸」と郭沫若には革命家の長老として培われた共通の特徴がある。それは、革命の青春を永遠に心に抱き、国家富強のために奮闘を続けることだ。

「七爸」が危篤状態になった頃、郭沫若が宋江の投降主義に対する批判行動に参加したとの情報が入り、予想外のことに驚かずにはいられなかった。1976年1月8日に人民の良き総理である「七爸」が亡くなると、1月13日、半世紀にわたる革命で養われた厚い友情と周総理への敬意から郭沫若は詩を詠み、総理への哀悼を示した。

革命前駆輔弼才，巨星隠翳五洲哀。

奔騰泪浪滔滔涌，吊唁人涛滾滾来。

盛徳在民長不没，豊功垂世久弥恢。

忠誠與日同輝耀，天不能死地難埋。

革命に先駆けて才能を補佐し、巨星が逝き世界が悲しむ
涙は滾々と流れ、弔問の人波も滔々と流れる
その徳は人民の中で消えることはなく、豊かな功も長きにわたり伝えられる
忠誠は日に日に輝き、永遠に不滅である

　その後、同年10月に四人組が一挙に逮捕されて全中国が祝賀ムードになると、12月16日に郭沫若は再び韻文の詞を詠み、興奮した気持ちを表現している。

念奴嬌　懐念周総理
　與導師，協力，同心，共命。五十余年如一日，不断長征、躍進。統一九州島，抗衡両覇，中外人愛敬。一朝先謝，五洲熱泪飛送。
　何其王張江姚，四人成帮，誹謗恣踐踏。黒云圧城城欲摧，一撃頓成齏粉。為党鋤姦，為国除害，為民平大憤。域中今日，忠魂與衆同慶。

念奴嬌　周総理を懐かしむ
　指導者に協力し、心を一つにし、運命を共にした。十年一日のごとく根気強く長征を続け、躍進した。全中国を統一すると、二つの覇の国（米国と旧ソ連）と対抗し、世界中から敬愛された。この世に別れを告げると、世界中が熱い涙を流した。
　王張江姚の四人は徒党を組んで人を誹謗し、踐踏した。黒雲立ち込めて城は傾き、一撃で粉々になった。党のため粛清を行い、国のため害を除き、人民の安定のために憤慨した。今日、その忠魂を天下が共に祝う。

　こうして、80歳をすぎた一人の老人は「人民の総理」の逝去を悲しみ、四人組の逮捕を喜んだ。この大詩人は心にわき起こるロマンティックな激情を2首の詩詞で表現し、全国人民の心の声を代弁するとともに、周総理への忘れえぬ思いも吐露したのだ。

3　梅蘭芳

　私の父の周恩霆は京劇俳優の大家である梅蘭芳と親交が深く、周恩来の頼みに応じて梅蘭芳と親しい関係を保っていた。1930年代の上海で、私は幼少期から父に連れられて梅蘭芳の家を訪問する幸運に浴した。彼らの話題の多くは演劇関係で、父は梅蘭芳から京劇の理論や演技の技法を教わっていた。
　当時の我が家の生活は不安定で家計も苦しかったが、梅蘭芳への敬意を示すために父は子供用の洋服

周恩霆と梅蘭芳（1935年、上海思南路の梅蘭芳宅にて）

を仕立てさせ、訪問時に私に着せて盛装させた。幼少時の私は色白で、髪の毛も茶色がかっていて西洋のお坊ちゃまみたいだった。梅蘭芳はこれが気に入ったようで、私が父に連れられて行くと歓迎し、可愛がってくれた。梅蘭芳は、取れたてのリンゴを食べさせてくれたりもした。

周恩霽に演技の手本を見せる梅蘭芳

梅蘭芳のおかげで、父が自力で演じることのできた劇は、「蘇三起解」、「王宝釧」、「審頭刺湯」、「宇宙鋒」、「打漁殺家」等があった。解放後、「七爸」が父に対して「梅先生が国内でも世界でも、その余人をもって代えがたい役割を今後も果たせるように、梅先生を助けてしっかりと仕事をしなさい。梅先生は中華民族の宝なのだから、しかるべき保護と尊敬を受けるべきだ」と指示しているのを私はこの目で見た。また、「七爸」は父に「程硯秋先生は政治的に進歩を追求しており、梅先生も進歩を追求している。彼らは君の上を行っている」とも言っていた。父は「自分はとても及ばない」とよく語っていた。

今でも感心するのは、梅蘭芳の逝去後も父はその家族と親しい関係を保ったことだ。父は1971年に孫娘の周蓉を連れて北京の梅蘭芳故居に赴き、梅蘭芳夫人の福芝芳女士と子女たちを訪ねている。その日、父が梅蘭芳宅の門をくぐると、驚いたことに梅夫人は地面にひれ伏し、号泣したとのことだ。梅夫人は文革の辛い日々の中、梅蘭芳が周恩来と兄弟のように親しい友情を持った幸せな過去を懐かしむ一方で、紅衛兵に侮辱され、頭を丸刈りにされるという不幸な巡り合わせにも遭遇していた。このため、親戚同様のつき合いのあった周恩来の家族に会ったとたんに往時の友情が思い出され、さながら隔世の感だったとのことだ。その後、梅蘭芳の2人の子女、梅葆玖、梅葆玥も1981年に上海のわが家に父を訪れている。このことからも、若い彼らも上の世代の深い友情を大切にしていることが伺え、梅・周両家の家族ぐるみのつき合いが世代を超えて続いていることが感じられよう。

周恩霽と孫娘の周蓉、梅蘭芳の家族
（梅蘭芳宅にて）
（前列左から梅葆玥、周恩霽、福芝芳（梅蘭芳夫人）、梅蘭芳夫人が両手を肩においている子どもが周恩霽の孫娘の周蓉、後列に梅葆玖）

左から王章麗、周爾鎏、梅葆玖、周蓉

第五章　永遠の思い出　197

4　金山

「七爸」にはその逝去後、息子や娘が何人もいるといううわさが流れた。私は「七爸」の家族と密なつき合いがあったのでよく知っているが、それは事実ではない。周家の警備担当や秘書たちもこのことを証明できる。そのほとんどは根も葉もないうわさだ。ただ、孫維世だけは確かに「七爸」の養女である。私は西花庁で孫維世と夫の金山に何度も会ったことがある。彼らと私は、姉夫婦と弟のような関係だった。

孫維世と金山はいずれも中国の有名な芸術家であり、金山は中国共産党員で長年、地下活動に従事し、政治に特別な貢献を果たした。金山は上海の秘密結社、青幇の首領だった杜月笙と密切なつながりを持ち、国民党の代表として中国共産党との談判に加わったこともある。若かった私は、彼の伝奇小説のような経歴に魅せられ、夢中になったものだ。

1950年代、金山は慎重さに欠けるところがあったために仕事で何か失敗をしたようだが、詳しいことは知らない。「七爸」が金山、孫維世夫妻を西花庁に昼食に呼び、私にも同席を指示した。金山はかなりの美男子で、当時は髪を伸ばし、一見して周りの人とは違う芸術家の風格が感じられた。一方、孫維世は旧ソ連に長く暮らしたためにロシア的な雰囲気があり、ワンピースを身に着け、垢抜けていた。私が同席するのを見た彼らは表情がこわばった。

そこで、「七爸」は「爾鎏は若いが、私の指示をよく聞くし、言動に慎みがある。彼がいても何の問題もないから、安心して話すがいい」と語った。

金山と孫維世

金山が周爾鎏に書いた手紙

金山は慚愧に堪えない様子で頭を下げたまま、静かに「七爸」の訓示に耳を傾けていた。その傍らで、孫維世も配慮と理解を示し、情のこもったまなざしを投げかけていた。孫維世は並はずれて心が広く人情に厚いと私は感じた。
　私も居合わせたために結局、「七爸」は事のいきさつを詳しく語ることはせず、今後はこの教訓を活かすようにと金山に諭すにとどまった。その日のことは今でも記憶に新しく、彼らの話しあう光景はいまだにはっきりと目に浮かぶ。「七爸」は金山に対して「文芸界で長きにわたって築いた基盤と経験を大切にし、未来を見据えること。そして、実際により多くの貢献をするために今この瞬間から努力すること」と伝えた。また、「七爸」は特に、多くの巨匠は生前からすでに国の宝と見なされていたことについて触れ、「彼らが逝去してからもその子孫は関心を寄せるべきであり、後世に伝わる優れた技能があるならば子孫はそれを支持するべきだ」と話した。そして、最後に「七爸」は金山に対して優しく語りかけた。「今後、改めさえすればよい。どこでつまずいたとしても、その場所で立ち直る努力をするのだ。立ち直りは早ければ早いほどいい。将来に目を向けることが大切だ」。「七爸」の表情はどこまでも穏やかで、口調は優しかった。「七爸」は厳格な父親像とはほど遠く、どちらかといえば慈愛に満ちた兄のようだった。

5　馬海徳

　馬海徳の本名はShafick George Hatemで、原籍はレバノンにあり、1910年9月26日に米国ニューヨーク州バッファロー市で生まれた。彼は医学博士である。馬海徳は学生時代、ある中国人留学生と知り合い、悠久の歴史を持つ東洋文化に出会う一方で、中国はまだ貧しく、遅れた国であることも知った。彼は中国に強い興味を抱くとともに、「病気を治し、人を救いたい」

周恩来と馬海徳（延安にて）

という強い夢に後押しされ、中国で医者になる決意をした。当時、彼は東洋の熱帯病について研究しており、中国は格好の研究地域だった。
　1936年、彼は宋慶齢の紹介により、米国人ジャーナリストのエドガー・スノーとともに幾重にも重なる封鎖線を越えて陝西省北部の保安を訪れ、自ら志願して解放軍に入隊した。1937年には延安で中国共産党に加入し、中国の「普通話」（共通語）と陝西省北部の方言を習得し、中国名の馬海徳に改名した。
　馬海徳は長い革命闘争の間に「七爸」と厚い友情を築いた。「七爸」が延安で馬から落ちて右腕を骨折した際には、巴蘇華（B. K. Basu）や柯棣華（Dwarkanath Shantaram

Kotnis）らの有名なインド人医師とともに延安で診察に当たった。「七爸」の腕の骨の癒合がうまくいっておらず、右腕の筋肉が委縮しつつあることがわかった時は、彼はずいぶん気をもんだが、それでも何とか方策を練って治療に当たろうとした。最終的には、中国共産党中央委員会の決定で、「七爸」は旧ソ連に送られ、治療をすることになった。

「七爸」の逝去後、馬海徳は私の脂肪腫の診察に当たったことがあり、良性腫瘍のため大きな害はないと断言していた。また、彼は興味深げに「周総理も背中などに脂肪腫があったし、血液型も君と同じでAB型だった。世代を超えた親戚同士でこれほど似ているのは驚きだ」とつけ加えた。この話は「七媽」がかつて話してくれた内容とそっくりで、馬海徳の「七爸」に対する理解の深さを私はさらに実感することとなった。

6. F. グリーン

英国の有名な記者、F. グリーンは周総理の接見を何回か受けたことがあり、鄧小平に関するドキュメンタリーを撮影したこともある。また、英国のバーナード・モントゴメリー将軍に同行して周総理を訪問したことや、李宗仁の米国からの帰国の際に周総理に協力し、順調に事が運ぶように支援したこともある。初めての訪中時は広州から入国し、小さなテープレコーダーを持参していた。記者にとってテープレコーダーは仕事で良く使う道具にすぎないが、当時の中国では珍しく、入国時で疑いの目で見られた。彼は以後、たびたびこの件を話題に上げ、「関係者をとがめてはならない」と言っていた。当時の中国ではまだ海外の情報が少なかったが、周恩来のような優れた政治家が指導者だったことは幸いである。周総理は視野が広く、先を見通す目があった。中国が改革開放を着実に推進すれば、多くの人民が外の世界をよく理解するようになり、国際交流の中で素養が高まることが期待できた。

F. グリーン夫妻と周爾鎏夫妻

F.・グリーンは1980年代に前立腺がんにかかり、時おり体調不良を訴えた。彼に会いに行くと、周総理を偲ぶメッセージを私のために録音してくれた。メッセージはこんな内容だった。「周総理について生涯忘れられないことは、どんな小さなことにも注意が及ぶことだ。ある日、周総理が記者会見に出席した時のことだ。会見には記者が大勢つめかけていた。私はちょっとした手術をしたために片足だけ柔らかいサンダルを履いていたが、そんなことには誰も気づかないだろうと思っていた。果たして、

周総理も当日は何も言わなかったが、翌日、彼の執務室から連絡があり、"足の具合はどうか。適切な治療を受けているか、総理が心配している"との伝言をもらった。その上、私の足にぴったりな布靴まで送ってくれた。周総理は、私にとっては偉大な中国の政治家であるとともに、外国の友人のことも常に気にかけ、熱心に助けてくれる心優しい国際主義者である」。

7. 戴愛蓮

長年、対外文化交流の仕事に従事していた間、私は「七爸」の「知識人との関係を適切に解決しなければならない」という言葉を忘れたことはなかった。有名な舞踊家である戴愛蓮女士（1916-2006）との交流は、「七爸」のこの言葉を実践した証左といえるかもしれない。

戴愛蓮女士は数奇に満ちた人生を送った。原籍は広東省新会県だが、生まれは西インド諸島

左から、王章麗、戴愛蓮、周爾鎏

のトリニダード・トバゴ共和国である。5歳からダンスを学び、10歳の時に現地のダンススクールでバレエを専門的に学び始めた。14歳からはロンドンに渡って引き続き研鑽を積み、バレエの大家であるMargaret Craskeに師事し、後にMary Wigmanのダンススタジオでモダンバレエを学んだ。彼女は「身体動作と感情のさらなる融合」という、バレエと現代舞踊を融合させた理論を発表したこともある。

晩年には英国ロイヤル・アカデミー・オブ・ダンスで彼女の胸像の除幕式があり、私も同行させてもらった。これは大変な名誉であった。英国側が「戴愛蓮は中国の傑出した舞踊家で、中国の舞踊界に長足の発展をもたらした」と称賛すると、戴愛蓮は「この名誉は、自分ではなく我が祖国のものである」と応じた。これは、帰国華僑としての彼女の本心であり、生涯にわたって祖国と運命を共にする覚悟の表れでもあろう。

1941年に真珠湾事件が起こると、戴愛蓮はマカオ経由で大陸に戻った。1937年に抗日戦争が始まってからは、チャリティー・ショーを何度も行って宋慶齢が主席を務めた保衛中国同盟のために資金を集め、1940年には香港を訪れて宋慶齢と面会している。その後、彼女は毅然とした態度で戦乱の中の祖国に戻り、舞踊芸術を介した抗日プロパガンダを積極的に展開し、『游撃隊的故事』、『空襲』、『思郷曲』などの有名な作品を創作した。

1942年には重慶に転居し、陶行知の経営する学校に舞踊クラスを創設し、多くの学校で教鞭をとった。この頃から、「七爸」と「七媽」が彼女に関心を寄せ、支援するようになった。彼女は「七爸」の指導を受けて各地の民謡を自身の創作に融合させ、

民間舞踊という素材を整理して手直しする形で『春游』、『甘孜古舞』、『倮倮情歌』、『苗家月』などの作品を相次いで創作した。これが重慶の各界にセンセーションを巻き起こすこととなった。

　解放後は中国各地を訪れ、有名な舞踊作品『祖国建設』、『和平鴿』、『飛天』、『荷花舞』などを次々に発表し、中国で最も影響力のある舞踊家となった。

　かつて、「七爸」は戴愛蓮について、私と王章麗にこう話したことがある。「戴愛蓮は幼少期から海外で育ったために、自分の考えを表現したり、客観的な事象について説明したりする際に、中国語よりは英語の方が話しやすく、流暢なことがある。生活習慣や服装も外国の影響を受けており、祖国のすべてに慣れるのは容易なことではないだろう」。そして、「戴愛蓮とつきあう際には、海外で成長した帰国華僑であるという彼女の特性を尊重し、たまには英語で話してみたらどうか」とつけ加えた。

　私も戴愛蓮女士とは親しく交流し、王章麗とともに何度も自宅に招かれている。当時、彼女は北京の百万庄華僑公寓に住み、家の中は質素だったが、特別にあつらえられた小型の練習室があり、壁には大型の鏡がはめ込まれていた。彼女は生涯休むことなく、ここでダンスの練習と創作を行い、レッスンを行った。

　戴愛蓮女士は独立心が強く、楽観的で快活な性格の持ち主で、誠実で忍耐強い生活を送っていた。彼女はずっと一人住まいで、自分でできることは何でも自分でやった。ある日、私たち夫婦が住まいに招かれ、食事をごちそうになって歓談していたときのことだ。愛するダンスのことに話が及ぶと彼女は急に興奮し、われわれの前で演目の一部を踊って見せてくれた。50歳を過ぎているとはとても思えないほど動きが機敏で、表情は生き生きと輝いていた。

　戴愛蓮は今でも、「中国のモダンダンスの母」と呼ばれ、称賛されている。彼女が英国ロイヤル・アカデミー・オブ・ダンスの演壇に立ち、最高の栄誉を受けた際に真っ先に思い至ったのが祖国であったことに私は深く感動した。その日は私も在イギリス大使館文化参事官として演壇に立っており、こう話したことを覚えている。「中国のモダンダンスの黎明期に戴愛蓮女士はイギリスで教育と訓練を受け、ダンスの基礎を築くことができました。まさにこのおかげで、彼女は中国と西洋の舞踊文化を融合させ、祖国の舞踊事業を発展させることができました。中国は彼女の才能を重視しています。その功績は比類なきものです」。

三　総理を偲ぶ数々の書画

1　伍必端

　伍必端は中国の有名な版画家である。「七爸」の逝去一周年の際に彼が描いた素描『周総理像』は技術的にも芸術的にも優れることから海外にも広く伝わり、『周恩来選集』などの多くの書籍や雑誌の表紙に使われ、記念品にも印刷された。「七媽」もこの肖像画を大変気に入り、伍必端を中南海の西花庁に招待して直接、感謝の意を伝えたほどであった。

　「七爸」を描いた絵画は数多く存在するが、この作品のように技術的に優れ、かつ、味わいのあるものは珍しい。伍必端がその芸術的手法によって、「七爸」の容貌や風格を本人と見まがうほどに表現できるのは、その非凡な芸術的素養のためだが、加えて子どもの頃から「七爸」と交流していたことも切り離すことはできないだろう。これも、他の多くの画家にはない幸運な巡り合わせといえる。

　伍必端は幼少期に大変な苦労をした。日本の侵略戦争のために彼は上海から重慶に流浪し、「霧の都——重慶の孤児」となった。それでも幸運だったのは、1938年に戦時託児所に入った後に、人民教育家だった陶行知の創設した英才学校の絵画クラスに送られ、学べたことだ。「七爸」と「七媽」はこの陶行知の学校を何度も訪れ、生徒に対して演説を行っていた。当時12歳だった伍必端がサインを求めると、「七媽」は良く勉強するようにと言いながら、ノートに「青は藍より出でて藍よりも青し」と書いたそうだ。

　抗日戦争が終わった後、中国共産党中央委員会は重慶に弁事処を設立し、伍必端は運よく選ばれて秘書処で働くようになった。彼は、周恩来らのために新聞閲覧の業務、すなわち新聞掲載記事の中から重要な情報を選び出し、提供する仕事をすることとなった。この時期に、伍必端は「七爸」「七媽」と接触する機会が増えた。そして彼は周恩来らが国のために労苦をいとわず、また昼夜を問わず必死で働く姿を目の当たりにし、素晴らしい人格とイメージが心に深く刻みこまれることとなった。

　私自身も子供の頃に単身上海に渡り、勉学に励んだ経験があるため、「七爸」と「七媽」の口から伍必端の幼少期の話を聞いた時、彼への敬意と親近感を心の底から感じるようになった。

周恩来肖像画
（伍必端先生の1978年の作品、周爾鎏に贈呈）

王務安女史はかつて中国共産党中央委員会の対外連絡部に勤務しており、私と王章麗も彼女をよく知っていた。彼女は、周恩来総理が親戚の中でも特に私たちをよく理解し、信用していることを知っていた。また、彼女は伍必端の友人でもあった。伍必端の素描『周総理像』が完成した当時、社会で称賛されたことを受け、彼女はこの優れた作品を私たちに贈り、保管してもらってはどうかと伍必端に提案した。伍必端はこれを聞いて非常に喜んだ。周総理の子孫の手によって『周総理像』が保管されることは非常に意義のあることと彼自身も感じたからだ。

　『周総理像』を贈られた際、私は両手で大切に受け取りながら、伍必端が心血を注いだこの作品の上品で細やかなタッチに非凡な才能を感じ、心から敬服した。「七爸」の面影と笑顔、そして特に眉のあたりに漂う英気が今なお目に浮かぶようだった。こうして私はこの貴重な作品を大切にし、数十年間、身近におくこととなった。しかし残念なことに、数年前に北京の自宅が取り壊しのため立ち退きの対象となった際、私は不在だったために友人に引っ越しを依頼するよりほかなく、この貴重な作品を紛失してしまった。このことは今でも後悔している。

　2008年初め、私は北京を訪れ、周恩来生誕110周年記念イベントに参加した。旧知の友人、呉祖強と会った際、私は思わず、伍必端から贈られた周総理の肖像画を失くしたことを話した。すると驚いたことに、呉祖強はすぐさま伍必端に電話をかけて事のいきさつを話してくれた。そして、その後の伍必端の対応はさらに思いがけないもので、私は心を打たれた。

　伍必端はちょうど米国に旅立つ前で、旅行の準備に忙しくしていた。私は私で、イベント終了後は急いで上海に戻る予定だった。そこで彼は、今回は会えないことに遺憾の意を示しつつ、私の上海の住所を書きとめ、近いうちに作品を郵送すると言ってくれた。

　上海に戻ると間もなく、私は伍必端から送られた作品を受け取った。同封された手紙から、『周総理像』は記念館などの多くの施設で収蔵されるに至ったため、送られた作品は彼の手元に残された最後の一枚であったことを知った。そして、周総理に対しては特別の思いがあるため、ずっと手元において大切にしてきたその最後の一枚を私に送ることができて嬉しいと書かれていた。

　伍必端の成長は、「七爸」や「七媽」、陶行知らから受けた恩恵と切っても切り離せないことを私は知っている。一方、私自身も、「七爸」と「七媽」が目をかけてくれなければ、人生はもっと予想のつかないものであった。私には「七爸」に対する伍必端の特別な思いが痛いほどよく分かる。だからこそ、呉祖強と伍必端の二人が私に「七爸」の肖像画を届けるためにとった行動は、まさに歴史の貴重な1ページだったように思えるのだ。

2 商承祚

　私の祖父の周穌鼐は生前、古典的書籍や文物、器物を集めるのが大好きで、コレクションはクスノキの木箱で数十箱分になった。幼少期から青年期の「七爸」はこれらの芸術品を見て強い関心を持つようになった。また、彼は郭沫若や鄭振鐸、商承祚といった著名人の研究についても触れ、その貢献を高く評価した。なかでも商承祚の学問や人柄を称賛し、その独特の風格を持つ書を気に入り、中国南方を代表する優れた学者として認めていた。

　商承祚は1902年生まれの古文字学者、篆刻家、書法家で,『殷墟文字類編』（比較的整った甲骨文字字典）、『商承祚篆隷冊』、『十二家吉金図録』などを発表し、世界的な評判を得ていた。

　英国滞在中に、私が中国から派遣された訪問学者と協力して英国各地に散逸していた何千という甲骨文の断片を登録し、番号を付ける作業を行った際は、商先生はこれを高く評価し、激励してくれた。

　1978年3月、商承祚先生は北京を訪れて周総理生誕80周年記念イベントに参加し、即興で詩を詠んでその思いを寄せた。

商承祚先生が周総理を偲んで書いた掛け軸

　　　　　敬愛周総理，浩気貫長虹。
　　　　　豊功垂千古，勁節映青松。
　　　敬愛する周総理、浩然の気は長虹を貫く
　　　豊かな功績は永久に伝わり、礼節は青松に映る

　その後の1979年3月、商承祚先生は周総理を懐かしみ、称賛して詠んだこの詩を篆書体と隷書体を使った美しい掛け軸に書き上げた。そして、私が中山大学に招待された際に、周総理を共に思い出すよすがとしてこれを私に贈ってくれた。

3 黄冑

　黄冑は中国画の大家で、少数民族の情緒ただよう作品を得意としていた。特に動物画に長けており、ラクダや犬、鶏等も彼の手にかかればその特徴がありありと表現され、まるで生きているかのようだった。なかでも、彼の描いたロバは皆に愛され、世に認められる傑作となった。

　私は従順でおとなしいロバという動物が大好きで、妻に「ロバマニア」と呼ばれてからかわれるほどだった。黄冑先生も私のロバ好きを知っていたのかもしれない。後

に、ロバを繊細なタッチで描いた優美な作品を私にプレゼントしてくれた。

四人組が猛威を振るっていた頃、黄冑先生のような大芸術家はおしなべてひどい迫害を受け、辛い境遇にあった。「七爸」は自分の立場の危ういのも構わず、力の限り芸術家たちを助け、彼らの被害を減らそうとしていた。黄冑先生から贈られた絵にはウイグル族の2人の少女が6頭のロバを追う様子が描かれ、路傍には枯れ木がまばらに生え、厳冬の物悲しさが表現されていた。正義感に満ちたこの芸術家は、当時の複雑な社会情勢をこうして絵で表現したのに違いない。

1980年初旬、徐悲鴻先生の夫人の廖静文は黄冑のこの絵を見ると、彼の最も得意とする人物や動物のイメージがすべてこの作品に表現されていると評価した。そして、「すばらしい絵なのに、落款の横に描いた日が記入されていないのが玉に瑕だから、黄冑に書いてもらうべきだ」と付け加えた。

黄冑から周爾鎏に贈られた作品

驚いたのは、これを聞いた黄冑が病気の治らない体を押して、すぐに日付を書き加えた絵を送ってくれたことだ。その上、彼は絵に雀をいくつか書き足すしゃれっ気も見せてくれた。雀たちは絵の中で、元気にさえずりながら枝の間を飛びまわっていた。黄冑はその頃、2年間ほど病状が思わしくなかったが、この頃は手足の麻痺がやや回復していた。そこで、彼は陽気にさえずる何匹かの雀を絵に書き加え、新春再来の喜びを表現したのだろう。これはまさに、四人組の逮捕を受け、全国の人民と同様に小躍りするほど喜んだ彼の心境を表したものだった。彼は、「草葉の陰の総理もこのことを知れば、間違いなく喜ぶだろう」と話した。そして、総理の親類である私がこの絵を大切に保管して霊を慰めることも、大変意義のあることと彼は考えたのであろう。

4　呉作人

呉作人は徐悲鴻の下で絵画を学んだ。徐先生の言う通り、呉作人は「芸術に造詣が深く、類まれなる功績を残した」のである。徐悲鴻夫人の廖静文も「呉作人は徐悲鴻の弟子の中でも真の意味で傑出した一番弟子であり、芸術の造詣が深いだけでなく、人柄も良い」と話していた。

1996年に私と王章麗が呉作人を訪ねた時のことだ。呉先生はすでに病が重く、車椅子の身で体の自由が利かず、目もほとんど見えず、耳もはっきり聞こえなかった。私たち夫婦が呉作人に会った時、花を描く画家として著名だった夫人の肖淑芳女士は

呉作人の耳の近くで「周爾鎏ご夫妻が来てくれましたよ」とささやいた。呉作人はこれを聞くと、顔中を涙で濡らしながら、やっとのことで「総理が生涯、私に関心を寄せ、助けてくれたことは永遠に忘れない」と話した。呉作人は長い間しゃべっていなかったため、肖淑芳女士は呉作人がこうして心中を吐露する様子に非常に驚き、奇跡が起きたと思ったそうだ。確かにあの瞬間、その場にいた全員がまるで感電したかのようなショックを受けた。

呉作人から周爾鎏に贈られた作品

解放の直前、「七爸」は田漢を北京に潜入させ、徐悲鴻と呉作人が国民党にとらわれずに済むように何とか方策を練ることを指示した。反右派闘争の時期には、「七爸」は呉作人の関門突破を助け、中央美術学院の院長に彼を任命している。また、文革中に「七爸」は米国ニクソン大統領の訪中を迎えるために人民大会堂を美化するという理由で呉作人を北京に戻し、人民大会堂で彼に絵を描いてもらった。果たして、彼はこの機会を生かし、人々の期待に応えて国家のために一流の作品を創作した。

呉作人は生前、天真爛漫な一対のパンダを描いた中国画を私に贈り「この絵をプレゼントするのは、私たちの友情と総理への感謝、そして総理への思いを深めるためだ」と笑っていた。そして、しみじみとこう続けた。「あなた方は私のラクダの絵をとても気に入ってくれているようだ。私の絵は、一般的には〝任は重く道は遠くとも、苦労を耐え忍ぶ強靭な意志〟を表現するに過ぎないと思われているらしいが、もっと深い意味が込められていることをあなた方には知っていてほしい。それは、生涯にわたって屈辱に耐えながら重い責任を負い、形勢を逆転させようと全力を尽くし、人民に徹底的に奉仕した周総理の崇高な人格と、革命に対する強靭な意志に敬意を表し、彼を懐かしむためだ」。

5　慕凌飛

慕凌飛（1913-1997）は名を倩、字を凌飛、号を虎翁といい、山東省竜口市豊儀大慕家村に生まれた。幼少時から絵画・芸術を愛し、16歳で上海民治中学を卒業すると紹介を受けて絵画の巨匠である張善孖と張大千の兄弟に入門し、大風堂派の早期の弟子となった。

慕凌飛は二人の巨匠からじかに教えを受け、特に別称「虎痴（虎ばか）」と呼ばれ、海外でも有名であった張善孖を信奉していた。張善孖の描く虎はあたかも天下を威圧し、日本軍や傀儡軍、国民党軍を怒りの眼差しでにらみ、中国人民が軍民を挙げて戦

う気迫が表現されたことから、抗日に断固として挑む中国人民の正義感を大いに鼓舞した。国の大義のために果たしたその貢献は、歴史の1ページに加えてもよいほどであろう。慕凌飛の作品は張善孖の描く虎の真髄をくみ取るとともに、張大千の山水画の風格を受け継ぎ、二人の巨匠の精彩を融合したものといえる。

慕先生は字を凌飛という。彼の描く虎は生命力にあふれ、壮大な志が感じられる。これは、「虎痴」の師匠からの直々の教えによってその精髄を会得した証左であろう。そればかりか師匠の技術をさらに発展させており、もはや入神の域に達し、見るものを感嘆させる。私は、慕凌飛から書と猛虎を描いた絵画を贈られる幸運に浴した。また、慕凌飛も多くの名人と同様に、自身の技術を活かして周恩来を記念する作品を贈りたいと望んでいることが分かった。慕凌飛から贈られた虎の絵は勇猛で生気に満ちており、「雄風蓋世」（天下の威風）という名を冠したのは、周恩来総理の気宇壮大な生涯と天下の英雄たる気概を表現するためであることが感じられた。彼の心意気によって私は励まされ、「七爸」の遺志を継いで努力し、前進し続けようという気持ちになった。そして、こうした深い感動から、私は本書でも慕凌飛のことを紹介する必要性を感じた。しかし、私は生涯をかけても、慕凌飛が当時の私に寄せてくれた期待に応えきることはできないだろう。

慕凌飛は長らく天津に暮らしていた。1982年には天津市文化局を通じ、同市の北寧公園内の歴史ある格調高いレストランでの晩餐に私を招待してくれた。その席で、彼は張善孖について絵を学んだ経験について滔々と語り、芸術家には文化的素養や創作の熱意のみならず、国を愛する心や社会性、誠実な人柄も必要なことを強く訴えていた。

彼はさらに、若い頃に天津から上海に渡って張大千を訪ねると、彼が長時間にわたり膝を交えて話してくれたことにも触れた。張大千は最後に、「張善孖先生には生きているうちに『百虎図』を描くという夢があった。師が不在となった今、直々の教えを受けた君が師の志を継ぐことを期待している」と話したとのことだ。

慕凌飛から周爾鎏夫妻に贈られた作品

文革の嵐が吹き荒れ、心穏やかに創作に打ち込めなくなったことから、彼は四人組をこの上なく恨んだ。周恩来総理は彼の最も敬愛する人物だったため、その逝去は非常につらかったそうだ。四人組が逮捕されると彼は再び創作熱を燃やし、恩師の遺志を継いで勇猛な虎を生き生きと描き、激しい時代の潮流を表現した。これも晩年、彼が「虎翁」と自称した理由となった。心血を注いだ大作『百虎図』の絵巻物が完成し

た今、彼もようやく恩師の霊に報いることができたのかもしれない。

　方召麐は張大千の唯一の女性の弟子で、英国に住み、中英両国を行き来していた。慕凌飛と方召麐は同門の弟子で互いをよく知っていたが、顔を合わせる機会がなかったため、慕凌飛は私に引き合わせを頼んだ。彼らは私の橋渡しによってよく連絡を取るようになり、打ち解けた仲となった。慕先生は『百虎図』の写真を私に託し、方召麐女史に渡すよう伝えた。彼女が香港などで『百虎図』の海外出版を働きかける際の便宜を図るためだ。方召麐は写真を受け取ると積極的な働きかけを行い、香港の出版社も出版の意欲があったが、『百虎図』があまりに大作だったことと、当時、慕凌飛が提供した写真があまり鮮明でなかったことから、出版に至らなかった。しかし、その出版間近という情報が流れると国内も海外も沸き立ち、「『百虎図』は中国画壇の傑作であり、中国絵画史の奇跡である」といわれるまでになった。この作品は、人民大会堂のホールで一年中、展示されていると聞く。

　慕凌飛は謙虚な人柄で、天津市政協委員と天津文史館の館員として祖国の統一戦線の推進と文学・歴史関連業務に常に関心を払い、強い責任感と使命感で自分を律していた。彼が天安門の城楼や周恩来鄧穎超記念館、各地の博物館に贈呈し、香港返還や被災者救済のチャリティー・バザーのために寄贈した作品は1000点以上にのぼる。また、彼の作品は、中央政府や各地方政府から国の記念品として海外の国家元首や政府の要人に数多く贈呈され、大英博物館など海外の多くの博物館でも収蔵品として保管されしている。

第五章　永遠の思い出　209

第六章　史実の整理と補足

プロローグ　今、なぜ「補足」が必要なのか

　周恩来総理は、中国革命と国家建設に果たしたその大きな役割のために、国内外の研究者に早くから注目されてきた。特に逝去後、周恩来研究では大きな成果が上がっている。

　その反面、一部の情報に不足や誤りがあることに私は気づいた。「七爸」は生前、史料の正確性を非常に重視していた。研究者は自らに厳しく真摯に仕事に取り組み、事実に基づいた調査をきちんと行うべきであり、流行的な観点や文章にむやみに従うべきでないと私は考える。

　情報化が進み、国際交流がより頻繁になっている今日にあって、情報はさまざまなルートから驚異的なスピードで伝わり、まさに両刃の剣である。その比類なきメリットはいうまでもないが、負の効果も火を見るより明らかだ。海外で出版された書籍の中には事実を曲げて伝えているのに大学図書館に公然と並べられ、またとない資料として少なからぬ読者から重宝されているものもある。しかし実際には、これは何らかの悪しき意図を持つ個人または機関による卑劣な仕業によるものにすぎない。

　周総理の親族として、また、30年の長きにわたり彼の指導を受けた人間として、知りうる限りの事実をもって関連史料の整理と補足を行うことは、自らの果たすべき責任であると感じる。また、これは「七爸」と「七媽」の慰霊にもなると思う。

一　1921年に周恩来がロンドンから送った手紙のあて先は祖父、周貽康である

　1921年に周恩来がロンドンから中国に送った手紙の受取人は、正確には周恩来から見れば「二伯父」（2番目の伯父）にあたる私の祖父、周貽康であり、解放後から30年間にもわたって誤って伝え続けられた「五伯父」（5番目の伯父）の周貽鼎では

ない。誤解の理由は、周貽康の原名が周貽鼎だったためである。「五伯父」の周貽鼎の原名は周貽定であった。周貽康が改名したのは彼の大伯父にあたる周康侯の養子となったからで、彼は自分が改名したからこそ周貽定が周貽鼎に改名するのを認めたのだ。後に、周貽康は周龢鼒という正式名で科挙の郷試に合格している。「鼒」とは「大きな鼎」という意味である。これが事実であることは、周恩来の生誕110周年を記念して2008年に開催された国際会議で最終的に立証された。

二　周恩来の当初の留学先はフランスではなかった

　1921年、「七爸」は勉学のためにまず英国エディンバラ大学に向かったのであり、よくいわれるように許可なくフランスに渡って勤労学生となったのではない。後に私の祖父が亡くなって「七爸」は経済の拠り所をなくし、「六伯父」も彼を反逆の徒と見なして官費の獲得を働きかけなかったことから、「七爸」は留学先をフランスとドイツに変えて勤労学生となり、職業革命家となったのである。つまり、彼が革命に参加したのは、彼自身が言うように「自らの深思熟考の結果であり、困窮したからでもある」。彼の選択は国難と家庭の貧しさの双方を解決し、理論を探究するために導かれたものだ。

三　少年時代の周恩来が故郷の紹興を訪ねたのは事実である

　周恩来の原籍は浙江省紹興市である。1939年に彼は紹興に赴き、親族を訪ねている。しかし、少年時代にも紹興を訪れているかどうかについては、関係者の間で意見が分かれている。
　私の記憶では、「七爸」周恩来の「三弟」（周貽能の三男で、周恩来の2番目の弟）である周恩寿（字は同宇）と最年少の従兄弟である周恩霆は2人とも「周恩来は少年時代に紹興を訪れたことはない」と考えていた。しかし、私の祖母の程儀貞と祖父の周貽康（正式名は龢鼒）、そして「七爸」の実の父親である周貽能らは「幼少時の周恩来を連れて共に紹興を訪ねたことがある」という。程儀貞によれば、当時、周恩来はまだ7歳か8歳くらいの子どもで、辮髪を垂らしていた。故郷で墓参りのために彼らは共に先祖代々の墓に行き、線香を焚き、ひざまずいて拝礼したという。墓の管理人を含め、現地の人たちはみな口をそろえて、その墓は人材が輩出されやすい風水の

第六章　史実の整理と補足　211

吉相にあると称賛した。これも先祖に徳を積んだ結果であると思う。程儀貞は纏足をしており、当時は登山どころか歩くのも困難だったため、駕籠に乗って山を登ったそうだ。伯父の同宇はかつて、「私は長いこと東北地方や天津にいて、周恩来と何年も離れていたため、紹興を訪問したことについては聞いたことがない」と話していた。1939年に周恩来は紹興から重慶に戻った後、従弟の周恩霆に、紹興から持ち帰った家系図や写真などの資料を整理し、保管するのを手伝うよう頼んだことがある。周恩来が幼少期に紹興を訪問した際は、周恩霆はまだ生まれていなかったため、誤解が生じたものと思われる。

また、現在、中国で伝わっている家系図は、1939年に周恩来が紹興から重慶に戻った後に、周恩霆に渡して整理を頼んだものをもとに、周恩寿が再度調整を行った。色々な人の間で転々としていることから、不正確な点もあるかもしれない。このため、その内容は読者の参考にとどめる。

1939年、周恩来の紹興訪問時に撮影。重慶に戻った後、この写真を周恩霆に渡した。

四　周恩寿が1927年に革命から離脱した理由

周同宇は周恩来の「三弟」で、国民革命の失敗の後、原名の周恩寿を改め、字の同宇を正式名として名乗ることにした。それまでは周一族の直近3代の長幼の序列を確認する際は、名前が「恩」の字から始まる父の代から数えることにしていたが、彼の改名でそれは機能しなくなったため、今後はその一つ上の「貽」の字から名前が始まる代を基準にするのはどうかと私は「七爸」に伺いを立てた。そしてこの時の指示を受け、彼のことは敬意をこめて「同宇伯伯」（同宇伯父さん）と呼ぶこととなった。

周恩寿

1954年、私は南開大学の試験に合格した。ちょうどその頃、「同宇伯伯」が出張で上海に来ていたため、北京に戻ったら「七爸」に対して私の大学合格を報告してもら

うことにした。「七爸」と「七媽」は大変喜び、すぐに北京の西花庁に来るようにと同宇に伝えて私を呼び寄せた。そこで、彼は私と同行し、共に車で北京に向かった。それ以来ずっと、1985年に伯父が亡くなるまで、私は彼と親しいつき合いを保った。実質的には、私は実の父親よりも彼のことをよく理解し、親しみ深く感じていたかもしれない。私は生後まもなく、上海の家に身を隠していた「七爸」と「七媽」に面倒を見てもらうようになった。1946年からは彼らの世話になりながら学校に通い、まるで家族のような間柄となった。つまり、勉強から健康、仕事、恋愛、結婚に至るまで、私の個人的な問題に関してはすべて「七爸」自身から直接話があり、「七媽」はその傍らで補佐し、主に生活の面から関心を寄せ、面倒を見てくれた。仕事や勉学など進路に関係する重要な問題に関しては、「七爸」と「七媽」はたびたび同宇夫妻を呼び寄せ、4人の間で話をつけてから私と相談して決めた。彼らはこれを「飛行会議」と呼んでおり、厳しくも民主的な方法だった。当時、「七爸」はすでに総理の身で多忙を極めていたため、私と同じ代の他の親戚たちは「七媽」がほぼ面倒を見ていた。それに比べると私は例外的で、「七爸」と個人的に会う機会が多かったため、同宇伯父は私と取り決めをしたほどだ。それは、「七爸と会って話をしたらすぐに彼に報告すること。そして、可能な限り他の親戚たちにもその内容を伝えること」というものだ。伯父の気持ちを尊重し、私はこの約束を守った。しかし、彼が私の報告を聞いた後、常にメモを残していたことに関しては、「七爸」の同意を経ていないため必ずしも良いことではないと思っていた。だが、同宇伯父さんは私より年長だったし、実の父よりも接する機会も多かったため、申し訳なくて意見することができなかった。

　1954年の瑞雪が降った後の最初の冬休みに「七爸」は私を呼び出し、政務で多忙を極めていたにも関わらず夜明けまで話し込むこともあった。「七爸」は周家の家系について詳しく語り、歴史ある周一族は今日まで発展を遂げたが、今や没落した封建的大家族となってしまったことを強調した。「七爸」は良好でない社会関係として14の例を挙げ、これらの関係を社会から追いやり、付き合いをやめるのが良い方法ではないかと考えた。そして、彼らの意識改革や進歩を助け、その責任を社会に押し付けないようにすることは、自分のすべきことであると語った。その一方で、彼らの経歴や社会的基盤を考えると、「七爸」はやや感傷的に「しかし、それも容易なことではない」とも言っていた。

　「七爸」は同宇伯父の経歴についても詳しく教えてくれた。「七爸」が淮安を離れた時、「七爸」は12歳、彼は6歳で「七媽」と同い歳だった。同宇伯父は「七爸」と8年間別々に暮らした後、1921年に天津の南開中学に入学した。そして1924年に社会主義青年団に参加し、同年冬に共産党員になった。1925年10月には「七媽」の母の楊振徳に同行して広州に行き、1926年1月には黄埔軍官学校に入り、第四期生として

第六章　史実の整理と補足　213

学んだ。「七爸」によれば、林彪は彼の同級生だった。1926年には国民革命軍の北伐に参加し、総政治部の宣伝員となった。武昌攻撃の際に敵方の砲火により彼は右足に爆傷を負ったが、当時、総政治部主任だった郭沫若らに担がれて戦線を脱し、危険を逃れた。

1927年春、同宇伯父はある女性に片思いをしたために部隊から離れ、四川省に向かった。「七爸」によれば、戦時中に断りなく戦線を離れるのは重大な規律違反で、個人的な恋愛問題が理由であるとはもっての外だ。失意のうちに戻った彼に「七爸」は共産党組織の書記として厳しい批判を行い、党籍残留のまま観察の処分を下した。この処分はその後の経過を観察するのが目的で、名誉回復にもつながりやすいことから適切なものだ。外部でよくいわれるように、解職処分が下されたのではない。しかし1928年、彼は「七爸」夫妻の制止を聞き入れずに再び部隊を離れ、自分から離党してしまった。その後、当時、吉林にいた「四伯父」のところに身を寄せ、現地の鉄道局で検査課の職員となった。1933年に「四伯父」が天津で亡くなると、同宇は父である周貽能の一存で望み通り「四伯父」の正式な後継ぎとなった。その後の1947年7月、彼は天津警備司令部査察処に逮捕された。「七爸」の話によれば、同宇伯父は罪を認めて書面に残すよう迫られたらしい。中国共産党中央組織部が1979年に出した結論では、「周同宇同志の1947年の拘束期間中の態度は総じて良好だった」とされている。

同宇伯父さんの後の説明によれば、当時、部隊を離れたのは組織の承認を経たものであったが、「七爸」は釈明を聞き入れてくれなかったとのことだ。

1928年6月に旧ソ連で開催された中国共産党第6期全国代表大会の期間中、「七爸」「七媽」夫妻は会議参加のために中国の東北地方経由で旧ソ連を目指した。しかし道中で敵方のスパイに尾行されていることを察知したため、変装して周恩溥、周同宇と連絡を取り、2人にかくまわれながらやっとのことで追っ手を逃れ、安全に旧ソ連に向かうことができた。従弟の周秉華によれば、この時以降、解放後までの約23年間、周恩来と周同宇の兄弟は接触する機会がなかったという。それでも、「七爸」夫妻が前述のとおり旧ソ連まで安全に移動できたのは、周恩溥と周同宇の貢献があったからこそだと思う。

文革中、同宇は逮捕され、その子どもたちは中国各地に離れ離れに住むこととなった。同宇の妻で、私から見れば伯母の王士琴は芯の強い人物だったが、それでも当時は精神的に大きなストレスを受けていた。私も文革中はさんざんな目にあっていたため、伯母とは互いに同情し合い、普段より密に連絡を取っていた。このため、彼女は私に「私たちは伯母と甥の間柄だが、苦難を分かち合う友のようだ」と話したものだ。当時は、余りの辛さに伯母にもしものことがあったらと心配で、私は吊るし上げの合

間に暇を見てはたびたび彼女の様子を見に行き、仕事を口実にして、広州にいる従弟の周秉鈞夫妻や内モンゴルにいる従妹の周秉建、延安にいる従弟の周秉和を訪ねるようにしていた。このように、私たちは親密な関係を築いていたため、「七媽」に褒められたほどであった。

同宇伯父の病が重くなって入院すると、私は妻の王章麗と共にたびたび北京医院を見舞いに訪れた。伯父はそのたびにいくつかのことについて語り、それを録音するように指示した。1985年、伯父は長年の病の末、ついに帰らぬ人となった。彼の子どもたちは弔問に訪れた親戚と友人たちを迎えるために八宝山に行っていたため、遺体のそばにずっとついていたのは私一人だった。そこで、私は死化粧をほどこす馬燕竜医師の求めに応じて、現場に居合わせた唯一の親族として、北京の伝統習慣に従って伯父の頭を両手で支え、遺体を納棺した。馬医師はほっとした様子で、「君がいて良かった。そうでなければ、どうやってご遺体を棺におさめたものか、困るところだった」と言った。

すべてが終わった後、伯母は我が家にわざわざ礼を言いに来てくれた。私は生活の足しにと2ヶ月分の全給料を伯母に渡した。何のぜいたく品もなく、赤貧洗うがごとき我が家を見ると彼女は「あなた方夫婦は本当に誠実ね。総理が亡くなってからも、変わらずに自身に厳しくあり続けるのは容易ではありません。それに、あなた方が情に厚いこともこの質素な家で証明されました。私とあなた方夫婦は本当に、苦難を分かち合った心の友ですよ」と感動した様子だった。

五　程儀貞は生涯、何度も周恩来夫妻をかくまった

私の祖母、程儀貞の原籍は揚州で、1876年に生まれ、90歳の時に上海で亡くなった。祖母は1905年に祖父と結婚した際に、当時7歳だった周恩来と出会った。その頃、周恩来の父である周貽能には、私の祖父である周貽康（当時の督撫衙門総文案）が後進を育てる意味をこめて身辺で仕事をさせており、公文書の受領と発送を処理する職についていた。

程儀貞（周恩来の「二伯母」、周爾鎏の祖母）

当時、祖母は幼い甥の周恩来の才能を認めるとともに、自分の子どものように可愛

第六章　史実の整理と補足　215

がっていた。後に祖父母は北京、天津、南京、上海等へと家を移したが、どの地でも危険を顧みずに、革命青年だった周恩来と秘密連絡員、そして彼の父である周貽能をかくまい、家族のように世話をした。当時、私の父の帰りが遅れていつもの時間に戻らないと、祖母は心配のあまり涙で顔を濡らしていたが、周恩来父子に対しては最も安全な場所を隠れ家として提供し、そのことに何の迷いも見せなかった。「七爸」はこのことへの感謝を忘れたことはなく、祖母への思いは60年近く経っても変わることはなかった。祖母が90歳になる際には、「七爸」は誕生日を祝いに上海に行くと家族に伝えていたが、仕事が忙しく実現しなかった。その埋め合わせのために、「七爸」は祖母の写真を撮りに護衛長を上海に向かわせ、記念に写真を持って帰らせた。「七媽」も、上海の家にわざわざ祖母を訪ねに来てくれた。

　何十年経っても変わらないこうした関係性や親切は大変貴重なもので、人生の幸せなめぐり合わせといえよう。

　親愛なる「七爸」は子どもの頃の私に、西晋時代に書かれた李密の『陳情表』を読むように勧めたことがある。私は小学校の国語の授業でこの文章を習ったことを彼に伝え、「臣無祖母，無以至今日；祖母無臣，無以終余年。母孫二人，更相為命」など、祖母との強い絆を描き琴線に触れた一節を暗唱してみせた。すると、彼は満足そうに笑ってくれた。このことは今でも懐かしく思い出される。

　1955年、祖母のことを祖父のめかけだと親戚の中で誤解している者がいると知った時、「七爸」は私を呼び寄せ、過去のいきさつを教えてくれた。確かに、祖父はかつて周家と家柄のつり合う王氏を妻に迎えた。しかし、王家は結婚前、王氏に先天性の精神疾患があることを隠していた上に、結婚式の時に「喜神」の機嫌を損ねたせいで王氏が精神病を患ったのだと、後からこじつけたという話だった。このため、周家は、最終的には王氏を淮安の旧居に住まわせ、晩年を過ごさせることにした。その後、祖父は程儀貞と再婚し、一人息子の周恩霪をもうけた。

　程儀貞は秀才（科挙の院試に合格し、府・州・県学に入学を許された学生の通称）の家の出身で、実家は家具工場等を所有していた。祖母自身も美しく聡明な揚州の淑女だった。このため、祖父は先の結婚の失敗もあり、子孫をもうけないような親不孝は避けたいとの伝統的な思想から、再婚前に程家に逆に事情を隠していた可能性も高い、とも「七爸」は語っていた。実際に、結婚後の祖父夫妻は互いを敬い、仲むつまじく過ごした。このため、「七爸」は、王家が周家に結婚前に隠しごとをしたように、周家も程家に事情を隠していた可能性が高いと言っていた。

　いずれにせよ、われわれ周家の子孫は、尽きせぬ恩義のある「二伯母」程儀貞について、めかけなどとでたらめを言い触らしてはいけない。それは、尊敬すべき彼女に対する極まりない侮辱だ、と「七媽」もかつて憤慨していた。「七爸」夫妻はかつて、

程儀貞を淮安に帰らせ、晩年を送ってもらうことも考えていた。私の曽祖父である周駿昂のめかけの王氏や、祖父である周龢鼐の前妻の王氏も、淮安にある周家の旧家で亡くなるまでの晩年を安らかに過ごしたからだ。しかし、「七爸」夫妻は最終的に、周恩霔は程儀貞の一人息子であり、母と子を長期にわたって離れ離れにさせるのは良くないと考え、これをやめることにした。そしてその代わりに、学業と仕事で北京と天津を行ったり来たりしていた私に、休暇の際や機会のある時は可能な限り毎年必ず上海に戻り、祖母を訪ねるように指示し、その旅費は彼らが補助することに決めた。それだけでなく、「七媽」も何度か、上海の家へ祖母に会いに行っていたし、毎年上海に戻る私についでに祖母に渡すようにと、自分の綿入れの上着などを持たせた。それは、中断することなくずっと続いた。

　程儀貞は生前、祖父の周貽康に同行してたびたび督撫衙門に出入りし、高官の家族の女性たちと付き合いを持っていた。祖母の学歴は高くはなかったが、その容姿の美しさと場にふさわしい言動のおかげで、彼女は徐々に名門出身の女性らしい雰囲気や風格を身に付けていった。

　祖父はあいにく早くに世を去ったが、祖母は相変わらず、天津や北京、南京、上海の各地の家で危険をものともせずに周恩来父子のために長い間、住居を提供し、彼らをかくまい続けた。その上、周恩霔を13歳から大人になるまで育て上げ、しっかり高等教育を受けさせた。彼女は強い揚州なまりの言葉で、幼い頃から繰り返し私にこう言い聞かせたものだ。「周恩来は今や中国の首相であり、あなたのおじい様が生前、大切に育て上げたわが一族の精鋭です。我が家は確かに長年にわたって一家を挙げて彼を経済的に助け、安全にかくまい続けてきましたが、それは何も恩着せがましくするほどのことでもありません。だから、あなたも大人になっても、周恩来に頼ったり、恩に報いてもらおうと思ったりしてはなりません。逆に、下の世代の者として、彼に敬意を払い続けるべきです。自力更生を大切にし、政務で多忙を極める彼を煩わせてはいけません。つまり、親愛なる七爸は多忙を極める人物であることを理解する必要があります。あなたとしては行動を慎むべきです。そうして初めて、上の世代から受けた教えと期待に顔を向けることができるのです」。

六　周恩霔は上海祥生汽車公司の副経理を務めた

　私の父である周恩霔の字は潤民、翕園で、周一族の同じ代での長幼の序列は14番目で、周恩来の従弟にあたり、父から見たら「七哥」（7番目の従兄）にあたる周恩来より10歳年下だった。父は武漢で生まれた時から周恩来に可愛がられただけでな

く、青少年時代にも北京や天津、南京、上海で直接、周恩来に目をかけられ、彼の指導を受けた。また、彼の命令に従って、あまり人の知らない、めずらしい仕事についたこともある。父は上海法学院を卒業し、一度は弁護士になったが、左耳の聴覚を失った上に肺結核を長く患ったため、実際に仕事をするのは難しかった。そこで、学者として生涯をすごし、詩文や書道を得意とした。また、かねてより京劇や昆劇を研究しており、周恩来が手はずを整えたおかげで梅蘭芳のような巨匠たちとも親しい関係にあった。1930年代に梅蘭芳に師事してからは、父は素人とはいえ梅派（梅蘭芳が開いた流派）の名に恥じない役者であるべく努力を続けた。それに、梅蘭芳への伝言の取り次ぎを担当し、彼の身の安全を保証するためにさまざまな方策を講じ、中国共産党との関係の強化を促した。私は子どもだった1930年代に、父について上海市思南路の梅蘭芳公館を頻繁に訪ね、梅蘭芳先生が演技の指導を行い、舞台動作の手本を示す姿を見ていた

父は、晩年はずっと上海市政府参事室で働き、京劇の研究も長いこと続けていた。また、父は上海市書法家協会会員の書道家でもあり、多くの作品が日本の友人や中国の愛好家に所蔵されている。

また、父の教え子の陳朝紅によれば、父は生前、梅派の京劇作品『宇宙鋒』を整理して本にしたそうだ。また、周翁園の筆名で「梅王風採不減当年──梅蘭芳之『宇宙鋒』」（巨匠の風貌は衰えず──梅蘭芳の『宇宙鋒』）という文章を書き、1946年7月の『游芸旬刊』創刊号に掲載されたという。この文章で父は、梅蘭芳が抗日戦争期に公明正大な精神を大いに発揚し、日本軍と傀儡政権のための上演を行わなかったことを称賛した上で、次のように記した。「抗日戦争の勝利後、梅氏は態勢を立て直して再び女形としての色香を表した。最初は昆劇のチャリティー公演を行い、待ちに待った観衆の気持ちを慰めた。今年は通常公演の舞台に登場し、声も容姿も美しく、余計な説明を加えるまでもない。初日のお披露目公演は『宇宙鋒』で、この作品はもともと女形の難しい芝居であり、梅氏の傑作でもあるため、たびたび再演されて少しも衰えを見せない」。

1946年、「七爸」は思南路の梅蘭芳公館で私に「君の父上の周恩霽から便りがないから、もしかしたらもう戦争の犠牲になっているかもしれない」と話した。しかし、1948年に私の同級生の陸国馨は、素人役者として舞台に立つ周恩霽に偶然会ったと話している。当時、陸国馨は父に、「お顔つきを拝見したところ、もしかしたら長らく行方不明と思われている周爾鎏のお父さんではありませんか」と尋ねたが、互いの身の安全を考慮したからか、父は図らず

周恩来の詩『春日偶成』
（周恩霽の筆）

もこれを否定したそうだ。後日、私たち父子がそろってこの話の内容を確認した時には、思わず噴き出してしまった。

　周恩霔は、1948年に蘇北解放区（江蘇省北部の抗日根拠地）から秘かに上海に戻ってきた。龔育之先生はかつて文章の中で、周恩霔は杜月笙と直接付き合いがあったかもしれないと書いた。このことについては私も、金山や駱清華夫人の駱君玉と話し合ったことがある。彼らは秘

周恩霔の上海の家を訪れる梅蘭芳の子女
（右から周恩霔、梅葆玥、梅葆玖）

密工作の関係で杜月笙と長いつきあいがあった。その彼らによれば、杜月笙はかつて、父を上海祥生汽車公司（自動車会社）の副経理（副社長）に推薦したそうだ。確かに、父の身の安全を保証する上でこの身分は役に立っただろう。

　姉婿の金山と駱君玉によれば、上海が解放された際に旧社会（新中国成立前）の「幫会」（秘密結社）がひどい破壊活動を行わなかったのも、中国共産党の地下組織が杜月笙との関係をうまく処理していたからだろう。また、「七媽」によれば、周恩霔が解放区から秘かに上海に戻ったのは彼女と「七爸」の同意を得たからで、一部に伝えられるように彼個人の勝手な行動ではない。周一族の親類の中には、父が解放区の貧しい生活に耐えられずに戻ってきたと誤って伝える者もいるが、解放区での父の仕事ぶりについては後に上海市長となった汪道涵がよく知っている。父は当時、汪道涵のことを親しみを込めて「小汪」と呼んでいたほどだ。

七　進歩的な元官僚、馬士傑が晩年に遭遇した真実

　私の母方（継母）の祖父、馬士傑は生前の「七爸」周恩来にとって重要な姻族の一人だった。1946年、上海の周公館で「七爸」は私と単独で面会し、馬士傑が身の危険も顧みずに蘇北解放区での残留を望んだいきさつについて詳しく報告するよう求めた。そして彼はさらに、黄炎培（民国初年、馬士傑と黄炎培は江蘇省の同僚だった。馬は江蘇省内務司司長に加えて一時は省長職の代理を務めた。黄は教育司司長を務め、互いに親しかった）の度重なる依頼に応じて手紙を書き、南京を訪ねた馬順宜（馬士傑の娘、周爾鎏の継母）にそれを当時、蘇北二分区にいた恵浴宇に手渡させ、蘇北解放区の人民政府に対して、馬士傑本人とその家族に関しては、進歩的な名士に対応する政策に従って関心を払い、面倒を見るように求めた。

　「七爸」は生前「馬士傑は清代末期の一般の遺臣とは異なり、解放区への残留を選

んだ数少ない進歩的な名士だ」とさえ話していた。馬先生は生涯、進歩を追求し、「立徳、立言、立功」（徳を行い、書物を著し、功績を上げること）や「有益于人，有利于世」（人の益となり、世に利すること）を実行したいと望んでいた。したがって、彼の功績に関する史料を歴史に埋もれさせてはならない。また、「馬士傑は周恩来、周恩霪兄弟の2人から迫害されて死んだ」というデマが海外で広まり、何の根拠もない資料がスタンフォード大学フーヴァー研究所図書館に展示されたことについても「七爸」は指摘していた。これは荒唐無稽な噂話であり、事実と全く一致しないが、国内外での悪質なデマによる誤解とその影響に関しては無関心ではいられないため、「七爸」は私に対してもこれを重視し、誤解を解くために足並みを合わせるように求めた。

　馬士傑の字は雋卿、号は疆恕で、原籍は安徽省和県にある。1865年10月に江蘇省高郵県に生まれ、1946年8月に同県の自宅において病で亡くなった。享年81歳であった。

　馬一族は明清代の安徽省和県の名家で、門前には「父子科弟，祖孫進士，両朝旌節，六世承恩」と代々多数の人材を輩出した事跡をたたえる文字が刻まれた牌坊（旧時、功労のあった人を記念するために建てられた鳥居形の門）が建てられ、過去の栄華が記録されている。馬士傑の祖父、馬万清は、太平天国期の1850年代に安徽省和県から一家を率いて江蘇省高郵県に移り住んだ。馬万清の父の馬維安は高郵県で質屋や銭荘（明代以降盛んになった旧式の金融機関）を営み、晩年は育嬰堂（孤児院）や義倉（災害や飢饉に備えて穀物を備蓄する倉庫）等の慈善事業に情熱を傾け、孔子廟や学校の創設を監督した。馬万清については、『三続高郵州志』に、「友誼を重んじ、他人の危難を救うのに千金を惜しまない」と記されている。

　馬士傑自身は幼少時に地方の官立の学校に入り、秀才に及第した後も家で勉学に励み、精進を続けた。1894年に江寧（南京）で郷試に合格し、翌年には北京で会試を受ける予定だったが、母親が亡くなり喪に服すために郷里に帰った。喪が明けると再び北京に行き、清代末期に内閣中書や候補侍読、資政院議員などの職につき、政治の視察のために日本に派遣されたこともある。彼の考え方は進歩的で、革命に傾倒し、辛亥革命後は江蘇省公署内務司司長を務め、民国3年には江蘇省民政長となり、江北浚河工程局の総弁、督弁ならびに江蘇運河工程局の財政咨議などの役職についた。

　1920年以降になると馬士傑は政治を離れて実業家となり、江蘇省南通の張謇（字は季直）、同省海安の韓国鈞（字は紫石）、上海の黄炎培（字は任之）らと共に泰源塩墾公司を創業した。彼らは資金を集めて移民を雇い、東台や南通、海安の沿海一帯で荒れ地を開墾し、主に沿海一帯で堤防を築いた。そして、海水を利用して製塩を行うとともに、堤防内で浚渫を行い、草や木を燃やしてできた草木灰を利用して土壌改良

220

を行い、優良品種を導入し、綿花やとうもろこし、ウリ類や果実、ならびにハッカなどの商品作物を栽培した。こうして、さまざまな措置により環境を改善し、雇用を増やして現地経済の発展を促し、最盛期には10万ムー（約6667万平方メートル）以上の廃耕地を保有していた。また、開拓地域には番号で名前をつけ、疆恕小学校も創設した。

　満州事変以降、馬士傑は国の行く末と人々の生活の困窮を憂慮し、詩や文章に託してその志を表明していた。1931年に江蘇省北部が洪水に見舞われた際も、詩を作って、国を愛し、人々に同情する気持ちを表現している。

　甲子の年にあたる1924年、馬士傑は黄炎培、史量才（清末民国期の日刊紙『申報』社の総経理）らと共に上海で人文甲子社を設立し、『人文月刊』を創刊し、人文図書館を開設した。この図書館は特に政治、経済、文化、教育、芸術関連の資料の収集と分類に力を入れ、新聞・雑誌の要目索引の編纂も行った。1931年、実業家の葉鴻英から100万元の寄付金を受けて当館は鴻英図書館と改名され、解放後にはさらに報刊図書館と改称された。当時は鴻英教育基金董事会も設立され、図書館事業と農村の小学校教育を集中的に行った。黄炎培が発起人となって中華職業教育社が設立された際も、馬士傑はその積極的な参加者の1人となった。

　1931年から1934年にかけて、日本帝国主義が中国東北地方を侵略し、全中国を占領しようともくろんでいた頃、中国当局は対外的には投降の姿勢を示す一方で対内的には共産党を討伐しようとしており、苦難に満ちた人民の生活については全く顧みようとしなかった。馬士傑はこの頃、互いに志を同じくする者として、『申報』の史量才と世代を超えた親しい友人となっていた。彼は自分より10歳以上も若い史量才を非常に高く評価し、その文章や見識は常人の及ぶところではないと称賛していた。しかし、1934年11月、史量才は抗日民主運動を支援している最中に、滬杭路で国民政府軍事委員会調査統計局のスパイに暗殺されてしまった。その訃報が伝わると全国が悲しみに暮れ、馬士傑に至っては怒りに身を震わせながら机に向かい、追悼の辞を記している。このことからも、もはや70歳に近い高齢の馬士傑が人民に対して親密な友情の思いを持ち、共通の敵に対しては同じような敵対心を燃やし、愛国心を持っていたことが分かる。

　もう一つ、人々が長きにわたり称賛していることがある。それは、民国初期、馬士傑が長江を渡る人々のために普済号という名のフェリーボートを寄贈したことだ。江蘇省の省長代理を務めた時代のある日、長江を渡って故郷に帰る途中に一隻の帆船が突然転覆し、乗っていた青年たちが次々に水に落ちて溺死するのを彼は目撃した。この惨事を見て悲しみに暮れた彼は資金を集め、蒸気機関を動力とするフェリーボートを寄贈し、普済号と名づけた。その後、この船は飛済輪と改名され、一時は鎮江商会

が管理を代行したが、後に長航分局が管理することとなった。解放後も長江南北の安全な交通がこのフェリーによって維持され、長年にわたって運航された。

馬士傑の昔のあだ名は「馬半城」で、高郵県の富豪の一人だった。その大邸宅は県政府の側壁に面し、部屋が99間あり、東花庁と西花庁に分かれ（各花庁区画内には書斎や別棟が設けられた）、前後の奥行きが三進（伝統的中国家屋では、邸内に複数列の建物や中庭がある場合にその一列を「一進」という）ある大邸宅には、さらに表門と建物の入り口をつなぐ廊下と奥庭があった。妻と4人の妾がおり、その子女は22人に及び、うち14人は成長した後は高郵や揚州、上海などに散って住んでいた。抗日戦争発生後、馬先生は各地を転々としながら一時は上海に住み、霞飛路（現在の淮海路）の新康公寓や拉都路（現在の襄陽南路）の民家に住み、我が家とも近所だった。彼はいつも私たち少年世代に対して、中華民族には五千年に及ぶ輝かしい文明と歴史があることを話し、私たちの愛国心をかき立てた。この頃、漢奸（売国奴）の梁鴻志や殷汝耕が日本人と仲間になって彼を脅し、官職に就くように脅迫したが、彼は高齢で病気がちなことを理由にたびたび断っている。

1945年年末、高郵が初めて解放されると、当時の情勢を冷静に認識していた馬士傑は周恩来を代表とする共産党関係者を深く信頼し、最終的には共産党が腐敗した国民党に打ち勝ち、全国的な勝利を収めると考えたため、家族や親戚たち、親しい友人たちの再三にわたる勧めに耳を貸さず、解放区に留まり続けることを望み、異郷に移り住もうとしなかった。しかしあろうことか、国民党は人民の命を顧みずに高郵に何度も戦闘機を飛ばし、爆撃を行った。後に、私の「十九舅舅」（母方の19番目の伯父）の馬家驥が詳しく教えてくれたところでは、戦闘機が代わる代わる爆撃を行った結果、馬士傑が一時的に避難した仮の住居の奥庭も平地となってしまった。彼は、かつて住んだ西花庁にあらかじめ転居していたが、高齢で体が弱り、恐怖に耐えかねたためにまもなく亡くなってしまった。

周恩来はかつて、馬一族の変遷に強い関心を寄せていた。かつて繁栄したこの一大家族の変遷は近代中国社会の縮図であり、歴史研究や文芸創作の格好の題材となりうると考えたのだ。

馬士傑の革命や共産党に対する信頼や、自らの行動は「有利于民，有利于世」（人々の役に立ち、世の中の役に立つべき）とする信念は生涯変わることはなかった。1946年初め、土地改革運動が江蘇省北部の解放区で繰り広げられた。土地改革は共産党にとって決定的な性質を持つ政策であった。ある意味では当時、孫文が提唱した「耕者有其田」（農民が耕地を持つべき）とする主張の実践と発展であり、進歩的な官僚にとっては、この政策を行うことで共産党の土地改革を全面的かつ正確に体現する一つの模範的な実例とすることができた。これは、進歩的な官僚に対するある種の保護で

222

もあり、解放区の建設に向けて彼らの意欲がかき立てられる同時に、解放区内と国民党統治区内の多くの民衆にとっての模範となり、共産党の影響を拡大した。

　前にも触れたが、馬士傑は現地の人民政府と積極的に協力し、政府の手配した人力車に乗って高郵県内の大ホールに向かい、土地改革の手続を行った。その日、私は外孫として付き添ったが、彼が地方政府に農地所有書などを引き渡すと、政府の幹部は非常に礼儀正しく対応した上に、担当者を派遣して家まで送ってくれた。

　土地改革運動の間は、大多数の人々は戦争から逃れるために、また、共産党に懐疑的な態度を示す少数の者たちも共に大挙して難民となり、蘇北解放区から上海に逃れた。国民党は彼らを利用して国連難民高等弁務官事務所（UNHCR）に補助金の申請を行い、その一方で彼らが騒ぎを起こすように扇動し、共産党への理解が足りない彼らに対して上海の人々が懐疑心を持つように仕向けた。折しも当時、馬士傑の12番目の息子（私の「十二舅舅」：母方の12番目の伯父）の馬家駛はUNHCRで働いていた。「七爸」は、馬家駛が江蘇省高郵県の出身でUNHCRに勤務していることを私から聞くと、彼なら説得力があるのではないかと考えた。そこで、彼に自分の立場を示してもらいつつ故郷の言葉で民衆を説得して誤解を解き、戦争は国民党が招いたものであることを説明してもらおうと考えた。戦争によって人々は安住の地を失って故郷を追われ、解放区の平和と建設が損なわれた。最も深刻なのは戦争が大勢の流浪の民をうみ出す直接の原因となっていることだ。こう考えた「七爸」は馬家駛を訪ねた。

　しかし時すでに遅く、馬家駛は不在で、私の「十姨娘」（10番目の伯母）にあたる馬家駛の姉が一人だけで「七爸」に応対した。「七爸」は「十姨娘」に対して「馬家駛に会えないことは大した問題ではない。訪ねるのがちょっと遅くなっただけだ。今、私は車を路地に停め、ここまで歩いて来た。それは、国民党のスパイに尾行され、あなたがたに害が及ぶのを避けるためだ」と説明した。

　この小さな出来事からも、「七爸」は当時、難民の社会問題に強い関心を持っていたこと、そして敵のスパイが根拠のないデマを流すのを阻止し、民衆を誘惑する機会を直ちに減らそうと望んでいたことが分かる。これらのことから、「七爸」は人心の向背に強い関心を持っていた上に、細やかで具体的な対策を行うことに長けており、友人たちの安全にも気を使っていたことがわかる。また、「七爸」は共産党中央に対して手紙を書き、土地改革における過度な左傾現象を克服し、良からぬ者たちが面倒を引き起こすことのないよう注意を喚起していた。

　馬士傑は生前、私を含めた少年少女たちに対して何度も、中国革命は中国共産党の指導の下で苦難を経験しつつも、最終的には必ず勝利をつかむと話していた。彼らのような古老で進歩的な元官僚の政治的見通しは、ある程度は周恩来を代表とする革命党の人々の言動に民族国家の希望を見ることによって確信が得られたものであり、私

もそれを信じている。馬順宜らは海外でデマを流布し、馬士傑は周恩来と周恩霆に迫害されたために死んだとでたらめを言いふらしているが、これは全くのうそだ。当時、周恩来と周恩霆の兄弟2人は南京と塩城で分かれて仕事をしていた上に、馬士傑が高郵で病気のために亡くなったことも知らなかった。当事者の多くは今や故人だが、「他人を誤って責めないためにも、正確な史料を埋もれさせてはならない」という「七爸」の当時の指示を守るべく、私個人が経験し、見聞きしたことをここに記録し、事実を証明したい。

八　身内の重用を避けるという原則

　身内の重用を避けるという原則は、敬愛する「七爸」が生涯厳しく守った生活規範の一つである。彼は、閨閥（妻方の親類である外戚を中心に形成された姻戚関係）が物をいう風潮は中国社会の弊害であると考えた。この風潮には数千年にわたる歴史の蓄積と厚い社会的基盤があり、与党にとっては優れた革命の伝統を維持できるかどうかに関わる深い問題であり、最終的には民衆の人心の向背にかかわる重大な問題でもある。一国の総理として「七爸」はこのことに関しては自らを厳しく戒め、自ら手本を示し、幹部や民衆の模範となるよう努力しなければならないと考えていた。

　私は生まれた時から上海の家で「七爸」と「七媽」に可愛がってもらう幸運に浴した。彼らは生前、乳児だった頃の私が床じゅうをハイハイして進み、自分たちがあやしていたことをたびたび思い出し、その情景がありありと目に浮かぶようだった。また、いつまでも私を「愛宝」という幼名で呼び、愛情や関心が衰えることはなかった。しかし、1946年に私が単身、上海の周公館を訪れて「七爸」、「七媽」と面会した際には、彼らが親族間のもたれ合いを避けるという規律を厳しく守っていることを初めて感じた。

　この時は確か、「七爸」は一緒に延安に戻るように私に提案したが、それを聞いた「七媽」が彼の服を引っ張って制止し、2人でしばし相談した後に考えを変え、私には上海に残って勉強するよう勧めることに決めたのだった。その重要な理由の一つとしては、共産党員の高級幹部として、彼らは革命烈士の子弟やその他の幹部の子弟の面倒を優先的に見るべきであり、親類への肩入れを避ける鉄則を守るよう心がけなければならないという事情があった。この時から、子供ながらも、私の心の中には革命の先人たちの崇高な精神を学ぶべきという考えが深く植えつけられた。そして、私自身も生涯にわたってこの身内の優遇を避けるという原則を守るべきであり、親戚関係から得られる幸運を少しでも当てにするような心理は持ってはならないと考えるよう

になった。

　その後、数年にわたる苦難の歳月で、私自身も多くの想像しがたい困難を克服し、最終的には軍隊に入隊して革命に身を投じるようになった。中国西南地方の解放を目指して進軍していた時期、私は第二野戦軍司令部に配属され、主な指導者の身辺で機密関係の職務についていた。しかし同じ頃、私より年下の弟も政府の指導機関に配属されていたため、弟だけは職場に残ってもらって、私は中隊への配置換えを申請して、現場で訓練を受けた方がよいと考えた。重慶が解放されてからは、高卒以上の青年団員は大都市に残って働くことを優先的に考慮できることとなったが、私は模範的な役割を担うために、体の弱さも顧みずに地方の現場で働くことを志願した。当時、新たに解放された地区は急速に発展しており、仕事内容の変更や場所の移動も多かったことと、もっといえば「七爸」と親族の関係にあることを他人に知られたくなかったために、私は長いこと彼に手紙を書いたり、連絡したりしなかった。そのため、「七爸」と「七媽」は祝華同志に私の行方を探すよう頼んだこともあるほどだ。

　1954年、私は「七爸」の母校である南開大学に入学したが、苦学生であることは変わらず、基本的な生活費を自力で賄ったことに関しては「七爸」と「七媽」から褒められていた。劉披雲学長は私のかつての上司だが、私の家庭の事情を知ると「水くさい」と言って憤った。長年のつきあいなのに、私が「七爸」と「七媽」に幼少時から世話になってきた係累であることを知らせていなかったからだ。

　私は幼少時から外国語が好きで、経済関係の仕事もしたことがあり、大学入試の成績が上位だったため、入学後は勉強のかたわら仕事もして、わずかながらも収入を得て「七爸」と「七媽」の負担を増やさないように心がけた。大学の7年間、私は経済と英語の2つを専攻し、すべての筆記・口頭試験で満点の5点を取り、「天津市優秀三好学生」として表彰されたこともある。1960年初め、陳毅元帥は私を外交部に配属するように周総理にじかに提案した。しかし周総理は彼に「確かにその条件を満たしているが、外交部はかつて自分がトップにいた機関であることから、親族同士の身贔屓（みびいき）と疑われるのを避けるために他の機関で仕事をした方がいい」と話し、私は対外文化連絡委員会と中央対外連絡部での勤務を命じられることとなった。当時は定年退職の制度がなかったために、私たちの世代は老幹部のために実務を担い、昇進や昇給の機会は少なく、10年に一度のチャンスを職場の他の同志に譲ったことさえある。そのために私の給与や待遇は往々にして低く、職務とつりあわないことがよくあった。対外文化連絡委員会

1960年代の周爾鎏
（北京中央対外文化連絡
委員会にて撮影）

第六章　史実の整理と補足　225

（文化部）の黄鎮主任はかつて共産党組織において、周総理が自分の親族にこそ厳しく要求したことについて私を例にして説明し、私自身もそれに応えていたことを紹介したものだ。

私の職場での配属に関しては、「七媽」が1956年に周総理に同行して南開大学を訪れた際に天津招待所で私と単独で面会し、その時に話した内容に従っている。「あなたが幼少時から成績が良かったのは、すべて自分自身の努力の成果です。奨学金を生活の主な糧として、家族にまったく頼らないようにした時期も多くありました。私たちとの関係についても、あなたは自分からわざわざそれを他人に話すこともありませんでした。私たちは親族を特に厳しく戒めているものの、さまざまな社会習慣のためにみんながこれを完全に理解し、信用しているわけではありません。だから、あなたも今後生涯にわたって、親戚関係であることの利益を得られないばかりか、逆にその害もあることを覚悟しておく必要があります。私は、あなたの親戚としても、人生の先輩としても、それを悔しく思う気持ちもあります」。

文革中に対外文化連絡委員会が廃止されると、私は北京第二外語学院の教師・学生たちと共に河南省の農村幹部学校に下放された。そして、林彪の失脚後ようやく、妻の王章麗と共に北京に戻され、耿飆部長の選出によって中国共産党中央対外連絡部の勤務を命じられた。「七媽」は、これなら自分の能力を発揮できると私を祝福した。また、長年にわたり、私が勉学に関しても仕事の配属においても、彼らに口利きするように求めなかったことについても嬉しく思ったようだった。

1980年、対外文化連絡委員会が再開すると、黄鎮主任ら指導者たちは中央対外連絡部に対し、人員供与として私たち夫婦に一時的に出向するように求めた。その結果、私と王章麗は英国に派遣され、駐英国大使館の文化参事官と二等秘書を務めることになった。当時、私はすでに司局級の役職についていたため、中央組織部としてはこの異動によるその後の私の人事や昇進への影響を懸念したようだったが、私自身は長いこと「七爺」と「七媽」の教えを受けていたことから、この配属に同意した。また、妻の王章麗は1970年代に英国に留学していたことから、当時の情勢や周囲の意見を受けて、業務上の貢献によって一等秘書に昇進できることとなった。しかし、夫婦という関係を考慮して、私は彼女を評価する一切の資料を手元にとどめて上級に送らなかったため、彼女は受けられたはずの人事も待遇も受けられなかった。

周爾鎏、王章麗夫妻
（北京にて撮影）

1984年年末、任期満了に伴い帰国すると、中央組織部は私を対外友好協会の副会長に任命した。この頃は姫鵬飛

226

と呉学謙の２人が副総理の職にあり、彼らの承認を受ける形となった。私は対外友好協会の理事を長年務めていたため、これまでの経歴や能力を考えればこの人事は私に非常に合っていたが、当時は「七媽」が名誉会長だったことからこれを辞退し、上海社会科学院への配置換えを希望した。中央組織部はこの申し出は私自身の希望ではなく、鄧穎超の指示でもないことを察した上で、当時の会長がすでに高齢だったためにこの人選は適切であるとして、当初は私の辞退を受け入れなかった。しかし、後に「七媽」が中央組織部に連絡し、自分が名誉会長である以上は私を別の職務につけるべきと伝えたため、私は最終的に北京大学副学長と中国社会発展研究センター主任の職につくこととなった。

　1992年、私の定年退職が近づいた頃、中央組織部は国務院国際問題研究センター（後に「中国国際問題研究センター」に改称）の責任者または全国旅遊協会副会長に私を配置することを検討していたようだった。私自身もこの人事なら私の専門を活かし、退職後でも能力を発揮できると考えた。しかし、この頃、作家の韓素英が南開大学において周恩来研究センターの設立を提案していた上に、200万イギリスポンドの援助を承諾したため、南開大学の党委員会書記と学長が中国共産党天津市委員会を代表し、私に母校に戻って同センターの主任を務めるように熱心に要請していた。私はこの熱意ある要請を辞退するのは申し訳ないと思い、当時米国にいた王章麗と相談もせず、深く考えずに承諾の返事をしてしまった。ただし、劉焱先生の主任職と入れ代わることはしたくなかったため、顧問なら受けると答えた。教育部で退職手続をした際に、同部の幹部からは、私なら高級幹部の待遇を受けられるとも言われたが、多くを望まないと答えると彼はいたく心を動かされた様子で、その日のうちに手続を終わらせ、通達してくれた。

　思い起こせば、「七爸」は生前、愛する妻であり、かつての戦友でもあった鄧穎超に対しても、身内の重用と疑われないよう厳しく自らを律していた。鄧穎超への思いがいかに厚くとも、私生活での配慮がいかに細やかで特別なものであっても、彼女が全国人民代表大会の副委員長の職につくことには決して同意しなかった。「七爸」が私に仕事関連の話をする際も、「七媽」が関与したことはなかった。「七爸」が母校の南開大学を訪問した際も、「七媽」は同行したが目立たないようにずっと気をつけていたため、教師も学生たちも彼女の存在に全く気づかないほどだった。また、人民大会堂で1973年３月８日に開催された国際女性デーの式典の際も、「七爸」が出席し、重要スピーチをすることになっていた関係で、親族同士のなれ合いと見なされないようにするために「七媽」は一般的な場への参加に変更され、少数の中国駐在外国人の女性家族との交流イベントに出席することになった。

　1973年頃、私が外国からの来賓に同行して延安の視察に訪れる際、ちょうど従弟

第六章　史実の整理と補足　227

の周秉和が当地の人民公社の生産隊で働いていたが、私の訪問前にある事件が起きていた。それは、現地政府の特別な配慮で彼を軍に加えようとするものだったが、これを知った周総理は同意せず、最終的にはもとの生産隊に戻されたということだった。延安に着いた私は地方委員会書記に会い、従弟の健康や勉学に対する彼らの心遣いに感謝しつつも、従弟を現地の派閥的な闘争に関与させないように注意を促した。北京に帰った後、「七媽」は私の行動を称賛してくれた。

　これらの事実によって、私は生涯にわたり、最も敬愛する人生の先輩——「七爸」周恩来と「七媽」鄧穎超を安心させるために、最大の努力をしてきたことを読者のみなさんにもご理解いただけると思う。私としてはやはり、「親族同士の優遇を避ける」という彼ら自身の原則は「生涯、変わることがなかった」と声を大にして言いたい。それは、彼らがそういう姿勢を貫くことによって中国全体の社会的風潮が徐々に変わり、関連制度を整備していく上でも役立つと確信していたからだ。

九　親族を平等に扱う

　「七爸」は生前、我が周一族という大家族の多くのメンバーに対し、親族内の事柄は「一視同仁」を大原則として、差別せずに平等に扱う姿勢の大切さを説いた。

　2008年、周総理の甥世代に当たる私たちは、周総理の生誕110周年を祝うイベントのために淮安に集まっていた。その際、周爾均、周爾輝、周保章らも総理のこの「一視同仁」という原則について私に語ったが、今日に至っては親族の一部がこれを忘れ去り、この原則を守っていないとも言っていた。北京に戻り、父方の従兄弟の息子にあたる周国鎮らと話した際も、似たような意見を聞いた。

　「七爸」の逝去後、「七媽」と中央政府の関係機関が追悼行事を計画した際には、「七爸」が生前唱えていた「一視同仁」の原則が厳しく守られていた。周一族は大所帯であるため、「七爸」が生前厳しく要求した精神に従ってすべてを簡略化し、外地にいた親族に対しては仕事の持ち場を離れないようにし、勝手に北京に来ることを禁じた。また、北京にいた親族も、普段つきあいのあった各家族の長男のみがその家族を代表して参列し、その他の個々の例外については事前に必ず了承を得ることとした。たとえば、私は「二房」家族の長男として参列し、従妹の周章建は周総理が病床についていた頃に総理と電話で話していた関係から、例外的に参列を認められた。

　その後、「七媽」の逝去後に中央政府の関係機関が追悼行事を行った際も、基本的にはこの原則に従って事が進められた。しかし、従妹の周秉徳は、私と王章麗の参列の権利を周爾均夫妻に譲るように求めてきた。そうはいっても、彼女が周爾均夫妻の

参列の必要性を感じたなら、先例に従って事前に申し出れば個別に認められたはずで、私たちが権利を放棄する必要はなかったのだ。

「七媽」にとって、天津は第二の故郷だった。私も南開大学で長年学び、仕事にもついたため、天津にゆかりがある。「七爸」と「七媽」がかつて天津に戻り、南開大学を訪れた際に参加した活動に関しては、私もそのすべてに招待されて参加した。「七媽」が逝去した際も私はすぐに天津に駆けつけ、南開大学に訃報を伝えた。もし私が知らせなかったら、南開大学としては追悼行事に間に合うようにすぐに代表者を派遣することはできなかっただろう。私はその日のうちに北京に戻ったが、通夜等の葬儀関連行事はすでに始まっていたため、通夜に参加したくなかったから天津に行ったのだろうと周秉徳に言われてしまった。実際には、葬儀関連の予定を関係者に通知するように周秉徳に指示されたのは淮安から北京に駆けつけた周爾萃で、その周

1992年、鄧穎超の臨終の際に撮影。悲嘆にくれる周爾鎏と傍らに立つ王章麗（中央警備団撮影。周爾鎏は撮影に気づいていなかった）

1992年、鄧穎超の遺体に別れを告げる周爾鎏、王章麗夫妻。後ろに続くのは従弟の周秉鈞、劉軍鷹夫妻

爾萃が自分より兄貴分に当たる私ならばとっくに予定を知らされているだろうと勘違いしたために、私はなんの知らせも受けていなかったのだ。私は周爾均に電話して関連スケジュールを確認するよりほかなかった。それ以前に北京で行われた追悼行事についてはまったく知らされなかったため、私は参列することができなかった。そしてこのことによって、何人かに誤解を受ける羽目になった。

前にも述べたが、中央政府はかつて、私を中国人民対外友好協会の副会長に任命し、後継者として育成することを決めた。しかし、「七媽」がその名誉会長だったことから、身内への肩入れと疑われないようにするために、私を北京大学の副学長とすることに変更した。この親族間の優遇を避けるという姿勢はむしろ私自身が喜んで守りたい原則であり、中央組織部に対しても私の方から対外友好協会の要職の辞退を申し出たほどだった。私はさまざまな職についてきたが、個人的な損得を勘定に入れたことはなく、逆に何度も他人に譲ってきたことは調べのつくことだ。実際に、「七媽」も親族や身辺で働いていた関係者の目を避けつつ、重要な問題について何度も私と個人的に話し合ったことがある。その話題は四人組の迫害にどう対応するかといった問題に及んだことからも、彼女が政治的にも私を充分に信頼してくれたことが証明できよ

第六章　史実の整理と補足　229

う。1973年3月8日、「七媽」が中央対外連絡部で数多くの海外の貴賓の夫人たちに会った際に私たち夫婦を名指しで褒めたことについては、彼女が大勢の前で係累を称賛したのは生涯で知る限り、この1回のみのみだそうだ。このことは私の生涯の誇りであり、感激に堪えない。

過去の出来事によって、私は往々にして社会から不必要な誤解やマイナスの影響を受けてきており、傷つけられることもあったが、人々の結束を守るために、この数十年間、私は声を上げないできた。その私の人生も晩年にさしかかった現在、この機会を借りて最後に史実を明らかにし、「七爸」周恩来ら先達たちの霊を慰め、生前の彼らから託された思いに報いるよう力を尽くしたい。

家族間の事柄の取り扱いについては、「七爸」には自分なりの確固たる原則があった。彼は1946年、1954年から1955年、そして1964年と何度も私と2人きりで家族間の問題について話し合っている。「七爸」は自分のことを没落した封建的大家庭の生まれだと話していた。当時の私はまだ若かったが、それでも「七爸」のこの言葉には3つの意味が込められていることが分かった。その1つ目は、「大家族」にはメンバーが多く、玉石混交であること。2つ目は、一族の多くの人間の考え方や行動は封建的意識によって影響を受けていること。そして3つ目は、一族は没落しつつあるためにメンバーの中には教育水準の低い者も少なからず存在し、退廃的な生活を送る者や慎重な政治的選択のできない者もいるなど、悪しき影響がさまざまに出ていることであった。

「七爸」は「一国の総理としては政務が忙しく、なかなか時間が取れないが、人数が多く、各々の状況も異なる一族に対しては自らの責任を果たしたい。国と社会の負担を減らせるよう多くのメンバーが思想を改造して前進できるための協力は惜しまない」と私に話していた。このために、一族の中のそれぞれの家族に対しては、やはり「一視同仁」の原則を守ることが必要だった。つまり、必要とされたのは「親疎の別」ではなく、いわば「是非の別」であり、こうすることによって多くのメンバーから支持を取りつけやすくなった。「こうすれば皆も心から納得し、思想面から認識が一致し、結束が促される」と「七媽」も時に口をはさんだ。

私の個人的な感想としては、親愛なる「七爸」がこう考えて行動したのも、彼の幼少期の経験や仁愛の心、そして懐の深さのなせる業だ。彼の日本留学時の日記によれば、異国での生活や勉学には相当の困難があったが、敬愛する「二伯父」周貽康（私の祖父）が資金面で援助した。当時、「八叔父」が病気のために亡くなったが、貧しくて葬儀を行うことができなかった。そこで、「七爸」は「八叔父」の子女たちを心配し、高先生の教えに従って手紙を書き、一族の長老だった周貽康らに資金の工面を頼んだ。あれから30年以上が経ち、「八房」の子孫である周爾萃が初めて親族に会い

に北京を訪れた際、親愛なる「七爸」は彼らを歓迎するために、天津の南開大学にいた私をわざわざ北京に呼んだ。そして、当時、私の祖父が彼らに資金面で援助をしたことを告げ、その子孫の私たちも親疎の別なく、今後も一族としての情を持ち続けるよう期待すると語った。ここにも、「七爸」の「一視同仁」の原則が表れている。

「七爸」の「一視同仁」という原則には、周家という大きな一族を構成する各家族を平等に扱い、学歴や役職、出身の家柄、経歴、性別などによって親疎の分け隔てをしないという意味が込められている。ここでより重視されるのは、個人の業績やその精神、立場、そして品行なのである。

十　周貽良ら遺臣の親族に対しては「けじめをつけつつ配慮を示す」

周恩来の「六伯父」は原名を周貽良といい、後に嵩堯と改名し、字は峋芝で、1873年7月17日に生まれた。彼は周一族の同じ代の中の3人の挙人（科挙の郷試に合格した者）の1人で、かつては江北提督の王士珍に推薦され、朝廷に勤めていた。これを現代の報道に当てはめて考え、その字面から現在の国務院秘書長の役職に相当すると誤解する向きもあるそうで、そのためにはからずもその影響力を過大評価しているようだが、実際には民国初年、周貽良は袁世凱の数多くの秘書のうちの1人で、1951年6月に中央文史研究館の館員に招聘された。周貽良が中央文史研究館の館員となったのは「七爸」自身の推薦によるものではないと「七爸」は私に語ったことがあり、後にこの事実を公の場で明らかにしたこともある。また、周貽良は周一族の各家族のメンバーを紹介する資料を編纂したことがあるが、一部の親族の経歴に明らかな誤りがあった。たとえば、私が実際に入隊したのは第二野戦軍だったのに第四野戦軍に参加したことになっており、共に参軍した周爾均の名前が抜けている、といった具合だ。どうやら、彼の示す甥の代や孫の代の情報に関しては、事実を確認し、誤ったうわさが流れるのを防ぐ必要がありそうだ。

米国の李採珍教授は周恩来の青少年期に関する専門書を執筆したことがある。李教授が淮安の現地調査で得た情報によれば、周恩来が南開中学の入試に合格した時、封建的意識の強かった周貽良は、周恩来ら親族の子弟が「洋学」の学校で学ぶことに激しく反対したそうだ。実際に、南開中学は近代化の進んだ私立学校で、その教育理念やカリキュラムは伝統的な私塾より先進的であった。解放後、紹興の共産党刊行物に掲載された匿名の文章によれば、五四運動の頃、周貽良は進歩的な学生たちによる反袁運動に強い反感を抱き、甥の周恩来を非難したという。周貽良はさらに、周恩来を

伝統に反逆する不肖の子孫と責め立て、故郷の紹興にいる年配世代にわざわざ手紙を書き、周恩来のいわゆる「不当行為」を知らせたそうだ。周恩来はかつて、海外留学の費用を工面するために、南京でちょうど同じ時期に働いていた私の祖父の周貽康と周貽良に援助を求めたことがある。私の祖父はすぐに承諾したが、周貽良は支援しないばかりか、周恩来のことを「拆白党」（1920～40年代に上海一帯で徒党を組んで詐欺行為を行った青少年を指す）と非難したという。周恩来はこれを不愉快に思ったが、英国に渡ってからも、江浙（江蘇・浙江）の官費支給を王士珍に依頼するよう求める内容の手紙を周貽良に送った。しかし、周貽良は相変わらずこれを無視した。こうした幾度もの不適切な行為にも関わらず、「七爸」周恩来は最長老の周貽良に対しては、なおも中国の伝統に従って尊重し、その長寿を祝った。しかし、彼の人柄については認めなかった。これらの状況と彼への批判に関しては、周恩寿、周毓燕、周恩霆ら父の代の親族や周恩来自身からも、後に私に説明があった。

　「七爸」は私に「この長老（周貽良）は周一族のどの家族とも疎遠で（実際にほとんどつきあいはなく）、評判が悪い。一族の多くの者は彼のことを冷酷で情が薄く、金儲けのためなら他人のことは考えず、子孫の教育方法が適切でない……」などと話した。また私自身も、祖母の程儀貞と「七爺爺」（「七爸」の実父）が家の中で「六爺爺（周貽良）は思いやりが足りない」と話すのをよく聞いていた。解放後、周貽良は同じ代の中でも長老として大切にされ、かつては一族の中でも高い地位にあったが、その傲慢で権力になびく態度から、実際には多くの親族と長い間つきあいはなく、会ったことのない者もいたほどだ。私の祖父の周貽康は周貽良の実の兄で、生前は彼をことのほか可愛がり、金銭面の援助もしていた。しかし、周貽良は祖父が亡くなった後は、祖父の残された子どもたちや未亡人となった祖母を気にかけることはなく、互いに交流もなかった。さらには、長兄の周貽豫が貧困と病に苦しみ、晩年は落ちぶれ、廟で単身、病死することとなっても、周貽良は同じ揚州の地にいたにもかかわらず、面倒を見なかったという。「七爺爺」と祖母は、周貽豫に対する周貽良の態度はあまりにも薄情で、周貽康が健在だったら、こんなことは起こらなかった、と話したものだ。「七爸」自身もこのことについて私に話したことがあり、同じ考えを示していた。

　周恩来はかつて、清末民初の政府機関の編制や官吏の給与などの問題に関し、当時の具体的な状況を周貽良に尋ねたことがある。官界の汚職状況に話が及ぶと、周貽良は自らを清廉潔白と表明したが、周恩来は面と向かってこれを否定し、「当時はいちばん下っ端の人間でさえ経済的な問題を起こしていたのに、袁世凱という大軍閥のトップの秘書を務めた六伯父が汚職に関わらないのはほとんど不可能なことだ」と指摘した。「七爸」はさらに自分の実の父を例にあげ、「科級の幹部にすぎなかった父でさえ清廉潔白とは言えないのだから、数多くの骨董や書画を贈られたことのある六叔父

に至っては、少なくとも経済的には潔白ではなく、それは形を変えた収賄行為と言うべきだ」と語った。周貽良はこれを聞くと「確かにそうだ」と認め、恥じ入り、納得したそうだ。それでも周貽良が80歳になった際には、周恩来は多忙にもかかわらず祝宴を開き、彼とその子孫を招いて彼の長寿を祝い、心遣いを示した。

　「七爸」が遺臣ら一族の長老たちに対しては、「嫌而不棄」という原則を守り通してきたことは、今までほとんど知られていない。「嫌」とは思想や原則としてのけじめをつけるということ、「不棄」とは肉親としての情を可能な限り保ち、適切な関心と配慮を持つことであり、一族全体の結束と進歩を求めて自ら責任を担い、親戚たちの思想改造と進歩を促すことによって国と社会の負担を軽減しようとしていた。周貽良が中央文史研究館で働いていた頃は、党と政府からの善意を感じて勤勉に働き、大いに力を発揮していたはずだ。つまり、封建社会を生きた遺臣たちは過去に悪い習性があり、保守的な思想の持ち主であったのは不思議ではないが、それを大げさに言いふらすと真相を知らない人々の誤解を招きやすい。これは、「七爸」の生前の教えに背くことだ。また、当時、江浙地区の軍閥の混戦によって、現地の人民の生命や財産が著しく傷つけられたことを、歴史学の権威である金冲及先生の教えによって私は初めて知った。さらに、江蘇督軍の李純の逝去後に「六爺爺」は一度は職を失い、自らの力だけでは混戦を完全に制することはできなかったと「七爸」は教えてくれた。以上に述べたことは偽りのない史実だが、「七爸」が「嫌而不棄」という原則を守り通したことを知る人は少ないようだ。出版界としてはこのことをもっと重く見て対処すべきであろう。

十一　沈鈞儒と周恩来が知り合ったのは抗日戦争期ではない

　いくつかの著作において、一部の作家が「民主家の沈鈞儒は抗日戦争期に重慶で周恩来と知り合った」と書いているが、これは事実ではない。私の父は上海法学院の早期の卒業生で、当時は沈鈞儒が法学院の教務長だった。1929年、私の両親が結婚する際に、沈鈞儒は周家側の婚礼の主催者となった。1928年から1931年にかけて、彼は上海北四川路永安里44号の我が家を何度も訪れ、その際に周恩来と知り合い、互いに強く信頼するようになった。当時、周恩来は高い懸賞金がかけられた指名手配犯となっていたが、彼と沈鈞儒は何も恐れずに我が家で会い、語らっていた。この事実から、周恩来は革命人生の早期から民主家たちと交わりがあり、長期にわたって団結し、協力関係を保っていたことが分かる。

第六章　史実の整理と補足　233

沈鈞儒の息子は国務院の医師で、私の病気を診察し、ビタミンＥを長期的に服用するよう勧めたことがある。沈鈞儒の息子の妻は私たち夫婦とのつき合いが長く、90歳の高齢になっても1人で路線バスに乗り、自分を厳しく律していた。沈鈞儒の孫娘は、国の内外を問わず私たちと長いつき合いを保った。また、沈鈞儒の孫は私の従妹、周秉徳を妻に迎えた。こうして、沈家は3代にわたって、私たちとつきあいが続いた。

十二　ディック・ウィルソンによるねつ造の顛末

英国人作家、ディック・ウィルソンは1928年に英国のエプソムに生まれ、オックスフォード大学ブレーズノーズ・カレッジとカリフォルニア大学バークレー校で学んだ。1952年に初めてアジアを訪れ、当初はファイナンシャル・タイムズで働いていた。1956年から1964年にかけてファーイースタン・エコノミック・レビューの編集者を務め、その後はシンガポール駐在の編集顧問となり、1973年から1981年までロンドン大学の季刊学術誌『チャイナクォータリー』（The China Quarterly）の編集者を務めた。彼の早期の著作には『A Quarter of Mankind: Anatomy of China Today』、『Asia Awakes』、『China The Big Tiger』、『毛沢東』、『周恩来―不倒翁波瀾の生涯』などがある。そしてこの『周恩来―不倒翁波瀾の生涯』は中国語に翻訳されており、中国国内と海外の華僑の間で一定の影響力を持つ。

1980年代初期、英国外務省の国際文化部（International Culture Department）でトップを務めたJohn McLayに呼ばれて英国外務省で会談を行った際、参加メンバーの中に作家のディック・ウィルソンがいることに私は気づいた。彼が香港や極東各地で仕事の経験があることを私は知ってはいたが、会うのは初めてだった。また、英国側のホストと話そうという段階になって初めて、会談の主役は外務省ではなく、ディック・ウィルソンであることに気づいた。ディック・ウィルソンは自分のことを私に紹介するよう外務省に依頼したのだ。この時、私は、彼が『周恩来―不倒翁波瀾の生涯』の執筆に着手していることを知った。

後に私は彼の自宅に招かれ、彼の奥さんと彼らが養子に迎えた2人の南アジアの子どもたちに会った。夕食をご馳走になった後の雑談の中で、彼は執筆中の『周恩来―不倒翁波瀾の生涯』に話題を向けた。彼はまず、台湾から米国に移住したある人物から提供された情報を示し、これは信頼に足るかどうかと尋ねてきた。私はこれに答え、この人物には反共産的な意図がある上に周恩来を中傷しており、その情報は捏造されたもので真実ではないと告げた。たとえば、この人物の父親である馬士傑が周恩来兄弟に迫害されて死に至ったというのは、まったくの出まかせであると話した。

234

これを聞いたディック・ウィルソンは、さらに不完全な家系図を取り出してきたため、私は周秉徳、周秉建、周爾輝、周爾萃ら何人かの名前を書き加えたが、自分の名前は加えなかった。彼の入手した家系図があまりにも大雑把で、不備があることを知らせたかったにすぎない。そうした上で、時間を作ってこの家系図に補足を加え、修正するようにと伝えたが、これ以降、彼は何の修正もしなかったようだ。

　実は、1960年に周恩来がネパールを訪問した際に、彼は周恩来に30分ほどのインタビューをしたことがあるそうだが、それ以外で周恩来本人とは接触の機会がなかったようだ。それでも、『周恩来―不倒翁瀾の生涯』の執筆のために集められた数多くの資料や彼の態度から、彼は真剣に、かつ真摯に執筆に取り組んだことがわかる。しかし、同書の65ページから67ページに、ヨーロッパ留学中の周恩来がドイツに滞在した折に、特に1923年にはGottingen地方を訪れ、そこで出会った現地の若い女性の付き人と関係を持ち、翌年の1924年に混血の男児が生まれたというくだりがある。これに関しては、私は読んだ後にすぐさま、こんな事は絶対に起きていないし、ありえないと伝えた。しかし、彼の弁解によればその情報源は信頼に足るもので、根も葉もない絵空事ではないとのことで、ただちに修正するようにという私の要求は受け入れられなかった。

　後に、私からの再三の批判と催促を受けて彼はこの件に関する経緯や考えを釈明したが、ついには実は朱徳の行いだったと言い張るようになった。そこで、事実を明らかにするようさらに何度も催促すると、彼はこれ以上否定できないというところまで追い詰められた段階で初めて、実はかつて根拠のないうわさを信じてしまったのだと謝罪してきた。しかし後に、何か悪意やたくらみがあってしたのではなく、読者のスキャンダル熱を満たして本の売上を増やしたかったに過ぎないとも言い訳してきた。そこで私が「真面目な作家ともあろう者が根拠のない風説を軽はずみに信じ、勝手に転載するようなことがあってはならない。無責任な行為だ」と厳しく批判すると、やっとのことで彼は著書に修正を加え、注釈を入れるという方法で事の顛末を説明することにした。

　この風説は、もともとは1954年に西ドイツの雑誌『シュテルン』(The Stern) に掲載されたもので、周恩来は1923年の夏にベルリンとパリの間を頻繁に行き来しており、その途中でドイツのGottingenに立ち寄り、ドイツ人女性と関係を持ち、男児が生まれたというものだった。この件を最初に伝えた記事はゲルト・ハイデマンという記者の手による。1954年以降、この記事は世界の多くの新聞や雑誌に転載されたため、ディック・ウィルソンもこれを真実だと信じ、著書に盛り込んだのだろう。しかし、1976年以降、ドイツ人の文書専門家がこの風説の主は山西省出身のChu Ling-Qinという人物で、1898年7月18日生まれであることを突き止めた。この人物は周恩

来とは名前も年齢もかけ離れており、周恩来とも朱徳とも別人であることは火を見るより明らかだ。

　また当時、この情報を聞きつけた周恩来は、自分はGottingenという場所には行ったことがないため、これは根も葉もないうわさだとマスコミに対して説明している。記事を書いたゲルト・ハイデマンも1983年に『シュテルン』誌を辞めさせられている。それは、この人物が『ヒトラーの日記』の捏造の先陣を切った者であることがわかったからだ。欧中友好協会がこれらすべての情報をディック・ウィルソンに伝えると、彼はようやく自分がうわさを誤信し、勝手に拡散する過ちを犯してしまったことを認め、私に謝罪し、真相を釈明する必要があると考えるようになった。

（手紙の内容）
周爾鎏様
　著書の67ページから68ページ、それから317ページの脚注をご確認ください。
　『シュテルン』誌に掲載された記事は間違っていることの証拠をつきとめました。
　　　　　　　　　　心からの祝福をお贈りします。
　　　　　　　　　　　　　ディック・ウィルソン

ディック・ウィルソンからの謝罪の手紙

　この捏造された「物語」の顛末から分かるように、周恩来は中国の傑出した歴史的偉人という存在のみにとどまらない。外国の友人が示すように、彼は世界の変化を促す、国際的にも著名な歴史的偉人なのである。故意か偶然かにかかわらず、今後もまた根も葉もないうわさによって根拠のない罪が彼に着せられるかもしれない。その場合には、中国の人々、特に関係当局が高い関心を持ち、その動向に注意を払い、状況を把握し、相応の措置を講じ、真実を明らかにして周恩来の輝かしいイメージを守ろうとするだろう。これは、残された私たちにとっておろそかにできない責任であり、道義上引き受けるべき義務である。また、ここには、国や民族のイメージを守るという利益も存在する。歴史の真相を知らない若い読者にも、このことに関心を持ち、本当の歴史を理解して欲しいと思う。

十三　李知凡の妻とエドガー・スノーの逸話

　「七媽」鄧穎超は「七爸」の影響を受けて、歴史の扱いやその研究に関しては厳しい姿勢で臨み、手を抜くことはまったくなかった。そして、歴史を勝手に捏造し、誇張することに関しては、断固反対する態度を示した。

　1970年代に、「七媽」は私に「爾鎏、あなたには2つの問題を解決するために協力してほしい」と依頼した。1つ目は、『八一風暴』等の演劇の上演の際に説明された、北伐戦争の頃についての話だった。「七爸」は武漢の前線で戦いに明け暮れ、彼女は広州で妊娠中だったが、互いに手紙を書いてまめに連絡を取り合い、深い愛情を交わし合って、それはそれはロマンティックだった、とあの場では紹介されたが、実際には戦況が激しく互いに音信不通で、そんな甘いムードはまったくなかった。彼女は入院中だったが、陳鉄軍同志が戦況の厳しさを急いで知らせてくれたおかげで何とかして転院し、敵の迫害を避けることができた。しかも、生まれてきた子どもは頭部が大きすぎて損傷を受け、生き延びることができなかった。広州にとどまっていた陳鉄軍も、ついには周文雍と共に犠牲になった。『刑場上的婚礼』（刑場における婚礼）はまさに壮烈な死を遂げた彼らの史実を描いたものだ。当時の歴史の真相を国内外に向けて明らかにすべく、できる限り協力してほしい、とのことだった。

　2つ目は、彼女とエドガー・スノーとの間の逸話についてだ。長征以降、毛沢東主席は、抗日戦争で新たな局面を切り開くために、彼女に関しては「七爸」と共にもっと重要な仕事をさせることに決めた。そこで、私は1937年3月に延安から車で西安に移動した。そして「七爸」と相談した結果、彼女は北平（北京）に行って肺結核の治療を行い、その後の仕事のために早期治癒を目指すことにした。北平への道中、身分を隠すために彼女は楊逸と改名し、「七爸」については香港にいた時代の李知凡という仮名を使い、彼女は外向きには「李知凡太太」（李知凡の奥さん）を名乗った。その年の5月、彼女が汽車で北平に到着すると、北平にとどまって地下工作を行っていた徐冰・張暁梅夫妻が裕福な家の若旦那と若奥様に変装して出迎えに来ており、西山の平民向け療養所に案内してくれた。そこで、彼女は清華大学の胡杏芬という名の女学生と同室になった。後日、胡杏芬は内情を知ると『李知凡太太』という文章を書き、当時の療養の様子を詳しく記録した。この療養院は西山・福寿嶺の山の斜面にあり、連綿と続く燕山山脈と隣り合わせだった。山の斜面の下は一面の松林で、閑静な環境で周囲は安全であり、療養に適した良い場所であった。しかし、まもなく盧溝橋事変、すなわち七七事変が発生した。1937年7月8日の明け方、療養院の近くでも銃声が聞こえた。そこで、状況を心配した「七爸」から手紙が来て、平綏鉄道（現在の京包線。

北京と包頭を結ぶ）を使って回り道をしつつ西安に戻るようにとの指示があった。7月30日、3ヵ月間の療養の後、彼女は張暁梅と南漢宸の手配により北平を離れ、汽車で天津に向かった。彼女は藍色の絹のチャイナドレスを着て、長い髪を藍色の絹ひもで結び、サングラスをかけ、療養前より少しふくよかになった体で中流か上流階級くらいの夫人の装いをしていた。汽車に乗ると、同じ車両にエドガー・スノーが乗っているのを見つけたが、互いに知らないふりをして、会話もしなかった。天津に到着すると、日本の憲兵がプラットホームに大勢立ち並び、嫌疑をかけた人物をほしいままに逮捕していた。安全を期すために、彼女は引き続きスノーとの会話を避け、互いに人波の中にすばやく姿を消した。これが歴史の真相だ。スノーも当時は身の安全を提供する力はなく、いわんや下女や使用人

1938年夏、武漢にてエドガー・スノーと会う周恩来、鄧穎超（エドガー・スノー：アメリカの有名な記者。『中国の赤い星』の作者）

に変装するよう彼女に力を貸すことなどありえなかった。スノーは西洋の記者として、時には友好の士の身分で有名人の逸話やこぼれ話を作り上げていたが、周恩来と彼女はこれには不賛成だった。このため、外交の仕事のチャンスを活かして、事実の釈明のために力を貸してほしい、と私に訴えた。

　1980年代以降、私は文芸界の友人や中央文献室の周恩来研究チームにこれら2つの件について話したが、演劇界ででっち上げられた1つ目の件については、すでに釈明が済んでいるようだ。しかし、「七媽」が亡くなってからも、国内外で出版される多くの関連書籍でスノーが作り上げたエピソードが今なお広く引用されていることを私は内心、不安に感じ、生前の彼女からの依頼に応えられていない負い目がある。

　このため、本書でこの真実を発表し、中国の関係当局や国内外の多くの読者に関心を持ってもらうことが史実の解明に役立つと思う。これは「七媽」とスノーの友情を害するものではまったくない。真実に基づかないエピソードを勝手に広めることは、歴史に対する真剣味の足りない無責任な態度であり、「七媽」の生前の依頼に背くことになる。

　「七爸」もかつて、海外の一部の作家たちは読者を喜ばせるために聞こえのよい風説や逸話を好んで作り上げている、と私に語ったことがある。そのほとんどは歴史の本筋に影響を与えるものではなく、私たちはその真似をしない方がよい。宋慶齢もスノーに対しては同じ意見を持っていたようだ。

十四 『父と呼ぶには重すぎる』という本の荒唐無稽な顛末

　安徽省の農民家庭の出身で、自称、安蓓という名の女性は原名を張愛培といい、『叫父親太沈重』（父と呼ぶには重すぎる）という題の本を書いたことがある。その主な内容は、自分は世界的に有名な周恩来の私生児であり、彼女の実の母親は上海の資本家の出身の美しい女性である、というものだ。

　安蓓は著書の中で、周恩来が中国の人民のみならず世界の人々から尊敬を集めているのも、その重要な理由は、彼には崇高な道徳的素養があると人々が感じているからで、それには彼の慎み深い私生活も含まれていると記している。周恩来夫人の鄧穎超は、中国の有名な女性リーダーであり、鄧穎超から見れば周恩来は忠実な夫である。しかし、さまざまな理由のために、周恩来のプライバシーをさらけ出すのには大変な困難が伴う。このため、彼女も周恩来の実の娘として、公の場でも個人的な場面でも、周恩来に向かって「お父さん」と呼びかけるのは非常に難しいことで、さまざまな方面から圧力を受けることになるという。

　この文章で彼女は読者の同情を集め、著書は一定の販路を獲得し、世界各地の中国書籍取扱店で販売されるようになった。

　それではなぜ、真相を知らない多くの読者が先を争ってこの本を読みたがるのだろうか。これには、深い社会的理由がある。第1の理由は、周恩来が世界的な有名人で、卓越した才能がある上に、中国人民のみならず世界中の人々から敬愛される歴史上の人物であるからだ。人々は彼のいわゆる内情について一定の好奇心があり、強い興味を持って研究したいとも思っている。つまり、作者の安蓓は人々の好奇心を利用してこの本をセールスするという目的を果たしたのであり、そのためには手段を選ばなかったと言ってよい。

　実際には、周恩来と多くの老幹部の道徳的な人物像によって、新中国の成立と発展という歴史的プロセスの推進が後押しされ、世界各国の人々から理解と支持を得ることができた。しかし、何年か前から中国では悪しき社会的気風が蔓延し、国内外から失望と不満が生まれるようになった。下心のある人たちは、周恩来こそ崩壊するのが最も難しい「道徳的偶像」の最後の砦であると考えている。周恩来に代表される健康的で純粋な精神のエネルギーは、中国の人民に受け継がれる中華民族の優れた伝統であり、内部の団結を強化する求心力でもある。このため、魂胆のある人々はどんな卑劣な手段を使ってでも周恩来の顔に泥を塗り、中国という国の色を変えようと企んでいる。これらの状況を考えれば、『叫父親太沈重』のような本を書く人物が存在し、

それが出版されてしまうことも想定の範囲内である。この種の現象は、過去のみならず現在にも存在し、将来的にもありうると断言できよう。

　第2の理由としてよくあるものは、西洋の作家によく見られる事例である。彼らは自分の著作の中で世界の著名人たちの逸話やエピソードを捏造することを好んで行う。西洋の一部の作家は、友好的な人々でさえも、エピソードを捏造したとしてもそれは物事の全体には影響しない小さなことであり、そればかりか色を添えることでより多くの読者をひきつけられるため、非難するほどのことでもないと考えているという。

　しかし当然ながら、違う考えの人々も存在する。たとえば、英国の前保守党党首のエドワード・ヒース元首相である。彼はかつて自分を例にあげ、長いこと独身だったために英国のあるタブロイド紙に同性愛者ではないかと推察されたという。彼の考えによれば、英国では一般人の間で、また社会的な習慣としては、プライバシーは尊重されるべきで、干渉したり、批評したり、発表したりするものではないとされているが、政治家に対しては高潔であることを社会も民衆も厳しく要求しており、少しでも慎重さを欠くとメディアのさらし者になってしまう。そうなると政治的な将来性や個人的な名声に傷がつくため、その人物は声明を発表してただちに事実を釈明せずにはいられなくなる。また、彼の考えでは、中国など、東洋の国々では、有名な公的人物に対し、民衆は往々にしてさらなる関心を払い、より高い要求を突きつける。それは伝統的習慣のためだけでなく、新中国は社会主義国家であるため、党員である政治家たちに人々は潔癖を求め、身をもって手本を示すというリーダー的役割を求めているからだ。このため、真実と合致しないばかりか、捏造されたいわゆる「事件」に関しては、より迅速に釈明し、人民とリーダーの間に誤解や隔たりが生じないようにしなければならない。

　安蓓に関しては、中国側関係者が本人とその家族に対して実地調査を行ったことがある。彼女の実の母親は安徽省の農村の女性であり、まったく内情を知らず、外部からの干渉もない条件の中、彼女は大勢の前で、安蓓は自分の実の娘であることを表明した。こうして、真相は明らかになった。

　また、これとは別に、海外から中国に帰国したある記者も意見を述べている。この記者は上海の出身で、安蓓と直接接触した結果、彼女の話す言葉や挙動から、上海や蘇州一帯で成長した女性にはまったく似つかわしくないと感じた。その上、彼女は上海方言でまったくコミュニケーションが取れない上に、実母が上海の資産家の娘であることを証明できる具体的な糸口もまったく存在しなかった。このため、この記者は、彼女が嘘をついていると断じ、非常に軽蔑しているという。

　安蓓が著書の中で記すおかしなエピソードは枚挙にいとまがない。ここで、その一例をあげてみよう。著書の中に、「周恩来は彼女の母の叱責に顔向けができなかった

ため、傘をさして母親の住まいの外に夜通したたずみ、内心の恐れや不安を示すことで謝罪の意を伝えた」というくだりがある。これは腹立たしくも滑稽な低レベルの出まかせだ。周恩来は一国の総理であるため、政府は国内情勢と国際情勢の複雑さを考慮し、四六時中、警備の人員をつけている。つまり、単独行動をとれる可能性はまったくない。この例からも、筆者は目的のためなら手段を選ばないだけでなく、作家としての職業道徳にも反していることがわかる。作り話をする技量も決して優れてはおらず、それどころか非常に低劣だといえる。

　もう一つ例をあげよう。何年も前に、文化的素養の低い淮安の老婦人が大勢の前で、「周恩来夫妻は、かつて鄧穎超が産んだ2人の私生児を連れて周恩来の故郷、淮安を秘密裏に訪問した」と語ったことがある。この荒唐無稽なエピソードは完全なでたらめだが、意外なことに人々の関心を引いた。そこで、中国の関係当局は確認のために現地に担当者を送ったが、当然ながらその証拠はまったくなく、税金の無駄遣いとなった。確かに、鄧穎超は男の子を1人産んだことがあるが、この子は難産で生き長らえることができなかった。周恩来は12歳で淮安を離れてからは、故郷を懐かしむことはあっても、いろいろな理由のために帰郷は実現していない。その重要な理由の一つは、中国人として、特に役人としては、「出世して祖先の名を高める」という思想に加え、「故郷に錦を飾る」習慣があるためだ。一国の総理が帰郷すれば故郷の人々にもてなしや接待の負担をかけることは避けられず、現地の特別な対応を拒絶するのも困難だ。したがって、周総理は共産党員として自ら手本を示し、帰郷に関しては慎重に慎重を重ね、清廉潔白でいようとしたのだ。

　しかし、下心のある人物が文章を発表し、「共産党組織とそのメンバーを含め、中国社会全体が腐敗を増しつつある中で、周恩来という唯一の道徳的偶像だけがとり残されている。安蓓の著書をきっかけに民衆の力を結集し、この偶像を粉砕しなければならない」と公言している。この人物の悪しき企みについては、説明の必要もなかろう。彼女は最終的には自らが招いた苦い結果を自ら引き受けることを選んでいるのであり、中国の人々から軽蔑されることになるだろう。

　安蓓の『叫父親太沈重』（父と呼ぶには重すぎる）は、『叫父親太荒唐』（父と呼ぶのは荒唐無稽だ）に改題すべきだと主張する読者も少なくない。いつの日か、心ない人たちすべての陰謀が打ち砕かれ、自責の念で国民に顔向けできなくなるとすれば、それこそが理想の結果だ。

　周恩来は多くの国の指導者たちと同様に、その日常の行動については身辺の人々が毎日、詳細な記録を残している。周恩来の護衛のうち、私も知っている成元功、張樹迎と高振普の3人は、かつて連名で声明を発表し、安蓓の話は根も葉もないうわさであることを明らかにした。この声明も読者にとって参考になるだろう。

第七章　受け継がれる遺訓

プロローグ
私たちの心を温め続ける「七爸」「七嬤」の言葉

1　「君は正直な子だ」

　中国のかつての国務院副総理で、外交部部長と中国共産党中央対外連絡部部長も務めた耿飈は生前、外交部門の幹部にこう語っていた。「周恩来は実に誠実な方だった。彼は誠実な人を好み、誠実に仕事をし、正直に話をするのが好きで、大げさな話をしたりお世辞を言ったり、都合の良いことばかりを報告して上の者にひたすら迎合することを好まなかった」。私は周総理の甥として30年近くその傍にいる幸運に浴したが、まさにその言葉通りであった。

　1946年、「七爸」が上海の周公館でまだ15歳くらいの少年だった私と面会した時、私は彼の質問に答えて自分の知っている家庭内の事情や蘇北解放区の実情について説明し、良い事例も悪い事例も列挙してその利害や是非について率直に述べた。これを聞いた彼は、いささかの誇張もなく事実に基づいて問題を処理しようとする私の態度にとても満足し、「君は正直な子だ。素晴らしい姿勢だ」と話した。

　1950年代のある日、私は「七爸」に呼ばれて西花庁に向かう途中で、国際連合の会議で中国代表が発言をしたことを報じる新聞記事が「報欄」（新聞などを掲載する掲示板のこと）に貼られているのをたまたま見かけた。足早に通り過ぎたために詳しく読むことはできなかったが、西花庁に到着するやいなや、図らずも「七爸」からこの件についての感想と意見を求められることとなった。そこで、私はやっとのことで、「時宜にかなっていたと思います」と答えたが、「七爸」は目を見開いて「たったのそれだけか」と不満げに言った。これに応えて私が「この件については知っていましたが、急いでいたので内容の詳細は把握していません」と正直に答えると、「七爸」は笑みを浮かべて私にこう言った。「君のその答えも誠実で良い。誇張したり嘘をついたりするくらいなら答えないほうがいいからだ。私は誠実な人を好む」。

　「七爸」が初めて陳毅元帥を招いて私と話をした時には、「この子は心が純粋で正直な子だ」と元帥に言っていた。また、「七嬤」の秘書である張元が、彼女の知ってい

る周一族の子弟の中でも私は非常に誠意があり正直な青年だと「七爸」に話した際も、彼はまったくその通りだとしきりに頷いていた。

　1974年の春節、「七爸」は病院から一時的に西花庁に戻ってきた。これは私が彼と直に会って話す最後の機会となった。「七爸」から外交業務での困難について、総理の指示を外交部の喬冠華部長や対外貿易部の李強部長に伝えて問題を適切に処理したかどうかと尋ねられると、私は「まだです」と答えた。彼は小さく溜め息をついたが、満足げな表情を浮かべながら「君はやはり正直者だ。それでいい」と言った。それというのも、当時、オーストラリアやニュージーランドなどの南半球にあるオセアニアの国々からやって来る外賓は、季節が北半球と正反対のために現地の夏季休暇期間中に訪中することがよくあった。この時も折しも中国では春節休暇の真っ最中だったが、彼らは中国の旧正月の習慣をうっかり忘れることがよくあり、慣例に従って喬冠華と李強の両部長との会見を求めてきていた。そこで私が日程を調整すると、ふたりの不満を引き起こしてしまった。以前、仕事のことで何か困ったことはないかと「七爸」に聞かれた際に、私は事実の通りにこのことを報告した。すると彼は、長年の理解からすぐさま私を信頼し、彼の「令箭」（往時、戦場で命令を出す時に用いた小旗）を持って事を進めることに同意し、両部長に時間を作って会見するよう、総理の名で指示してくれることになった。しかし考慮の末、やはりそうしてもらうのはやめた。不満の矛先は自分に向かう方がいいと思ったからだ。

　今日に至るまで私が感謝しているのは、「七爸」が青年期における男女の性教育の問題についてとても気にかけ、さまざまなことを教えてくれたことだ。私の子供の頃の成長過程は、まさに「七爸」のいうように「親なし子ではないが、親なし子のよう」だった。私には年老いた祖母がひとりいるだけで、中学と高校時代はずっと「和尚学校」（いわゆる男子校のこと）に寄宿していたため、社会と関わりを持ったことがなく、家庭生活を過ごしたこともほとんどなかった。男子学生以外に女性と交流する機会がほとんどなかったため、若い女子学生の生理的・心理的な特徴についてはほとんど知識がなかった。「七爸」はその点を鋭く見抜き、私が大学に入るとすぐに青少年期の女子学生の生理的・心理的ないくつかの特徴について細かく教えてくれた。その多くが科学的だった、と今になって思う。また「七爸」は、中国では長きにわたる封建社会が遺した男尊女卑という悪しき社会的影響が客観的に存在しており、それは無視できるものではないこと、そしてそれは農村や辺境地区ではさらに顕著であることを厳しく指摘してくれた。「七爸」のねんごろな教育と啓発のおかげで、私はこの点についてはある程度の理解があった。

　「七爸」と共に過ごしたエピソードを振り返ると、「七爸」が何度も長い時間をかけて個人的に話してくれたことや与えてくれた教えは、私の成長や教養、仕事のあらゆ

第七章　受け継がれる遺訓　243

る面にまで及んだことがわかる。その大きな理由としては、「七爸」が私を信頼できる誠実な人間として認めてくれたことがある。またそれは、私が生涯その恩に感謝し、光栄に感じる所以でもある。

2 「質問には事実に基づいて答えること」

1963年、私の妻である王章麗が南開大学を卒業し、私たちふたりは対外文化交流委員会（対外文委）に配属された。

「七爸」はこれを大変喜び、また非常に気遣い、私たちと何度も会っては会話中に私たちの外国語力をチェックしたり、教訓となる話を丁寧にしたりしてくれた。特に印象深いのは「七爸」が新中国の文化建設事業について触れた際のことで、誕生して間もない新中国は文化建設の経験が浅いと考えた彼が私たちふたりにこの分野で一定の成果を挙げることを切実に期待したことだった。

彼の徹底的な分析によれば、新中国の文化建設事業には次の4つの特徴がある。

㈠持続的で粘り強い発展は、全人類に対する中華民族の重要な貢献

中華文明は世界の四大古代文明の1つであり、全人類が共有する貴重な文化遺産でもあり、厳密にいえば特定の民族や国家の私有するものではない。古代文明の消滅は、人類にとって取り返しのつかない共通の損失である。

中国の古代文明がこれほど長く受け継がれてきた強靭な生命力の理由については、さらなる研究や発掘が必要だ。近代化に向けて尽力する歴史的過程において、我々は自分を見失い卑屈になることなく、また驕り高ぶることもなく、自らの古き文明の伝統を尊重して研究し、その健全で持続的な発展を追求していかなければならない。また、外国の優れた文化をうまく吸収することで初めて、世界の人々の期待に応えることができる。

㈡直視すべき戦争の到来

かつて、中華文明は東洋文明の代表として世界の人々から高く評価されていた。現在、私たちの隣国である北朝鮮や韓国、一衣帯水の日本といった周辺諸国は、国や社会の近代化を実現すると共に、自身の伝統を懸命に守ろうとしており、中国大陸から伝わった文化や伝統についても新たな発展を模索し、我々を追い抜こうとしている。我々はこのような競争の局面を客観的な事実として直視し、真剣に受け止めなければならず、競争力の強化と優れた伝統の維持や発展に励むと同時に世界各国にその長所を学び、自らの不足を補うべきだ。

(三)発展には現在への考慮だけでなく展望も必要

　中国は人口の最も多い開発途上の国であり、その発展にはバランスだけでなく段階性にも注意しなければならない。簡単には成し遂げられないこともあれば、問題の解決にステップを要するものもある。発展が不均衡な分野については問題を野放しにしないよう注意すべきものや、先進国の経験と教訓を活かすべき問題もある。例えば、環境問題については取り返しのつかない損失が出ないよう、対策が後手に回ってはならない。諸外国では老子や孔子など古代の哲学思想の研究や現代生活への応用が盛んに行われている。我々もそれをただ眺めているのではなく、自分自身のものとしてその研究や応用を強化していかなければならない。

(四)創造的な探求の尊重

　中国は若き社会主義国であるため、多くの新しい事物について懸命に探求し、研究する必要がある。我々は共産党の文芸方針に基づいて「百花斉放・百家争鳴」（1956～57年初頭に中国共産党が提唱した政策的スローガン。文芸、思想、学術上の自由な言論活動を奨励）を堅持し、民族と外来の文化のいずれに対してもそれを批判し、継承する態度で臨み、その精髄のみを吸収しながら、実践を通して検証し、発展させなければならない。そして、文芸に携わる者の創造性を尊重し、優れたものを自らのものとしなければならない。

　私の心に特に深く刻まれているのは、1964年の初冬のある日、「七爸」が私に語った次の言葉だ。

　「文化建設は運動の発動という方法で解決してはならない。新中国の文化建設は大きな課題であり、専門家による多方面からの理論研究のみならず、民衆による実践の中から経験を蓄積し、足らざるところを絶えず補い、改善する必要がある。そして、正しい方向性の下で、何世代もの人々の努力の積み重ねによってこそ新中国の文化建設の未来は創られるのだ。これは決して大衆運動によって成し遂げられるようなものではない」。

　「七爸」はさらにこう続けた。「君の仕事は対外文化交流だから、外国の友人に新中国の文化建設の特徴について尋ねられるかもしれない。私もこの件についてじっくり話をする時間はないが、参考までに言うとすれば、その質問については彼らの状況に焦点を合わせつつ事実に基づいて答えればよい」。

　1955年、周恩来はバンドン会議（アジア・アフリカ会議）に出席した。この時から、アジア・アフリカ地区への対応が中国の外交業務の重点の一つとなり、1964年にアジア・アフリカ・欧州の14カ国を友好訪問した。これはバンドン精神の延長であり、周恩来が幅広く展開した重要な外交活動の一つでもあった。私の仕事である対外文

交流はこのような外交的背景の下で行われた。

3　初めての外交実践

卒業後すぐ、私は対外文化連絡委員会の指示で国内の文芸団体に随行して外国を訪問することになった。1964年の秋、私は瀋陽雑技団による初のアフリカ公演に同行した。その年の8月、「七爸」は私を西花庁に呼び寄せ、初めての仕事が円滑に進むようにできる限りの手助けをしてくれた。「七爸」はさらに、私に現地で見聞したすべてのことを帰国後に報告するよう求めたほか、自分の頭で問題を考えることで何かを体得し、収穫を得てほしいと言った。

私たちはタンザニアやエチオピア、ブルンジ、ウガンダなどを訪問する予定だった。当時はパリ経由のルートで東アフリカに向かい、最初の寄港地はケニアだった。しかし、ケニアは前年に独立したばかりだったため公演は予定されず、首都ナイロビにわずかに滞在するだけで、その後は航空機を乗り換えて他の国へ行くことになっていた。

そうはいっても、「七爸」には出国前にさまざまな準備をするように言われていて、その中にはケニアに関する資料をあらかじめよく読んでおくことも含まれていた。私はアフリカの事情には疎く、「七爸」との会話で初めてケニアはアフリカ東部の高原にあり、比較的裕福で重要な国だということを知った。大地溝帯（グレート・リフト・バレー）はその地形学的特徴で、気候は比較的温和で暑さは我々中国人が想像するほど厳しくない。また人口は1千万人を超え、アフリカ大陸では大国ともいえた。「七爸」はさらに、陳毅外交部長の話では首都ナイロビはアフリカの「小さなパリ」と呼ばれるほど風光明媚だも言った。

ナイロビ到着後、私にとっては初のアフリカ訪問だったため、全ての景色が新鮮に感じ、現地の植物や野生動物の多くは私がアジアで見てきたものとは違って見えた。例えば、まっすぐに高くそびえ立つ樹木は雲を突き抜けそうに感じられ、ツリーハウスは外国人観光客の宿泊所となっており、当時は特色ある観光資源となっていた。またアフリカゾウは非常に大きく、身長や体重はアジアゾウの数倍はあるように見え、耳だけでもアジア人の身長と同じくらいだった。もう1つの特徴として特に驚いたのは時折、道の両側にあったアリ塚で、中には人の背丈ほどの高さのものもあった。

周爾鎏（1964年、ケニア共和国ナイロビにて

黒人は皮膚の色がほとんど同じように見えるが、よく見ると肌の色の濃淡や身長、特に顔立ちには顕著な違いがあった。彼らとのつき合いが深まるに従い、国籍だけで

なくどの部族に属するかについても理解を進めなければならないと思った。なぜなら、それぞれの言語や生活、生産様式、民俗・習慣などには大きな違いがあるからであり、特に部族間に重大な歴史的対立がある場合には、うっかり首を突っ込むような真似はしてはならないと考えたためだ。

帰国後、「七爸」にアフリカでの見聞を報告した際に私がこの話に触れると、彼はこれを重視してこう語った。「鄭和が船団を率いてケニアなどの東アフリカ諸国に至ったことは記録に残されているが、当時の中国人はアフリカに対する理解が足りなかったようだ。このため、現代の中国の関係者に対しては、アフリカ諸国の状況を注意深く学ぶよう呼びかける必要がある」。そして、彼はしばらく考えた後にさらにこう続けた。「どうやらアフリカのこのような国々は社会主義には不向きのようだ。大きな社会問題である部族間の対立をうまく処理できなければ、国家全体にかかわる政治問題となるおそれもある」。

今でも記憶に新しいのは、他国の状況についてさらに学び、その比較研究を強化するようにと「七爸」に言われたことだ。彼はその一例として、かつての植民地時代においては、フランス領西アフリカに比べてイギリス領東アフリカの国々のほうが裕福で、開発水準が高かったことを挙げた。その主な理由は、イギリスは植民地に対して「市場経済」による配分の不平等によって最大限の利益を搾取していたのに対して、フランスは往々にして税収という行政行為によって最大限の利益を得ていたためだという。この状況のそれぞれを「養鶏取蛋」(育てた鶏から卵を得る) と「殺鶏取蛋」(殺した鶏から卵を得る) と比喩したアフリカ人もいたそうだ。

ここまで話すと、「七爸」は「君はまだ若いのだから、またアフリカに行く機会があるなら、今後も引き続き現地調査に基づいて比較研究をするよう心がけてほしい」と述べた。その言葉に私は、「七爸」が青年の頃から「研究に打ち込んでこそ功をなせる」と唱えていたことを思い出した。

「七爸」の丁寧な指導から私は多くのことを気付かされただけでなく、計り知れないほどの利益も受けることができた。20年後、国際連合大学が東京で開催した国際シンポジウムにおいて私は次のように発言した。「インドやインドネシア、ブラジル、メキシコ、エジプト、ナイジェリア等の人口の多い発展途上国の開発経験については理解を深め、中国の改革開放以降のそれと比較研究する必要があります」。この意見は、各国代表に広く称賛されることとなった。

4　公の場での貴重な称賛

「七爸」があらゆる面で自身を厳しく律していたことはよく知られていたが、特に自分の親族に対しては、それぞれの人の状況に応じて厳しく要求し、批判することが

よくあり、公の場で褒めるようなことは滅多になかった。しかし、嬉しさのあまりうっかり褒めてしまうことも例外的にあった。

1972年から1975年にかけて、下放による農村での労働から北京に戻って以降、私は幸運なことに「七爸」のそばで通訳として多くの国の要人と接する機会を得た。要人を迎えるにあたっては周到な準備をしなければならなかったが、総理は他の指導者と違って外国の要人に予想外の質問をすることがよくあったため、より周到な準備が求められ、ちょっとした手抜かりも許されなかった。

ある会見において、総理はニュージーランドの要人にマオリ族と白人移民との通婚数について尋ねたことがあった。これは、その要人がたとえ自国について多くのことを知っていたとしても、不意を突かれて返答に窮する類の質問だ。私は、この件に関しては運よく準備をしており、すぐに関連の数字を示したため、その場の雰囲気を盛り上げることができた。その要人は笑いながら、「あなたがた中国の専門家は本当に素晴らしい。このような質問に答えられたことに私たちは驚きと嬉しさを感じています」と語った。すると、総理も笑いながら次のように答えた。「我々には真面目に、かつ入念に仕事に取り組む勉強熱心な幹部がいます。彼らが懸命に学び続けることで解決できる課題もまだたくさんあります」。その後、総理がその場で褒めてくれたことは非常に貴重なことだと、祝福してくれた同僚もいた。

またある日曜日、私は総理に同行してある外賓と面会した。総理は事前に私には何も知らせないまま、仏紙ル・モンドに掲載されたある文章を外賓に紹介し、さらに何とかしてその新聞を急ぎ入手してその外賓に贈るよう私たちスタッフに求めた。しかし、ル・モンド紙にはフランス語版以外のものもあったが、どの言語のものが必要なのか総理に確認することはためらわれた。それにその日は日曜日ということもあり、多くの機関には当直しかおらず、その当直も外国語新聞に詳しいとは限らなかった。規模の小さい一部の機関では色々な言語の外国語新聞を十分に揃えておらず、また当直すらいない所もあった。総理が外賓と会見するのはたいてい夜間で、夕食後に会談を始めることが多かったこともあり、各機関とは連絡がつきにくかった。そんな中、私は即座に判断して新華社、人民日報社、チャイナ・デイリーなどに電話をし、総理が外賓に見せるためにル・モンド紙を急ぎ必要としていることを伝え、すぐに人民大会堂の福建庁まで届けるよう要請した。

総理の威光と人望のおかげで、案の定、新聞はあっという間に届けられた。私たちはその中からフランス語版を選び出し、すぐにそれを総理と外賓のもとへ届けると、幸いにもちょうど要望通りのものだった。その外賓は中国事情について比較的理解があり、中国を何度も訪れたことがあった。彼は総理の私に対する要求を目の当たりにし、私の迅速で適切な対応を大変に喜ばしく思っていた。そして、中国人の効率的な

仕事ぶりについては中国の指導者に称賛を送るべきだと言った。これを聞くと、総理は微笑みながらこう答えた。「確かに今回はよくやったが、普段の我々の仕事ぶりにはあらゆる面でまだ改善の余地がある」。そして、談笑の間に総理が挟んだ次の一言は、今も私の脳裏に浮かぶ。「効率は、外交業務とその他多くの業務の生命線だ」。

　1973年の「三・八婦女節」（国際婦人デー）の頃には、林彪事件も一応の解決を見ていたため、総理はこの機会を利用して人民大会堂に赴き、仕事で長らく中国に滞在していた外国の友人に対し、文化大革命中に受けた理不尽な扱いについて名誉回復の宣言と謝罪を行った。この行為は瞬く間に国内外で称賛を浴びた。しかし、意外なことに「七媽」鄧穎超は「避嫌」（身内びいきの疑いを避けること）の方針に従ってその会には出席せず、中国に常駐している外国要人の女性家族や女性の外国要人とともに「三・八婦女節」を祝っていた。ちょうどその日の通訳は私の妻の王章麗で、「七媽」は非常に喜んで「美人女優が来たのかと思ったわ」とおどけた。その集まりは非常に打ち解けた雰囲気だった。

　長い間、私と王章麗は外交業務に従事していたため、多くの場で「七爸」と「七媽」に会う幸運に恵まれたが、自分たちからふたりに挨拶をしに行ったことはなかった。こうすることで他からの注目を避けられたからだ。実際に、私たちが親族の関係であることを知る人は非常に少なかった。「七媽」はこのことについて感心していた。

　会が終わると、「七媽」は周囲の中国側スタッフと外賓に向かって「章麗は文化大革命中によく働いてくれました。彼女は自分の家族や親族にも優しく接していました」と話した。そして扉から出る際に振り返るとこう続けた。「聖鎏もよくやってくれました」。その後、他の甥や姪に対しても同様に語ったという。

　「七爸」と「七媽」が公の場で身内を褒めるということは滅多にないため、私たちは光栄で幸福なことだと感じずにはいられなかった。そして、今後も自己研鑽を続けるための大きな力とすべく、永遠に心に刻み続けようと思った。そうとは言え、私たちにとって最も大事なのは公の場で褒められることではなく、やはり自分たちの仕事ぶりを通してふたりに喜んでもらい、安心してもらうことであった。

5　「七爸」に「何でも屋」と呼ばれる

　私のこれまでの人生を振り返ると、工業、農業、商業、教育、それから軍の分野で仕事をしたことがあり、党員や政府の幹部、軍人や民間人、また教育者としての経歴がすべて揃っていることになる。1949年に第二野戦軍の一員として貴州省や四川省方面に進軍してから1954年に大学に受かるまでの5年近く、私は中国西南地方の最前線で業務にあたった。南開大学を卒業した後は、対外文化委員会で新中国の対外文化交流のために全力を尽くした。文化大革命前には、代表団を率いたり、あるいは随行

第七章　受け継がれる遺訓　249

したりして各国を訪問することがよくあった。「七爸」がある国に公式訪問をすると、その後を追ってすぐに私が参加する文化交流団も同じ国を訪問することが時折あったため、「七爸」からは「いつも私のあとをついてくる」と冗談交じりにからかわれた。

　文化大革命の頃、私は紙パルプ工場、紡織工場、磁器工場、炭鉱で労働者と一緒に働いていた。河南省、山西省などでは農民と共に働き、2年もの間、農民が棺桶を保管する窓のない藁ぶき屋根の家に住んだ。1970年代、国際連合での中国の合法的な議席の回復と中米関係の改善に伴い、私は再び外交業務にあたることになり、幸いにも当時の重要な出来事や外交活動の経験者となり、生き証人となることができた。

　「四人組」の打倒後、私は5年近くにわたり、在イギリス中国大使館の文化参事官を務めた。これは改革開放後、対外文化委員会（文化部）が直接に派遣した初の駐イギリス文化参事官であった。私の妻である王章麗も長らく対外文化交流の業務にあたり、1973年にはイギリスに国費留学し、文化大革命後に中国政府が派遣した最初の国費留学生となった。その後、彼女も同大使館で二等書記官として勤務した。

　1984年末に私は任期満了となって帰国し、上海に配属されて上海社会科学院院長に就くか、あるいは交通銀行の頭取に就任するかの二者択一で、上海市委員会の委員も兼任することになっていた。私は上海社会科学院を選び、すでに着任の届け出も済ませていたが、今度は北京に戻り、中国人民対外友好協会の副会長に就任するよう命じられた。当時、「七媽」鄧穎超が同協会の名誉会長だったため、私は身内びいきの疑いを避けるために副会長の職を辞退した。その後、費孝通の招聘に応じ、胡耀邦主席と趙紫陽総理、李鵬副総理の特別の許可により北京大学副学長に就任し、中国社会発展研究センター主任となった。

　次に述べる「英語版『鄧小平文集』出版の舞台裏」、「三代にわたるインド首相と平和五原則」、そして「費孝通との共同研究」という3つの出来事は、私が文化大革命後に「七爸」周恩来の遺訓を受け継ぎ、自らの役職において周恩来の思想を懸命に学びつつ、その実践によって得た成果である。その中には私たち夫婦ふたりとも経験を共にした出来事も含まれている。

一　英語版『鄧小平文集』出版の舞台裏

　1984年12月6日、英語版『鄧小平文集』が世界の指導者叢書の1つとして、ロンドンのペルガモン・プレスから出版された。初版1万冊は世界で大きな反響を呼び、その人気の高さから新たに2万冊が増刷された。

　「中華民族の一員として、中国国民となれたことを光栄に思います。私は中国国民

の息子であり、我が祖国とその国民を深く愛しています。中国国民は創造的な労働により、自国の立ち遅れた姿を根本から変えました。そして、全く新しい姿で世界の先頭の列に自分の足で立ち、世界の人々と共に人類の正義の事業を推し進めていくのです」。これは鄧小平が英語版『鄧小平文集』の序文で語った熱のこもった一節である。

英語版『鄧小平文集』は、世界の人々に中国と中国の改革開放を理解するきっかけを与えた。しかし、その出版までは4年の歳月がかかり、紆余曲折の連続だった。当時、私は駐イギリス中国大使館の文化参事官として、その一部始終を経験することとなった。

英語版『鄧小平文集』（1984年出版）

1　意見を二分した大使館党委員会会議

前述のように、私は1980年から1984年末にかけて対外文化連絡委員会により駐イギリス中国大使館に派遣され、文化参事官を務めた。その後、対外文化連絡委員会は黄鎮を部長とする文化部に組み入れられた。当時、対外文化連絡委員会は外交部と同位の行政部門で、大使館の大使と政務参事官は外交部から派遣されていた。私は改革開放後に対外文化連絡委員会が派遣した最初の文化参事官で、文化交流に関する一切の業務を担当した。映画監督の謝晋、女優の秦怡や王丹鳳、劉暁慶といった著名な文化人の出国手続きは私が行った。また、総理の依頼を受け、京劇の巨匠である周信芳の娘の周采芹に中国へ戻るよう働きかけたこともあった。

イギリスにいた頃のある日の大使館党委員会会議で、英語版『鄧小平文集』出版の指示が中央政府から伝えられた。大使や他の同志は本件を非常に意義のあることと考えた一方で、その重責は並大抵ではないと感じ、失敗を恐れた。また大使館の同志の多くがイギリスには適切な出版社がないと考え、話し合いの結果、中央政府に別の方法を模索するよう返答することになった。

しかし、共産党委員会の委員として会議に参加した私の考えは違っていた。出版は文化参事官である私の職責ではなかったものの、中国は対外的に開放し始めたばかりで世界はその声に耳を傾ける必要があると思った。英語版『鄧小平文集』の出版は確かに重責ではあったが、その必要性は極めて高いと感じた。鄧小平は中国革命と改革開放の重要な指導者であり、中国の総設計師であった。その指導の下、中国は改革開放に舵を切り、対外交流にも乗り出したのであるから、彼の文集を出版すれば世界の人々に中国のことと、その改革開放についてより多く理解してもらうことができると考えた。

それに私は早くから鄧小平に魅力を感じていた。私が第二野戦軍軍政大学（後の西

第七章　受け継がれる遺訓　251

南軍政大学）で学んでいた頃、鄧小平は政治委員で、劉伯承は司令員であった。第二野戦軍の任務は中国西南部（貴州省、四川省）を解放し、最終的に中国全土を解放することだった。兵士の中には地主家庭出身の知識青年が多くおり、鄧小平はこの問題について私たちに特別に党課（党の綱領や規約についての教育を施す課程）を講義したこともあった。彼は、革命に参加するには軍事観・土地改革観・社会主義観の3つの難関を突破しなければならないと説いた。その講義はとても印象的で、私のその後の人生を変えたと言ってもいいほどのものだった。第二野戦軍軍政大学を卒業した後、私は鄧小平と劉伯承の下で機要員（将校の私設秘書のこと）として配属される機会もあったが、鄧小平の講義を聴いたことによって、前線部隊への配属を希望した。当時、私は自分が総理の甥であることを公表しておらず、その関係を知る人は誰もいなかった。このため、1949年に私はまず武漢で第四野戦軍に合流し、その後は重慶で何年も部隊に勤務した。1954年、南開大学に通っていた頃、総理は私に、当時は政治委員だった鄧小平が社会主義観についてどう語ったのかを聞いてきた。また鄧小平は戦術家であったことも教えてくれた。

　このようなこともあり、私としては『鄧小平文集』の海外での順調な出版を強く望んだ。

2　出版社からの拒否

　共産党委員会会議のあと間もなく私は帰国し、まずは黄鎮文化部部長に業務報告をし、それから関係機関に業務連絡に赴いた。国家新聞出版局（現：中国新聞出版総署）では、対外文化連絡委員会時代の同僚だった周水玉処長と会った。彼女は私との再会に喜び、英語版『鄧小平文集』の出版のことで悩んでいることを打ち明けてきた。出版社のロバート・マクスウェルとの交渉が難航していることに関して、私は意見を求められた。彼女は後に、英語版『鄧小平文集』出版の重要な責任者の一人となった。もしも彼女が私に出版までのさまざまな困難を打ち明けてくれなかったら、私はこのことに多少なりとも関わることはなかっただろう。

　周水玉処長が上司に私のことを報告したからか、当時の国家出版局の宋木文局長も私に会い、出版の重要性とその課題について説明があり、駐イギリス中国大使館の協力を得てこの難関を乗り越えたいと希望を託された。そこで初めて知ったのだが、中国国内ではすでにマクスウェルと連絡を取っており、彼も鄧小平と周恩来関連の書籍の出版に同意し、かつ、それを願ってもいた。彼はその件で訪中したこともあったが、政府関係者は鄧穎超が高齢であるためその手を煩わせたくないとして、鄧小平に関する資料だけを彼に渡したのだった。しかし、彼は資料を受け取った後は先延ばしにし、挙句に資料を紛失したとのことだった。これには国内でも不満の声が挙がったが、ど

うすることもできず、事を前に進めるよう大使館に求めて来たという訳だった。

　私は中国国内でもこの件で手こずっていることを知り、イギリスに戻るとペルガモン・プレスとその社長のロバート・マクスウェルについて調べた。彼は1923年にチェコスロバキア（現在のチェコ共和国およびスロバキア共和国）に生まれた。両親はユダヤ人で、第二次世界大戦中はナチス・ドイツの魔の手から逃れることはできなかった。戦後は一人でイギリスに渡り、苗字も名前も変えて生き延びた。彼は3年間しか学校で学んでいないにもかかわらず、生まれつきの聡明さと努力によってイギリスの「メディア王」となり、波乱万丈の人生を歩む億万長者となった。彼の会社の傘下のデイリー・ミラーとロンドン・デイリー・ニューズは、いずれも大きな影響力を持つ新聞だった。彼は大成功を収めた企業家である一方、変わり者で付き合いにくい人物ともいわれたが、世界各国の要人の多くと親密な友好関係を保っているという情報もあった。しかし、不運なことに1991年11月に、自らの所有するヨットから転落して亡くなった。後にイギリスのジョン・メージャー元首相は、彼の生前の功績を高く評価している。

　彼に関する情報を柯華大使に報告すると、大使は再び出版の依頼をしてみようと判断した。そこで私たちはロンドンにあるペルガモン・プレスのビルにやって来た。しかし、最初の訪問は不愉快なもので、私たちは外で何時間も待たされ、マクスウェルにわざと冷たくあしらわれた。彼がオフィスにいることは分かっていたが、決して出てくることはなかった。これには私も失礼だと感じ、若気の至りで外交儀礼もわきまえず、オフィスに押し入った。そして、驚いた様子の彼にこう話した。「何時間も待たせるなんて、あなたの秘書もやりすぎなのではないですか」。

3　誰が難題を解決するか

　英語版『鄧小平文集』の出版を望むことについて私たちが説明すると、彼は肩をすくめながら検討してみると答えた。彼のこのいい加減な態度に大使は憤りを感じた。ペルガモン・プレスを後にすると、私は大使にこう言った。「国内ではこの件を重視しているのですから、他の方法を考えてみます」。

　実際には、私たちにはもはや打つ手はなかった。しかし、どうしても打開策を見つけ出さなければならなかった。

　当時、ペルガモン・プレスはある広告を出していた。それは世代を超えた古くからの友人であり、中央美術学院院長だった呉作人の画集の出版とその出版記念式についてのものだった。出版記念式には呉作人本人も招待するということだった。呉作人は1954年の第1期全国人民代表大会から6期連続で代表に選出され、第7期中国人民政治協商会議常務委員も務めた。人民代表大会代表はイギリスでは国会議員に相当する

第七章　受け継がれる遺訓　　253

ため、イギリス人は彼を非常に尊重しており、また商売という目的のために彼の意見には折り合っていた。イギリス人は必ずしも政治家を尊敬するという訳ではなかったが、芸術家、とりわけ著名な芸術家に対しては、社会全体が尊敬の念を抱いた。芸術に国境はないからこそ、みな呉作人を上客とみなしていたのだ。

呉作人は私の父世代の人であり、徐悲鴻に継ぐ中国美術界のもう一人の巨匠だった。また総理と非常に仲が良く、私の境遇もよく知っており、総理の死後には哀悼の詩を贈ってくれた。

四人組の逮捕後、呉作人は交流のためにイギリスに渡ったが、中国政府からの給付金には限りがあり、懐具合がさびしく、ちょうど良い逗留先を見つけられなかった。その窮境を知り、私は駐イギリス中国大使館文化参事官として援助の手を差し伸べる責任があると感じた。そこで、私は方召麐女史のもとを訪ねた。彼女は張大千（近代中国の書画家）の唯一の女性の弟子で有名な画家で、長い間ロンドンと香港の両地に居住していた。彼女は前香港特別行政区政務司司長の陳方安生（アンソン・チャン）の母親であり、方振武将軍の息子の妻でもあった。こうして、呉作人は方召麐女史の自宅に厄介になることでかなり節約ができたため、私の方が年下にも関わらず、彼は私に非常に感謝していた。

そして、呉作人というこの人格高潔で人望のある芸術家は、英語版『鄧小平文集』の出版においてかけがえのない重要な役割を果たすこととなる。

私が呉作人に出版に当たっての難しさを相談すると、彼はきっぱりこう答えた。「ペルガモン・プレスが英語版『鄧小平文集』を出版しないというのなら、私の画集の出版も許可しないことにします」。彼のこの言葉に、私は内心ほっとした。確かに、イギリス人は計画的に事を進めたがる。呉作人の絵画展は予定通り開かれ、私たち夫婦も大使館文化参事官として招待を受けた。マクスウェルは私に会うと、『鄧小平文集』の件は前向きに検討し、出来る限り早く出版すると言った。

4　マクスウェルの望み

呉作人が表に立てば、事は少なからず順調にいくことは分かっていた。彼に同行してもらって再びマクスウェルのオフィスを訪れると、外で待たされることもなく、態度も終始穏やかだった。しかし今度は、英語版『鄧小平文集』の出版には実際に困難があると、その心の内を明かされた。彼はこれまでに世界の多くの指導者の本を出版しており、そのすべてと会ったことがあるが、鄧小平については何も知らないと言った。そう話す彼に私たちも強く求めることはできなかった。彼のオフィスを離れてから私と呉作人で話し合った結果、彼はおそらく鄧小平に会いたいのだろうという考えに至った。だが、それは私たちだけの力で何とかできるものでもなかった。

職場に戻って事のいきさつを報告すると、これには大使も困り果てた。出版は想像以上に困難を極めたが、途中で投げ出してはいけないと思った。呉作人と私は再びマクスウェルを訪ね、考えを改めるよう依頼した。この訪問に先立ち、私は呉作人から次のように言われていた。「君は国の幹部であり外交官だ。それに総理の甥でもある。だから、私から話した方がいい話題もあるだろう」。こうして、マクスウェルには呉作人から話してもらうことになった。「私たちはあなたの出版社が世界で強い影響力を持ち、これまでに多くの国の指導者の書籍を出版してきたことも承知しています。鄧小平は改革開放の総設計師であり、その思想は周恩来精神の延長ともいえます。鄧小平の路線は周恩来なき周恩来路線であるということを鄧小平の子どもたちも公言しています。これまでの経験や慣習から考えれば、貴社が適切な対応を取り、英語版『鄧小平文集』出版の段取りを整えた暁には、鄧小平は必ずやあなたに会ってくれるでしょう。今はまだ確約はできませんが、その実現のために全力を尽くすことをお約束します」。

　マクスウェルは迷っているようだったが、こちらも焦らずに、考える時間を与えなければならなかった。折しも、イギリスの出版社と業務的に繋がりがあった中国図書進出口公司（輸出入会社）の曹総経理がロンドンに滞在していた。そこで、私の友人でもあった彼を大使館に招き、呉作人と共に出版の件について話をした。それを聞いて、彼も手を貸してくれることになった。後になって分かったことだが、マクスウェルも呉作人と曹総経理のふたりを通じて私の人となりを理解し、私が学者型の外交官であることを知ってそれまでの態度を改めていた。ほどなくして、彼は私たち夫婦を盛大なパーティに招待してくれた。オックスフォードにある彼の家の庭は見渡す限り芝生で覆われていた。その日、妻の王章麗とパーティに赴くと、警察官が警備にあたっており、新聞にもパーティの情報が掲載され、ロイヤルファミリーのそれにも劣らないのではないかと思った。以後、私はよく自宅に招かれるようになった。彼は私を友人と認めてくれたのだった。

　その後、私たちが状況を中央政府へ伝えると、出版局から打ち合わせのために担当者が派遣されてきた。周水玉もそのうちの1人で、仕事は順調に運んでいるとのことだった。1984年末、私は駐イギリス中国大使館文化参事官の任期を終えて帰国した。それから何日もたたないうちに、英語版『鄧小平文集』がイギリスで出版され、記者会見が開かれて西側メディアを賑わせたという話を聞いた。初版1万冊は好調な売れ行きで、すぐに2万冊を増刷したという。また、ほどなくして、鄧小平が北戴河でマクスウェルと面会したという知らせも受けた。私は胸をなでおろし、それまでの努力が報われたと感じた。

　後になって大使館時代の同僚に聞いた話だが、「周璽鎏がいなければこの本の出版

は難しかっただろう。すべては彼のおかげだ」と政務参事官が言っていたそうだ。残念ながら、私は中国で英語版『鄧小平文集』を見かけたことはないが、インターネットで調べるといくつかの版があることが分かった。中国の国際的影響力は今や昔の比ではないが、英語版『鄧小平文集』出版のために東奔西走した約30年前の日々のことは、今振り返ってみてもやはり忘れられない。

二　3代にわたるインド首相と平和五原則

　1954年、インドのネルー首相が初めて訪中した時、私は南開大学の学生だった。「七爸」周恩来に呼ばれて私が西花庁へ行くと、応接間には壁一面に色鮮やかな刺繍が飾られており、非常に美しかった。そして、それはネルー首相から贈られたインドの伝統工芸品で、吉祥と祝福の象徴であるということを「七爸」から聞かされた。その刺繍は西花庁でしばらく飾られてから、後日、より多くの人が観賞できるように外交部に引き渡されたという。「七爸」はさらに、茶卓におかれた小皿から初物のカシューナッツを10粒ほど選んで勧めてくれた。その上、それはネルー首相から贈られたものだと教えてくれた。

　当時の「七爸」は仕事に意欲的で、インドのネルー首相と旧ビルマのウ・ヌー首相の賛同により共同で提唱した「平和五原則」は瞬く間に世界中で大きな反響を呼んだ。特に、アジア・アフリカ会議開催後は同地域に空前の団結がもたらされたことから、「五原則」は世界の平和と発展、人類の団結と進歩に歴史的貢献を果たしたことがわかる。「七爸」は当時、興味深げな様子でこのように語っていた。「中国とインドは国境を接する隣国で、人口が多く、古い文明を持つ大国だ。隣国同士が数千年にわたり文化的交流と平和的共存を維持できたのは、歴史上まれに見る幸運である」。そして、作家の鄭振鐸は、『西遊記』に登場する孫悟空はインドのガンジス河の神ハヌマーン（インド叙事詩『ラーマーヤナ』に登場する人物の1人）がモデルになっているのではないかと考えたことにも触れた。

それからさらに「七爸」は、ネルー首相の娘、インディラ・プリヤダルシニー・ガンディーはまだ若いが、革命家としてはすでにベテランであることにも言及した。つまり「七爸」は私に対して、大学を卒業した後に仕事の中で機会が

インド歴代首相

あれば、西側諸国にのみ関心を寄せるのではなく、中印関係の研究についても重視するよう望んでいたのだ。

1982年3月、イギリス在勤時代に関わったある重要な出来事が今も記憶に新しい。当時、インドで政権を握っていたのはネルー元首相の娘であるインディラ・ガンディーで、インド国民会議（インドの政党の1つ）の総裁を務めた後、1967年から長きにわたりインド首相を務めていた。思い起こせば、彼女は1954年10月のネルー首相の訪中にも同行して周恩来総理と面会しており、西側メディアはそれを何度も報じ、彼女が周恩来に好印象を持ったことを伝えた。1982年3月25日、イギリスを訪れていたインディラ首相と私は思いがけず面会することとなり、ロンドンで完成したばかりのバービカン・センターが会場となった。当時、イギリスでバイオリンを学んでいた中国の神童、金力がちょうどバービカン・センターで独奏会を開催していた。その主催者で、金力の師匠でもあったのは、世界的に著名な音楽界の巨匠であるユーディ・メニューインだった。彼はアメリカ出身のユダヤ人で、幼い頃は芸術的才能に富んだ神童と呼ばれ、生涯を通して数々の功績を残した。彼は「世界公民」（World Citizen）の愛称で呼ばれ、イギリスやアメリカ、スイスの各国から公民として認められていた。イギリスのエリザベス女王からは1965年に大英帝国勲章ナイトコマンダー章（二等勲爵士）を、1987年にはメリット勲章を受章し、1993年には男爵の爵位（Right honourable The Lord Menuhin O.M., K.B.E.）を授与された。また、公益活動にも熱心で、第二次世界大戦中には連合国軍を慰問して演奏したり、募金で慈善事業を行ったりした。イギリスに音楽家を専門に育成するユーディ・メニューイン音楽学校も設立している。また、彼は老子を崇拝しており、その哲学思想の影響を深く受けた上に中国文化を愛好し、多くの国際的な政治家の中でも特に周総理を尊敬していた。彼は、中華民族は感情を重んじる民族であるため、聴覚芸術や視覚芸術で成功しやすいと考えていた。彼の娘は著名なピアニスト傅聡の元夫人で、聡明な外孫にも恵まれた。メニューインは外孫の中国語教育に熱心だったため、私は彼の依頼に応じて北京語言学院（現在の北京語言大学）への留学の手助けをした。また後に、この外孫にはアメリカのプリンストン大学でさらに中国語の勉強を続けさせたということをメニューインから聞いた。さらに、彼の著作『果てしなき旅―メニューイン自伝』の中国語翻訳と中国での出版にも協力を要請された。

ここでメニューインに言及したのには理由がある。当時、中国とインドの間では長年の対立が続いていたが、両国の首脳だった鄧小平とインディラ・ガンディーはまずは歴史問題を棚上げにしてアジア地域および世界の平和と発展のために関係を立て直すべきだと考え、互いにその機会をうかがっていた。そして、メニューインはまさにその中間に立って何らかの協力をしたいと願う熱心な人物であった。第二次世界大戦

第七章　受け継がれる遺訓　257

中には多くのユダヤ人が中国に逃れて生活していたため、彼は中国に強く感謝するとともに共感を寄せ、中国を助けるために自分も何かをしたいと考えていた。また、メニューインは思ったことを口にする正直な性格で、アラブとイスラエルとの間に衝突が起きた際も常に公正な立場を取った。これはユダヤ人にはめったに見られない態度だった。そんな彼だからこそ、インディラ首相を教え子の演奏会に招待したのだった。

周爾鎏、メニューイン、金力

インドのような大国の首脳が中国人児童のバイオリン独奏会を鑑賞するなどということは、当時の状況では一般的には考えられないことだった。しかし、インディラ首相は招待に快く応じ、ロンドンでのコンサートに出席した。この出席そのものが外交努力だったことがわかる。

周爾鎏夫妻とメニューイン夫妻

休憩時間になってメニューインと私、王章麗、金力が休憩室に入ると、そこにはなんとインディラ首相がいた。白髪交じりの彼女は以前より痩せて見えたが、言葉遣いは上品で身のこなしも落ち着いていた。彼女は自然な態度で私と握手を交わしながら、「金力という神童の演奏技術がこれほどまでに素晴らしいのは、メニューイン先生のサポートや指導の賜物に他なりません」と語った。金力に対する彼女の称賛はひとりの児童に対するそれにとどまるものではなく、中国への敬意であり、ひいてはメニューインへの敬意の表れでもあった。彼女の言葉は非常に的を射たものだったため、私も芸術の話題を端緒に両国の交流にまで話を進めた。すると首相は、「中印両国は関係を改善して責任ある態度を取る必要がある。これにはかなりの時間を要するが、かつて父のネルー元首相と周総理が共同で提唱した『平和五原則』は今でも両国関係の改善のための揺るぎない基礎である」と前向きな発言をした。また、父親と訪中した際の情景を振り返り、とても印象的だったと述べた。

当時、私は中央政府や大使館から何か指示を受けていたわけではなかったため、試しに聞くだけのつもりで「両国関係の改善のために私たちはどうするべきでしょうか」と尋ねてみると、彼女は「まず経済交流や文化交流から始めて、それから先代の政治家たちが共同で提唱した『平和五原則』に基づいて段階的にやって行けばよいでしょう」と応じた。長年にわたる政治情勢の変化にもかかわらず、彼女は「平和五原則」を堅く信じ、それに基づいて両国の関係を改善しようとしているのだと私は感じ

た。後になって、鄧小平もインディラ首相に「中印関係を正常化し、共に発展する道を摸索すべきだ」と伝えていたことを知った。どうもこれは、彼女が熟慮の末に選んだ鄧小平への賛同の示し方だったようだ。演奏会は実はインディラ首相の意を受けてメニューインが入念に手配をしたのであって、首相自身も十分な準備の上で出席したのだろう。メニューインは、人選としてはまさに的確だったのだ。

　1988年、私は北京大学副学長として、3人からなる同大学の代表団を率いてニューデリーを訪問した。当時、インディラ首相はすでに暗殺されており、息子のラジーヴ・ガンディーが首相の座を引き継いでいた。彼はもともと政治家となるつもりはなかったが、母親の突然の死がきっかけとなり政治の舞台に上がることとなった。これが周家の2世代と祖父から孫の3代にわたるインド首相が出会うきっかけとなった。当時、ラジーヴ首相は中国からの招きに応じて訪中を控えており、その前にまず中国人の学者と意見交換をしたいと考え、私と面会することとなった。

　ラジーヴ首相は、「中国とインドには驚くほど共通点がある。両国はいずれも歴史的に人口の多い発展途上の大国であり、それは現代においても変わらない。両国は共に先進的な科学技術を有する一方で、人口が多く、開発の遅れた広大な農村も有する。また、両国は共に自国の平和と発展を望んでいるが、近年、両国関係には問題も出現しており、どう解決してよいかわからない」と語り、私の意見を聞きたいと言った。

　実は、これに先立つ小さな逸話もある。インドでは当時、ネルー元首相の生誕100周年を祝う記念行事が行われており、世界の多くの著名人が参加していた。その際、インド各界の関係者の間では、「パンチャシラ」（平和五原則のこと）はネルー元首相が最初に提唱したと広くいわれていたため、私はラジーヴ首相に向かって理路整然と、かつ厳粛な態度で、それは事実とは異なることを伝えた。「『平和五原則』は周総理がまず提案し、その後ネルー元首相とビルマのウ・ヌー元首相の支持を得て共同で提唱したものです。これこそが歴史の真実であり、また現代の国際関係においては外交における普遍的な原則となっています」と私は述べた。しかし、おそらくインド外務省の若き官僚が歴史に疎いために誤解を招くことになったのだから、これについてはきちんと説明してほしいと伝えた。これを聞いたラジーヴ首相はただちに態度を明らかにし、翌日、インド外務省の局長クラスの職員が私に謝

周爾鎏とジャワハルラール・ネルー大学中国語学科の学生

第七章　受け継がれる遺訓　　259

罪をした。職員いわく、ラジーヴ首相はまだ若く、過去の歴史についてよく知らない面もあったため、発言を撤回するとのことだった。

このようなエピソードもあったために、ラジーヴ首相との話し合いは総じて楽しいものとなった。「中印関係の改善は両国民の願いですから、これからも周総理が提唱し、中国・インド・ビルマの3カ国が共同で唱えた『平和五原則』に基づいて問題を解決するべきです。困難は必ずや克服できます」という私の言葉を首相は快く受け入れてくれた。同年12月の訪中は順調に運び、鄧小平と李鵬総理はラジーヴ首相の中国訪問を高く評価した。

インドでは歴代3代首相の時代を経て、それぞれに異なる発展のステージをたどったものの、中印両国に関する問題の処理においては最終的にはやはり「平和五原則」の理念に立ち戻ることとなった。これは、「平和五原則」の強い生命力と正義性、ならびにその操作上の利便性や実行への移しやすさ、歴史的経験の受け入れやすさを十分に証明するものである。

ラジーヴ首相は私の提案を受け入れ、「『平和五原則』に基づいて外交を進める」という考えをさまざまな場面で積極的に表明し、中国国民の前で両国関係の改善に向けた誠意を示したことから、多くの人々に歓迎され、訪中は成功のうちに幕を閉じた。周総理の「求同存異」(共通点を求めて相違点を保留すること)の思想とその実践はすでに世界中から賛同され、受け入れられていたため、このような思想的指針の下で唱えられた「平和五原則」は外交理論上の大きな進展にとどまらず、人類の平和と発展に対する周総理の不朽の貢献にもなった。中印関係は紆余曲折を経たが、インドは最終的には「平和五原則」を受け入れ、引き続き励行することを表明した。これにより、周総理の果たした歴史的貢献の重要性が再度証明されることになった。彼の貢献は中国とインドだけのためのものではなく、世界の、ひいては全人類のための貢献である。

歴史は絶えず前に進み続けるが、「平和五原則」は過去のみならず現在、そして未来においても適用され、指導的な役割を担うだろう。鄧小平と他の指導者たちが語っていた数十年に及ぶ試練のことを思い起こせば、「平和五原則」はやはり普遍的に適用される指導理念であることがわかる。この見解は人々の賛同を得られるであろう。

三　費孝通との共同研究

費孝通は江蘇省呉江市松陵鎮江村の出身で、1910年11月2日に生まれ、2005年4月24日に北京市で亡くなった。生前は全国人民代表大会常務委員会副委員長、中国人

民政治協商会議全国委員会副主席、中国民主同盟中央常務委員会副主席を務め、中国社会学学会会長でもあった。

彼は1957年に発表した「知識分子的早春天気」という文章によって後に「右派」のレッテルを貼られたが、周恩来らの保護を受けて1959年に名誉を回復した。彼は先の文章で次のように記した。「昨年（1956年）1月に周総理が発表した知識人の問題に関する報告は、春雷のごとく人々を目覚めさせた。それに続いて百家争鳴の暖かな春風が吹くと、知識人の積極的な動きが瞬く間に呼び起こされた」、「早春の天気は寒暖差が激しく、もとより身体に不調を来しやすい季節である。間近で見れば、やはり問題は少なくないようだ」。

費孝通は1981年に教授として英国王立人類学研究所のトーマス・ハックスリー記念賞を受賞し、私と妻の王章麗は受賞に関する手続の手助けをした。それ以降、私たちは親交を深め、私は彼を「費老」と呼んだ。

1　「第7次5カ年計画」の研究課題に共に取り組むことを「費老」から要請される

1984年末、私はイギリスから帰国した。当時、新たな勤務先としてはいくつかの選択肢があったが、私たち夫婦の両親と子どもたちの住む上海での勤務を希望した。そして、上海市の阮崇武副市長および上海市委員会組織部の曾慶紅部長と面会した結果、私は上海社会科学院の役職を選んだ。

それから少し経った1985年の初め頃、上海市委員会秘書長と同組織部部長の主催で私の歓迎会が行われた。その会の参加者はみな文化・教育関係の著名人で、上海人民政府外事弁公室の主任、復旦大学の蘇歩青学長、上海音楽学院の丁善徳院長、上海フィルム・スタジオ（現在の上海電影集団有限公司）の徐桑楚代表など約20名が参加した。曾慶紅部長はかつて私の身上調書に目を通した際に、私が周恩来との関係について触れていないのは大変素晴らしいことだと思ったようだ。また、歓迎会の席に外交関係や文化・教育界の著名人が多くいたことにも驚いていた。歓迎会の後、上海市委員会宣伝部部長で同常務委員の陳沂とその妻で当時の文化局（現在の上海市文化観光局）の馬局長は、さらに私たち夫婦を自宅に招いてくれた。彼らは鄧穎超と親しく、私のことも知っており、私にはずっと上海で仕事をして欲しいと望んでいた。

私は上海社会科学院で働くことを切に願い、同学院の当時の張仲礼院長と洪澤書記にも招き

費孝通と周爾鎏

に応じて会いに行っていた。洪書記は外交部に務める自分の旧知を通じて、早く着任するよう私に催促した。張院長も私に業務を引き継がせたいと思っており、北京にある私の自宅まで足を運び、招聘の意を示してくれていた。これは、「三顧の礼」を意味するものだと私は思った。上海市委員会も康平路に宿舎を用意してくれていた。すべての条件が整い、まもなく上海社会科学院に正式に配属されるだろうと思った矢先に、北京にある中国対外友好協会の副会長への就任を指示する通知を受け取った。私は心底驚き、これを辞退した。なぜなら「七媽」鄧穎超は中国対外友好協会の名誉会長で、この異動に納得するはずがないと思ったからだ。当時の中国共産党中央委員会組織部からの回答によれば、これは呉学謙副総理と姫鵬飛副総理の同意を得て組織部で決定されたもので、上海組織部から身上調書を受け取ってそれを持って北京に戻るよう固持されたため、私はその決定に従うよりほかなかった。そして、私が北京に到着すると案の定、「七媽」からは身内びいきの疑いはかけられたくないとして、昇進はしてもよいが、対外友好協会だけは配属先として避けてほしいと言われた。

　このような中、思いがけず費孝通からの訪問を受けた。

　「費老」は江蘇省呉江市出身で、父と同じ世代だった。そして、私自身も呉江市で社会調査を行ったことがあったため、私たちの間では共通の話題にこと欠かなかった。「費老」によれば、中国大陸ではかつて社会学を廃止していた時期があり、台湾でも同様だったが、台湾は留学生をアメリカに派遣して社会学を学ばせていたおかげですぐに再開することができた。胡喬木が費孝通に語った話によれば、旧ソ連ではスターリンが社会学を疑似科学と見なして廃止させたため、中国もそれに従ったそうだ。後に、鄧小平が胡喬木に、「社会学を何年も廃止し続けるなどとんでもない、再開すべきだ」と話し、これを聞いた胡喬木が費孝通を訪ね、彼にリーダーになってもらって社会学関係の研究を行うことを進言した。それが「第7次5カ年計画」の重点研究となった。「費老」はこの研究テーマの責任者になると共に北京大学社会学研究所の所長を務めた。また、胡喬木は「費老」に対し、その高い学識と専門を活かして国際的な学術活動に積極的に参加し、外国の友人と広く交流して彼らが新中国、特に改革開放後の中国を理解するために力を貸してほしいと願っていた。

　確か「費老」は当時すでに73歳で、その年齢でのさらなる兼職は難しく、後継者を必要としていた。本来なら、「費老」のようなベテランの教授にはみな自分の研究スタッフがいるものだが、当時はまだ後継者にふさわしい候補がいなかったようで、それで私を訪ねてきた。彼が高齢を顧みずに私の自宅がある4階まで階段を上がってきたこと

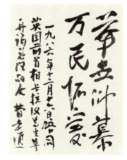

費孝通の題辞（淮安にて）

に私は心を打たれ、敬意とともに親しみも感じた。「費老」は有名な人類学者であり、社会学者であると同時に中国民主同盟の主席でもあり、周恩来の保護を受けた優れた民主家でもあった。また、中国共産党中央委員会組織部、同中央統一戦線工作部の責任者たちが私にこの仕事を引き受けるよう勧めたため、私はまずは「第7次5カ年計画」の重点研究にしばらくの間協力することにし、外交部門に戻るのは別の機会を待つことに決めた。こうして中国共産党中央委員会組織部と国家教育委員会などの手配により、私は北京大学の副学長兼社会学研究所所長に任命された。実は当時、南開大学も国家教育委員会に同意を求め、同大学の党委員会書記になるよう私に働きかけていたが、総理の教えや「七嬢」の心遣いを思い出し、ふたりを失望させるような真似はできないと考え、「費老」の要請に応えて組織の決定に従うことにした。

2　胡耀邦からの「大胆支持」という言葉

　私が北京大学に着任した後、「費老」は私のことを誠実な人間で、経済や外交面でも一定の経験があると考え、東京で開催される国際シンポジウムに私も同行させることを中央指導部に要請した。それは、国際連合大学学長主催のシンポジウムだった。国際連合大学は、名前は大学でも必ずしもその役割は教育機関としての大学にとどまらず、世界でトップクラスの研究者に寄与するために特に設置された機関である。そのシンポジウムには30数カ国からの代表者が参加し、地球温暖化や海水面上昇など多くの問題について議論した。科学者の多くは、これらは地球規模での気候変動の前兆だと考えていた。一方、同学長は中国の改革開放に強い関心を寄せており、「費老」と私と同学長の3人で改革開放の成功体験をテーマに議論を行った。世界の大多数の国は発展途上国であるため、同学長は中国の成功体験には世界的に重要な意味があると考えていた。そして議論の結果、国際連合の後押しで機関を設置して中国の改革開放の大まかな経験を総括すること、また、アジアからはインド、ラテンアメリカからはブラジル、アフリカからは南アフリカ共和国またはエジプトなどの人口の多い発展途上国を選び、比較研究を行うことになった。

　帰国後、「費老」は私に、我々の研究は人類学や社会学の域を超えているようだと言った。また、我々がやっているのは何なのか、このままでは何の学問を研究しているのか分からなくなるとも問いかけてきた。これに対する私の答えは、学問分野としては「開発学」（Development Studies）に属するのではないか、というものだった。先のシンポジウムで30カ国以上からの代表者の発言を聞いた結果、私はこれを「発展研究」（開発学）と呼ぶことを「費老」に提案した。「西側のある大学ではすでにこの学科を開設しているが、開発学はひとつの学科にとどまらない学際的な研究分野であり、その目的は発展途上国を研究することにある」と私は彼に告げた。西側諸国で

第七章　受け継がれる遺訓　263

はこの分野の重要性に早くから警鐘を鳴らしていた。例えば、かつてのイギリスが中国の紡績業について研究したのは、紡績業が労働集約型の産業であるためだ。発展途上国の開発の初期段階では豊富な労働力を利用しようとしても往々にして資金や技術が不足しているが、産業発展によって内需を満たし、国際市場に参入できるという効果がある。しかし、中国の大学では関係の学科を設置していなかったため、私は発展研究センターの設立を提案した。

　その後、私が「費老」の名義で発展研究センターの設立に関する提案書を書き上げて上級機関に提出すると、胡耀邦主席はその報告書に「大胆支持」（大いに支持する）と書いて承認し、続いて2人の副総理も署名した。そして、承認の暁には、経費は財政部から直接支給されることになった。国務院の指導部はこの発展研究センターを中央政府の一組織として組みこみたいと考えたが、「費老」は中国共産党中央統一戦線工作部に組み込まれることを望んでいた。しかし統戦部としては、それは学術的テーマであって自分たちの手には負えないと考えていた。「費老」はかつて北京大学社会学研究所の所長を務めていたため、発展研究センターは最終的に北京大学の所属となることに決まり、対外的には「中国社会発展研究センター」と称され、北京大学社会学研究所とは異なる独立した研究機関となった。社会学研究所の経費は北京大学が負担し、発展研究センターのそれは財政部が直接負担することとなった。

　私は発展研究センターに6年間勤務した。「費老」が顧問を務め、私が主任を務めた間は中国の都市と農村の調和的発展に関する研究課題の筆頭を務め、我々の研究は国の「第7次5カ年計画」の重点研究テーマとなった。私が発展研究センターを辞めた後、北京大学の後任の指導部が発展研究センターは必要ないと感じたらしく、後を引き継ぐ意思のある者も現れなかったために、発展研究センターは廃止されたそうだ。これは、後になって聞いた話だ。

3　「費老」が晩年までやり通した開発学の研究

　共同研究の最初の頃、「費老」は私に学術研究に専念することを望み、私はその意見を尊重することにした。当時、私たちの研究はテーマすら決められていなかった。私は「中国城郷協調発展研究」（中国の都市と農村の調和的発展に関する研究）にしてはどうかと提案した。中国社会科学院も審査機関としてこれを高く評価してくれた。

　当時、「費老」が発表した文章の多くには「模式」（model）という言葉が使われていた。私はこの言葉使いについて、「あまり賛同できないが、踏襲はできる」と彼に伝えていた。「模式」とは「固定化された習慣」という意味で、よく使われる言い方だが、ニュアンスとしてはパターン化・規範化しやすいという意味合いがあるというのが私の解釈だった。そうであれば私は「構型」（configuration：構造）というほう

がふさわしいと考えていた。この表現は自然科学の分野ではよく用いられており、量化ができて形のある客観的な存在であるからだ。私は多くの分野にまたがる開発研究を中国の実情と結びつけること、つまり、発展途上国から中進国に移行する過程を研究することを提案した。これが中国の開発に対する当時の私の見解だった。開発という学問分野では調和が重視されるため、私は政治、経済、社会、文化・教育、科学技術、環境の6つに分野についておおまかにまとめてみた。そして、これらをバランスよく発展させるためには、客観的事実や主観的・客観的矛盾を受け入れ、また社会は矛盾の中で発展するものだということを受け入れる必要があった。後に、ある中央指導者がスピーチの中でこれと似た観点を述べていたのを聞いた。

　開発は、3つの段階に分ける必要がある。第1段階の開発初期の特徴は農村改革に始まり、郷村工業の開発によって余剰労働力を活用できるようにし、さまざまな形で農業から工業などの分野に徐々に移行させていくことである。また、この段階では資金の蓄積、人材の育成、市場の開拓という目的を果たすことができる。さらに、私は「因地制宜、多種模式、随勢応変、不失時機」（各地の事情を考慮し、多様なモデルを維持し、状況に応じて調整し、時機を失わない）という16文字の方針を提案した。改革開放の初期段階では、経済や文化の発展にばらつきはつきものだが、この方針に基づけば各地域の実情に照らしつつ、競合やむやみな模倣を避け、時流に合わせながら適宜調整することができる。そしてこれが、第2段階の拡大期、第3段階の相対的な成熟期へと繋がっていく。

　上述した私の開発の3段階に関する主張は、世界の多くの研究者に重視された。例えば、アメリカのカリフォルニア大学経済学部の教授らは私の16文字の方針と3段階の理論に大いに賛同した。また、ジョージ・ワシントン大学は私を研究員として招聘したいと考え、1991年には中国経済の発展動向に関する研究を同大学で行うことを求める招聘状が送られてきた。南開大学は私の渡米に賛成していたが、周恩来研究にもっと時間を注ぎたいと考えて断わることにした。

　「費老」との6年に及ぶ仕事では、主に開発の初期段階についての研究を行った。「費老」が提唱した「小城鎮」研究は非常に有名で、国内外に大きな影響を与えた。

4　「費老」・宦郷の両氏と議論した「温州モデル」

　研究テーマが決まるとまもなく、「費老」と私は宦郷（1909年〜1989年、字は鑫毅、筆名は範慧、範承祥。出身は貴州省遵義老城。外交部部長助理、中国社会科学院党委員会書記、同副院長、顧問などを歴任）とともに杭州経由で温州地区の調査に向かった。中国民主同盟のメンバーのある出版社の社長も同行した。

　温州に到着すると、家々はどれも洋風建築の建物ばかりで、上の階は人が住んだり

商品の置き場にしたりしていて、1階部分は店や作業場となっており、家電や衣服などあらゆる商品がそろえられ、特にボタンが多く売られていた。温州は台湾に近く、狭い土地のわりには人が多かった。また山地が多く、政府からの補助金に頼る貧しい県がいくつもあった。しかし現地の人たちには商売の才覚が身についており、例えば数百年前にはフランスまで行って青田石（せいでんせき、浙江省青田県産の印材）を売っていたほどだ。改革開放以前の中国では人々はみな同じような服を着ていて、ボタンもまた同様だった。温州の人たちはこれに商機を見出し、資金を集めて小さな工場を手に入れ、高給で技術者を招き、一定規模のボタン市場を徐々に築き上げ、全国、さらには海外市場にまで進出していった。

　温州の経済は急速に成長したため、成長初期には管理がうまく行き届かず、偽物や粗悪品、未成年者の労働、海上密輸、地下金融、大規模な修墳（道路付近の小高い山に墓を移転したこと）など多くの問題が噴出し、一言でいえば混乱状態であった。私たちは郷政府の招待所（主に役人が出張時に利用する宿）に宿泊し、現地の人を訪ねるとこれらの光景を目にすることができた。また、当地は古くから資産階級的な思想を強く持つ地域といわれたため、人民代表大会の代表である宦郷は、温州は資本主義の典型であると非難し、中央指導部に報告することを考慮するとも言った。「費老」もその意見に賛成するところもあったが、自分が一般的な学者ではないことや中国民主同盟の主席であることを気にかけ、立場を明確にすることには慎重になるべきと感じていた。彼は私と接するうちに、私のことを物事を深く考える人間だと感じたらしく、私に相談しにきた。そして、「自分は農村の調査をずっとやってきたため、工業には詳しくありません。小都市と郷鎮企業の開発を提唱していますが、その具体的な意見は思いついていません。宦郷の意見は客観的事実を反映してはいますが、その結論の責任は重大です」と丁重に述べた。また、問題を俯瞰的に見ることで、現在行っている研究が後世の参考になることを望んでいた。さらに、周総理から長年の教えを受けていた私は、国内外の多くの場所を訪れたこともあるため、もっと適切な考え方があるかどうか検討してみてほしいと言われた。

　熟慮の末、温州モデルの生命力は「小商品、大市場」（商品の価値は小さいが、潜在的な市場規模は大きいこと）にあるという結論に私はたどり着いた。改革開放は、とにもかくにも農村の余剰労働力の移転、都市部と農村部の生活必需品に対する需要、段階的な国際市場への移行という3つの課題を解決する必要がある。これが実現されれば、資本の蓄積や技術の向上、「農転非」（農村戸籍から都市戸籍に変えること）にもプラスとなる。当然ながら、当時存在していたさまざまな社会問題も決して無視することはできなかったが、党と中央政府の的確な指導の下、民衆の知恵と力を合わせれば一つ一つ解決できるだろうと思った。

「費老」はしばし考慮の後に、私の意見に賛成した。宦郷もすぐに賛成し、「高級幹部の親族は実務ができないというのは偏見だったようだ」と言った。後に、私は彼の勤務していた戦略研究センター（現在の国務院国際問題研究センター）で働かないかと要請されたほどだ。

5　息もぴったりの「双簧」

「費老」は各地で調査を頻繁に行っており、現地の指導者から尊敬されていたこともあり、題辞の依頼が次々に舞い込んでいた。このため、訪問先に到着する前に汽車や飛行機の中で用意しておくようにしていたが、さすがに高齢で、予定していたもの以外で自分が書くのを人々が待っていると少々慌てた。そういう時には、若い私に頼むことがあった。温州にいた頃、「百工之郷　千品万様」（産業幾百の郷、幾千幾万の品）と書いてはどうかと助け船を出すと、それは素晴らしいと手をたたいて喜んでくれた。そして、これは産業構造だけでなく、人々の自発的な積極性も表しており、また社会学を経済学と密接に結びつけ、実際の開発において絶えず改善していきながら人々に幸福をもたらしていくべきだという私の一貫した主張も実証するものだと語った。その後、私たちは温州から杭州を経由し、北京に戻った。黙々と後ろから支え続けたた私に感謝を表すために、「費老」は次の2つの詩を贈ってくれた。

　　　嫩緑方抹湖辺柳　　（湖畔の柳は青々と色づき）
　　　淡粧未見西子痩　　（杭州はいつものように美しい）
　　　雲掩橋頭蘇小墓　　（雲に覆われた蘇小の墓は）
　　　廿年鶯語失軽舟　　（二十年その美しい歌声を失う）

　　　鴎海馳騁千里遠　　（鴎が千里先へ飛んでいき）
　　　天台雁蕩送我帰　　（天台山と雁蕩山は私を見送る）
　　　有情応怜書生志　　（書生の志を憐れむべきだ）
　　　臨別花開君子蘭　　（別れ際に君子蘭の花が咲く）

　丙寅（1986年）早春3月、鄄鋈同志との温州之行　杭州にて詩作し記念とす
　　　　　　　　　　　　　　　　　　　　　　　　　　　　　　　費孝通

「費老」は私たちの愛国心を感じ、我々2世代3人のことを詩の中で「君子蘭」に例えた。
　1986年6月8日から23日まで、「費老」は胡耀邦主席に同行してイギリス、フラン

ス、ドイツ、イタリアの4カ国を訪問し、各国でスピーチを行うことになった。当時、香港の関係者と、北京大学と新華社通信社の共同でと2種類の原稿が用意されたが、香港側が準備した原稿は口語的で文法にも誤りがあり、北京大学側が準備したものは文体が硬くてスピーチには不向きだとして、彼はどちらも気に入らなかった。そこで、急な命を受けて私が短い時間の中で苦労しながらも何とか英語で書き上げると、「費老」は満足してくれた。彼はその原稿を使い3カ国では口頭でスピーチをし、残りの1カ国は書面で発表した。帰国後、「費老」は嬉しさに顔をほころばせながら「うまくいった」と話した。同行した「費老」の娘も帰国後に「スピーチは大変好評だった」と教えてくれた。

費孝通は私のこうした協力に非常に満足し、「周総理の生前の呼びかけに応えるために、我が国の4つの近代化の早期実現に向けて微力を尽くそう」、「私たちは世代を超えた友人である」と語った。「費老」は、私が彼のために書いたスピーチ原稿や調査報告書をよく採用し、私が準備した交流計画や外賓接待のやり方を取り入れた上で表に立って活躍することもよくあったため、「私たちの〝双簧〟（二人組の演芸。一人が前面で動作をして、もう一人が後ろで歌ったり語ったりするもの。民間芸能の一種）は息がぴったりだ」とよく冗談を言っていた。

「費老」と共に仕事をした6年の間に、私は湖南省や陝西省、江蘇省、浙江省などで各省の多くの代表が参加する規模の大きな調査研究会を主催した。1994年、私たちは「第7次5カ年計画」の研究成果として『城郷協調発展研究』を出版し、「費老」はその序文を書いた。出版に先立って「費老」が私と議論した際に、私はこの書籍の完成度は高くはないと率直な気持ちを述べた。中には私たちふたりが納得していなかった問題もあり、序文で婉曲的にそのことについて触れられていた。この書籍についても私は満足している訳ではなかった。後にイギリスのオックスフォード大学出版局から再版されたが、私はまだ読んだことはない。私の名義で出版された書籍で手にしたことがないものもたくさんあるが、今さらその法的権利を争う気もない。

「費老」が事実に立脚し、農村と向き合いながら調査を続け、一生を捧げたその学術的貢献に対して私は非常に尊敬している。彼と共に研究していた時期に書き上げた論文集『江村50年』は国内外で大きな反響を呼び、特に外国人が中国をより詳しく知るための突破口にもなった。彼の有名な『Peasant Life in China』（中国語訳『江村経済』）などの学術論文の多くは、優美な散文のような柔らかい文章で書かれ、それでいて独自の一派をなしながら読者に生き生きと語りかけてくる。その丁寧な指導の下に楽しく協力し合った忘れがたい日々に思いを馳せつつ、「費老」が支持した開発学の研究が国民に広く受け入れられるとともに、引き続き推し進められ、深く掘り下げられていくことを切に願っている。

「費老」は周恩来への懐かしさと尊敬の念から、周恩来の生まれ故郷である江蘇省淮安市を3回も訪れた。特に1986年、「費老」は胡耀邦主席および党中央指導部の支持を受け、ジェームズ・キャラハン英国元首相を招き、周恩来の旧居を訪れた。「費老」は最大の民主党派である中国民主同盟の主席という立場と全国の傑出した知識人の代表として、中国知識人の抜本的改革やその名誉回復のために周恩来が生前に残した功績に対して感謝の意を表した。

また、淮安では周恩来思想の研究者らに、周一族の歴史については私に尋ねるように勧めた。続けて、現実的で自分の考えをはっきりと述べる私が研究に加われば、研究史料に信頼性が増すだろうとも語った。

「費老」には周恩来へのこの上ない尊敬の気持ちがあった上、私への信頼と期待から、こう私を紹介したのだと思う。「費老」と私の間では気心が知れているからこそ、こうした心遣いを示してくれたことに私は胸をうたれた。

結　び

　周恩来の親族の後継は数多く、それぞれ状況は異なっている。読者が往々にして血縁関係に基づいてそれを見分けようとするのは理解できる。しかし私は、血族で、なおかつ才能あふれ、優れたふるまいのできる者が、われわれ一族を代表するのが最もよいことだと思っている。ただ同時に、周恩来本人の思想は「一視同仁」（全ての人を差別なく平等に愛すること）を強調することだった。これは彼の寛容な度量と、中国の伝統文化を尊重して子孫のために定めた原則に根ざしたものである。

　私の人生において、長い間「七爸」から直接信頼され、養育してもらい、教えを請う機会に恵まれたのは幸せなことだった。私はすでに齢を重ね、気力体力ともに衰えをみせ、名誉や利益を追い求めていると疑われることをこれ以上避ける必要はなくなったので、思っていることをそのまま表さずにはいられなかった。世の人々が知り得ない史実と、「七爸」の私への慈愛と戒めを、なるべく文章に残して広めたいと思った。後世の人々の役に立つことを願って多少の補足はしたが、決して遺漏のないようにした。つまり、これは私が精一杯たどった記憶の集大成であり、適切な記録でもある。読者の皆様の参考になれば幸いである。

　本書は、読書や宣伝の際に区切りがつけやすいように、各編が独立して内容が完結することを重視し、文章のボリュームにはこだわらなかった。私は極力「わずかな兆しから物事の発展の方向を判断する」という態度で臨み、厳粛に記録して歴史の真実を探ろうとした。

周恩来の精神と模範的な姿は、いつまでも人々の心に残るだろう。「人民の総理は人民を愛し、人民の総理は人民から愛される」という言葉は事実であり、嘘偽りはない。彼自身の崇高なイメージは、中国の未来の発展と切り離すことは永遠にできないだろう。もしも周総理が、言われなき罪に問われながら晩年に最大の犠牲を払い、多くの戦略的な調整の実現を促していなかったら、「文革」はさらに計り知れない結果をもたらしていたことだろう。苦難が訪れる時期には、中国でも世界でも歴史と現実によって、こうした優れたリーダーの出現が必要とされるものだ。これは歴史が彼に与えた試練であり、使命でもある。およそ中国の分裂や国家転覆を図る者は、彼を見ただけで恐れをなし、越えることのできない障害と見なし、早く取り除きたいと思うはずだ。このためさまざまな策略をめぐらして誹謗中傷し、彼を窮地に追い込もうとする事件が起きるのもよくわかる。

われわれは、こうした現象の発生に用心し、警戒を怠ってはいけない。また大勢の流れに押し切られて「万里の長城を自ら破壊する」事態となって後悔することがあってはならない。もしも本当に周恩来の気高い精神を模範とし、彼の遺志を継いで一致団結し、前に進むことができたのなら、私たちの祖国と国民の未来は限りなく輝かしいものとなるだろう。

本書の執筆に際して、王凡、伍必端、朱良、呉祖強、何霈、金冲及、季華妹、姚建萍、南懐瑾、高秋福、許大偉、張雲、陳菱、陳世梁、陳衛平、張憲栄、徐躍、桑慰蓮、路暢、各氏のご協力とご支援をいただいたことに心より感謝する（なお、お名前は画数順で掲載した）。国の内外を問わず、多くの皆様からご賛同いただき、お力添えを得られたことに、あらためて衷心より御礼申し上げる。私自身の高齢と体力の衰えにより、行き届かないところがあるかもしれないが、ご海容いただきたい。

結　び　271

付録

周恩来精神を伝承し発揚するため、著者が近年行った活動

● 中国共産党第一次全国代表大会会址（上海）にて開催された展覧会「周恩来在上海（上海の周恩来）」に展示品を提供

● 周恩来記念館（淮安）にて周爾鎏文物書画展を開催

● 雑誌『世紀』、『檔案春秋』、『上海革命史資料与研究』等に周恩来を記念する多数の文章を発表。中国各地の新聞・雑誌に転載

● 上海電視台（上海テレビ局）のドキュメンタリー番組『往事』から3回にわたり取材を受け、口述記録がシリーズの4話に編集され、放映される。『伯父・周恩来』、『私と総理の特別な歳月』、『最後の勝負』の3話はDVD『半世紀国夢（半世紀にわたる国家の夢）』（中国中央電視台国際出版公司）に収録。『私とインディラ・ガンディー一家の縁』の番組原稿は雑誌『百年潮』にタイトル『インド2代総理と平和五原則』として掲載

● 交通大学、復旦大学、東華大学、北京大学、南開大学周恩来政府管理学院、天津師範大学外国語学院、淮陰工学院、南通農業職業技術学院並びに上海格致中学、蘇州市第一初級中学等にて周恩来の生涯について講演

● 中国共産党第二次全国代表大会会址（上海）にて周恩来の首脳外交について講演

● 広州孫中山記念館にて周恩来の生涯について講演

● 北京光大公司にて周恩来の経済思想について講演

● 2008年と2013年に南開大学主催の周恩来研究国際学術シンポジウムで重要な講演を行い、展示品を提供

● 中国共産党第一次全国代表大会会址（上海）、上海周公館、上海市教育委員会、上海教育電視台共催の上海市小中学生による周恩来生誕115周年記念イベントにて基調講演

●「周恩来同志在滬早期革命活動旧址」（周恩来同志の上海における革命早期旧址）の確認・紹介

272

この『革命活動旧址』はかねてより私が指摘しており、2008年に中国共産党第一次全国代表大会会址の支持を得て、第3回全国文物調査における上海市虹口区の協力により確認されたもので、周恩来の革命早期における上海の秘密拠点のひとつで、四川北路永安里44号にある。歴史的・文物的価値の高いこの発見について、私はその確認と確定を行った。

　上海市文物管理委員会地文処の譚玉峰処長の言葉…「周爾鎏先生の紹介によれば、四川北路永安里44号は中国共産党の当時の秘密活動のひとつの拠点として高い歴史的価値があることがわかる。上海ですでに発見されている革命旧址のうち、秘密拠点が存在した期間はいずれも短く、なかには数日しか存続しなかったものもあり、長いものでもわずか数ヶ月しか続かなかった。これほど長期間存続したものは、現時点では永安里だけである」。

　この発見は『解放日報』等の多数の新聞・雑誌に掲載され、高く評価された。

周恩来生誕110周年記念イベントにて

周恩来生誕115周年記念イベントにて

付録　周氏歴代の系譜

錫山軒轅黄帝嫡裔周氏接代世系

本族軒轅黄帝至東周平王の世系は己に《史記》中有明確記載、平王少子烈以下世系経新唐書巻74下周氏系序、《錫山周氏大統宗譜》、《濂溪故里族譜》、《廬陵周氏宗譜》、《越城周氏支譜》、湘潭《山塘周氏族譜》等譜校対考証後編撰。

始祖：黄帝	23世：姫 取	39世：周 宏（世襲汝坟侯）
（姓姫名軒轅）	24世：姫 满	40世：周 明（世襲汝坟侯）
2世：玄 囂	25世：姫 恩	41世：周 隐（世襲汝坟侯）
3世：蟜 极	26世：姫 坚	42世：周 寿（世襲汝坟侯）
4世：帝 喾	27世：姫 燮	43世：周 容（世襲汝坟侯）
5世：后 稷	28世：姫 胡	44世：周 休（世襲汝坟侯）
6世：不 窋	（公元前841年	45世：周 雄（世襲汝坟侯）
7世：姫 鞠	共和元年周历	46世：周 晖（世襲汝坟侯）
8世：公 刘	王莽典集奠）	47世：周 宽（世襲汝坟侯）
9世：庆 节	29世：姫 静	48世：周 员（世襲汝坟侯）
10世：皇 仆	30世：宫 湦	49世：周 成（世襲汝坟侯）
11世：差 弗	31世：宜 臼	50世：周 恩（世襲汝坟侯）
12世：毁 渝	（周平王東迁洛	51世：周元道
13世：公 非	阳中興周礼	52世：周 勃（汉高帝降侯）
14世：高 圉	避秦正式改	53世：周亚夫（汉文帝丞相）
15世：亚 圉	姓祖如周烈）	54世：周 秘
16世：公组类	32世：姫 烈	55世：周 泽（汉中元年登第）
17世：周太王	（平王少子封为	56世：周 缪
18世：季 历	汝坟侯尊为烈	57世：周义山（汉元凤年登第）
19世：姫 昌	姓始祖即周烈）	58世：周 谊
20世：姫 发	33世：姫 懋	59世：周 堪（汉宣帝年登第）
（周武王立国）	34世：周 文	59世：周守礼
21世：姫 诵	35世：周 升	60世：周 党（汉建武年登第）
22世：姫 钊	36世：周 回	
	37世：周 举	
	38世：周 安	

補上次吴铭初世真供其考

61世：周 纡（汉永平年登第）	87世：周 窎（唐永贞进士）	
62世：周 荣（汉章帝年山阳太守）	88世：周惟简（唐庆历进士）	
63世：周 兴（汉灵帝年尚书郎）	89世：周 课（唐会昌进士）	
64世：周 景（汉建宁年大尉）	90世：周彦朴（唐大中进士）	
65世：周 异（东汉洛阳令）	91世：周度宾（唐天复进士）	
66世：周 瑜（东吴大都督175-210）	92世：周从远（宋建隆进士）	
67世：周 胤（东吴都乡侯）	93世：周智强（宋处士）	
68世：周 蓦（东吴威远将军）	94世：周辅成（大中祥符进士）	
69世：周 敏（西晋右丞相）	95世：周敦颐（理学创始人）	
70世：周 访（晋征西将军寻阳侯）	96世：周 涛（元佑进士）	
71世：周 抚（晋征西将军益州侯）	97世：周 焘 • 周 寿	
72世：周 楚（晋假益诸军都督）	98世：周政卿 • 周 绮・紫若	
73世：周 琼（晋建威将军）	（迁浙江）	
74世：周 慎（宋龙骧将军）	99世：周 淘 • 周 良	
75世：周 兴（东益州刺史）	100世：周应高 • 周 谨・应然？・应善？	
76世：周 强（东二州刺史）	（号涉溪，姑迁无锡）	
77世：周昊超（梁衡刺史保城侯）	无锡	
78世：周 表（梁衡陵侯）	101世：周 忠 • 周 格	
79世：周才卿（随德州刺史永城侯）	102世：周 圣 • 周文卿	
80世：周 仁（隋文宁建进士）	103世：周师正 • 周师德	
81世：周贵珠（唐武德年进士）	104世：周之才 • 周 澳・迁长汉兰陵	
82世：周文藻（唐贞观年进士）	（姑迁昭	
83世：周安时（唐总章年进士）	105世：周天佑 • 周元一 • 周 德・景芳	
84世：周勾锡（唐咸拱年进士）	106世：周惟朝 • 周文忠 • 周希贤	
85世：周宏谦（唐天宝年进士）	107世：周华祖 • 周 茂（姑迁昭兴马）	
86世：周从昌（唐永泰年进士）		
廉、白二州刺史，		
姑迁道州祖）		

108世：周良五 •	周 万 •		周 勤
109世：周伯琦 •	周 寿 •		周 瑷
110世：周 展 •	周 庆 •		周 昇
（明太子太保	（居绍兴		
东阁大学士	保佑桥）		周 间 ?
111世：周 受 •	周叔庄 •		
112世：周元忱 •	周 宗 •		
113世：周道生 •	周 富 •	周逢尧	
114世：周贤孙 •	周 顺 •	周南洲	
115世：周纶元 •	周 其 •	周之言	
116世：周 墅 •	周正奉 •	周 怀	
117世：周子衎 •	周懋章 •	周绳祖	
118世：周之凤 •	周汝相 •	周 煌	
119世：周进臣 •	周熙祚 •	周绍鹏	
120世：周步焕 •	周步越 •	周熊占	
121世：周步麟 •	周应麟 •	周佩兰	
122世：周 钰 •	周文源 •	周瑞璋	
123世：周学林 •	周元章 •	周苓年	
124世：周湘莲 •	周光前 •	周福清	
125世：周文勋 •	周擎龙 •	周伯宜	
126世：周福培 •	周始能 •	周树人	
127世：周丽藻 •	周恩来 •	周海婴	
128世：周柏泉 •			
129世：周天士 •			
130世：			
131世：			

注：@为帝王　#为世袭汝坟侯　•为登第入住者

公元一九九八年秋

著者 **周 爾鎏**（しゅう じりゅう）

1929年上海生まれ。南開大学卒業。中国社会発展研究センター主任、北京大学副学長、中国駐英国大使館文化参事官、南開大学周恩来研究センター顧問・研究員、中国共産党中央対外連絡部、中国文化部、対外文化連絡委員会で幹部職などを歴任。

改革開放以降、社会科学分野で多数の著作を出版、文章を発表。1980年代『中国城郷協調発展研究』（中国の都市と農村の調和的発展に関する研究。国家哲学・社会科学「第7次5カ年計画」重点研究課題）編集責任者。

訳者 **日中翻訳学院**

日中翻訳学院は、日本僑報社が2008年9月に設立した、よりハイレベルな日本語・中国語の出版翻訳プロ人材を育成し、即戦力を生み出すスクール。

馬場真由美（ばば まゆみ）

神奈川県生まれ。1992年早稲田大学第一文学部中国文学専修卒業。早稲田大学大学院文学研究科修士課程修了、博士後期課程満期修了。1990年から1991年まで山東大学留学。早稲田大学、中央大学、明治大学など中国語非常勤講師。日中翻訳学院「武吉塾」修了。訳書『習近平はかく語りき』（共訳、2018年、日本僑報社刊）。

松橋夏子（まつはし なつこ）

1973年東京生まれ。東京外国語大学外国語学部中国語学科卒業。中国厦門大学に留学。日中翻訳学院「武吉塾」修了。中国語翻訳者。
1970年代後半の台北で幼少期を、80年代後半の北京で中学時代を過ごす。大学卒業後は法律事務所、内閣府食品安全委員会でのインハウス翻訳を経てフリーランス翻訳者。訳書『必読！今、中国が面白い2011』（共訳、2011年、日本僑報社刊）。

校正 翻訳協力 **趙 唯伊**（ちょう ゆい）

1992年遼寧師範大学外国語学部日本語科卒業。2004年一橋大学大学院社会学研究科博士後期課程修了、社会学博士号取得。日中翻訳学院「高橋塾」修了。現在、日本語講師の傍ら、翻訳を行う。

わが七爸 周恩来
お じ

2019年10月29日　初版第1刷発行
著　者　周　爾鎏（しゅう じりゅう）
訳　者　日中翻訳学院
　　　　馬場真由美（ばば まゆみ）
　　　　松橋夏子（まつはし なつこ）
発行者　段　景子
発売所　日本僑報社
　　　　〒171-0021 東京都豊島区西池袋3-17-15
　　　　TEL03-5956-2808　FAX03-5956-2809
　　　　info@duan.jp
　　　　http://jp.duan.jp
　　　　中国研究書店 http://duan.jp

Printed in Japan.　　ISBN 978-4-86185-268-8　　C0036
My Uncle Zhou Enlai ©Zhou Erliu 2015
Japanese copyright ©The Duan Press 2019
All rights reserved original Chinese edition published by Yilin Press, Ltd.
Japanese translation rights arranged with Yilin Press, Ltd.

日本人70名が 見た 感じた 驚いた
新中国70年の変化と発展

中华人民共和国成立70周年
The 70th Anniversary of the Founding of The People's Republic of China

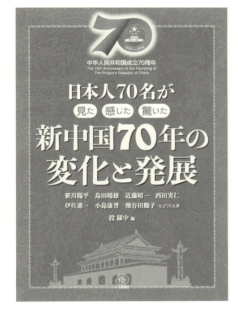

2019年10月1日、中華人民共和国は70回目の誕生日を迎える。この70年、とくに改革開放の40年において中国は著しく発展し、GDP（国内総生産）世界第2位の経済大国となった。隣人である日本の人々は中国の変化と発展をどう見ているのか？日本僑報社は日本の各界人士から原稿を募集し、優れた70本を選んでこの一冊にまとめた。本書は「正能量」（ポジティブ）な内容に満ちた一冊であり、中華人民共和国成立70周年への祝福メッセージでもある。

著者

笹川　陽平
日本財団会長

島田　晴雄
首都大学東京理事長

近藤　昭一
衆議院議員
日中友好議員連盟幹事長

西田　実仁
参議院議員
公明党参議院幹事長

伊佐　進一
衆議院議員
財務大臣政務官

小島　康誉
新疆ウイグル自治区政府文化顧問
公益社団法人日本中国友好協会参与

池谷田鶴子
医師
公益財団法人日中医学協会理事

など70人

編者

段　躍中
日本僑報社代表・日中交流研究所所長

A5判568頁 上製本 定価4900円+税
ISBN 978-4-86185-283-1

「ことづくりの国」日本へ

新疆世界文化遺産図鑑〈永久保存版〉　小島康誉　王衛東

日中文化DNA解読　尚会鵬

日本語と中国語の落し穴　久佐賀義光

日本人論説委員が見つめ続けた激動中国　加藤直人

日中友好会館の歩み　村上立躬

二階俊博 ── 全身政治家 ──　石川好

日本人の中国語作文コンクール受賞作品集

① 我們永遠是朋友（日中対訳）段躍中編

② 女児陪我去留学（日中対訳）段躍中編

③ 寄語奥運 寄語中国（日中対訳）段躍中編

④ 我所知道的中国人（日中対訳）段躍中編

⑤ 中国人旅行者のみなさまへ（日中対訳）段躍中編

⑥ Made in Chinaと日本人の生活（日中対訳）段躍中編

中国人の日本語作文コンクール受賞作品集

① 日中友好への提言2005　段躍中編

② 壁を取り除きたい　段躍中編

③ 国という枠を越えて　段躍中編

④ 私の知っている日本人　段躍中編

⑤ 中国への日本人の貢献　段躍中編

⑥ メイドインジャパンと中国人の生活　段躍中編

⑦ 甦る日本！今こそ示す日本の底力　段躍中編

⑧ 中国人がいつも大声で喋るのはなんでなのか？　段躍中編

⑨ 中国人の心を動かした「日本力」　段躍中編

⑩ 「御宅（オタク）」と呼ばれても　段躍中編

⑪ なんでそうなるの？　段躍中編

⑫ 訪日中国人「爆買い」以外にできること　段躍中編

⑬ 日本人に伝えたい中国の新しい魅力　段躍中編

⑭ 中国の若者が見つけた日本の新しい魅力　段躍中編

日本僑報社　書籍のご案内

中国の人口変動　人口経済学の視点から　李仲生

日本華僑華人社会の変遷（第二版）　朱慧玲

近代中国における物理学者集団の形成　楊艦

日本流通企業の戦略的革新　陳海権

近代の闇を拓いた日中文学　康鴻音

早期毛沢東の教育思想と実践　鄭萍

現代中国の人口移動とジェンダー　陸小媛

中国の財政調整制度の新展開　徐一睿

現代中国農村の高齢者と福祉　劉燦

中国における医療保障制度の改革と再構築　羅小娟

中国農村における包括的医療保障体系の構築　王崢

日本における新聞連載　子ども漫画の戦前史　徐園

中国都市部における中年期男女の夫婦関係に関する質的研究　于建明

中国東南地域の民俗誌的研究　何彬

東アジアの繊維・アパレル産業研究　康上賢淑

中国工業化の歴史 —化学の視点から—　峰毅

中国はなぜ「海洋大国」を目指すのか　胡波

屠呦呦　中国初の女性ノーベル賞受賞科学者　「屠呦呦伝」編集委員会

中国政治経済史論　毛沢東時代　胡鞍鋼

中国政治経済史論　鄧小平時代　胡鞍鋼

新しい経済戦略を知るキーポイント中国の新常態　李揚　張暁晶

「一帯一路」沿線64カ国の若者の生の声　陳振凱　厳冰

若者が考える「日中の未来」シリーズ
宮本賞 学生懸賞論文集
監修　宮本雄二

① 日中間の多面的な相互理解を求めて

② 日中経済交流の次世代構想

③ 日中外交関係の改善における環境協力の役割

④ 日中経済とシェアリングエコノミー

⑤ 中国における日本文化の流行

福田康夫元内閣総理大臣推薦！

中国国家主席　珠玉のスピーチ集
習近平はかく語りき

人民日報 評論部 編　　武吉次朗 監訳　　日中翻訳学院 訳

A5判 368頁 並製本　定価：3600円＋税　ISBN 978-4-86185-255-8